中国能源统计年鉴

CHINA ENERGY STATISTICAL YEARBOOK

2021

国家统计局能源统计司 编

Compiled by
Department of Energy Statistics,
National Bureau of Statistics

中国统计出版社
China Statistics Press

图书在版编目（CIP）数据

中国能源统计年鉴. 2021 = CHINA ENERGY STATISTICAL YEARBOOK 2021：汉英对照 / 国家统计局能源统计司编. -- 北京：中国统计出版社, 2022.3
ISBN 978-7-5037-9793-4

Ⅰ. ①中… Ⅱ. ①国… Ⅲ. ①能源经济－经济统计－中国－2021－年鉴－汉、英 Ⅳ. ①F426.2-54

中国版本图书馆 CIP 数据核字(2022)第 044740 号

中国能源统计年鉴 2021

作　者／国家统计局能源统计司
责任编辑／许立舫
执行编辑／刘　琛
装帧设计／李雪燕
出版发行／中国统计出版社
通信地址／北京市丰台区西三环南路甲 6 号　邮政编码/100073
发行电话／邮购（010）63376909　书店（010）68783171
网　址／http://www.zgtjcbs.com
印　刷／河北鑫兆源印刷有限公司
经　销／新华书店
开　本／880 × 1230mm　1/16
字　数／916 千字
印　张／23
版　别／2022 年 3 月第 1 版
版　次／2022 年 3 月第 1 次印刷
定　价／298.00 元

《中国能源统计年鉴 2021》

编辑出版人员

China Energy Statistical Yearbook 2021

EDITORIAL BOARD AND STAFF

编 辑 说 明

一、《中国能源统计年鉴》是一部全面反映中国能源建设、生产、消费、供需平衡的权威性资料书，从 1986 年开始，由国家统计局工业交通统计司主编。2008 年版起，由国家统计局能源统计司主编，中国统计出版社出版，向国内外公开发行。

二、为满足广大读者对中国能源统计数据的需求，提高数据应用的时效性，从 2004 年起，《中国能源统计年鉴》由每两年出版一册改为每年出版一册。

三、《中国能源统计年鉴》共分为 7 个篇章：1.综合；2.能源建设；3.能源生产；4.能源消费；5.全国能源平衡表；6.地区能源平衡表；7.香港、澳门特别行政区能源数据；附录内容为台湾地区及有关国家和地区能源数据、主要统计指标解释以及各种能源折标准煤参考系数。

四、本书大部分资料来源于国家统计局年度统计报表及《中国统计年鉴》。全国统计数字均未包括香港、澳门特别行政区和台湾地区。能源平衡表核算范围不包括非商品能源，西藏自治区能源平衡表数据暂缺。

五、本书中，中国能源数据截止到 2020 年，世界和各国及地区能源数据截止到 2019 年。部分指标存在总计不等于分项之和情况，是数据四舍五入所致，未作机械调整。

六、符号使用说明：年鉴各表中“空格”及“-”表示该项统计指标数据不足本表最小位数、数据不详或无该项数据；“#”表示其中的主要项。

七、本书中，行业分类均采用 2017 年版最新行业分类标准。

PREFACE

China Energy Statistical Yearbook is an annual statistical publication, which covers very comprehensive data in energy construction, production, consumption, equilibrium of supply and demand in an all-round way, established in 1986, edited by Department of Industry and Transport Statistics, National Bureau of Statistics. 2008 annual is edited by Department of Energy Statistics, National Bureau of Statistics, published by China Statistics Press, to the domestic and international public publication.

In order to satisfy the masses of readers' demands for China energy statistics, improve the efficiency and timeliness of the data use, since 2004, *China Energy Statistical Yearbook* is published one volume every year instead of one volume every 2 years.

China Energy Statistical Yearbook consists of seven chapters: 1. General Survey; 2. Construction of Energy Industry; 3. Energy Production; 4. Energy Consumption; 5. Energy Balance Table of China; 6. Energy Balance Table by Region; 7. Energy data for Hong Kong and Macao Special Administrative Region. Additional information provided in the appendices include major energy data for Taiwa, energy data for related countries or areas, explanatory notes of main statistical indicators and conversion factors from physical units to coal equivalent.

Annual statistical reports from the National Bureau of Statistics and the *China Statistical Yearbook* are the main data sources of this document. However, the national data in this book does not include that of the Hong Kong and Macao Special Administrative Region, the Taiwan. Also, the data in the energy balance tables does not cover non-commercial energy. The Tibet energy balance data is unavailable yet.

The China energy data were by the year of 2020, energy data for the world and other countries or area were by the year of 2019.Statistical discrepancies on totals due to rounding are not adjusted in the yearbook.

Notations used in the yearbook: (blank space and -) indicates that the figure is not large enough to be measured with the smallest unit in the table, or data are unknown or are not available; " # "indicates a major breakdown of the total.

Classification for national standard of industry classification is implementing new version of 2017 except legal entities.

目　　录

CONTENTS

一、综合

Chapter 1　General Survey

二、能源建设

Chapter 2　Construction of Energy Industry

四、能源消费

Chapter 4 Energy Consumption

五、全国能源平衡表
Chapter 5　Energy Balance Table of China

六、地区能源平衡表
Chapter 6 Energy Balance Table by Region

附录 1　台湾省能源数据
Appendix Ⅰ　Energy Data For Taiwan Province

附录 2　有关国家和地区能源数据
Appendix Ⅱ　Energy Data For Related Countries Or Areas

一、综　　合

Chapter 1　General Survey

1-1 能源生产、消费与国内生产总值增长速度
Growth Rate of Energy Production and Consumption Compared With Growth Rate of GDP

年 份 Year	国内生产总值增长速度 (%) Growth Rate of GDP (%)	能源生产增长速度 (%) Growth Rate of Energy Production	电力生产增长速度 (%) Growth Rate of Electricity Production	能源消费增长速度 (%) Growth Rate of Energy Consumption	电力消费增长速度 (%) Growth Rate of Electricity Consumption	能源生产弹性系数 Elasticity Ratio of Energy Production	电力生产弹性系数 Elasticity Ratio of Electricity Production	能源消费弹性系数 Elasticity Ratio of Energy Consumption	电力消费弹性系数 Elasticity Ratio of Electricity Consumption
1980	7.8	-1.3	6.6	2.9	6.6		0.85	0.37	0.85
1981	5.1	-0.8	2.9	-1.4	3.0		0.57		0.59
1982	9.0	5.6	6.0	4.4	5.9	0.62	0.67	0.49	0.66
1983	10.8	6.7	7.2	6.4	7.3	0.62	0.67	0.59	0.68
1984	15.2	9.2	7.3	7.4	7.4	0.61	0.48	0.49	0.49
1985	13.4	9.9	8.9	8.1	9.0	0.74	0.66	0.60	0.67
1986	8.9	3.0	9.5	5.4	9.5	0.34	1.07	0.61	1.07
1987	11.7	3.6	10.6	7.2	10.6	0.31	0.91	0.62	0.91
1988	11.2	5.0	9.6	7.4	9.7	0.45	0.86	0.66	0.87
1989	4.2	6.1	7.3	4.2	7.3	1.45	1.74	1.00	1.74
1990	3.9	2.2	6.2	1.8	6.2	0.56	1.59	0.46	1.59
1991	9.3	0.9	9.1	5.1	9.2	0.10	0.98	0.55	0.99
1992	14.2	2.3	11.3	5.2	11.5	0.16	0.80	0.37	0.81
1993	13.9	3.6	15.3	6.3	11.0	0.26	1.10	0.45	0.79
1994	13.0	6.9	10.7	5.8	9.9	0.53	0.82	0.45	0.76
1995	11.0	8.7	8.6	6.9	8.2	0.79	0.78	0.63	0.75
1996	9.9	3.1	7.2	3.1	7.4	0.31	0.73	0.31	0.75
1997	9.2	0.3	5.1	0.5	4.8	0.03	0.55	0.05	0.52
1998	7.8	-2.7	2.7	0.2	2.8		0.35	0.03	0.36
1999	7.7	1.6	6.3	3.2	6.1	0.21	0.82	0.42	0.79
2000	8.5	5.0	9.4	4.5	9.5	0.59	1.11	0.53	1.12
2001	8.3	6.4	9.2	5.8	9.3	0.77	1.11	0.70	1.12
2002	9.1	6.0	11.7	9.0	11.8	0.66	1.29	0.99	1.30
2003	10.0	14.1	15.5	16.2	15.6	1.41	1.55	1.62	1.56
2004	10.1	15.6	15.3	16.8	15.4	1.54	1.51	1.66	1.52
2005	11.4	11.1	13.5	13.5	13.5	0.97	1.18	1.18	1.18
2006	12.7	6.9	14.6	9.6	14.6	0.54	1.15	0.76	1.15
2007	14.2	7.9	14.5	8.7	14.4	0.56	1.02	0.61	1.01
2008	9.7	5.0	5.6	2.9	5.6	0.52	0.58	0.30	0.58
2009	9.4	3.1	7.1	4.8	7.2	0.33	0.76	0.51	0.77
2010	10.6	9.1	13.3	7.3	13.2	0.86	1.25	0.69	1.25
2011	9.6	9.0	12.0	7.3	12.1	0.94	1.25	0.76	1.26
2012	7.9	3.2	5.8	3.9	5.9	0.41	0.73	0.49	0.75
2013	7.8	2.2	8.9	3.7	8.9	0.28	1.14	0.47	1.14
2014	7.4	1.0	6.7	2.7	6.7	0.14	0.91	0.36	0.91
2015	7.0	0.0	0.3	1.3	0.3		0.04	0.19	0.04
2016	6.8	-4.5	5.5	1.7	5.5		0.81	0.25	0.81
2017	6.9	3.7	7.7	3.2	7.7	0.54	1.12	0.46	1.12
2018	6.7	5.6	8.5	3.5	8.5	0.84	1.27	0.52	1.27
2019	6.0	4.9	4.7	3.3	4.7	0.82	0.78	0.55	0.78
2020	2.2	2.5	3.7	2.2	3.7	1.14	1.68	1.00	1.68

注：国内生产总值增长速度按可比价格计算，能源生产和消费增长速度采用等价值总量计算。

Note: The growth rate of GDP are calculated at constant prices. The growth rates of energy production and consumption are calculated by coal equivalent.

1-2 国民经济和能源经济主要指标

指　　标	Item	2000	2001	2002	2003	2004	2005
1.年底人口总数(万人)	1.Year-end Population (10^4 persons)	126743	127627	128453	129227	129988	130756
城镇	Urban	45906	48064	50212	52376	54283	56212
乡村	Rural	80837	79563	78241	76851	75705	74544
2.国内生产总值(亿元)*	2.Gross Domestic Products (10^8 yuan)	100280	110863	121717	137422	161840	187319
第一产业	Primary Industry	14717	15503	16190	16970	20904	21807
第二产业	Secondary Industry	45664	49659	54104	62696	74285	88082
工业	Industry	40259	43854	47775	55362	65775	77958
建筑业	Construction	5534	5946	6482	7511	8721	10401
第三产业	Tertiary Industry	39899	45701	51423	57756	66651	77430
3.进出口总额(亿元)	3.Total Value of Exports and Imports (10^8 yuan)	39273	42184	51378	70483	95539	116922
出口总额	Exports	20634	22024	26948	36288	49103	62648
进口总额	Imports	18639	20159	24430	34196	46436	54274
4.一次能源生产总量(发电煤耗计算法)** (万吨标准煤)	4.Total Primary Energy Production (coal equivalent calculation) (10^4 tce)	138570	147425	156277	178299	206108	229037
一次能源生产总量(电热当量计算法)*** (万吨标准煤)	Total Primary Energy Production (calorific value calculation) (10^4 tce)	132384	139928	148450	170305	196418	218355
5.能源消费总量(发电煤耗计算法)** (万吨标准煤)	5.Total Energy Consumption (coal equivalent calculation) (10^4 tce)	146964	155547	169577	197083	230281	261369
能源消费总量(电热当量计算法)*** (万吨标准煤)	Total Energy Consumption (calorific value calculation) (10^4 tce)	140993	148264	161935	189269	220738	250835

注：* 国内生产总值按当年价格计算。
** 发电煤耗计算法是指电力按当年平均火力发电煤耗换算成标准煤(下表同)。
*** 电热当量计算法是指电力按自身的热功当量换算成标准煤。采用的折标系数为1万千瓦时=1.229吨标准煤(下表同)。

Main Indicators of National Economy and Energy Economy

2006	2007	2008	2009	2010	2011	2012	2013	2014	2015	2016	2017	2018	2019	2020
131448	132129	132802	133450	134091	134916	135922	136726	137646	138326	139232	140011	140541	141008	141212
58288	60633	62403	64512	66978	69927	72175	74502	76738	79302	81924	84343	86433	88426	90220
73160	71496	70399	68938	67113	64989	63747	62224	60908	59024	57308	55668	54108	52582	50992
219439	270092	319245	348518	412119	487940	538580	592963	643563	688858	746395	832036	919281	986515	1013567
23317	27674	32464	33584	38431	44782	49085	53028	55626	57775	60139	62100	64745	70474	78031
104359	126631	149953	160169	191627	227035	244639	261952	277283	281339	295428	331581	364835	380671	383562
92236	111691	131724	138093	165123	195139	208901	222333	233197	234969	245406	275119	301089	311859	312903
12450	15348	18808	22682	27259	32927	36896	40897	45402	47761	51499	57906	65493	70648	72445
91762	115788	136828	154765	182062	216124	244856	277984	310654	349745	390828	438356	489701	535371	551974
140975	166924	179921	150648	201722	236402	244160	258169	264242	245503	243386	278099	305008	315627	322215
77598	93627	100395	82030	107023	123241	129359	137131	143884	141167	138419	153309	164128	172374	179279
63377	73297	79527	68618	94700	113161	114801	121037	120358	104336	104967	124790	140880	143254	142936
244763	264173	277419	286092	312125	340178	351041	358784	362212	362193	345954	358867	378859	397317	407295
233269	251772	262992	271067	294807	323045	330203	336452	336314	334162	315217	325917	342312	357130	364419
286467	311442	320611	336126	360648	387043	402138	416913	428334	434113	441492	455827	471925	487488	498314
275134	299271	306455	321336	343601	370163	381515	394794	402649	406312	410984	423108	435649	447597	455737

Note: * GDP is calculated at current prices.

** Electricity is converted to TCE by average quantity of fuel used for power generation (The same as in the following tables).

*** Electricity is converted to TCE by 10^4 kW·h=1.229TCE (The same as in the following tables).

1-3 万元国内生产总值能源消费量
Energy Intensity by GDP

年 份 Year	万元国内生产总值能源消费量(吨标准煤/万元) Total (tce/10^4 yuan)	万元国内生产总值煤炭消费量(吨/万元) Coal (ton/10^4 yuan)	万元国内生产总值焦炭消费量(吨/万元) Coke (ton/10^4 yuan)	万元国内生产总值石油消费量(吨/万元) Petroleum (ton/10^4 yuan)	万元国内生产总值原油消费量(吨/万元) Crude Oil (ton/10^4 yuan)	万元国内生产总值燃料油消费量(吨/万元) Fuel Oil (ton/10^4 yuan)	万元国内生产总值电力消费量(万千瓦时/万元) Electricity (10^4 kW·h/10^4 yuan)
	国内生产总值按1980年可比价格计算 **GDP is calculated at 1980 constant price**						
1980	13.14	13.30	0.94	1.91	2.01	0.67	0.66
1981	12.33	12.56	0.81	1.93	1.81	0.59	0.64
1982	11.81	12.20	0.76	1.56	1.65	0.53	0.62
1983	11.34	11.80	0.71	1.44	1.56	0.49	0.60
1984	10.57	11.18	0.66	1.29	1.37	0.43	0.56
1985	10.08	10.72	0.62	1.21	1.25	0.37	0.54
1986	9.75	10.38	0.63	1.17	1.23	0.36	0.54
1987	9.36	10.03	0.62	1.11	1.15	0.34	0.54
1988	9.03	9.65	0.59	1.08	1.09	0.31	0.53
1989	9.04	9.64	0.59	1.08	1.08	0.32	0.55
1990	8.85	9.47	0.62	1.03	1.06	0.30	0.56
	国内生产总值按1990年可比价格计算 **GDP is calculated at 1990 constant price**						
1990	5.23	5.59	0.37	0.61	0.62	0.18	0.33
1991	5.03	5.36	0.35	0.60	0.60	0.17	0.33
1992	4.63	4.84	0.33	0.57	0.56	0.15	0.32
1993	4.32	4.51	0.33	0.55	0.52	0.14	0.31
1994	4.05	4.24	0.30	0.49	0.46	0.12	0.31
1995	3.90	4.09	0.32	0.48	0.44	0.11	0.30
1996	3.66	3.79	0.32	0.48	0.43	0.10	0.29
1997	3.36	3.41	0.27	0.48	0.43	0.09	0.28
1998	3.13	3.10	0.26	0.45	0.40	0.09	0.27
1999	3.00	2.97	0.23	0.45	0.40	0.08	0.26
2000	2.89	2.67	0.21	0.44	0.42	0.08	0.26
	国内生产总值按2000年可比价格计算 **GDP is calculated at 2000 constant price**						
2000	1.47	1.35	0.11	0.22	0.21	0.04	0.13
2001	1.43	1.32	0.11	0.21	0.20	0.04	0.14
2002	1.43	1.30	0.11	0.21	0.19	0.03	0.14
2003	1.51	1.41	0.12	0.21	0.19	0.03	0.15
2004	1.60	1.48	0.13	0.22	0.20	0.03	0.15
2005	1.63	1.52	0.16	0.20	0.19	0.03	0.16
	国内生产总值按2005年可比价格计算 **GDP is calculated at 2005 constant price**						
2005	1.40	1.30	0.13	0.17	0.16	0.02	0.13
2006	1.36	1.28	0.13	0.17	0.15	0.02	0.14
2007	1.29	1.20	0.13	0.15	0.14	0.02	0.14
2008	1.21	1.14	0.12	0.14	0.13	0.01	0.13
2009	1.16	1.12	0.13	0.13	0.13	0.01	0.13
2010	1.13	1.09	0.12	0.14	0.13	0.01	0.13
	国内生产总值按2010年可比价格计算 **GDP is calculated at 2010 constant price**						
2010	0.88	0.85	0.09	0.11	0.10	0.01	0.10
2011	0.86	0.86	0.09	0.10	0.10	0.01	0.10
2012	0.83	0.85	0.09	0.10	0.10	0.01	0.10
2013	0.79	0.81	0.09	0.10	0.09	0.01	0.10
2014	0.76	0.73	0.08	0.09	0.09	0.01	0.10
2015	0.72	0.66	0.07	0.09	0.09	0.01	0.10
	国内生产总值按2015年可比价格计算 **GDP is calculated at 2015 constant price**						
2015	0.63	0.58	0.06	0.08	0.08	0.01	0.08
2016	0.60	0.53	0.06	0.08	0.08	0.01	0.08
2017	0.58	0.50	0.06	0.08	0.08	0.01	0.08
2018	0.56	0.47	0.05	0.07	0.07	0.01	0.09
2019	0.55	0.45	0.05	0.07	0.08	0.01	0.08
2020	0.55	0.44	0.05	0.07	0.08	0.01	0.09

1-4 能源加工转换效率
Efficiency of Energy Transformation

单位：% (%)

年 份 Year	总效率 Total Efficiency	发电及供热 Power Generation and Heating	炼焦 Coking	炼油及煤制油 Petroleum Refining and Coal-to-liquids
1980	69.5	36.0	88.7	99.0
1981	69.3	36.7	90.9	99.1
1982	69.2	36.8	90.5	99.1
1983	69.9	36.9	91.2	99.2
1984	69.2	37.0	90.1	99.2
1985	68.3	36.9	90.8	99.1
1986	68.3	36.7	90.6	99.0
1987	67.5	36.8	90.5	98.8
1988	66.5	36.3	90.8	98.8
1989	66.5	36.7	90.3	98.6
1990	66.5	37.3	91.3	90.2
1991	65.9	37.6	89.9	98.1
1992	66.0	37.8	92.7	96.8
1993	67.3	39.9	98.1	98.5
1994	65.2	39.4	89.6	97.5
1995	71.1	37.3	92.0	97.7
1996	70.2	36.6	94.1	97.5
1997	69.8	35.9	94.0	97.4
1998	69.3	37.1	95.0	96.4
1999	69.3	37.0	96.1	97.5
2000	69.4	37.8	96.2	97.3
2001	69.7	38.2	96.5	97.6
2002	69.0	38.7	96.6	96.7
2003	69.4	38.5	96.1	96.4
2004	70.6	38.6	97.1	96.5
2005	71.1	39.0	97.1	96.9
2006	70.9	39.1	97.0	96.9
2007	71.2	39.8	97.5	97.2
2008	71.5	40.5	98.5	96.2
2009	72.4	41.2	98.0	96.7
2010	72.5	42.0	96.4	97.0
2011	72.2	42.1	96.3	97.4
2012	72.7	42.8	95.7	97.1
2013	73.0	43.1	95.6	97.7
2014	73.1	43.5	93.7	97.5
2015	73.4	44.2	92.1	96.9
2016	73.5	44.6	92.8	96.4
2017	73.0	45.0	92.8	96.0
2018	72.8	45.5	92.4	95.6
2019	73.3	45.8	92.6	95.3
2020	73.7	46.2	93.1	95.3

1-5 人均能源生产量和消费量
Energy Production and Consumption Per Capita

年 份 Year	人均能源生产量 Per-Capita Energy Production				人均能源消费量 Per-Capita Energy Consumption			
	能源总量 (千克标准煤) Total Energy (kgce)	原煤 (千克) Raw Coal (kg)	原油 (千克) Crude Oil (kg)	电力 (千瓦时) Electricity (kW•h)	能源总量 (千克标准煤) Total Energy (kgce)	煤炭 (千克) Coal (kg)	石油 (千克) Petroleum (kg)	电力 (千瓦时) Electricity (kW•h)
1980	650	632	108	306	614	622	89	306
1981	636	625	102	311	598	610	84	311
1982	662	661	101	325	615	636	81	325
1983	696	698	104	343	645	671	82	344
1984	751	761	111	364	684	723	83	364
1985	814	830	119	391	730	776	87	392
1986	826	838	123	421	758	806	91	422
1987	842	856	124	459	799	856	95	460
1988	870	889	124	495	844	902	101	496
1989	909	942	123	523	867	925	104	524
1990	915	951	122	547	869	930	101	549
1991	911	945	123	589	902	960	108	591
1992	921	958	122	647	937	979	115	651
1993	942	976	123	711	984	1026	125	715
1994	996	1040	123	779	1030	1078	125	777
1995	1071	1129	125	836	1089	1143	133	832
1996	1093	1147	129	888	1110	1150	145	884
1997	1085	1128	131	923	1105	1120	157	917
1998	1045	1073	130	940	1097	1087	160	934
1999	1053	1089	128	989	1122	1112	168	982
2000	1097	1096	129	1074	1164	1075	178	1067
2001	1159	1157	129	1164	1223	1125	180	1158
2002	1221	1211	130	1292	1324	1200	194	1286
2003	1384	1424	132	1483	1530	1426	214	1477
2004	1590	1638	136	1700	1777	1637	247	1695
2005	1757	1814	139	1918	2005	1867	250	1913
2006	1867	1960	141	2186	2185	2064	266	2181
2007	2005	2094	141	2490	2363	2204	278	2482
2008	2094	2192	144	2617	2420	2269	282	2608
2009	2149	2340	142	2790	2525	2441	290	2782
2010	2333	2563	152	3145	2696	2609	330	3135
2011	2529	2799	151	3504	2878	2892	339	3494
2012	2592	2913	153	3683	2970	3040	353	3675
2013	2632	2915	154	3984	3058	3113	367	3976
2014	2640	2824	154	4224	3122	3015	378	4215
2015	2625	2715	155	4214	3146	2898	406	4205
2016	2493	2458	144	4419	3181	2802	416	4410
2017	2570	2524	137	4730	3265	2803	433	4721
2018	2701	2636	135	5109	3364	2833	444	5098
2019	2822	2732	136	5330	3463	2855	458	5318
2020	2886	2765	138	5513	3531	2869	463	5501

注：本表按年平均人口数计算，下表同。
Note:This table is calculated by annual average population, the same applies to table following.

1-6 人均生活能源消费量

Residential Energy Consumption Per Capita

年份 Year	人均生活能源消费量（千克标准煤）Annual Average (kgce)	煤炭（千克）Coal (kg)	电力（千瓦时）Electricity (kW•h)	液化石油气（千克）Liquefied Petroleum Gas (kg)	天然气（立方米）Natural Gas (cu.m)	煤气（立方米）Gas (cu.m)	城镇人均生活能源消费量（千克标准煤）Urban (kgce)	乡村人均生活能源消费量（千克标准煤）Rural (kgce)
1980	112	118	11	0.4	0.2	1.4	332	60
1981	101	122	12	0.5	0.2	1.4	290	55
1982	102	124	12	0.5	0.2	1.5	281	56
1983	107	128	13	0.6	0.1	1.5	283	59
1984	113	135	15	0.6	0.4	1.6	288	63
1985	127	149	21	0.9	0.4	1.3	307	72
1986	127	148	23	1.1	0.6	1.3	306	71
1987	132	152	26	1.1	0.7	1.6	300	76
1988	141	159	31	1.2	1.4	1.6	307	84
1989	139	152	35	1.4	1.5	2.4	297	84
1990	139	147	42	1.4	1.6	2.5	298	83
1991	139	143	47	1.8	1.6	3.2	292	83
1992	134	127	55	2.1	1.8	4.4	267	85
1993	133	123	63	2.5	1.5	4.6	258	86
1994	129	109	73	3.2	1.7	6.3	238	86
1995	131	112	83	4.4	1.6	4.7	242	86
1996	121	83	88	5.9	1.7	6.4	238	71
1997	119	77	99	6.2	1.7	8.9	226	71
1998	119	73	104	6.9	1.9	9.7	218	71
1999	122	70	109	6.8	2.1	9.3	213	75
2000	132	67	115	6.8	2.6	10.0	213	88
2001	136	66	127	6.7	3.3	9.4	210	93
2002	146	66	138	7.6	3.6	9.8	215	103
2003	166	70	160	8.6	4.0	10.1	238	119
2004	191	75	184	10.4	5.2	10.7	264	140
2005	211	77	221	10.2	6.1	11.1	288	155
2006	230	77	256	11.5	7.8	12.7	248	169
2007	250	74	308	12.4	10.9	14.1	327	186
2008	254	69	332	11.0	12.8	13.9	324	194
2009	264	69	366	11.2	13.3	12.5	328	206
2010	273	68	383	11.5	17.0	12.5	320	227
2011	294	68	418	11.9	19.7	10.9	329	258
2012	312	68	459	12.1	21.3	10.1	339	283
2013	334	68	513	13.5	23.7	7.9	351	314
2014	344	68	523	15.8	25.0	7.1	356	329
2015	366	70	548	18.5	26.1	5.8	368	363
2016	392	68	607	21.3	27.4	4.5	384	402
2017	412	66	650	23.1	30.1	3.7	399	430
2018	431	55	717	22.4	33.4	3.4	418	451
2019	438	47	756	20.3	35.7	3.3	423	464
2020	456	45	808	20.3	39.7	3.5	434	495

1-7 年末交通运输设备拥有量
Number of Transportation Equipment (Year-End)

指　　标 Item	2000	2005	2010	2015	2016	2017	2018	2019	2020
铁路机车合计(台) Total Railway Locomotives(unit)	15253	17473	19431	21366	21453	21420	21482	21733	21865
蒸汽机车 Steam Locomotives	911	193	72	15	15	15	20	20	11
内燃机车 Diesel Locomotives	10826	12114	10990	9132	8974	8568	8296	8048	8013
电力机车 Electric Locomotives	3516	5166	8369	12219	12464	12837	13166	13665	13841
铁路客车(辆) Railway Passenger Coaches(coach)	35989	40328	50391	67706	70872	72262	73199	74848	76033
铁路货车(辆) Railway Freight Cars(coach)	439943	541824	622284	768516	764783	808736	839213	877134	912735
民用汽车合计(万辆) Total Civil Motor Vehicles(10^4 unit)	1609	3160	7802	16284	18575	20907	23231	25376	27341
载客汽车 Passenger Vehicles	854	2132	6124	14096	16278	18470	20555	22474	24166
载货汽车 Trucks	716	956	1598	2066	2172	2339	2568	2783	3043
其他机动车(万辆) Others(10^4 unit)	4168	8595	11306	9570	7450	7608	6979	6899	7267
公路部门营运车辆(万辆) Motor Vehicles Owned by Highway Department(10^4 unit)	703	733	1133	1473	1436	1450	1435	1165	1172
私人汽车(万辆) Private Vehicles(10^4 unit)	625	1848	5939	14099	16330	18515	20575	22509	24291
民航飞机合计(架) Total Civil Aircraft(unit)	982	1386	2405	4554	5046	5593	6134	6525	6795
民用运输船舶合计(艘) Total Civil Transport Vessels(unit)	229676	207294	178407	165905	160144	144924	136975	131555	135679
机动船 Motor Vessels	185018	165900	155624	149659	144568	131746	125754	121440	126805
驳船 Barges	44658	41394	22783	16246	15576	13178	11221	10115	8874
#私人运输船舶 #Private Transport Vessels	142117	95838							

1-8 主要能源品种进、出口量
Imports and Exports of Major Energy Products

指 标 Item	2000	2005	2010	2015	2016	2017	2018	2019	2020
进口量 Import									
煤(万吨) Coal(10^4 tons)	218	2622	18307	20406	25555	27092	28210	29977	30361
焦炭及半焦炭（万吨) Coke and Semi-coke(10^4 tons)		1	11			1	9	52	298
原油(万吨) Crude Oil(10^4 tons)	7027	12682	23768	33548	38101	41946	46189	50568	54201
汽油(万吨) Gasoline(10^4 tons)				17	21	2	45	33	48
煤油(万吨) Kerosene(10^4 tons)	255	328	487	348	352	376	413	367	266
柴油(万吨) Diesel Oil(10^4 tons)	26	53	180	43	92	75	71	119	119
燃料油(万吨) Fuel Oil(10^4 tons)	1480	2609	2299	1540	1174	1357	1666	1486	1253
液化石油气(万吨) Liquefied Petroleum Gas (10^4 tons)	482	617	327	1244	1679	1922	1966	2109	2005
其他石油制品(万吨) Other Petroleum Products(10^4 tons)	161	443	1731	2083	2067	2396	2592	2288	2606
天然气(亿立方米) Natural Gas(10^8 cu.m)			165	611	746	946	1246	1332	1397
电力(亿千瓦时) Electricity(10^8 kW•h)	15	50	56	62	62	64	57	49	48
出口量 Export									
煤(万吨) Coal(10^4 tons)	5505	7172	1910	534	879	802	494	603	319
焦炭及半焦炭（万吨) Coke and Semi-coke(10^4 tons)	1520	1276	335	965	1012	808	976	652	349
原油(万吨) Crude Oil(10^4 tons)	1031	807	303	287	294	486	263	81	164
汽油(万吨) Gasoline(10^4 tons)	455	560	517	589	969	1051	1288	1637	1600
煤油(万吨) Kerosene(10^4 tons)	199	269	605	1237	1310	1313	1467	1761	997
柴油(万吨) Diesel Oil(10^4 tons)	55	148	464	716	1540	1719	1853	2138	1976
燃料油(万吨) Fuel Oil(10^4 tons)	33	230	990	1052	986	1109	1230	1118	1583
液化石油气(万吨) Liquefied Petroleum Gas (10^4 tons)	2	3	93	144	132	132	113	141	95
其他石油制品(万吨) Other Petroleum Products(10^4 tons)	280	473	386	348	367	338	400	375	323
天然气(亿立方米) Natural Gas(10^8 cu.m)		30	40	33	34	35	34	36	52
电力(亿千瓦时) Electricity(10^8 kW•h)	99	112	191	187	189	195	209	217	218

1-9 主要高耗能产品的进、出口量
Imports and Exports of Energy Intensive Products

指 标 Item	2000	2005	2010	2015	2016	2017	2018	2019	2020
进口量 Import									
钢材（万吨） Rolled Steel(10^4 tons)	1596	2582	1643	1278	1322	1330	1317	1230	2023
未锻轧的铜及铜合金(万吨) Unwrought Copper and Copper Alloys(10^4 tons)	81	142	338	425	439	411	475	448	668
未锻轧的铝及铝合金(万吨) Aluminum and Aluminum Alloys(10^4 tons)	91	64	36	22	26	19	20	29	
纯碱(万吨) Soda Ash(10^4 tons)	13	7							
肥料(万吨) Chemical Fertilizers(10^4 tons)	1189	1397	718	1116	832	918	950	1111	1060
纸浆(万吨) Paper Pulp(10^4 tons)	335	759	1137	1984	2107	2372	2479	2718	3050
纺织用合成纤维(万吨) Synthetic Fiber Suitable for Spinning(10^4 tons)	100	84	37	34	32	40	45	42	
出口量 Export									
水泥及水泥熟料(万吨) Cement and Cement Clinkers(10^4 tons)	605	2216	1616	1575	1785	1286	904	553	313
平板玻璃(万平方米) Plate Glass(10^4 sq.m)	5592	19925	17398	21460	22661	21032	19347	18822	
钢材（万吨） Rolled Steel(10^4 tons)	621	2052	4256	11240	10853	7541	6933	6429	5367
铜材(吨) Rolled Copper(ton)	144484	463560	508580	466077	452313	477898	509868	524233	744434
铝材(万吨) Rolled Aluminum(10^4 tons)	13	71	218	420	407	424	523	515	486
未锻轧的锌及锌合金(吨) Unwrought Zinc and Zinc Alloys(ton)	593336	146845	43395	96683	22642	16445	24283	64040	
纸及纸板(未切成形)(万吨) Paper and Paperboard in Rolls(10^4 tons)	65	167	380	593	683	652	565	629	

1-10 分地区废气中主要污染物排放情况（2020年）
Main Pollutant Emission in Waste Gas by Region (2020)

地 区	Region	废气中主要污染物排放量 Main Pollutant Emission in Waste Gas		
		二氧化硫 (万吨) Sulphur Dioxide (10^4 tons)	氮氧化物 (万吨) Nitrogen Oxides (10^4 tons)	颗粒物 (万吨) Particulate Matter (10^4 tons)
全 国	**National Total**	**318.22**	**1019.66**	**611.40**
北 京	Beijing	0.18	8.67	0.94
天 津	Tianjin	1.02	11.70	1.56
河 北	Hebei	16.17	76.97	37.07
山 西	Shanxi	16.05	56.34	45.13
内蒙古	Inner Mongolia	27.39	47.56	71.42
辽 宁	Liaoning	20.64	57.96	28.91
吉 林	Jilin	6.84	20.11	24.52
黑龙江	Heilongjiang	14.32	29.76	38.72
上 海	Shanghai	0.54	15.98	1.05
江 苏	Jiangsu	11.26	48.50	16.01
浙 江	Zhejiang	5.15	38.73	8.60
安 徽	Anhui	10.86	46.43	12.99
福 建	Fujian	7.88	25.82	13.07
江 西	Jiangxi	10.25	28.33	14.52
山 东	Shandong	19.33	62.47	24.42
河 南	Henan	6.68	54.55	8.58
湖 北	Hubei	9.72	49.80	18.91
湖 南	Hunan	10.24	27.33	21.46
广 东	Guangdong	11.69	60.78	15.65
广 西	Guangxi	8.78	29.34	11.00
海 南	Hainan	0.59	4.07	0.99
重 庆	Chongqing	6.75	16.70	8.47
四 川	Sichuan	16.31	40.45	22.40
贵 州	Guizhou	17.74	27.49	18.21
云 南	Yunnan	17.66	34.44	29.57
西 藏	Tibet	0.57	5.39	1.02
陕 西	Shaanxi	9.37	26.62	28.43
甘 肃	Gansu	8.58	19.64	14.90
青 海	Qinghai	4.01	7.10	7.63
宁 夏	Ningxia	7.16	12.06	10.21
新 疆	Xinjiang	14.48	28.59	55.04

1-11 分地区废水中主要污染物排放情况（2020年）

地 区	Region	废水中主要污染物排放量 Main Pullutant Emission in Waste Water				
		化学需氧量 (万吨) COD (10^4 tons)	氨氮 (万吨) Ammonia Nitrogen (10^4 tons)	总氮 (万吨) Total Nitrogen (10^4 tons)	总磷 (万吨) Total Phosphorus (10^4 tons)	石油类 (吨) Petroleum (ton)
全 国	**National Total**	**2564.8**	**98.4**	**322.3**	**33.7**	**3734.0**
北 京	Beijing	5.4	0.3	1.1		4.7
天 津	Tianjin	15.6	0.3	1.7	0.2	8.8
河 北	Hebei	127.4	3.2	11.5	1.1	133.5
山 西	Shanxi	62.0	1.6	5.4	0.7	26.5
内蒙古	Inner Mongolia	70.9	1.4	5.8	0.4	45.0
辽 宁	Liaoning	124.8	1.9	10.0	1.3	278.5
吉 林	Jilin	56.3	1.0	4.8	0.5	34.6
黑龙江	Heilongjiang	149.2	2.4	10.3	1.2	52.1
上 海	Shanghai	7.3	0.3	2.7	0.1	226.4
江 苏	Jiangsu	120.8	5.2	18.7	1.8	191.9
浙 江	Zhejiang	53.2	3.8	12.3	1.0	157.7
安 徽	Anhui	118.6	4.4	15.2	1.8	91.0
福 建	Fujian	62.3	4.6	12.2	1.4	55.7
江 西	Jiangxi	101.5	4.6	12.9	1.6	104.8
山 东	Shandong	153.5	5.3	17.1	1.4	219.8
河 南	Henan	144.6	4.6	17.4	1.6	46.5
湖 北	Hubei	153.0	5.8	18.9	2.4	1078.0
湖 南	Hunan	147.6	7.1	20.3	2.4	64.8
广 东	Guangdong	161.3	9.6	29.1	3.1	203.0
广 西	Guangxi	103.0	7.3	22.9	2.4	25.4
海 南	Hainan	17.3	0.8	3.1	0.4	0.8
重 庆	Chongqing	32.1	2.0	5.9	0.5	108.8
四 川	Sichuan	130.5	8.0	20.1	1.8	357.1
贵 州	Guizhou	116.8	2.9	10.4	1.5	27.5
云 南	Yunnan	68.6	2.8	11.0	1.1	40.7
西 藏	Tibet	53.1	0.5	1.9	0.4	0.2
陕 西	Shaanxi	48.9	2.5	7.1	0.5	39.3
甘 肃	Gansu	59.5	0.7	3.6	0.5	30.4
青 海	Qinghai	8.6	0.5	1.3	0.1	10.0
宁 夏	Ningxia	22.0	0.3	1.4	0.2	9.4
新 疆	Xinjiang	69.3	2.6	6.3	0.6	60.9

Main Pollutant Emission in Waste Water by Region (2020)

废水中主要污染物排放量 Main Pullutant Emission in Waste Water						
挥发酚 (吨) Volatile Phenol (ton)	总铅 (千克) Total Plumbum (kg)	总汞 (千克) Total Mercury (kg)	总镉 (千克) Total Cadmium (kg)	六价铬 (千克) Hexavalent Chromium (kg)	总铬 (千克) Total Chromium (kg)	总砷 (千克) Total Arsenic (kg)
59.8	**26680**	**1129**	**4166**	**8550**	**30913**	**10241**
	3			3	12	4
0.1	23	5	3	32	125	20
5.0	70	6	2	70	670	65
1.0	59	1	20	6	16	167
0.2	399	17	45	18	153	257
11.2	44	17	7	46	269	112
0.4	953	24	201	19	370	1317
1.1	46	1	9	15	32	241
0.5	58	3	15	48	197	47
4.4	312	29	10	474	2115	103
0.8	409	7	90	849	2961	56
1.3	936	11	236	167	639	732
0.7	500	20	91	117	976	208
12.0	2673	28	660	3879	4989	1258
8.7	796	36	146	255	2664	653
0.7	336	6	33	86	998	110
1.1	905	233	384	973	4733	958
0.4	6678	186	519	394	4747	896
0.8	4947	61	520	602	2330	444
0.2	848	30	252	45	253	350
0.3	10		4	9	39	11
3.4	143	29	3	49	160	137
2.0	238	52	34	132	465	365
0.1	115	7	27	18	72	196
1.1	2140	219	279	32	338	693
	5		2	2	4	3
0.4	917	8	222	40	191	337
0.3	792	23	160	123	225	296
0.5	816	18	105	2	6	52
0.3	1	42		1	2	21
0.9	506	6	87	46	162	133

二、能源建设

Chapter 2　Construction of Energy Industry

2-1 国有经济能源工业分行业固定资产投资比上年增长情况
Investment in Fixed Assets of State-Owned Units in Energy Industry over Preceding Year by Sector

单位：% (%)

项 目 Item	2018	2019	2020
能源工业 Energy Industry	-12.7	8.7	-9.9
煤炭开采和洗选业 Mining and Washing of Coal	-4.9	34.0	-10.9
石油和天然气开采业 Extraction of Petroleum and Natural Gas	-42.6	18.9	-45.0
电力、热力生产和供应业 Production and Supply of Electric Power and Heat Power	-9.6	5.9	-1.6
石油、煤炭及其他燃料加工业 Processing of Petroleum, Coal and Other Fuels	-7.3	-3.8	-55.6
燃气生产和供应业 Production and Supply of Gas	-23.3	22.8	7.5

注：自2011年起，除房地产开发投资和农户投资，固定资产投资统计起点由50万元提高到500万元；城镇固定资产投资数据发布口径改为固定资产投资(不含农户)，该口径等于原来城镇固定资产投资加上农村企事业组织的项目投资,下表同。
根据第三次全国农业普查、第四次全国经济普查、统计执法检查和统计调查制度规定，对相应年度固定资产投资数据进行了调整，2017年以后各年增速按可比口径计算，下表同。

Note: Since 2011, the cut-off size of project investment in fixed assets rose from a total planned investment above 500,000 yuan to 5 million yuan, except for real estate investment and investment by rural households. The published scope of investment in fixed assets in urban areas has changed to investment in fixed assets (excluding rural households), this scope equals to the previous investment in fixed assets in urban areas plus the project investment of enterprises and public institutions in rural areas. The sample applies to the following tables.
According to the Third National Agricultural Cencus, the Fourth National Economic Cencus, the Statistical Law Enforcement Inspection and the Statistical Survey System, the value of investment in fixed assets are revised, the growth rates after 2017 are calculated at comparable coverage. The sample applies to the following tables.

2-2 国有经济能源工业分行业固定资产投资构成
Composition of Investment in Fixed Assets of State-Owned Units in Energy Industry

单位：% (%)

项 目 Item	1995	2000	2005	2010	2015	2016	2017	2018	2019	2020
能源工业 Energy Industry	100.0	100.0	100.0	100.0	100.0	100.0	100.0	100.0	100.0	100.0
煤炭开采和洗选业 Mining and Washing of Coal	13.9	7.0	13.1	13.2	8.3	4.8	5.0	4.4	5.1	5.0
石油和天然气开采业 Extraction of Petroleum and Natural Gas	24.7	12.5	5.8	16.0	13.4	6.9	7.9	5.8	13.4	8.2
电力、热力生产和供应业 Production and Supply of Electric Power and Heat Power	51.5	75.0	72.4	62.9	70.4	79.2	78.3	81.9	74.3	81.2
石油、煤炭及其他燃料加工业 Processing of Petroleum, Coal and Other Fuels	8.0	3.3	6.3	5.0	3.9	4.9	3.9	5.0	4.2	2.0
煤气生产和供应业 Coal Gas and Coal Products	1.9	2.1	2.4	3.0	4.0	4.2	4.8	2.9	3.0	3.6

2-3 分地区国有经济能源工业固定资产投资比上年增长情况
Investment in Fixed Assets of State-Owned Units in Energy Industry over Preceding Year by Region

单位：% (%)

地 区	Region	2018	2019	2020
北 京	Beijing	-47.2	-21.5	-15.5
天 津	Tianjin	16.1	19.9	-16.5
河 北	Hebei	19.6	-22.1	-20.6
山 西	Shanxi	18.1	-5.7	-0.6
内蒙古	Inner Mongolia	-21.9	19.0	-10.5
辽 宁	Liaoning	-24.1	33.9	-24.4
吉 林	Jilin	-26.4	-25.4	68.6
黑龙江	Heilongjiang	-31.1	-10.0	-33.6
上 海	Shanghai	6.2	-22.9	-18.1
江 苏	Jiangsu	-35.1	-8.6	74.1
浙 江	Zhejiang	-7.2	-8.8	-1.1
安 徽	Anhui	-15.0	-23.1	14.6
福 建	Fujian		39.3	-36.3
江 西	Jiangxi	-23.9	3.1	30.9
山 东	Shandong	-28.9	14.7	-34.1
河 南	Henan	17.3	23.2	13.0
湖 北	Hubei	-0.1	11.6	1.8
湖 南	Hunan	13.3	26.6	81.8
广 东	Guangdong	4.5	5.4	12.7
广 西	Guangxi	1.7	71.3	29.9
海 南	Hainan	36.0	15.4	-40.8
重 庆	Chongqing	-19.6	-2.4	22.2
四 川	Sichuan	-3.4	11.4	-43.4
贵 州	Guizhou	-0.7	90.6	14.8
云 南	Yunnan	39.2	42.2	-53.1
西 藏	Tibet	-25.4	-19.4	-12.9
陕 西	Shaanxi	-11.5	-8.5	4.4
甘 肃	Gansu	-15.3	63.7	-31.3
青 海	Qinghai	42.9	82.3	-12.4
宁 夏	Ningxia	-39.0	46.6	13.5
新 疆	Xinjiang	-7.3	-10.5	29.3

2-4 分地区国有经济煤炭开采和洗选业固定资产投资比上年增长情况
Investment in Fixed Assets of State-Owned Units in Mining and Washing of Coal over Preceding Year by Region

单位：% (%)

地 区	Region	2018	2019	2020
北 京	Beijing			
天 津	Tianjin			
河 北	Hebei	42.9	26.2	-19.0
山 西	Shanxi	29.5	21.8	-46.6
内蒙古	Inner Mongolia	-31.7	45.7	-69.2
辽 宁	Liaoning	97.8	7.7	-75.7
吉 林	Jilin	212.6	-43.4	52.0
黑龙江	Heilongjiang	30.7	-4.1	2.6
上 海	Shanghai			
江 苏	Jiangsu			
浙 江	Zhejiang			
安 徽	Anhui	45.3	-7.8	25.6
福 建	Fujian	-100.0		
江 西	Jiangxi	283.0	-61.8	-60.5
山 东	Shandong	3.7	56.0	-54.5
河 南	Henan	-4.7	350.0	110.2
湖 北	Hubei			
湖 南	Hunan	-31.8	93.7	-66.6
广 东	Guangdong			
广 西	Guangxi	-100.0		
海 南	Hainan			
重 庆	Chongqing	-84.6	-67.3	223.0
四 川	Sichuan	-21.0	66.3	145.8
贵 州	Guizhou	-56.5	168.3	17.3
云 南	Yunnan	34.4	80.1	-0.9
西 藏	Tibet			
陕 西	Shaanxi	-34.1	75.3	-1.0
甘 肃	Gansu	133.7	-19.4	162.3
青 海	Qinghai	-100.0		
宁 夏	Ningxia	50.2	-7.6	1.0
新 疆	Xinjiang	-36.4	93.6	-29.3

2-5 分地区国有经济石油和天然气开采业固定资产投资比上年增长情况
Investment in Fixed Assets of State-Owned Units in Extraction of Petroleum and Natural Gas over Preceding Year by Region

单位：% (%)

地 区	Region	2018	2019	2020
北 京	Beijing			
天 津	Tianjin	-91.5		
河 北	Hebei			
山 西	Shanxi	20.1	141.8	55.3
内蒙古	Inner Mongolia	-46.5	438.6	-15.2
辽 宁	Liaoning	126.6	255.5	-11.4
吉 林	Jilin	-25.2	-54.3	
黑龙江	Heilongjiang			
上 海	Shanghai			
江 苏	Jiangsu	-6.1	-84.9	
浙 江	Zhejiang			
安 徽	Anhui			
福 建	Fujian			
江 西	Jiangxi			
山 东	Shandong	38.5	-33.6	-95.5
河 南	Henan	20.9	-23.7	8.7
湖 北	Hubei			
湖 南	Hunan			
广 东	Guangdong			
广 西	Guangxi			
海 南	Hainan	-10.2	10.1	
重 庆	Chongqing	-95.6		154.9
四 川	Sichuan	44.0	-6.6	-50.5
贵 州	Guizhou			267.7
云 南	Yunnan		-49.9	-35.0
西 藏	Tibet			
陕 西	Shaanxi	-3.9	67.8	26.2
甘 肃	Gansu	295.3	2.3	-41.4
青 海	Qinghai			
宁 夏	Ningxia			
新 疆	Xinjiang	14.6	-1.7	110.5

2-6 分地区国有经济电力、热力生产和供应业固定资产投资比上年增长情况

Investment in Fixed Assets of State-Owned Units in Production and Supply of Electric Power and Heat Power over Preceding Year by Region

单位：% (%)

地区	Region	2018	2019	2020
北京	Beijing	-46.6	-19.5	-15.3
天津	Tianjin	22.9	20.2	-17.2
河北	Hebei	34.4	-22.5	-24.5
山西	Shanxi	19.7	-15.3	17.3
内蒙古	Inner Mongolia	-16.6	10.8	2.2
辽宁	Liaoning	-27.6	22.5	-22.6
吉林	Jilin	-28.2	-27.2	-16.2
黑龙江	Heilongjiang	-38.2	-15.5	-51.7
上海	Shanghai	13.6	-25.2	-16.5
江苏	Jiangsu	-35.7	-5.0	80.5
浙江	Zhejiang	-7.3	-8.0	-1.0
安徽	Anhui	-19.2	-25.5	6.5
福建	Fujian	-13.3	34.2	1.1
江西	Jiangxi	-25.4	1.6	38.5
山东	Shandong	-30.9	20.3	-32.9
河南	Henan	15.8	15.8	11.2
湖北	Hubei	-0.5	10.4	-0.5
湖南	Hunan	14.4	25.5	88.2
广东	Guangdong	15.7	-0.5	13.7
广西	Guangxi	-1.1	78.2	10.9
海南	Hainan	40.4	9.9	-36.8
重庆	Chongqing	-8.1	-5.4	18.7
四川	Sichuan	-14.7	17.4	-46.3
贵州	Guizhou	9.3	76.6	10.1
云南	Yunnan	37.3	43.7	-54.3
西藏	Tibet	-25.5	-19.3	-12.9
陕西	Shaanxi	-12.5	-15.5	21.1
甘肃	Gansu	-28.1	88.0	-46.7
青海	Qinghai	43.4	80.5	-13.6
宁夏	Ningxia	-64.0	108.9	20.5
新疆	Xinjiang	-3.9	-10.3	29.9

2-7 分地区国有经济石油、煤炭及其他燃料加工业固定资产投资比上年增长情况

Investment in Fixed Assets of State-Owned Units in Processing of Petroleum, Coal and Other Fuels over Preceding Year by Region

单位：% (%)

地 区	Region	2018	2019	2020
北 京	Beijing	-78.7		
天 津	Tianjin	134.2	38.1	
河 北	Hebei	-59.5	-17.2	-82.0
山 西	Shanxi	67.5	-60.6	-87.5
内蒙古	Inner Mongolia	-27.7	12.0	-28.9
辽 宁	Liaoning	85.5	174.1	-54.8
吉 林	Jilin			
黑龙江	Heilongjiang	-89.0		63.9
上 海	Shanghai			
江 苏	Jiangsu	-6.5	159.2	
浙 江	Zhejiang	-74.7		-75.9
安 徽	Anhui	-29.6	131.7	7.6
福 建	Fujian	42.7	47.4	
江 西	Jiangxi	-18.9	13.7	-94.8
山 东	Shandong	-47.3	-70.2	-83.6
河 南	Henan	29.0	63.1	
湖 北	Hubei	8.0	90.9	-73.1
湖 南	Hunan	115.6	81.1	242.9
广 东	Guangdong	-87.5	-13.0	53.4
广 西	Guangxi	-4.1		
海 南	Hainan			
重 庆	Chongqing	-47.9	36.5	-88.8
四 川	Sichuan	39.0	-97.1	
贵 州	Guizhou		235.6	-24.4
云 南	Yunnan		-18.5	
西 藏	Tibet		-87.3	16.8
陕 西	Shaanxi	5.1	-31.7	-29.7
甘 肃	Gansu		-38.4	-72.3
青 海	Qinghai	-58.0		
宁 夏	Ningxia			
新 疆	Xinjiang	-34.1	-53.9	-96.6

2-8 分地区国有经济燃气生产和供应业固定资产投资比上年增长情况
Investment in Fixed Assets of State-Owned Units in Production and Supply of Gas over Preceding Year by Region

单位：% (%)

地区	Region	2018	2019	2020
北京	Beijing	-61.5	-92.5	
天津	Tianjin	-77.2	-87.6	
河北	Hebei	-63.2	-24.5	174.2
山西	Shanxi	-59.8	2.9	-35.2
内蒙古	Inner Mongolia	-89.4	31.2	-53.8
辽宁	Liaoning	-77.0	-76.6	
吉林	Jilin	-38.7	110.0	-69.8
黑龙江	Heilongjiang	-30.1	-24.6	
上海	Shanghai	-93.5		-67.0
江苏	Jiangsu	-65.9	-30.7	114.1
浙江	Zhejiang	-0.3	-39.0	-0.2
安徽	Anhui	-11.5	-47.2	
福建	Fujian	18.8	66.6	-93.0
江西	Jiangxi	-43.9	174.4	-49.1
山东	Shandong	1.7	-11.1	11.0
河南	Henan	56.4	163.9	-0.3
湖北	Hubei	5.6	14.7	26.8
湖南	Hunan	10.8	29.0	16.8
广东	Guangdong	-17.8		-4.0
广西	Guangxi		-45.0	-80.1
海南	Hainan	-56.1		-55.1
重庆	Chongqing	-66.8	8.0	7.3
四川	Sichuan	157.6	-4.7	-2.7
贵州	Guizhou	21.4	114.6	-33.9
云南	Yunnan	24.0	32.9	-67.7
西藏	Tibet	159.6	-92.1	150.0
陕西	Shaanxi	-12.4	-38.1	12.3
甘肃	Gansu	-28.3	25.8	9.9
青海	Qinghai	-34.8		50.1
宁夏	Ningxia	123.0	222.0	-93.7
新疆	Xinjiang	-34.3	-79.2	240.3

2-9 能源工业分行业投资比上年增长情况
Investment in Energy Industry over Preceding Year by Sector

单位：% (%)

项　目 Item	2018	2019	2020
能源工业 Energy Industry	-7.1	7.7	6.9
煤炭开采和洗选业 Mining and Washing of Coal	5.9	29.6	-0.7
石油和天然气开采业 Extraction of Petroleum and Natural Gas	-0.7	25.7	29.6
电力、热力生产和供应业 Production and Supply of Electric Power and Heat Power	-12.3	-0.2	17.0
石油、煤炭及其他燃料加工业 Processing of Petroleum, Coal and Other Fuels	10.1	12.4	9.4
燃气生产和供应业 Production and Supply of Gas	6.4	18.1	8.6

2-10 能源工业分行业投资构成
Investment in Energy Industry and Its Composition

单位：% (%)

项　目 Item	1995	2000	2005	2010	2015	2016	2017	2018	2019	2020
能源工业 Energy Industry	100.0	100.0	100.0	100.0	100.0	100.0	100.0	100.0	100.0	100.0
煤炭开采和洗选业 Mining and Washing of Coal	12.1	5.3	11.4	17.5	12.3	9.3	8.2	7.3	8.6	8.0
石油和天然气开采业 Extraction of Petroleum and Natural Gas	21.3	19.8	14.3	13.5	10.5	7.1	8.2	11.0	15.5	10.2
电力、热力生产和供应业 Production and Supply of Electric Power and Heat Power	56.4	68.8	63.7	55.1	62.2	68.9	68.4	65.8	59.5	65.0
石油、煤炭及其他燃料加工业 Processing of Petroleum, Coal and other Fuels	8.2	4.3	7.9	9.4	7.8	8.2	8.3	10.0	10.1	10.4
燃气生产和供应业 Production and Supply of Gas	2.0	1.8	2.7	4.5	7.2	6.5	6.9	5.9	6.3	6.4

2-11 分地区能源工业投资比上年增长情况
Investment in Energy Industry over Preceding Year by Region

单位：% (%)

地 区	Region	2018	2019	2020
北 京	Beijing	-47.0	-16.8	-21.0
天 津	Tianjin	19.3	26.1	3.8
河 北	Hebei	16.5	-2.5	5.0
山 西	Shanxi	5.8	13.6	21.8
内蒙古	Inner Mongolia	-12.4	12.7	12.9
辽 宁	Liaoning	-4.0	22.3	-12.8
吉 林	Jilin	-11.5	-34.2	7.1
黑龙江	Heilongjiang	5.3	16.3	1.5
上 海	Shanghai	4.7	-9.2	-8.9
江 苏	Jiangsu	-24.5	-6.5	55.5
浙 江	Zhejiang	-21.1	-9.4	37.0
安 徽	Anhui	-23.8	-10.2	16.1
福 建	Fujian	-11.4	11.6	19.5
江 西	Jiangxi	-24.6	9.8	11.8
山 东	Shandong	-21.2	-13.9	1.8
河 南	Henan	-4.6	17.6	10.8
湖 北	Hubei	-4.6	-2.3	-5.3
湖 南	Hunan	18.6	10.4	49.7
广 东	Guangdong	5.1	13.1	16.7
广 西	Guangxi	-16.7	15.5	27.2
海 南	Hainan	81.1	18.2	17.9
重 庆	Chongqing	-16.6	14.7	22.6
四 川	Sichuan	-5.4	11.2	-22.3
贵 州	Guizhou	10.3	65.5	30.9
云 南	Yunnan	12.8	17.3	-5.1
西 藏	Tibet	-20.0	1.0	24.5
陕 西	Shaanxi	2.0	13.5	-12.8
甘 肃	Gansu	-10.4	26.6	-13.4
青 海	Qinghai	27.7	34.7	9.0
宁 夏	Ningxia	-1.7	-22.5	43.3
新 疆	Xinjiang	1.3	10.5	5.3

2-12 分地区煤炭开采和洗选业投资比上年增长情况
Investment in Mining and Washing of Coal over Preceding Year by Region

单位：% (%)

地　区	Region	2018	2019	2020
北　京	Beijing			
天　津	Tianjin			
河　北	Hebei	5.2	-35.9	-36.7
山　西	Shanxi	6.3	16.7	-13.0
内蒙古	Inner Mongolia	-34.7	20.1	-16.7
辽　宁	Liaoning	10.9	65.5	-36.8
吉　林	Jilin	33.4	39.5	-27.4
黑龙江	Heilongjiang	32.7	5.8	-11.4
上　海	Shanghai			
江　苏	Jiangsu	10.2	4.3	18.0
浙　江	Zhejiang			
安　徽	Anhui	36.7	4.7	27.1
福　建	Fujian	204.2	-75.6	-7.1
江　西	Jiangxi	-49.8	-72.2	157.4
山　东	Shandong	-45.2	35.7	-1.1
河　南	Henan	-17.4	31.9	78.2
湖　北	Hubei	-68.7	-61.9	-37.6
湖　南	Hunan	15.4	-25.0	-16.2
广　东	Guangdong			
广　西	Guangxi	-57.3	-38.8	-11.4
海　南	Hainan			
重　庆	Chongqing	-53.2	-19.1	142.2
四　川	Sichuan	81.8	32.9	-17.2
贵　州	Guizhou	132.9	105.5	6.3
云　南	Yunnan	-11.4	51.9	-19.1
西　藏	Tibet			
陕　西	Shaanxi	6.8	41.7	1.9
甘　肃	Gansu	61.1	-3.7	40.0
青　海	Qinghai	-54.8	-27.1	264.3
宁　夏	Ningxia	7.4	1.8	1.9
新　疆	Xinjiang	9.1	28.1	31.6

2-13 分地区石油和天然气开采业投资比上年增长情况
Investment in Extraction of Petroleum and Natural Gas over Preceding Year by Region

单位：% (%)

地 区	Region	2018	2019	2020
北 京	Beijing			
天 津	Tianjin	36.0	47.5	-4.5
河 北	Hebei	-19.2	51.5	-34.9
山 西	Shanxi	20.5	55.0	60.1
内蒙古	Inner Mongolia	-54.4	118.3	57.3
辽 宁	Liaoning	-11.8	9.2	8.2
吉 林	Jilin	-20.0	6.8	-16.2
黑龙江	Heilongjiang	-19.2	22.5	-4.9
上 海	Shanghai			
江 苏	Jiangsu	-28.2	-80.6	-30.0
浙 江	Zhejiang			
安 徽	Anhui			
福 建	Fujian			
江 西	Jiangxi			
山 东	Shandong	21.0	19.4	-21.4
河 南	Henan	-16.8	60.8	-11.4
湖 北	Hubei	150.6	14.1	33.0
湖 南	Hunan			
广 东	Guangdong	32.6	23.8	19.6
广 西	Guangxi	40.1		
海 南	Hainan		14.0	102.1
重 庆	Chongqing	-33.3	69.9	51.5
四 川	Sichuan	67.5	17.6	-61.1
贵 州	Guizhou	-38.2	41.6	161.3
云 南	Yunnan		-42.7	7.1
西 藏	Tibet			
陕 西	Shaanxi	53.4	22.6	-70.9
甘 肃	Gansu	-30.4	161.6	9.3
青 海	Qinghai	22.5	11.0	-39.5
宁 夏	Ningxia			
新 疆	Xinjiang	21.9	31.7	-18.8

2-14 分地区电力、热力生产和供应业投资比上年增长情况
Investment in Production and Supply of Electric Power and Heat Power over Preceding Year by Region

单位：% (%)

地 区	Region	2018	2019	2020
北 京	Beijing	-47.9	-14.5	-16.4
天 津	Tianjin	-12.0	15.3	-4.1
河 北	Hebei	15.5	-3.0	6.2
山 西	Shanxi	6.5	-2.7	24.8
内蒙古	Inner Mongolia	0.2	4.0	14.4
辽 宁	Liaoning	-13.7	6.5	-7.8
吉 林	Jilin	-14.4	-49.2	38.2
黑龙江	Heilongjiang	14.0	-0.3	4.2
上 海	Shanghai	11.5	-20.9	-0.4
江 苏	Jiangsu	-25.5	-11.6	61.2
浙 江	Zhejiang	-21.6	-10.7	33.0
安 徽	Anhui	-29.6	-17.5	8.6
福 建	Fujian	-20.4	3.2	38.2
江 西	Jiangxi	-27.8	6.0	20.9
山 东	Shandong	-25.6	-13.4	9.8
河 南	Henan	-5.1	10.3	6.6
湖 北	Hubei	-11.7	0.3	-3.5
湖 南	Hunan	14.3	-0.1	64.2
广 东	Guangdong	5.3	9.5	14.9
广 西	Guangxi	-20.3	12.6	27.0
海 南	Hainan	67.4	12.4	-24.0
重 庆	Chongqing	-3.4	2.1	4.3
四 川	Sichuan	-22.6	13.2	-21.6
贵 州	Guizhou	-23.3	38.2	59.5
云 南	Yunnan	17.6	9.3	-1.3
西 藏	Tibet	-19.9	1.2	23.7
陕 西	Shaanxi	-24.9	2.0	25.1
甘 肃	Gansu	-21.4	31.2	-21.5
青 海	Qinghai	29.7	37.5	17.7
宁 夏	Ningxia	-18.9	-28.7	53.2
新 疆	Xinjiang	-12.6	-9.3	39.1

2-15 分地区石油、煤炭及其他燃料加工业投资比上年增长情况
Investment in Processing of Petroleum, Coal and Other Fuels over Preceding Year by Region

单位：% (%)

地 区	Region	2018	2019	2020
北 京	Beijing	42.3	31.1	-50.1
天 津	Tianjin	122.0	45.4	52.9
河 北	Hebei	27.3	-22.7	-30.2
山 西	Shanxi	17.3	148.2	126.2
内蒙古	Inner Mongolia	-40.3	102.6	66.3
辽 宁	Liaoning	17.7	64.7	-24.1
吉 林	Jilin	71.7	-34.2	-46.9
黑龙江	Heilongjiang	193.5	100.9	20.7
上 海	Shanghai	-55.1	185.6	-47.3
江 苏	Jiangsu	-14.6	47.6	34.4
浙 江	Zhejiang	-19.1	-15.1	107.4
安 徽	Anhui	65.8	34.6	59.5
福 建	Fujian	24.1	38.9	-14.4
江 西	Jiangxi	12.9	35.3	-18.2
山 东	Shandong	-15.9	-39.0	-18.5
河 南	Henan	11.0	24.1	-1.6
湖 北	Hubei	56.3	-17.2	-13.3
湖 南	Hunan	306.1	83.5	14.8
广 东	Guangdong		13.6	29.5
广 西	Guangxi	77.7	64.2	48.3
海 南	Hainan	-40.2	78.9	257.4
重 庆	Chongqing	-39.0	-30.2	207.3
四 川	Sichuan	-41.7	11.3	40.3
贵 州	Guizhou	846.0	-5.1	-30.9
云 南	Yunnan	63.3	110.0	30.3
西 藏	Tibet	-81.6	-87.3	16.8
陕 西	Shaanxi	19.6	-8.5	-29.6
甘 肃	Gansu	87.6	16.1	-29.8
青 海	Qinghai	-84.7	480.8	1.5
宁 夏	Ningxia	337.6	-16.4	64.7
新 疆	Xinjiang	15.0	-12.8	-14.0

2-16 分地区燃气生产和供应业投资比上年增长情况
Investment in Production and Supply of Gas over Preceding Year by Region

单位：% (%)

地 区	Region	2018	2019	2020
北 京	Beijing	-46.6	-39.7	-51.0
天 津	Tianjin	170.1	-22.1	65.3
河 北	Hebei	13.1	30.8	38.2
山 西	Shanxi	-20.0	27.4	-33.7
内蒙古	Inner Mongolia	-38.2	38.6	-11.2
辽 宁	Liaoning	91.0	-16.6	-18.3
吉 林	Jilin	9.5	-37.2	-43.2
黑龙江	Heilongjiang	-7.9	12.9	-2.8
上 海	Shanghai	-27.7	179.2	-48.1
江 苏	Jiangsu	-21.7	-3.1	17.5
浙 江	Zhejiang	-16.4	22.0	-3.9
安 徽	Anhui	-16.3	59.6	45.5
福 建	Fujian	1.5	36.5	-27.3
江 西	Jiangxi	6.6	45.2	-35.2
山 东	Shandong	-21.0	-5.4	16.6
河 南	Henan	-0.5	62.7	23.1
湖 北	Hubei	17.7	-7.0	-24.9
湖 南	Hunan	17.7	79.4	21.6
广 东	Guangdong	-10.4	62.8	9.9
广 西	Guangxi	5.4	14.0	-9.3
海 南	Hainan	-11.2	346.2	-0.3
重 庆	Chongqing	-42.8	27.2	41.4
四 川	Sichuan	91.8	-15.1	14.9
贵 州	Guizhou	58.2	71.1	2.7
云 南	Yunnan	-5.8	26.1	-34.5
西 藏	Tibet	22.3	-96.9	
陕 西	Shaanxi	38.0	8.3	-4.5
甘 肃	Gansu	-29.7	22.5	7.0
青 海	Qinghai	62.0	379.4	-52.4
宁 夏	Ningxia	283.0	-29.6	-4.8
新 疆	Xinjiang	-47.0	-18.5	39.2

三、能源生产

Chapter 3　Energy Production

3-1 一次能源生产总量及构成

Total Primary Energy Production and Its Composition

年份 Year	电热当量计算法 Calorific Value Calculation						
	一次能源生产总量（万吨标准煤） Total Primary Energy Production (10^4 tce)	比重（%） Proportion (%)					
		原煤 Raw Coal	原油 Crude Oil	天然气 Natural Gas	一次电力及其他能源 Primary Electricity and Other Energy	#水电 Hydro Power	#核电 Nuclear Power
1980	62046	71.4	24.4	3.0	1.2	1.2	-
1981	61364	72.4	23.6	2.7	1.3	1.3	-
1982	64686	73.5	22.6	2.5	1.4	1.4	-
1983	68877	74.1	22.0	2.4	1.5	1.5	-
1984	75493	74.7	21.7	2.2	1.4	1.4	-
1985	83005	75.1	21.5	2.1	1.3	1.3	-
1986	85523	74.7	21.8	2.1	1.4	1.4	-
1987	88524	74.9	21.6	2.1	1.4	1.4	-
1988	92809	75.5	21.1	2.0	1.4	1.4	-
1989	98418	76.5	20.0	2.0	1.5	1.5	-
1990	100487	76.8	19.7	2.0	1.5	1.5	-
1991	101490	76.5	19.9	2.1	1.5	1.5	-
1992	103771	76.9	19.6	2.0	1.5	1.5	-
1993	107059	76.6	19.4	2.2	1.8	1.8	
1994	114009	77.2	18.3	2.3	2.2	2.1	0.1
1995	123519	78.7	17.4	1.9	2.0	1.9	0.1
1996	127404	78.3	17.6	2.1	2.0	1.8	0.1
1997	127431	77.8	18.0	2.2	2.0	1.9	0.1
1998	123713	76.9	18.6	2.3	2.2	2.1	0.1
1999	126264	77.1	18.1	2.7	2.1	1.9	0.2
2000	132384	76.3	17.6	2.7	3.4	2.1	0.2
2001	139928	76.5	16.7	2.9	3.9	2.4	0.2
2002	148450	77.0	16.1	2.9	4.0	2.4	0.2
2003	170305	79.3	14.2	2.7	3.8	2.0	0.3
2004	196418	80.5	12.8	2.8	3.9	2.2	0.3
2005	218355	81.2	11.9	3.0	3.9	2.2	0.3
2006	233269	81.4	11.3	3.3	4.0	2.3	0.3
2007	251772	81.6	10.6	3.7	4.1	2.4	0.3
2008	262992	81.0	10.3	4.1	4.6	2.7	0.3
2009	271067	81.0	10.0	4.2	4.8	2.8	0.3
2010	294807	80.7	9.8	4.3	5.2	3.0	0.3
2011	323045	81.9	9.0	4.3	4.8	2.7	0.3
2012	330203	81.0	9.0	4.4	5.6	3.2	0.4
2013	336452	80.4	8.9	4.7	6.0	3.4	0.4
2014	336314	79.2	9.0	5.0	6.8	3.9	0.5
2015	334162	78.2	9.2	5.2	7.4	4.2	0.6
2016	315217	76.7	9.0	5.7	8.6	4.6	0.8
2017	325917	76.6	8.4	6.0	9.0	4.5	0.9
2018	342312	76.6	7.9	6.0	9.5	4.4	1.1
2019	357130	76.2	7.6	6.3	9.9	4.5	1.2
2020	364419	75.4	7.6	6.8	10.2	4.6	1.2

3-1 续表 Continued

年 份 Year	发电煤耗计算法 Coal Equivalent Calculation						
	一次能源生产总量 (万吨标准煤) Total Primary Energy Production (10^4 tce)	比重 (%) Proportion (%)					
		原煤 Raw Coal	原油 Crude Oil	天然气 Natural Gas	一次电力及其他能源 Primary Electricity and Other Energy	#水电 Hydro Power	#核电 Nuclear Power
1980	63735	69.4	23.8	3.0	3.8	3.8	-
1981	63227	70.2	22.9	2.7	4.2	4.2	-
1982	66778	71.3	21.8	2.4	4.5	4.5	-
1983	71270	71.6	21.3	2.3	4.8	4.8	-
1984	77855	72.4	21.0	2.1	4.5	4.5	-
1985	85546	72.8	20.9	2.0	4.3	4.3	-
1986	88124	72.4	21.2	2.1	4.3	4.3	-
1987	91266	72.6	21.0	2.0	4.4	4.4	-
1988	95801	73.1	20.4	2.0	4.5	4.5	-
1989	101639	74.1	19.3	2.0	4.6	4.6	-
1990	103922	74.2	19.0	2.0	4.8	4.8	-
1991	104844	74.1	19.2	2.0	4.7	4.7	-
1992	107256	74.3	18.9	2.0	4.8	4.8	-
1993	111059	74.0	18.7	2.0	5.3	5.2	0.1
1994	118729	74.6	17.6	1.9	5.9	5.4	0.5
1995	129034	75.3	16.6	1.9	6.2	5.8	0.4
1996	133032	75.0	16.9	2.0	6.1	5.7	0.4
1997	133460	74.2	17.2	2.1	6.5	6.0	0.4
1998	129834	73.3	17.7	2.2	6.8	6.4	0.4
1999	131935	73.9	17.3	2.5	6.3	5.9	0.4
2000	138570	72.9	16.8	2.6	7.7	6.1	0.5
2001	147425	72.6	15.9	2.7	8.8	7.1	0.4
2002	156277	73.1	15.3	2.8	8.8	6.8	0.6
2003	178299	75.7	13.6	2.6	8.1	5.8	0.9
2004	206108	76.7	12.2	2.7	8.4	6.2	0.9
2005	229037	77.4	11.3	2.9	8.4	6.2	0.8
2006	244763	77.5	10.8	3.2	8.5	6.3	0.8
2007	264173	77.8	10.1	3.5	8.6	6.3	0.8
2008	277419	76.8	9.8	3.9	9.5	7.1	0.8
2009	286092	76.8	9.4	4.0	9.8	7.1	0.8
2010	312125	76.2	9.3	4.1	10.4	7.4	0.8
2011	340178	77.8	8.5	4.1	9.6	6.5	0.8
2012	351041	76.2	8.5	4.1	11.2	7.8	0.9
2013	358784	75.4	8.4	4.4	11.8	8.0	1.0
2014	362212	73.5	8.3	4.7	13.5	9.1	1.1
2015	362193	72.2	8.5	4.8	14.5	9.6	1.4
2016	345954	69.8	8.3	5.2	16.7	10.4	1.9
2017	358867	69.6	7.6	5.4	17.4	10.0	2.1
2018	378859	69.2	7.2	5.4	18.2	9.7	2.3
2019	397317	68.5	6.9	5.6	19.0	9.8	2.6
2020	407295	67.5	6.8	6.0	19.7	9.9	2.7

3-2 分地区原煤生产量
Raw Coal Production by Region

单位：万吨 (10⁴ tons)

地 区	Region	2014	2015	2016	2017	2018	2019	2020
北 京	Beijing	457	450	318	255	176	36	
天 津	Tianjin							
河 北	Hebei	7345	7437	6484	6020	5559	5075	4975
山 西	Shanxi	92794	96680	83044	87221	92677	98795	107906
内蒙古	Inner Mongolia	99391	90957	84559	90597	99102	109068	102551
辽 宁	Liaoning	5001	4752	4170	3630	3403	3292	3129
吉 林	Jilin	3100	2634	1684	1639	1620	1256	1040
黑龙江	Heilongjiang	7059	6551	5890	6196	6133	5391	5558
上 海	Shanghai							
江 苏	Jiangsu	2019	1919	1368	1278	1246	1103	1022
浙 江	Zhejiang							
安 徽	Anhui	12804	13404	12236	11724	11412	10989	11084
福 建	Fujian	1589	1591	1384	1130	941	846	659
江 西	Jiangxi	2814	2271	1557	939	551	504	314
山 东	Shandong	14684	14220	12818	13160	12556	11918	10945
河 南	Henan	14416	13596	11947	11751	11467	10938	10647
湖 北	Hubei	1057	860	594	316	119	41	40
湖 南	Hunan	5554	3559	2787	1938	1900	1473	1068
广 东	Guangdong							
广 西	Guangxi	615	425	433	443	488	406	414
海 南	Hainan							
重 庆	Chongqing	3884	3562	2437	1194	1177	1171	939
四 川	Sichuan	7663	6406	6165	4799	3736	3397	2240
贵 州	Guizhou	18508	17205	16851	16344	14335	13168	12055
云 南	Yunnan	4741	5184	4587	4675	4573	5523	5530
西 藏	Tibet							
陕 西	Shaanxi	52226	52576	51566	57102	62958	63630	67973
甘 肃	Gansu	4753	4400	4254	3738	3630	3685	3859
青 海	Qinghai	1833	816	787	842	821	1286	1092
宁 夏	Ningxia	8563	7976	7069	7644	7840	7477	8152
新 疆	Xinjiang	14520	15221	16073	17782	21352	24165	26966

3-3 分地区焦炭生产量
Coke Production by Region

单位：万吨 (10⁴ tons)

地 区	Region	1995	2000	2005	2010	2015	2016	2017	2018	2019	2020
北 京	Beijing	401	402	344	161						
天 津	Tianjin	175	171	361	238	196	205	158	165	158	175
河 北	Hebei	938	792	2613	5046	5481	5312	4814	5263	4983	4826
山 西	Shanxi	5298	4967	7981	8505	8040	8186	8383	9252	9700	10494
内蒙古	Inner Mongolia	395	394	1034	2034	3041	2817	3046	3423	3677	4223
辽 宁	Liaoning	820	789	1238	1876	2097	2131	2216	2214	2281	2297
吉 林	Jilin	136	154	270	411	372	315	314	298	338	369
黑龙江	Heilongjiang	190	129	474	957	687	675	761	906	1076	1063
上 海	Shanghai	651	776	762	631	534	543	557	545	549	541
江 苏	Jiangsu	191	237	576	1394	2433	2527	2060	1497	1611	1313
浙 江	Zhejiang	57	60	55	282	294	228	229	203	209	213
安 徽	Anhui	293	330	488	875	958	973	1058	1130	1167	1228
福 建	Fujian	39	45	91	143	152	127	158	174	202	223
江 西	Jiangxi	167	187	401	799	815	749	594	608	661	689
山 东	Shandong	465	362	1709	3429	4365	4420	3934	4376	4921	3163
河 南	Henan	489	355	1381	2572	2942	2920	2291	2237	2030	1848
湖 北	Hubei	398	411	678	947	920	892	885	874	834	801
湖 南	Hunan	215	207	446	582	657	667	654	656	586	604
广 东	Guangdong	54	54	125	195	244	483	591	574	591	597
广 西	Guangxi	64	61	223	392	586	678	704	692	729	812
海 南	Hainan										
重 庆	Chongqing		136	223	359	218	134	174	251	259	280
四 川	Sichuan	708	382	828	1159	1304	1275	1072	1084	1066	1074
贵 州	Guizhou	426	134	716	713	729	659	510	401	392	428
云 南	Yunnan	370	221	1214	1607	1150	1090	964	930	1000	1093
西 藏	Tibet										
陕 西	Shaanxi	341	175	591	1571	3658	3921	4050	4025	4687	4897
甘 肃	Gansu	95	126	222	244	525	509	472	384	449	517
青 海	Qinghai	1	2	2	130		134	151	172	191	183
宁 夏	Ningxia	43	30	117	424	758	768	755	737	791	921
新 疆	Xinjiang	92	95	249	1188	1662	1574	1591	1765	1989	2247

3-4 分地区原油生产量
Crude Oil Production by Region

单位：万吨 (10⁴ tons)

地 区	Region	1995	2000	2005	2010	2015	2016	2017	2018	2019	2020
北 京	Beijing										
天 津	Tianjin	620.8	764.0	1793.0	3332.7	3496.8	3273.3	3102.4	3085.5	3111.9	3242.2
河 北	Hebei	517.0	518.3	562.5	599.0	580.1	546.0	539.1	537.2	550.0	543.5
山 西	Shanxi										
内蒙古	Inner Mongolia					45.8	44.9	12.2	12.0	14.9	13.6
辽 宁	Liaoning	1552.7	1401.1	1261.0	950.0	1037.1	1017.3	1044.2	1040.7	1053.3	1049.4
吉 林	Jilin	342.7	348.5	550.6	702.3	665.5	610.7	420.9	387.4	401.9	404.4
黑龙江	Heilongjiang	5601.5	5306.7	4516.0	4004.9	3838.6	3656.0	3420.3	3224.2	3090.0	3001.0
上 海	Shanghai		52.7	25.3	8.3	6.8	6.5	6.8	6.5	39.1	52.0
江 苏	Jiangsu	101.4	155.0	164.7	186.0	190.5	166.0	156.1	155.4	153.5	152.1
浙 江	Zhejiang										
安 徽	Anhui										
福 建	Fujian										
江 西	Jiangxi										
山 东	Shandong	3006.3	2675.7	2694.5	2786.0	2608.0	2295.3	2234.9	2242.1	2226.0	2219.2
河 南	Henan	602.0	562.2	507.2	497.9	412.1	315.7	282.9	258.8	251.1	239.9
湖 北	Hubei	85.0	75.1	78.1	86.5	71.0	58.1	55.5	54.3	53.6	53.5
湖 南	Hunan										
广 东	Guangdong	651.0	1393.2	1470.0	1287.1	1572.6	1556.3	1435.2	1393.5	1507.5	1613.1
广 西	Guangxi	3.6	3.3	3.4	2.7	50.5	47.4	44.1	51.9	50.3	48.8
海 南	Hainan	0.1		10.1	20.0	30.0	29.4	30.0	30.4	30.5	30.6
重 庆	Chongqing										
四 川	Sichuan	17.2	17.3	13.9	15.1	15.4	10.8	8.7	8.1	8.4	7.9
贵 州	Guizhou										
云 南	Yunnan	10.2		0.1							
西 藏	Tibet										
陕 西	Shaanxi	166.9	746.4	1778.2	3017.3	3736.7	3502.4	3489.8	3522.0	2700.1	2693.7
甘 肃	Gansu	267.8	55.3	78.9	58.2	66.6	40.4	47.0	51.8	903.5	968.7
青 海	Qinghai	121.7	200.0	221.5	186.1	223.0	221.0	228.0	223.3	228.0	228.5
宁 夏	Ningxia	39.0	139.0		3.1	13.4	6.2	0.7			
新 疆	Xinjiang	1297.8	1848.2	2406.4	2558.2	2795.1	2564.9	2591.8	2647.4	2789.4	2914.8

3-5 分地区汽油生产量
Gasoline Production by Region

单位：万吨 (10⁴ tons)

地区	Region	1995	2000	2005	2010	2015	2016	2017	2018	2019	2020
北京	Beijing	101.95	146.20	170.90	257.10	297.98	267.26	273.67	276.21	285.45	208.55
天津	Tianjin	94.02	122.02	145.42	164.60	245.84	229.06	251.95	288.53	291.18	279.94
河北	Hebei	135.11	159.04	223.60	270.00	432.83	475.88	385.86	446.42	536.06	514.51
山西	Shanxi				3.20	0.34		0.11			
内蒙古	Inner Mongolia	23.43		44.99	42.10	147.91	176.62	176.69	151.70	178.63	167.02
辽宁	Liaoning	398.22	683.88	965.60	1057.74	1128.52	1212.11	1316.49	1592.76	1789.13	1766.89
吉林	Jilin	147.88	159.45	164.72	163.00	196.79	211.31	221.16	205.37	238.72	209.93
黑龙江	Heilongjiang	261.72	347.46	384.85	462.90	480.42	501.92	519.24	512.38	521.72	533.54
上海	Shanghai	111.00	263.69	263.45	259.70	537.31	536.12	570.01	528.43	607.57	552.79
江苏	Jiangsu	108.07	171.53	233.25	286.50	657.52	698.65	678.17	809.53	809.74	715.92
浙江	Zhejiang	124.15	178.98	288.69	305.10	333.27	307.69	352.08	338.83	351.70	440.08
安徽	Anhui	74.11	79.38	86.00	97.00	216.55	176.38	243.43	269.61	249.15	256.16
福建	Fujian	81.49	102.22	95.19	149.60	391.30	394.15	368.65	372.29	407.78	318.87
江西	Jiangxi	64.56	82.51	86.10	108.60	193.79	219.37	208.39	240.11	244.35	211.62
山东	Shandong	214.88	280.15	474.54	1195.46	2650.54	3252.16	3145.30	2782.04	2321.06	2042.49
河南	Henan	138.68	136.86	127.65	208.00	163.95	203.62	186.87	226.65	206.60	226.56
湖北	Hubei	126.32	154.97	178.87	239.80	317.14	324.13	375.17	373.28	402.47	344.40
湖南	Hunan	90.38	120.19	122.83	125.50	228.33	240.18	220.89	279.12	280.30	257.47
广东	Guangdong	286.47	331.50	367.23	635.70	885.73	904.67	946.76	1153.08	1165.50	1206.19
广西	Guangxi	15.09	15.64	19.38	77.30	432.15	432.04	497.45	519.67	516.93	397.26
海南	Hainan				263.20	248.19	233.44	224.41	276.56	301.03	267.81
重庆	Chongqing										
四川	Sichuan	5.92	8.42	23.20	57.80	217.44	256.58	280.34	181.21	262.39	232.30
贵州	Guizhou								84.68		
云南	Yunnan					2.08	0.66	103.76	347.32	397.65	330.00
西藏	Tibet										
陕西	Shaanxi	49.68	180.13	387.83	572.50	705.07	621.77	612.73	653.56	640.02	652.11
甘肃	Gansu	166.84	150.92	229.30	287.90	395.48	388.28	424.83	418.93	433.49	450.78
青海	Qinghai	29.48	20.78	29.40	40.80	53.91	52.47	51.68	45.83	53.01	53.27
宁夏	Ningxia	23.57	26.91	58.17	76.80	219.53	259.01	247.59	195.42	205.81	168.64
新疆	Xinjiang	178.53	211.86	238.06	268.15	323.63	356.48	392.49	395.17	423.24	366.60

3-6 分地区煤油生产量
Kerosene Production by Region

单位：万吨 (10⁴ tons)

地 区	Region	1995	2000	2005	2010	2015	2016	2017	2018	2019	2020
北 京	Beijing	0.26		12.36	116.10	160.00	149.79	190.77	187.57	191.30	103.06
天 津	Tianjin	8.85	32.57	25.83	81.20	157.42	125.62	172.09	190.85	209.52	98.82
河 北	Hebei	4.83	12.69	11.94	4.30	44.15	57.90	42.64	58.29	70.81	90.45
山 西	Shanxi										
内蒙古	Inner Mongolia	0.02				9.13	14.22	24.00	13.03	19.79	16.55
辽 宁	Liaoning	84.34	231.53	220.00	224.20	429.10	495.91	504.59	612.31	768.88	409.48
吉 林	Jilin	1.96	1.28			21.61	28.22	29.54	26.91	32.45	30.77
黑龙江	Heilongjiang	22.27	23.27	19.28	31.50	68.46	82.14	87.75	63.82	69.86	54.43
上 海	Shanghai	35.84	48.38	144.25	149.30	292.93	292.39	292.80	257.91	341.81	229.87
江 苏	Jiangsu	50.64	67.21	99.41	165.60	410.60	434.35	390.89	484.54	499.50	298.32
浙 江	Zhejiang	32.31	107.28	130.97	154.60	226.26	213.31	246.55	273.34	293.65	524.17
安 徽	Anhui					0.44	12.98	34.83	40.37	39.57	46.83
福 建	Fujian	3.49	8.64	5.81	94.70	274.82	359.34	332.32	356.58	399.12	386.89
江 西	Jiangxi	2.14	4.44	4.67		34.17	54.95	57.47	67.15	70.73	54.24
山 东	Shandong	24.89	44.96	34.65	86.70	200.79	257.86	289.02	305.29	270.03	187.63
河 南	Henan	21.10	17.04	20.07	56.90	49.48	62.78	62.80	66.66	62.71	56.19
湖 北	Hubei	13.64	16.38	8.85	46.20	107.75	98.25	120.88	124.71	149.06	83.23
湖 南	Hunan	7.49	8.57	10.99	4.80	51.69	63.35	64.36	85.44	98.85	73.66
广 东	Guangdong	72.28	147.68	156.29	344.00	641.13	682.88	713.39	828.92	840.45	668.74
广 西	Guangxi	0.55	0.05	0.01	3.30	105.67	88.60	112.66	128.72	159.56	77.26
海 南	Hainan				44.60	150.21	151.19	133.09	142.25	157.07	113.39
重 庆	Chongqing			0.02							
四 川	Sichuan	2.76	4.23	1.44	1.10	29.07	46.88	46.05	46.94	84.78	97.78
贵 州	Guizhou										
云 南	Yunnan							21.84	96.12	110.01	105.36
西 藏	Tibet										
陕 西	Shaanxi	1.65	8.46		27.70	33.08	30.25	49.76	78.28	78.67	73.81
甘 肃	Gansu	38.64	55.88	49.61	32.30	74.21	82.04	108.52	112.32	115.40	86.52
青 海	Qinghai									3.37	0.70
宁 夏	Ningxia					14.22	19.64	18.70	24.11	25.00	14.44
新 疆	Xinjiang	15.80	31.75	32.14	45.60	72.25	79.00	83.57	96.34	110.61	66.82

3-7 分地区柴油生产量
Diesel Oil Production by Region

单位：万吨 (10⁴ tons)

地 区	Region	1995	2000	2005	2010	2015	2016	2017	2018	2019	2020
北 京	Beijing	79.20	183.92	199.41	350.40	208.62	189.57	169.84	159.77	173.11	160.41
天 津	Tianjin	119.44	246.82	364.54	602.70	545.26	450.88	467.73	466.87	464.93	334.69
河 北	Hebei	165.81	271.19	403.42	486.90	497.79	501.92	437.34	412.39	556.48	474.08
山 西	Shanxi	0.16			0.20				1.79	47.29	15.00
内蒙古	Inner Mongolia	20.46		41.01	79.30	177.29	177.58	192.04	159.46	172.19	168.40
辽 宁	Liaoning	677.68	1202.07	1899.60	2379.82	2270.88	2044.31	2015.24	2176.62	2146.81	2223.10
吉 林	Jilin	99.83	178.81	367.43	322.20	349.61	349.65	317.87	283.60	299.29	261.88
黑龙江	Heilongjiang	379.68	532.61	627.52	615.50	534.42	482.28	425.86	412.50	340.40	317.71
上 海	Shanghai	129.13	401.30	717.86	773.60	761.00	708.79	707.14	637.01	696.99	690.66
江 苏	Jiangsu	207.31	408.69	725.87	808.30	718.67	761.14	844.97	763.81	664.03	671.35
浙 江	Zhejiang	201.52	387.40	728.09	832.60	685.23	630.50	671.51	633.35	641.52	724.41
安 徽	Anhui	98.87	151.85	177.36	196.00	280.04	197.47	251.88	183.40	181.57	183.93
福 建	Fujian	85.15	161.49	150.34	388.00	506.29	422.46	388.11	486.48	571.75	389.24
江 西	Jiangxi	83.17	127.09	132.53	190.80	211.92	307.32	288.26	289.44	293.81	236.69
山 东	Shandong	328.63	540.04	939.01	2263.86	3952.20	4882.10	5083.25	3986.00	3125.04	2897.33
河 南	Henan	121.69	213.42	219.02	297.57	138.43	143.80	176.43	218.12	204.16	230.19
湖 北	Hubei	153.05	247.01	329.83	379.60	450.42	426.58	489.65	447.14	465.94	395.03
湖 南	Hunan	104.36	215.53	229.25	215.00	287.41	258.99	193.40	221.37	219.22	211.79
广 东	Guangdong	377.36	654.02	875.28	1531.00	1419.41	1376.46	1370.60	1603.90	1469.20	1592.53
广 西	Guangxi	14.98	24.92	36.33	145.50	592.35	528.41	608.97	581.09	576.94	472.56
海 南	Hainan				346.00	331.16	268.26	229.27	260.27	278.43	280.79
重 庆	Chongqing				0.60						
四 川	Sichuan	5.78	11.14	48.52	83.30	340.91	289.16	291.88	179.27	243.48	216.84
贵 州	Guizhou										
云 南	Yunnan							156.23	406.36	419.74	384.74
西 藏	Tibet										
陕 西	Shaanxi	52.93	223.19	513.38	854.40	841.99	744.20	722.63	697.53	676.91	689.53
甘 肃	Gansu	188.59	276.23	535.67	619.90	584.38	526.28	532.60	531.39	548.82	542.53
青 海	Qinghai	20.99	22.63	44.31	56.70	67.32	63.45	66.90	61.17	65.59	66.90
宁 夏	Ningxia	24.92	33.44	76.57	92.30	205.31	237.21	302.22	250.88	237.44	200.89
新 疆	Xinjiang	231.88	364.79	697.27	976.10	1049.58	948.91	916.21	849.09	857.19	871.68

3-8 分地区燃料油生产量
Fuel Oil Production by Region

单位：万吨 (10^4 tons)

地 区	Region	1995	2000	2005	2010	2015	2016	2017	2018	2019	2020
北 京	Beijing	220.31	78.95	75.29	35.08	4.11	2.79	3.89	4.16	0.72	4.82
天 津	Tianjin	142.38	40.60	29.38	62.68	5.69	2.67	0.64	2.11	2.07	4.70
河 北	Hebei	44.26	30.17	25.37	116.94	123.01	160.31	194.12	163.60	152.50	226.12
山 西	Shanxi										
内蒙古	Inner Mongolia	18.85		13.56	30.78	6.81	5.18	7.96	6.48	8.01	7.68
辽 宁	Liaoning	610.43	413.40	466.15	602.36	194.80	165.79	149.20	205.17	195.06	331.12
吉 林	Jilin	85.11	95.59	34.76	36.83	23.20	28.16	28.68	27.80	28.86	32.69
黑龙江	Heilongjiang	181.28	120.56	44.69	55.38	44.27	26.68	17.73	19.76	20.41	29.25
上 海	Shanghai	290.40	139.03	119.67	29.57	27.82	21.70	12.99	19.59	36.04	104.37
江 苏	Jiangsu	162.04	136.29	159.43	187.61	300.12	365.01	320.70	154.83	186.73	328.84
浙 江	Zhejiang	78.33	123.40	109.76	134.66	110.50	108.74	139.63	139.83	483.31	364.41
安 徽	Anhui	48.48	10.68	8.30	12.44	1.81	1.23	0.53	3.53	5.67	13.64
福 建	Fujian	10.44	10.01	8.86	2.60	68.75	35.81	29.79	28.68	63.79	168.28
江 西	Jiangxi	43.27	54.27	39.53	20.89	0.20		0.24	1.41	8.09	17.65
山 东	Shandong	334.33	274.66	602.62	365.19	928.84	1192.75	1245.07	840.70	724.31	954.81
河 南	Henan	19.56	30.42	40.02	17.20	41.55	26.22	12.07	8.42	3.93	3.60
湖 北	Hubei	95.49	40.24	28.38	21.93	7.77	1.89	1.76	5.85	7.06	13.87
湖 南	Hunan	55.29	33.95	31.55	22.66	24.87	5.27	4.53	4.69	4.31	13.06
广 东	Guangdong	214.73	186.13	248.08	156.38	190.92	204.66	186.12	166.80	178.74	391.10
广 西	Guangxi	3.60	4.37	9.16	30.82	19.41	17.63	6.30	5.91	11.66	14.30
海 南	Hainan		9.45	4.36	27.04	24.23	80.45	50.51	56.47	56.56	113.44
重 庆	Chongqing			0.06							
四 川	Sichuan	3.58	4.10		14.39	49.51	46.04	30.59	24.48	28.32	14.95
贵 州	Guizhou										
云 南	Yunnan	0.58						7.57	1.92		
西 藏	Tibet										
陕 西	Shaanxi	55.64	41.54	83.69	85.30	23.32	12.41	157.08	152.93	162.58	147.68
甘 肃	Gansu	101.21	91.65	39.57	20.57	16.92	6.78	2.28	3.91	3.30	2.21
青 海	Qinghai	19.72	6.39	2.11	3.34	3.50	3.93	4.10	3.92	4.13	2.66
宁 夏	Ningxia	10.24	10.54	3.23	3.10	25.64	19.95	25.92	38.42	61.85	25.57
新 疆	Xinjiang	111.22	67.26	33.61	19.33	45.44	44.84	53.36	45.32	31.70	75.50

3-9 分地区天然气生产量
Natural Gas Production by Region

单位：亿立方米 (10^8 cu.m)

地 区	Region	1995	2000	2005	2010	2015	2016	2017	2018	2019	2020
北 京	Beijing					16.88	21.68	15.41	17.28	14.55	19.98
天 津	Tianjin	7.57	9.10	8.79	17.20	20.54	19.69	21.50	33.94	34.90	36.31
河 北	Hebei	3.49	5.14	6.92	12.70	10.43	7.78	7.39	6.15	5.84	5.61
山 西	Shanxi	0.47	1.14	3.24		43.08	43.22	46.76	53.06	82.55	85.93
内蒙古	Inner Mongolia		4.55			9.24	0.27	0.19	16.07	22.07	25.55
辽 宁	Liaoning	21.12	14.70	11.72	8.00	6.59	5.52	5.11	5.87	6.18	7.37
吉 林	Jilin	1.83	2.05	5.40	13.70	20.31	19.77	18.58	18.35	19.82	19.81
黑龙江	Heilongjiang	25.91	23.04	24.43	30.00	35.82	38.04	40.54	43.54	45.66	46.78
上 海	Shanghai		2.60	6.04	3.30	1.88	2.02	1.71	14.54	12.47	15.11
江 苏	Jiangsu	0.19	0.24	0.64	0.60	0.37	1.33	2.94	9.97	4.09	4.24
浙 江	Zhejiang		0.04	0.03				6.14			
安 徽	Anhui						3.38	2.60	2.25	2.12	2.24
福 建	Fujian										
江 西	Jiangxi					0.35	0.23	0.21	0.17	0.03	
山 东	Shandong	12.85	6.88	9.25	5.33	4.57	4.22	4.15	4.80	4.98	5.77
河 南	Henan	11.38	14.95	17.62	6.72	4.19	3.30	2.98	2.90	2.96	2.90
湖 北	Hubei	0.76	0.91	1.12	2.00	1.35	1.31	1.27	5.13	1.07	1.01
湖 南	Hunan										0.03
广 东	Guangdong	1.03	34.60	44.75	78.40	96.57	79.25	89.23	102.50	112.08	131.59
广 西	Guangxi					0.16	0.20	0.21	0.19	0.23	0.22
海 南	Hainan			1.66	1.80	1.88	1.37	1.10	1.06	1.03	1.04
重 庆	Chongqing		1.94	3.27	1.20	33.32	51.75	60.70	61.17	72.74	79.96
四 川	Sichuan	76.64	88.60	142.30	237.65	267.22	296.91	356.39	369.86	416.88	463.34
贵 州	Guizhou		0.70	0.53	0.12	0.93	3.41	4.15	2.97	3.15	5.04
云 南	Yunnan	1.81	0.05	0.22	0.06		0.02	0.04			
西 藏	Tibet										
陕 西	Shaanxi	0.22	21.10	75.46	223.50	415.92	411.91	419.40	442.89	481.55	527.38
甘 肃	Gansu	1.13	0.20	0.84	0.20	0.08	0.06	0.60	1.03	1.58	3.90
青 海	Qinghai	0.64	3.91	22.26	56.10	61.37	60.81	64.01	64.05	64.00	64.01
宁 夏	Ningxia	0.62	0.15								
新 疆	Xinjiang	11.81	35.38	106.71	249.90	293.02	291.21	307.04	321.84	341.08	369.83

3-10 分地区发电量
Power Generation by Region

单位：亿千瓦时 (10^8 kW•h)

地区	Region	1995	2000	2005	2010	2015	2016	2017	2018	2019	2020
北京	Beijing	132	145	213	269	421	434	397	451	464	457
天津	Tianjin	134	211	369	589	623	618	638	725	733	772
河北	Hebei	607	844	1339	1993	2498	2631	2983	3229	3298	3425
山西	Shanxi	506	620	1312	2151	2449	2535	2861	3203	3362	3504
内蒙古	Inner Mongolia	279	439	1057	2489	3929	3950	4413	4961	5495	5811
辽宁	Liaoning	540	646	904	1295	1665	1779	1844	1986	2073	2135
吉林	Jilin	285	314	433	605	731	760	760	869	946	1019
黑龙江	Heilongjiang	388	427	596	777	874	900	954	1047	1112	1138
上海	Shanghai	403	553	734	876	793	807	852	848	822	862
江苏	Jiangsu	700	910	2120	3359	4361	4709	4924	5146	5166	5218
浙江	Zhejiang	401	625	1456	2568	3011	3198	3336	3493	3538	3531
安徽	Anhui	310	355	648	1444	2062	2253	2478	2741	2887	2809
福建	Fujian	262	404	778	1356	1901	2007	2226	2479	2578	2651
江西	Jiangxi	176	203	373	664	982	1085	1160	1286	1376	1445
山东	Shandong	739	1005	1911	3043	4685	5329	5775	5920	5897	5806
河南	Henan	548	695	1415	2192	2625	2653	2747	3060	2888	2906
湖北	Hubei	453	559	1290	2043	2341	2479	2631	2817	2958	3016
湖南	Hunan	333	354	644	1226	1314	1385	1438	1540	1559	1554
广东	Guangdong	821	1293	2279	3237	4035	4170	4517	4716	5051	5226
广西	Guangxi	217	289	446	1032	1300	1347	1468	1732	1846	1971
海南	Hainan	32	39	82	153	261	288	305	325	346	346
重庆	Chongqing		168	254	504	680	701	738	812	812	841
四川	Sichuan	576	500	1019	1795	3130	3274	3452	3693	3924	4182
贵州	Guizhou	232	405	798	1386	1815	1904	1932	2021	2207	2305
云南	Yunnan	228	298	624	1365	2553	2693	2950	3242	3466	3674
西藏	Tibet	5	7	13	21	45	54	59	69	86	89
陕西	Shaanxi	237	272	549	1112	1623	1757	1846	1920	2193	2379
甘肃	Gansu	238	254	506	792	1242	1214	1303	1540	1631	1762
青海	Qinghai	60	134	216	468	566	553	615	811	886	952
宁夏	Ningxia	108	137	313	587	1155	1144	1406	1672	1766	1882
新疆	Xinjiang	120	182	310	679	2479	2719	3037	3306	3670	4122

3-11 分地区水力发电量
Hydro Power Generation by Region

单位：亿千瓦时 (10[8] kW•h)

地　区	Region	1995	2000	2005	2010	2015	2016	2017	2018	2019	2020
北　京	Beijing	3.18	8.64	4.71	4.40	6.64	12.29	11.25	9.91	10.19	11.46
天　津	Tianjin	0.21	0.14			0.16	0.03	0.07	0.15	0.12	0.10
河　北	Hebei	12.63	4.70	5.61	5.55	9.98	22.26	15.56	10.54	16.44	15.17
山　西	Shanxi	7.11	13.04	20.32	36.63	29.26	37.50	42.46	43.18	49.07	46.76
内蒙古	Inner Mongolia	1.43	5.59	11.55	16.29	36.42	27.48	20.11	36.49	58.07	57.35
辽　宁	Liaoning	41.71	14.89	56.73	43.98	32.28	47.03	30.31	33.57	43.58	56.55
吉　林	Jilin	83.16	47.84	78.30	105.50	58.42	82.42	63.47	63.40	66.76	93.84
黑龙江	Heilongjiang	6.69	13.19	14.70	22.53	16.86	16.87	21.02	26.20	27.71	31.99
上　海	Shanghai										
江　苏	Jiangsu	0.35	0.13	2.66	2.98	11.69	17.35	28.93	33.22	30.76	32.17
浙　江	Zhejiang	78.25	65.23	135.11	230.85	229.06	274.41	204.06	180.02	256.58	209.09
安　徽	Anhui	11.39	4.58	12.52	18.85	48.67	63.17	57.13	53.84	51.09	66.21
福　建	Fujian	154.91	195.22	291.00	453.69	466.07	644.39	463.66	351.17	442.35	291.77
江　西	Jiangxi	55.13	53.50	67.88	117.85	178.31	198.53	153.21	120.28	167.74	144.89
山　东	Shandong	0.40	0.03	1.30	2.14	7.77	13.92	6.46	4.64	5.23	8.66
河　南	Henan	15.64	15.52	67.91	91.67	110.16	95.54	101.23	143.95	145.06	140.21
湖　北	Hubei	258.82	281.40	813.65	1263.83	1328.47	1410.72	1504.24	1465.49	1356.98	1647.22
湖　南	Hunan	157.97	191.15	241.28	502.53	572.52	621.51	594.92	535.75	543.97	573.66
广　东	Guangdong	131.10	106.11	207.74	348.86	436.76	443.34	319.21	255.65	391.01	285.42
广　西	Guangxi	138.30	168.87	195.82	475.26	749.31	654.38	686.72	699.43	593.41	614.47
海　南	Hainan	11.32	11.54	10.64	13.34	11.39	19.13	26.37	25.51	17.27	16.68
重　庆	Chongqing		38.22	67.32	169.25	229.44	247.18	261.71	257.85	242.27	281.00
四　川	Sichuan	259.79	315.11	653.35	1213.42	2667.64	2852.07	3023.56	3162.67	3316.01	3541.38
贵　州	Guizhou	114.90	183.44	213.35	416.58	789.22	733.73	723.72	714.93	769.36	831.16
云　南	Yunnan	162.05	196.53	349.19	814.12	2177.57	2278.15	2489.67	2695.31	2855.85	2959.99
西　藏	Tibet	3.04	5.54	12.10	15.85	39.51	48.78	51.14	57.28	68.49	70.24
陕　西	Shaanxi	25.43	34.80	50.54	87.24	134.26	125.14	140.15	137.01	154.98	128.11
甘　肃	Gansu	96.18	102.54	165.57	262.32	335.98	313.51	350.58	411.37	496.12	506.81
青　海	Qinghai	42.57	107.69	160.58	371.11	364.33	300.85	328.14	517.90	554.04	599.00
宁　夏	Ningxia	9.30	8.18	16.41	18.02	15.53	14.02	15.45	19.76	21.87	22.50
新　疆	Xinjiang	22.82	30.83	42.33	97.08	209.05	224.75	244.12	251.42	292.00	268.20

3-12 分地区火力发电量
Thermal Power Generation by Region

单位：亿千瓦时 (10^8 kW•h)

地 区	Region	1995	2000	2005	2010	2015	2016	2017	2018	2019	2020
北 京	Beijing	128.18	136.62	209.80	261.80	411.16	417.76	379.70	434.33	445.71	436.09
天 津	Tianjin	131.58	211.35	365.69	559.60	615.45	611.51	626.81	708.49	706.60	741.04
河 北	Hebei	593.72	839.53	1332.17	1926.28	2291.62	2372.47	2645.30	2809.74	2787.25	2831.73
山 西	Shanxi	498.85	607.27	1291.65	2104.00	2330.26	2362.85	2607.22	2853.44	2960.80	3032.50
内蒙古	Inner Mongolia	277.11	432.09	1042.28	2226.55	3427.49	3374.88	3741.98	4164.48	4608.41	4841.20
辽 宁	Liaoning	496.63	628.00	845.00	1204.04	1357.71	1399.56	1415.04	1453.80	1476.74	1506.84
吉 林	Jilin	201.45	265.48	354.16	463.29	597.05	592.28	620.75	676.94	725.24	750.21
黑龙江	Heilongjiang	381.30	413.54	581.13	720.35	790.43	803.48	821.13	876.20	911.73	921.77
上 海	Shanghai	401.93	553.09	728.74	864.79	787.55	800.14	836.13	823.75	797.45	832.98
江 苏	Jiangsu	698.42	909.57	2114.03	3166.32	4104.31	4403.02	4536.90	4578.08	4468.81	4433.91
浙 江	Zhejiang	300.67	539.18	1094.64	2075.47	2259.86	2374.01	2560.25	2595.26	2500.95	2442.63
安 徽	Anhui	297.94	350.87	636.37	1420.18	1988.11	2134.69	2319.56	2533.74	2663.97	2555.84
福 建	Fujian	106.60	208.45	486.88	890.43	1092.25	900.20	1132.44	1398.71	1411.24	1565.31
江 西	Jiangxi	121.35	149.85	305.61	545.36	785.61	856.93	949.00	1073.43	1100.96	1167.39
山 东	Shandong	738.83	1005.14	1909.59	3003.60	4545.63	5142.88	5546.69	5524.79	5292.91	5141.56
河 南	Henan	532.01	677.76	1346.77	2092.09	2498.99	2526.05	2581.06	2774.96	2553.50	2515.14
湖 北	Hubei	193.71	277.73	476.15	752.72	993.76	1016.50	1047.14	1238.39	1469.94	1222.23
湖 南	Hunan	174.86	163.27	403.13	723.75	712.65	723.32	787.67	923.42	914.60	851.87
广 东	Guangdong	583.62	1038.61	1764.53	2487.86	2934.43	2971.70	3327.59	3467.52	3433.89	3603.12
广 西	Guangxi	78.99	120.21	250.23	543.73	544.33	574.49	626.83	820.61	1006.51	1064.89
海 南	Hainan	20.21	27.51	72.46	137.39	236.07	199.95	195.34	211.23	212.46	213.06
重 庆	Chongqing		129.68	185.81	333.76	448.28	449.37	467.58	543.42	554.93	541.49
四 川	Sichuan	316.18	185.13	365.42	570.21	450.13	397.83	374.28	453.47	508.47	527.65
贵 州	Guizhou	116.64	221.27	584.30	969.05	986.64	1114.21	1136.51	1221.96	1339.53	1332.11
云 南	Yunnan	66.37	101.32	274.89	546.25	277.85	238.04	240.34	291.89	316.31	414.58
西 藏	Tibet	0.25	0.05	0.08	3.82	1.49	1.82	1.62	2.93	3.88	4.12
陕 西	Shaanxi	211.34	237.48	495.85	1024.89	1452.38	1581.48	1613.54	1639.69	1860.45	2037.87
甘 肃	Gansu	141.56	150.98	339.70	502.29	719.76	704.18	694.45	803.44	787.82	875.95
青 海	Qinghai	17.85	26.10	55.63	97.15	122.00	152.19	161.24	124.36	107.37	104.54
宁 夏	Ningxia	98.48	128.43	295.19	551.36	1017.09	953.56	1167.14	1367.77	1443.87	1529.99
新 疆	Xinjiang	97.27	149.29	265.48	550.90	2061.52	2219.36	2384.74	2572.95	2829.19	3262.87

3-13 分地区核能、风力、太阳能发电量
Nuclear, Wind, Solar Power Generation by Region

单位：亿千瓦时 (10[8] kW•h)

地 区 Region	核能发电量 (Nuclear Power Generation)					风力发电量 (Wind Power Generation)					太阳能发电量 (Solar Power Generation)				
	2016	2017	2018	2019	2020	2016	2017	2018	2019	2020	2016	2017	2018	2019	2020
北 京 Beijing						3.27	3.47	3.49	3.41	3.74	1.07	2.25	3.06	4.77	6.19
天 津 Tianjin						5.84	5.87	8.06	10.83	11.64	0.16	4.94	8.08	15.43	18.83
河 北 Hebei						209.32	249.59	282.64	317.66	367.62	26.54	73.01	126.47	176.31	210.56
山 西 Shanxi						120.28	164.32	212.13	224.30	265.66	14.45	47.25	94.05	127.50	158.63
内蒙古 Inner Mongolia						464.18	544.97	630.99	665.80	726.29	83.26	106.22	129.20	162.80	186.13
辽 宁 Liaoning	199.83	235.98	301.57	327.30	327.02	128.93	151.65	165.09	183.09	193.86	3.41	11.02	31.91	42.23	50.99
吉 林 Jilin						84.66	65.92	104.82	114.62	129.56	0.91	9.64	24.23	39.76	45.22
黑龙江 Heilongjiang						79.62	108.49	124.63	139.95	141.41	0.44	3.80	20.27	32.44	42.68
上 海 Shanghai						6.70	14.99	17.73	16.91	18.93	0.45	0.56	6.06	7.77	9.83
江 苏 Jiangsu	153.73	172.80	242.18	328.89	355.60	94.12	120.36	172.53	183.89	229.02	41.15	64.55	119.80	154.07	166.83
浙 江 Zhejiang	503.64	510.56	586.94	628.52	712.15	23.42	26.15	30.59	32.61	36.43	22.17	35.34	100.31	118.99	131.01
安 徽 Anhui						34.17	39.58	50.09	46.96	56.76	20.67	61.26	103.63	124.66	130.16
福 建 Fujian	409.12	560.08	643.68	621.17	652.49	50.26	65.93	72.30	87.27	122.27	3.46	3.91	13.60	15.94	19.21
江 西 Jiangxi						18.77	31.41	41.18	51.30	70.70	11.13	26.72	51.53	55.90	61.73
山 东 Shandong			38.67	207.20	190.51	142.51	164.24	213.55	224.99	259.24	29.96	56.54	136.83	166.90	206.45
河 南 Henan						18.01	26.21	56.89	87.99	138.53	13.06	38.02	83.78	101.75	112.24
湖 北 Hubei						40.40	54.79	64.40	73.83	81.81	11.40	24.34	48.89	56.76	64.57
湖 南 Hunan						39.63	49.00	60.35	74.98	98.93	0.63	6.03	20.49	25.87	29.97
广 东 Guangdong	703.45	799.87	892.41	1101.73	1160.78	47.44	57.34	63.14	71.00	102.94	4.47	13.41	37.57	53.40	73.65
广 西 Guangxi	102.99	126.81	160.96	171.53	168.37	13.81	24.25	41.99	61.33	106.23	0.84	3.29	9.26	13.49	16.92
海 南 Hainan	60.11	74.59	77.17	97.20	95.63	6.41	5.36	5.14	4.75	5.74	2.14	2.87	6.31	14.00	14.43
重 庆 Chongqing						4.65	7.67	8.26	11.02	13.87		0.61	2.09	3.33	4.16
四 川 Sichuan						17.90	38.46	54.65	71.25	86.22	6.06	16.11	22.42	28.15	27.02
贵 州 Guizhou						55.17	64.51	68.41	78.05	96.84	0.88	7.47	15.76	19.60	45.34
云 南 Yunnan						155.32	191.70	220.00	245.29	249.86	21.03	27.76	35.08	48.18	50.01
西 藏 Tibet								0.14	0.16	0.14	2.88	4.76	8.36	12.77	14.22
陕 西 Shaanxi						37.46	51.92	72.22	83.62	94.90	13.34	40.63	71.28	94.15	118.53
甘 肃 Gansu						136.44	185.42	230.06	228.11	246.25	60.19	72.15	95.02	118.44	133.34
青 海 Qinghai						10.01	17.42	37.57	66.49	81.50	89.91	108.42	131.07	158.24	166.90
宁 夏 Ningxia						125.47	149.78	186.83	185.55	194.20	51.34	73.67	97.31	114.69	135.67
新 疆 Xinjiang						196.55	291.53	359.84	413.30	433.65	78.47	116.85	121.47	136.00	157.15

3-14 分地区城市天然气供应情况

地 区	Region	供气总量(万立方米) Total Gas Supply (10^4 cu.m)								
		2000	2005	2010	2015	2016	2017	2018	2019	2020
全 国	**National Total**	**821476**	**2104951**	**4875808**	**10407906**	**11717186**	**12637546**	**14439538**	**16085570**	**15637020**
北 京	Beijing	95740	317397	719740	1444924	1622393	1641696	1915978	1924347	1854130
天 津	Tianjin	23474	68966	169453	306630	341705	422860	501030	576197	601576
河 北	Hebei	4647	25374	106740	314237	366439	485113	511224	581672	642810
山 西	Shanxi	5611	10802	141440	247397	261057	316260	380672	404718	280869
内蒙古	Inner Mongolia		9444	69531	133207	152198	181191	206893	221198	207514
辽 宁	Liaoning	24923	36817	66173	170434	204093	308119	320901	335858	339622
吉 林	Jilin	13162	17333	43462	111432	130251	148205	174481	209125	214186
黑龙江	Heilongjiang	4185	19555	72497	113245	121539	141437	158565	164258	153326
上 海	Shanghai	25974	174962	450032	734776	770332	808141	892863	973605	899019
江 苏	Jiangsu		87634	472309	969799	962542	1087514	1238706	1332189	1437794
浙 江	Zhejiang		10428	118884	319276	386397	484008	625647	656652	775960
安 徽	Anhui	600	11564	112190	234585	285424	311230	342510	385150	414417
福 建	Fujian			51101	148807	159641	197249	242393	263595	258571
江 西	Jiangxi		1051	11263	73570	90645	118153	145718	169840	194417
山 东	Shandong	84065	116691	326931	633917	675242	816265	981325	1074897	1178045
河 南	Henan	55018	53337	158928	332808	366133	454874	543823	601761	620406
湖 北	Hubei	1	17422	152833	330397	377102	423990	482853	570290	548802
湖 南	Hunan		5632	111757	215488	225562	236293	259348	283440	283930
广 东	Guangdong	339	71597	170266	1232938	1662579	1247389	1330152	1918463	1269927
广 西	Guangxi		84	10320	38789	48713	69676	73588	87444	156757
海 南	Hainan		6360	14264	29004	23611	24611	29818	36844	38796
重 庆	Chongqing	68049	164614	254021	349378	384521	466511	492502	538136	526164
四 川	Sichuan	388394	598531	525686	627976	688686	718967	847233	920112	865231
贵 州	Guizhou	450	6199	3546	32906	39822	70939	82932	99848	126337
云 南	Yunnan	1533	14500	119	7345	16799	28746	37632	48815	60287
西 藏	Tibet		808		1346	1346	2772	3206	3862	4269
陕 西	Shaanxi	17770	76285	164654	311286	342797	385643	473502	521589	556359
甘 肃	Gansu	78	4100	72917	161907	168571	203741	235059	252040	254405
青 海	Qinghai	2022	63606	61557	133022	136733	146460	157322	170390	170973
宁 夏	Ningxia	56	68193	108485	199279	214980	182460	222697	216050	161214
新 疆	Xinjiang	5385	45665	134711	447797	489334	507035	528964	543186	540909

Basic Statistics on Supply of Natural Gas in Cities by Region

用气人口(万人) Population with Access(10^4 persons)								
2000	2005	2010	2015	2016	2017	2018	2019	2020
2581	**7104**	**17021**	**28561**	**30856**	**33934**	**36902**	**39025**	**41302**
295	880	1292	1446	1447	1445	1435	1436	1476
304	412	574	847	891	811	1242	1252	1111
31	142	839	1214	1374	1500	1598	1658	1737
36	50	431	897	952	1003	1018	1071	1116
	50	258	536	587	623	657	668	673
410	567	797	1068	1155	1417	1487	1571	1654
77	167	290	677	674	740	821	840	859
56	104	568	747	802	868	928	948	977
67	522	1093	1594	1621	1720	1805	1881	1875
	380	1300	2346	2506	2626	2918	3017	3173
	119	553	1005	1170	1445	1591	1635	1925
5	208	636	1184	1264	1342	1422	1503	1613
		274	438	491	568	631	702	800
	38	157	503	538	685	763	838	910
62	381	1444	2454	2723	3015	3203	3395	3609
186	399	831	1591	1652	1865	1977	2107	2220
	264	700	1283	1414	1574	1737	1848	1862
	62	422	852	888	1023	1109	1146	1245
4	79	922	1885	2043	2304	2589	3019	3307
	1	106	348	423	479	545	632	704
	21	77	149	170	187	256	264	279
329	509	861	1181	1296	1357	1391	1433	1490
556	967	1164	1703	1910	2080	2255	2325	2578
2	2	12	248	270	337	368	434	495
2	5	37	169	256	430	474	530	563
	15		24	26	24	31	33	36
126	359	547	812	877	940	1082	1168	1221
2	118	197	372	404	444	476	488	525
4	33	89	139	144	158	161	167	177
1	34	108	204	216	232	241	251	268
27	220	445	648	671	692	690	768	823

3-15 分地区城市人工煤气供应情况

地　区	Region	供气总量(万立方米) Total Gas Supply (10^4 cu.m)								
		2000	2005	2010	2015	2016	2017	2018	2019	2020
全　国	**National Total**	**1523615**	**2558343**	**2799380**	**471378**	**440944**	**270882**	**297893**	**276841**	**231447**
北　京	Beijing	47310	20211							
天　津	Tianjin	9882	28803							
河　北	Hebei	45918	78435	89834	53538	73300	69573	55238	45218	46896
山　西	Shanxi	241869	82291	87203	39450	30742	59857	54027	67845	45340
内蒙古	Inner Mongolia	7485	6887	3069	3090	6800	4581	4446	3068	3171
辽　宁	Liaoning	81957	63614	55177	57394	48835	43621	44139	34685	31917
吉　林	Jilin	15508	13755	16727	7945	3868	3051	3426	3310	3158
黑龙江	Heilongjiang	30347	40199	7587	7202	6832	3235	3501	2872	2380
上　海	Shanghai	213147	199744	142167	5309					
江　苏	Jiangsu	362606	1290834	1931995						
浙　江	Zhejiang	27796	27686	484	488	421	429	426	454	
安　徽	Anhui	22996	8723							
福　建	Fujian	12727	1810	2673	3000	3000	2689	1712	1208	884
江　西	Jiangxi	39463	31707	58208	25097	19362	17972	15040	15026	14837
山　东	Shandong	43041	47743	35730	59			48302	48002	29487
河　南	Henan	81775	117592	109500	53100	40302	36405	33624	31835	30582
湖　北	Hubei	14588	9184	12042						
湖　南	Hunan	60375	44064	3044	2767	3032				
广　东	Guangdong	12097	29310	7037				6140		
广　西	Guangxi	2817	4483	4517	4439	4428	3495	3588	4199	4627
海　南	Hainan									
重　庆	Chongqing	100								
四　川	Sichuan	111677	128252	159719	165604	166428	17004	17230	14192	14320
贵　州	Guizhou	8727	19209	26963	5540	2705				
云　南	Yunnan	15407	20287	33818	33959	27293	5017	2910	816	
西　藏	Tibet									
陕　西	Shaanxi	4447	4365					4		
甘　肃	Gansu	6691	3802	9438	1644	1845	2195	2383	2354	2092
青　海	Qinghai	24								
宁　夏	Ningxia	2838	3013	697						
新　疆	Xinjiang		232340	1752	1752	1752	1757	1757	1757	1757

Basic Statistics on Supply of Coal Gas in Cities by Region

用气人口(万人) Population with Access(10^4 persons)								
2000	2005	2010	2015	2016	2017	2018	2019	2020
3944	**4369**	**2802**	**1322**	**1085**	**752**	**779**	**675**	**548**
83	22							
73	97							
279	401	180	159	67	59	51	47	28
295	395	238	66	62	43	66	40	27
78	93	52	39	16	11	27	16	14
422	532	542	531	506	401	399	361	289
150	169	165	41	43	40	40	41	41
211	289	74	57	58	35	31	36	34
450	662	358						
325	234	90						
48	83	5	4	4	4	4	4	
169	67							
21	11	15	21	21	12	9	7	7
125	131	150	15	11	10	11	7	7
335	357	159						
136	142	165	15	3				
180	22	41						
81	75	33	33	35				
150	163	18				3		
15	25	43	43	42	40	34	36	35
1								
30	33	41	52	52	49	60	58	45
73	125	167	31	31				
100	177	233	193	115	26	20		
33	27							
70	24	20	15	15	14	16	15	14
3								
10	9	6						
	5	9	5	5	7	7	7	7

3-16 分地区城市液化石油气供应情况

地 区	Region	供气总量(吨) Total Gas Supply (ton)								
		2000	2005	2010	2015	2016	2017	2018	2019	2020
全 国	**National Total**	**10537147**	**12220141**	**12680054**	**10392169**	**10788042**	**9988088**	**10153298**	**10408110**	**8337109**
北 京	Beijing	176460	374358	323104	576306	500213	492288	480641	434286	318293
天 津	Tianjin	44203	61503	53368	50494	55954	57567	57326	54448	60576
河 北	Hebei	189612	327294	205007	166370	170737	241230	156663	141206	80268
山 西	Shanxi	34152	42004	63331	66168	33614	90792	74579	63217	57164
内蒙古	Inner Mongolia	59425	138348	74251	57950	69198	52364	53681	58654	57053
辽 宁	Liaoning	379194	402659	395058	468889	492499	654818	683963	679254	549329
吉 林	Jilin	169062	184269	214818	157752	177927	179750	157114	147208	141174
黑龙江	Heilongjiang	601427	228630	219784	210492	197456	189183	198967	188058	146844
上 海	Shanghai	490561	452613	398427	424112	397885	344534	313578	328008	268425
江 苏	Jiangsu	705010	1129147	766586	593577	515611	577137	575121	558223	525335
浙 江	Zhejiang	630895	1060572	877956	695947	759710	691203	730574	769427	839084
安 徽	Anhui	458621	613614	615770	736312	731114	131054	156494	162157	157719
福 建	Fujian	737609	378053	333758	286906	277437	308113	320141	326593	290478
江 西	Jiangxi	164698	174521	188847	228912	242942	218325	202716	208151	212089
山 东	Shandong	276543	572194	760332	366750	343724	347511	316551	298330	291444
河 南	Henan	162199	225864	241602	217382	215099	214764	213694	176726	165378
湖 北	Hubei	296179	311171	421507	352112	347891	336102	324048	329993	271930
湖 南	Hunan	199873	294718	252906	241529	243865	203024	241126	256917	252371
广 东	Guangdong	3108612	4101990	5055955	3340353	3901892	3636182	3789653	4123672	2557229
广 西	Guangxi	204904	315998	303804	262313	255863	264066	306242	304973	317494
海 南	Hainan	77856	66866	63959	82189	82559	82108	87221	75319	77971
重 庆	Chongqing	38769	95577	92807	76435	81603	73458	64503	61187	57150
四 川	Sichuan	66154	164266	191071	173652	174570	195862	192033	194371	204998
贵 州	Guizhou	28973	53779	63772	88670	94902	114085	113379	121083	117404
云 南	Yunnan	82954	70436	166108	210095	207073	129316	149198	162123	150339
西 藏	Tibet	16680	1500	5521	66661	66661	6059	6475	6894	8596
陕 西	Shaanxi	79038	121943	43381	28796	24423	27949	52737	30336	37064
甘 肃	Gansu	783739	71904	185523	85327	49611	44473	41432	47732	33979
青 海	Qinghai	11496	14339	7142	6353	6763	7497	8528	11433	17193
宁 夏	Ningxia	18231	22697	14984	13193	9145	8911	7619	13350	14776
新 疆	Xinjiang	244018	147314	79617	60174	60103	68363	77302	74782	57962

Basic Statistics on Supply of LPG in Cities by Region

用气人口(万人) Population with Access(10^4 persons)								
2000	2005	2010	2015	2016	2017	2018	2019	2020
11107	**18013**	**16503**	**13955**	**13744**	**12616**	**11782**	**11297**	**10767**
253	341	394	432	432	432	429	429	441
89	123	42	28	49	35	55	52	63
476	705	503	300	298	267	240	217	179
102	170	201	119	93	75	55	49	54
192	295	354	248	239	221	201	202	210
569	713	652	559	501	382	356	350	287
350	493	461	365	343	304	274	242	230
546	612	507	425	384	347	309	282	275
421	711	852	821	798	698	619	547	553
883	1765	1115	715	622	581	457	426	362
555	1135	1244	1157	1153	994	950	925	908
379	541	491	269	224	178	164	167	156
341	604	699	705	678	665	648	592	572
220	412	453	478	493	423	396	371	377
887	1836	1104	657	629	503	463	435	353
430	574	564	527	513	484	446	418	374
908	1142	862	581	573	582	493	433	385
461	648	612	494	515	644	512	464	464
1485	3223	3275	3140	3272	3002	2986	3059	2966
374	551	634	596	577	586	576	537	524
117	113	111	137	115	107	98	76	69
35	72	114	95	100	89	78	67	59
81	152	131	140	135	129	118	107	113
90	189	199	261	279	306	314	311	297
138	141	290	322	367	263	250	252	245
14	3	36	37	37	18	30	31	28
206	243	165	71	61	66	70	54	55
102	142	185	159	149	127	95	94	76
30	37	19	21	19	22	21	26	25
70	90	83	43	42	43	37	30	24
306	240	151	55	54	42	45	49	45

3-17 分地区城市集中供热情况

地　区	Region	蒸汽供应能力(吨/小时) Capacity of Steam Supply (ton/hour)								
		2000	2005	2010	2015	2016	2017	2018	2019	2020
全　国	**National Total**	**74148**	**106723**	**105084**	**80699**	**78307**	**98328**	**92322**	**100943**	**103471**
北　京	Beijing	3408	2297	450	300	300				
天　津	Tianjin	9106	3294	3167	3568	3348	2696	2445	2445	1875
河　北	Hebei	6427	9290	11570	7539	7944	8268	5142	4810	5813
山　西	Shanxi	3316	3133	2674	1385	1262	3920	4434	16374	18029
内蒙古	Inner Mongolia	1200	844	662	341	342	2769	1824	2451	3131
辽　宁	Liaoning	11569	12583	13186	12933	12915	17536	18456	16092	16911
吉　林	Jilin	3425	4749	5208	1403	1453	1960	2110	1767	1958
黑龙江	Heilongjiang	4513	5937	4411	4574	4949	6003	4550	4516	4901
上　海	Shanghai									
江　苏	Jiangsu	2554	19744	6280						
浙　江	Zhejiang	1516	4569	5438	3145					
安　徽	Anhui	1915	2006	3530	4593	4393	2681	2422	2514	2745
福　建	Fujian									
江　西	Jiangxi									
山　东	Shandong	12498	22770	31086	24373	24690	30332	26500	29367	27649
河　南	Henan	3261	4698	5590	6093	6477	6110	6903	6003	6008
湖　北	Hubei	775	1404	1564	2680	2286	1596	1204	1204	1484
湖　南	Hunan	493	105							
广　东	Guangdong									
广　西	Guangxi									
海　南	Hainan									
重　庆	Chongqing									
四　川	Sichuan		160	60						
贵　州	Guizhou									
云　南	Yunnan									
西　藏	Tibet				14	14				
陕　西	Shaanxi	1923	2240	3731	3728	3742	7359	9174	7292	6738
甘　肃	Gansu	3949	4813	4525	26	26	700	1000	1000	1100
青　海	Qinghai									
宁　夏	Ningxia	662	646	576	1795	1795	2538	2925	2004	2004
新　疆	Xinjiang	1638	1441	1376	2210	2372	3860	3233	3105	3125

Basic Statistics on Heating Supply in Cities by Region

热水供应能力(兆瓦)

Capacity of Hot Water Supply(10^6 W)

2000	2005	2010	2015	2016	2017	2018	2019	2020
97417	**197976**	**315717**	**472556**	**493254**	**647827**	**578244**	**550530**	**566181**
4755	30115	35684	41451	42951	123814	87982	45731	49656
5608	10563	18055	24261	26312	28654	29256	30404	31269
8388	13917	23177	32035	35556	39839	46799	45491	48237
5347	8578	17405	30991	27389	31035	32941	25766	23614
5687	10887	25850	45683	41988	42776	46267	47395	49223
19154	36051	55770	71834	74373	68876	69692	66780	71732
10564	18925	29145	42760	42992	43276	45107	46151	46265
13750	23952	32052	46602	47511	50157	52234	52674	55185
8	200	6055					2	2
	233	75	30					
214	135	182	142	142	90	370	280	280
43	286							
9206	16744	27587	47487	53700	54372	58438	63381	68642
1334	2118	4767	11644	16446	20522	21298	24240	24326
	78	278	478		220	100	100	220
				35	169	216	295	309
					148	225	232	361
					402	64	64	64
551	1806	4215	22023	23027	22083	21039	22791	25145
3611	5791	10208	14331	15441	15648	16562	18249	19398
89	173	370	348	348	4717	4739	4810	4852
2963	5115	5945	7848	8286	66351	7363	16792	7766
6145	12309	18897	32608	36758	34678	37551	38904	39634

Basic Statistics of Heating Supply to Cities by Region

四、能源消费

Chapter 4　Energy Consumption

4-1 能源消费总量及构成
Total Energy Consumption and Its Composition

年 份 Year	电热当量计算法 Calorific Value Calculation						
	能源消费总量 (万吨标准煤) Total Energy Consumption (10^4 tce)	比重 (%) Proportion (%)					
		煤炭 Coal	石油 Petroleum	天然气 Natural Gas	一次电力及其他能源 Primary Electricity and Other Energy	#水电 Hydro Power	#核电 Nuclear Power
1980	58587	74.2	21.4	3.2	1.2	1.2	-
1981	57577	75.1	20.6	2.9	1.4	1.4	-
1982	59966	76.3	19.6	2.6	1.5	1.5	-
1983	63635	77.0	18.8	2.5	1.7	1.7	-
1984	68495	77.8	18.1	2.5	1.6	1.6	-
1985	74112	78.5	17.7	2.3	1.5	1.5	-
1986	77776	78.2	17.9	2.4	1.5	1.5	-
1987	83850	78.7	17.6	2.2	1.5	1.5	-
1988	89963	78.8	17.6	2.1	1.5	1.5	-
1989	93666	79.3	17.1	2.0	1.6	1.6	-
1990	95384	79.0	17.2	2.1	1.7	1.7	-
1991	100413	78.7	17.7	2.1	1.5	1.5	-
1992	105602	78.3	18.1	2.0	1.6	1.6	-
1993	111490	79.0	17.1	2.1	1.8	1.8	-
1994	118071	79.5	16.2	2.2	2.1	2.0	0.1
1995	123471	77.0	18.6	1.9	2.5	2.4	0.1
1996	129665	76.7	19.5	1.9	1.9	1.8	0.1
1997	130082	74.9	21.3	1.8	2.0	1.9	0.1
1998	130260	74.2	21.8	1.9	2.1	2.0	0.1
1999	135132	73.7	22.3	2.1	1.9	1.8	0.1
2000	140993	71.5	22.9	2.3	3.3	1.9	0.1
2001	148264	71.5	22.2	2.5	3.8	2.3	0.1
2002	161935	71.8	22.0	2.4	3.8	2.2	0.2
2003	189269	73.2	20.9	2.4	3.5	1.8	0.3
2004	220738	73.2	20.8	2.4	3.6	2.0	0.3
2005	250835	75.4	18.6	2.5	3.5	1.9	0.3
2006	275134	75.5	18.2	2.8	3.5	1.9	0.2
2007	299271	75.6	17.6	3.1	3.7	2.0	0.3
2008	306455	75.0	17.4	3.5	4.1	2.3	0.3
2009	321336	74.9	17.2	3.7	4.2	2.4	0.3
2010	343601	72.7	18.3	4.2	4.8	2.6	0.3
2011	370163	73.4	17.6	4.8	4.2	2.3	0.3
2012	381515	72.2	17.9	5.1	4.8	2.8	0.3
2013	394794	71.3	18.0	5.6	5.1	2.9	0.3
2014	402649	70.0	18.4	6.0	5.6	3.3	0.4
2015	406312	68.1	19.7	6.2	6.0	3.4	0.5
2016	410984	66.8	20.1	6.6	6.5	3.5	0.6
2017	423108	65.3	20.4	7.4	6.9	3.5	0.7
2018	435649	63.9	20.4	8.3	7.4	3.5	0.8
2019	447597	62.8	20.7	8.7	7.8	3.6	1.0
2020	455737	62.2	20.6	9.2	8.0	3.7	1.0

4-1 续表 Continued

年 份 Year	发电煤耗计算法 Coal Equivalent Calculation						
	能源消费总量(万吨标准煤) Total Energy Consumption (10^4 tce)	比重 (%) Proportion (%)					
		煤炭 Coal	石油 Petroleum	天然气 Natural Gas	一次电力及其他能源 Primary Electricity and Other Energy	#水电 Hydro Power	#核电 Nuclear Power
1980	60275	72.2	20.7	3.1	4.0	4.0	-
1981	59447	72.7	20.0	2.8	4.5	4.5	-
1982	62067	73.7	18.9	2.5	4.9	4.9	-
1983	66040	74.2	18.1	2.4	5.3	5.3	-
1984	70904	75.3	17.4	2.4	4.9	4.9	-
1985	76682	75.8	17.1	2.2	4.9	4.9	-
1986	80850	75.8	17.2	2.3	4.7	4.7	-
1987	86632	76.2	17.0	2.1	4.7	4.7	-
1988	92997	76.1	17.1	2.1	4.7	4.7	-
1989	96934	76.1	17.1	2.1	4.7	4.7	-
1990	98703	76.2	16.6	2.1	5.1	5.1	-
1991	103783	76.1	17.1	2.0	4.8	4.8	-
1992	109170	75.7	17.5	1.9	4.9	4.9	-
1993	115993	74.7	18.2	1.9	5.2	5.1	0.1
1994	122737	75.0	17.4	1.9	5.7	5.2	0.5
1995	131176	74.6	17.5	1.8	6.1	5.7	0.4
1996	135192	73.5	18.7	1.8	6.0	5.6	0.4
1997	135909	71.4	20.4	1.8	6.4	5.9	0.4
1998	136184	70.9	20.8	1.8	6.5	6.1	0.4
1999	140569	70.6	21.5	2.0	5.9	5.5	0.4
2000	146964	68.5	22.0	2.2	7.3	5.7	0.4
2001	155547	68.0	21.2	2.4	8.4	6.7	0.4
2002	169577	68.5	21.0	2.3	8.2	6.3	0.5
2003	197083	70.2	20.1	2.3	7.4	5.3	0.8
2004	230281	70.2	19.9	2.3	7.6	5.5	0.8
2005	261369	72.4	17.8	2.4	7.4	5.4	0.7
2006	286467	72.4	17.5	2.7	7.4	5.4	0.7
2007	311442	72.5	17.0	3.0	7.5	5.4	0.7
2008	320611	71.5	16.7	3.4	8.4	6.1	0.7
2009	336126	71.6	16.4	3.5	8.5	6.0	0.7
2010	360648	69.2	17.4	4.0	9.4	6.4	0.7
2011	387043	70.2	16.8	4.6	8.4	5.7	0.7
2012	402138	68.5	17.0	4.8	9.7	6.8	0.8
2013	416913	67.4	17.1	5.3	10.2	6.9	0.8
2014	428334	65.8	17.3	5.6	11.3	7.7	1.0
2015	434113	63.8	18.4	5.8	12.0	8.0	1.2
2016	441492	62.2	18.7	6.1	13.0	8.2	1.5
2017	455827	60.6	18.9	6.9	13.6	7.9	1.6
2018	471925	59.0	18.9	7.6	14.5	7.8	1.9
2019	487488	57.7	19.0	8.0	15.3	8.0	2.1
2020	498314	56.9	18.8	8.4	15.9	8.1	2.2

4-2 工业分行业终端能源消费量(实物量)-2020

行　业	Item	煤合计 (万吨) Coal Total (10^4 tons)
工业	**Industry**	**58457.16**
(一)采矿业	**Mining**	**2590.10**
煤炭开采和洗选业	Mining and Washing of Coal	1987.31
石油和天然气开采业	Extraction of Petroleum and Natural Gas	65.59
黑色金属矿采选业	Mining and Processing of Ferrous Metal Ores	163.66
有色金属矿采选业	Mining and Processing of Non-Ferrous Metal Ores	76.01
非金属矿采选业	Mining and Processing of Nonmetal Ores	285.91
开采专业及辅助性活动	Professional and Support Activities for Mining	3.33
其他采矿业	Mining of Other Ores	8.29
(二)制造业	**Manufacturing**	**55252.64**
农副食品加工业	Processing of Food from Agricultural Products	772.08
食品制造业	Manufacture of Foods	846.89
酒、饮料和精制茶制造业	Manufacture of Liquor, Beverages and Refined Tea	404.07
烟草制品业	Manufacture of Tobacco	4.07
纺织业	Manufacture of Textile	285.95
纺织服装、服饰业	Manufacture of Textile, Wearing Apparel and Accessories	28.66
皮革、毛皮、羽毛及其制品和制鞋业	Manufacture of Leather, Fur, Feather and Related Products and Footwear	17.80
木材加工和木、竹、藤、棕、草制品业	Processing of Timber, Manufacture of Wood, Bamboo, Rattan, Palm, and Straw Products	34.00
家具制造业	Manufacture of Furniture	1.85
造纸和纸制品业	Manufacture of Paper and Paper Products	583.73
印刷和记录媒介复制业	Printing and Reproduction of Recording Media	13.00
文教、工美、体育和娱乐用品制造业	Manufacture of Articles for Culture, Education, Arts and Crafts, Sport and Entertainment Activities	10.38
石油、煤炭及其他燃料加工业	Processing of Petroleum, Coal and Other Fuels	1902.55
化学原料和化学制品制造业	Manufacture of Raw Chemical Materials and Chemical Products	12283.92
医药制造业	Manufacture of Medicines	412.05
化学纤维制造业	Manufacture of Chemical Fibers	538.66
橡胶和塑料制品业	Manufacture of Rubber and Plastics Products	221.87
非金属矿物制品业	Manufacture of Non-metallic Mineral Products	24112.50
黑色金属冶炼和压延加工业	Smelting and Pressing of Ferrous Metals	9801.55
有色金属冶炼和压延加工业	Smelting and Pressing of Non-ferrous Metals	2309.03
金属制品业	Manufacture of Metal Products	242.30
通用设备制造业	Manufacture of General Purpose Machinery	14.31
专用设备制造业	Manufacture of Special Purpose Machinery	10.65
汽车制造业	Manufacture of Automobiles	16.78
铁路、船舶、航空航天和其他运输设备制造业	Manufacture of Railway, Ship, Aerospace and Other Transport Equipments	35.24
电气机械和器材制造业	Manufacture of Electrical Machinery and Apparatus	10.44
计算机、通信和其他电子设备制造业	Manufacture of Computers, Communication and Other Electronic Equipment	15.82
仪器仪表制造业	Manufacture of Measuring Instruments and Machinery	2.06
其他制造业	Other Manufacture	2.89
废弃资源综合利用业	Utilization of Waste Resources	316.37
金属制品、机械和设备修理业	Repair Service of Metal Products, Machinery and Equipment	1.18
(三)电力、热力、燃气及水生产和供应业	**Production and Supply of Electricity, Gas and Water**	**614.43**
电力、热力生产和供应业	Production and Supply of Electric Power and Heat Power	425.55
燃气生产和供应业	Production and Supply of Gas	185.16
水的生产和供应业	Production and Supply of Water	3.72

Final Energy Consumption by Industrial Sector (Physical Quantity) -2020

原煤 (万吨) Raw Coal (10⁴ tons)	洗精煤 (万吨) Cleaned Coal (10⁴ tons)	其他洗煤 (万吨) Other Washed Coal (10⁴ tons)	焦炭 (万吨) Coke (10⁴ tons)	焦炉煤气 (亿立方米) Coke Oven Gas (10⁸ cu.m)	高炉煤气 (亿立方米) Blast Furnace Gas (10⁸ cu.m)	转炉煤气 (亿立方米) Converter Gas (10⁸ cu.m)	其他煤气 (亿立方米) Other Gas (10⁸ cu.m)	其他焦化产品 (万吨) Other Coking Products (10⁴ tons)	油品合计 (万吨) Petroleum Products Total (10⁴ tons)
44258.69		**13300.72**	**47724.27**	**718.58**	**8638.81**	**651.37**	**97.63**	**1001.96**	**24428.39**
1664.25		**908.01**	**192.91**	**6.38**	**20.08**	**1.33**	**1.13**	**0.57**	**852.33**
1115.16		867.99	4.91	0.95	0.39		1.13	0.57	332.66
65.59									305.50
150.61		5.14	169.63	2.77	19.70	0.10			35.80
74.75		1.25	3.65	1.01					19.30
246.51		33.63	14.73	1.66		1.22			50.26
3.33									108.59
8.29									0.23
41993.72		**12391.73**	**47430.87**	**710.43**	**8616.96**	**650.04**	**96.22**	**1001.14**	**23534.93**
700.34		67.55	14.00	0.03			0.14		20.70
837.51		2.91	1.84						11.33
397.26		4.98	0.01	0.02			0.02	0.01	5.81
4.07									0.68
231.19		7.28	3.93						11.87
28.28		0.30	0.04						5.57
15.69		0.03			0.07				3.13
33.47		0.52	0.01						7.27
1.66		0.19	0.06						3.85
512.11		43.34	7.93	0.07					15.49
12.14		0.32	0.02	0.40					6.80
9.91			0.44						16.83
1138.29		724.96	56.52	196.79	100.16	2.88	2.57	91.14	11424.97
11855.34		229.71	4059.94	90.42	9.42	8.58	13.37	545.66	8128.36
398.55		3.33	3.46	0.15			0.02	0.01	9.84
358.56		4.27	0.07						2.40
199.29		1.89	1.98	0.71				2.56	26.63
14089.42		9828.51	1463.15	38.27	46.12	9.44	8.48	16.56	3221.74
8804.84		884.10	40335.40	353.69	8350.98	622.16	1.57	329.03	76.53
2019.58		280.49	399.66	23.62		1.85	68.75	9.79	318.82
189.96		51.18	589.10	3.21	94.58	3.04	0.63	3.01	29.43
12.55		0.47	412.08	1.17	0.24	0.37			35.56
4.08				0.33	3.73		0.50	2.77	35.42
15.73		0.06	11.23	0.06	0.01	0.01	0.16		41.86
14.97		20.27	0.40	0.24					14.83
10.44			0.70				0.01		24.36
14.94		0.87	0.02	0.05	0.01				12.54
2.06									3.83
2.84			0.06		0.69				4.39
77.46		234.19	68.85	1.14	10.96	1.70		0.60	8.02
1.18				0.06			0.01		6.09
600.71		**0.98**	**100.48**	**1.77**	**1.77**		**0.28**	**0.25**	**41.14**
411.87		0.98	100.48	0.08	0.23			0.25	35.01
185.16				1.69	1.55		0.28		3.08
3.68									3.05

4-2 续表 1

行　业	Item	原油 (万吨) Crude Oil (10^4 tons)
工业	**Industry**	**419.03**
(一)采矿业	**Mining**	**247.69**
煤炭开采和洗选业	Mining and Washing of Coal	0.08
石油和天然气开采业	Extraction of Petroleum and Natural Gas	247.51
黑色金属矿采选业	Mining and Processing of Ferrous Metal Ores	
有色金属矿采选业	Mining and Processing of Non-Ferrous Metal Ores	
非金属矿采选业	Mining and Processing of Nonmetal Ores	
开采专业及辅助性活动	Professional and Support Activities for Mining	0.09
其他采矿业	Mining of Other Ores	
(二)制造业	**Manufacturing**	**171.15**
农副食品加工业	Processing of Food from Agricultural Products	
食品制造业	Manufacture of Foods	
酒、饮料和精制茶制造业	Manufacture of Liquor, Beverages and Refined Tea	
烟草制品业	Manufacture of Tobacco	
纺织业	Manufacture of Textile	
纺织服装、服饰业	Manufacture of Textile, Wearing Apparel and Accessories	
皮革、毛皮、羽毛及其制品和制鞋业	Manufacture of Leather, Fur, Feather and Related Products and Footwear	
木材加工和木、竹、藤、棕、草制品业	Processing of Timber, Manufacture of Wood, Bamboo, Rattan, Palm, and Straw Products	
家具制造业	Manufacture of Furniture	
造纸和纸制品业	Manufacture of Paper and Paper Products	0.03
印刷和记录媒介复制业	Printing and Reproduction of Recording Media	
文教、工美、体育和娱乐用品制造业	Manufacture of Articles for Culture, Education, Arts and Crafts, Sport and Entertainment Activities	
石油、煤炭及其他燃料加工业	Processing of Petroleum, Coal and Other Fuels	52.25
化学原料和化学制品制造业	Manufacture of Raw Chemical Materials and Chemical Products	118.23
医药制造业	Manufacture of Medicines	
化学纤维制造业	Manufacture of Chemical Fibers	
橡胶和塑料制品业	Manufacture of Rubber and Plastics Products	0.05
非金属矿物制品业	Manufacture of Non-metallic Mineral Products	0.37
黑色金属冶炼和压延加工业	Smelting and Pressing of Ferrous Metals	
有色金属冶炼和压延加工业	Smelting and Pressing of Non-ferrous Metals	0.21
金属制品业	Manufacture of Metal Products	
通用设备制造业	Manufacture of General Purpose Machinery	
专用设备制造业	Manufacture of Special Purpose Machinery	0.01
汽车制造业	Manufacture of Automobiles	0.01
铁路、船舶、航空航天和其他运输设备制造业	Manufacture of Railway, Ship, Aerospace and Other Transport Equipments	
电气机械和器材制造业	Manufacture of Electrical Machinery and Apparatus	
计算机、通信和其他电子设备制造业	Manufacture of Computers, Communication and Other Electronic Equipment	
仪器仪表制造业	Manufacture of Measuring Instruments and Machinery	
其他制造业	Other Manufacture	
废弃资源综合利用业	Utilization of Waste Resources	
金属制品、机械和设备修理业	Repair Service of Metal Products, Machinery and Equipment	
(三)电力、热力、燃气及水生产和供应业	**Production and Supply of Electricity, Gas and Water**	**0.19**
电力、热力生产和供应业	Production and Supply of Electric Power and Heat Power	0.16
燃气生产和供应业	Production and Supply of Gas	
水的生产和供应业	Production and Supply of Water	0.03

Continued 1

汽油 (万吨) Gasoline (10[4] tons)	煤油 (万吨) Kerosene (10[4] tons)	柴油 (万吨) Diesel Oil (10[4] tons)	燃料油 (万吨) Fuel Oil (10[4] tons)	石脑油 (万吨) Naphtha (10[4] tons)	润滑油 (万吨) Lubricants (10[4] tons)	石蜡 (万吨) Paraffin Waxes (10[4] tons)	溶剂油 (万吨) White Spirit (10[4] tons)	石油沥青 (万吨) Bitumen Asphalt (10[4] tons)
160.38	**9.39**	**879.58**	**230.69**	**6178.69**	**267.78**	**198.21**	**44.16**	**349.52**
13.89	**1.04**	**377.09**	**1.13**	**142.60**	**2.16**			**1.34**
3.22	0.61	147.42	0.20	142.60	1.22			0.36
5.65		25.00	0.30		0.01			
0.60	0.01	34.89	0.01		0.29			
1.07	0.40	16.57	0.52		0.04			0.40
0.77	0.01	47.82	0.04		0.16			0.59
2.59		105.17	0.07		0.44			
		0.23						
128.82	**8.35**	**482.00**	**228.78**	**6036.09**	**265.26**	**198.19**	**44.16**	**348.18**
4.85	0.04	12.33	0.93		0.03	0.02	1.34	
3.69	0.01	5.01	0.43		0.01			
1.82		2.89	0.39		0.01			
0.08		0.55						
3.27	0.01	3.80	1.17		0.10			1.58
2.89		2.16	0.25		0.02			
1.56		1.00	0.14		0.04		0.10	
1.27		3.88	0.13		0.07	1.69		
1.63	0.02	1.88	0.06		0.08			
1.63		9.23	2.72		0.09	0.03	0.26	
2.83	0.01	3.12	0.16		0.06		0.02	
2.06		1.98	0.27		0.02	0.51	0.06	
1.19	0.03	11.72	116.66	1295.31	241.32	0.02	1.05	7.88
8.79	2.00	25.49	29.78	4740.74	1.19	193.02	39.65	39.06
2.98	0.01	3.76	1.50		0.01	0.03	0.34	
0.37	0.02	1.11	0.63		0.04		0.09	
5.92	0.05	7.69	2.21		0.54	1.26	0.50	2.89
12.92	0.53	232.27	58.29		0.79	0.89	0.26	280.82
2.50	0.02	40.95	0.27		1.29	0.01		
2.48	0.37	24.24	7.72		0.48	0.01	0.10	15.70
8.24	0.30	13.11	0.75		0.66	0.03	0.02	0.19
10.88	1.44	14.68	0.45	0.03	3.60	0.14	0.04	
8.30	0.88	15.01	0.38		3.69	0.03	0.04	
13.62	0.24	16.33	0.17	0.01	8.36	0.01	0.12	0.01
2.71	1.30	7.59	0.98		0.34	0.22	0.03	
10.26	0.12	6.49	1.19		1.89	0.14	0.09	0.04
6.29	0.02	3.52	0.26		0.32	0.01	0.03	
2.65	0.04	0.70	0.07		0.08	0.06		
0.45	0.09	0.83			0.01	0.07		
0.24	0.01	4.09	0.65		0.02			
0.42	0.79	4.59	0.17		0.10			
17.67		**20.49**	**0.78**		**0.35**	**0.02**		
13.60		18.81	0.72		0.32			
2.28		0.74			0.03			
1.79		0.94	0.06			0.02		

4-2 续表 2

行　业	Item	石油焦 (万吨) Petroleum Coke (10^4 tons)
工业	**Industry**	**3163.41**
(一)采矿业	**Mining**	**1.04**
煤炭开采和洗选业	Mining and Washing of Coal	
石油和天然气开采业	Extraction of Petroleum and Natural Gas	
黑色金属矿采选业	Mining and Processing of Ferrous Metal Ores	
有色金属矿采选业	Mining and Processing of Non-Ferrous Metal Ores	0.31
非金属矿采选业	Mining and Processing of Nonmetal Ores	0.73
开采专业及辅助性活动	Professional and Support Activities for Mining	
其他采矿业	Mining of Other Ores	
(二)制造业	**Manufacturing**	**3162.36**
农副食品加工业	Processing of Food from Agricultural Products	
食品制造业	Manufacture of Foods	
酒、饮料和精制茶制造业	Manufacture of Liquor, Beverages and Refined Tea	
烟草制品业	Manufacture of Tobacco	
纺织业	Manufacture of Textile	
纺织服装、服饰业	Manufacture of Textile, Wearing Apparel and Accessories	
皮革、毛皮、羽毛及其制品和制鞋业	Manufacture of Leather, Fur, Feather and Related Products and Footwear	
木材加工和木、竹、藤、棕、草制品业	Processing of Timber, Manufacture of Wood, Bamboo, Rattan, Palm, and Straw Products	
家具制造业	Manufacture of Furniture	
造纸和纸制品业	Manufacture of Paper and Paper Products	
印刷和记录媒介复制业	Printing and Reproduction of Recording Media	
文教、工美、体育和娱乐用品制造业	Manufacture of Articles for Culture, Education, Arts and Crafts, Sport and Entertainment Activities	11.07
石油、煤炭及其他燃料加工业	Processing of Petroleum, Coal and Other Fuels	219.55
化学原料和化学制品制造业	Manufacture of Raw Chemical Materials and Chemical Products	84.90
医药制造业	Manufacture of Medicines	
化学纤维制造业	Manufacture of Chemical Fibers	
橡胶和塑料制品业	Manufacture of Rubber and Plastics Products	
非金属矿物制品业	Manufacture of Non-metallic Mineral Products	2564.62
黑色金属冶炼和压延加工业	Smelting and Pressing of Ferrous Metals	21.30
有色金属冶炼和压延加工业	Smelting and Pressing of Non-ferrous Metals	257.88
金属制品业	Manufacture of Metal Products	
通用设备制造业	Manufacture of General Purpose Machinery	
专用设备制造业	Manufacture of Special Purpose Machinery	
汽车制造业	Manufacture of Automobiles	
铁路、船舶、航空航天和其他运输设备制造业	Manufacture of Railway, Ship, Aerospace and Other Transport Equipments	
电气机械和器材制造业	Manufacture of Electrical Machinery and Apparatus	0.31
计算机、通信和其他电子设备制造业	Manufacture of Computers, Communication and Other Electronic Equipment	
仪器仪表制造业	Manufacture of Measuring Instruments and Machinery	
其他制造业	Other Manufacture	
废弃资源综合利用业	Utilization of Waste Resources	2.73
金属制品、机械和设备修理业	Repair Service of Metal Products, Machinery and Equipment	
(三)电力、热力、燃气及水生产和供应业	**Production and Supply of Electricity, Gas and Water**	**0.01**
电力、热力生产和供应业	Production and Supply of Electric Power and Heat Power	0.01
燃气生产和供应业	Production and Supply of Gas	
水的生产和供应业	Production and Supply of Water	

Continued 2

液化石油气 (万吨) Liquefied Petroleum Gas (10^4 tons)	炼厂干气 (万吨) Refinery Gas (10^4 tons)	其他石油制品 (万吨) Other Petroleum Products (10^4 tons)	天然气 (亿立方米) Natural Gas (10^8 cu.m)	液化天然气 (万吨) Liquefied Natural Gas (10^4 tons)	热力 (万百万千焦) Heat (10^{10} kJ)	电力 (亿千瓦时) Electricity (10^8 kW·h)	其他能源 (万吨标准煤) Other Energy (10^4 tce)
2496.33	**1863.57**	**8167.65**	**614.97**	**7042.49**	**412216.71**	**49119.96**	**990.53**
36.67	**10.63**	**17.05**	**139.85**	**44.70**	**5984.58**	**2565.98**	**9.85**
36.44		0.50	8.66	15.21	627.63	908.81	1.13
0.10	10.63	16.31	126.49	11.65	2685.32	463.32	
			0.05		130.58	447.44	2.39
			0.83		0.34	329.47	6.01
0.06		0.07	0.84	17.34	2289.53	225.70	0.33
0.06		0.17	2.97	0.50	251.17	29.53	
						161.71	
2459.44	**1851.77**	**8150.38**	**468.30**	**6930.64**	**391877.04**	**39853.38**	**971.06**
0.97		0.18	4.20	187.09	8733.15	842.42	186.82
1.21		0.97	13.87	89.28	8795.58	334.09	38.62
0.70		0.01	9.97	34.71	5889.74	176.06	15.13
0.04			1.14		214.86	50.87	2.23
1.36		0.57	15.90	252.62	32049.84	1650.38	52.08
0.20		0.03	1.01	76.67	321.44	220.24	6.26
0.20		0.07	0.11	20.42	184.79	140.96	7.75
0.24			2.81	2.29	694.28	283.98	81.03
0.18			1.37	2.23	76.15	120.74	3.13
1.42		0.09	5.11	116.91	22715.18	798.25	62.84
0.42		0.19	3.57	8.23	501.06	132.53	7.32
0.71		0.14	3.24	95.96	107.72	85.05	5.31
1519.62	1660.34	6298.03	27.44	573.80	66461.36	1283.30	52.10
840.30	190.42	1814.80	186.67	1715.36	166792.84	5781.14	232.29
0.46		0.76	7.99	81.89	11051.26	430.45	19.90
0.09		0.05	2.27	115.90	11070.11	450.37	14.79
2.55	0.01	2.98	8.28	76.83	3125.94	1480.76	13.85
54.47	0.08	15.45	42.44	1332.74	4785.73	3929.53	83.03
8.85	0.92	0.40	48.30	691.75	18749.02	6785.56	47.29
2.77		6.86	21.89	219.18	21665.46	7132.92	7.08
5.59		0.53	13.52	439.91	629.60	1551.86	4.64
2.77		1.53	10.43	84.84	351.42	1077.47	5.06
3.92		3.16	5.28	93.55	833.26	498.54	4.35
1.60		1.38	6.88	159.38	2612.21	1182.79	2.32
1.31		0.33	4.99	127.43	592.46	159.76	0.24
2.66		1.16	3.44	87.73	1397.41	942.86	4.76
1.54		0.54	12.48	113.38	1255.34	1570.61	2.87
0.09		0.13	0.52	2.71	68.26	77.23	1.21
2.94			0.05	29.85	82.84	600.70	0.76
0.26		0.03	2.91	95.12	39.84	67.10	6.00
0.02			0.23	2.91	28.90	14.84	
0.23	**1.17**	**0.22**	**6.83**	**67.15**	**14355.08**	**6700.59**	**9.62**
0.01	1.17	0.21	2.57		10084.04	5886.02	9.62
0.03		0.01	3.78	67.03	4070.13	169.53	
0.19			0.47	0.12	200.92	645.05	

4-3 工业分行业终端能源消费量(标准量)-2020

单位：万吨标准煤

行 业	Sector	终端消费合计 Final Consumption Total (发电煤耗计算法) (Coal Equivalent Calculation)	(电热当量计算法) (Calorific Value Calculation)
工业	**Industry**	**322677.35**	**236674.13**
(一)采矿业	**Mining**	**12921.33**	**8428.59**
煤炭开采和洗选业	Mining and Washing of Coal	4621.67	3030.46
石油和天然气开采业	Extraction of Petroleum and Natural Gas	3593.39	2782.16
黑色金属矿采选业	Mining and Processing of Ferrous Metal Ores	1728.07	944.66
有色金属矿采选业	Mining and Processing of Non-Ferrous Metal Ores	1089.22	512.36
非金属矿采选业	Mining and Processing of Nonmetal Ores	1104.47	709.30
开采专业及辅助性活动	Professional and Support Activities for Mining	296.10	244.39
其他采矿业	Mining of Other Ores	488.40	205.28
(二)制造业	**Manufacturing**	**288536.65**	**218758.10**
农副食品加工业	Processing of Food from Agricultural Products	3950.36	2475.39
食品制造业	Manufacture of Foods	2092.87	1507.92
酒、饮料和精制茶制造业	Manufacture of Liquor, Beverages and Refined Tea	1192.16	883.90
烟草制品业	Manufacture of Tobacco	179.81	90.75
纺织业	Manufacture of Textile	6939.37	4049.75
纺织服装、服饰业	Manufacture of Textile, Wearing Apparel and Accessories	851.69	466.07
皮革、毛皮、羽毛及其制品和制鞋业	Manufacture of Leather, Fur, Feather and Related Products and Footwear	489.29	242.49
木材加工和木、竹、藤、棕、草制品业	Processing of Timber, Manufacture of Wood, Bamboo, Rattan, Palm, Palm,and Straw Products	1027.01	529.80
家具制造业	Manufacture of Furniture	394.02	182.62
造纸和纸制品业	Manufacture of Paper and Paper Products	3887.64	2490.00
印刷和记录媒介复制业	Printing and Reproduction of Recording Media	501.23	269.18
文教、工美、体育和娱乐用品制造业	Manufacture of Articles for Culture, Education, Arts and Crafts, Sport and Entertainment Activities	500.92	352.01
石油、煤炭及其他燃料加工业	Processing of Petroleum, Coal and Other Fuels	26515.09	24268.19
化学原料和化学制品制造业	Manufacture of Raw Chemical Materials and Chemical Products	55001.55	44879.46
医药制造业	Manufacture of Medicines	2244.73	1491.05
化学纤维制造业	Manufacture of Chemical Fibers	2349.36	1560.82
橡胶和塑料制品业	Manufacture of Rubber and Plastics Products	4978.63	2385.99
非金属矿物制品业	Manufacture of Non-metallic Mineral Products	36429.51	29549.37
黑色金属冶炼和压延加工业	Smelting and Pressing of Ferrous Metals	85274.38	73393.66
有色金属冶炼和压延加工业	Smelting and Pressing of Non-ferrous Metals	25385.60	12896.70
金属制品业	Manufacture of Metal Products	6555.24	3838.12
通用设备制造业	Manufacture of General Purpose Machinery	3981.56	2095.03
专用设备制造业	Manufacture of Special Purpose Machinery	1820.34	947.46
汽车制造业	Manufacture of Automobiles	4069.55	1998.63
铁路、船舶、航空航天和其他运输设备制造业	Manufacture of Railway, Ship, Aerospace and Other Transport Equipments	826.62	546.90
电气机械和器材制造业	Manufacture of Electrical Machinery and Apparatus	3105.62	1454.78
计算机、通信和其他电子设备制造业	Manufacture of Computers, Communication and Other Electronic Equipment	5115.51	2365.55
仪器仪表制造业	Manufacture of Measuring Instruments and Machinery	252.35	117.12
其他制造业	Other Manufacture	1857.49	805.74
废弃资源综合利用业	Utilization of Waste Resources	703.74	586.26
金属制品、机械和设备修理业	Repair Service of Metal Products, Machinery and Equipment	63.40	37.41
(三)电力、热力、燃气及水生产和供应业	**Production and Supply of Electricity, Gas and Water**	**21219.37**	**9487.43**
电力、热力生产和供应业	Production and Supply of Electric Power and Heat Power	18362.63	8056.90
燃气生产和供应业	Production and Supply of Gas	913.93	617.11
水的生产和供应业	Production and Supply of Water	1942.82	813.42

Final Energy Consumption by Industrial Sector (Standard Quantity) -2020

(10[4] tce)

煤合计 Coal Total	原煤 Raw Coal	洗精煤 Cleaned Coal	其他洗煤 Other Washed Coal	焦炭 Coke	焦炉煤气 Coke Oven Gas	高炉煤气 Blast Furnace Gas	转炉煤气 Converter Gas	其他煤气 Other Gas
42043.42	**34315.91**		**7182.39**	**46359.35**	**4105.95**	**11109.51**	**1767.82**	**174.36**
1692.85	**1191.69**		**490.32**	**187.40**	**36.47**	**25.83**	**3.60**	**2.01**
1240.31	769.07		468.72	4.77	5.41	0.50		2.01
49.10	49.10							
128.89	121.31		2.77	164.78	15.80	25.33	0.28	
53.54	52.86		0.68	3.54	5.76			
212.27	190.60		18.16	14.31	9.50		3.32	
2.52	2.52							
6.21	6.21							
39973.75	**32755.66**		**6691.53**	**46074.35**	**4059.39**	**11081.41**	**1764.22**	**171.85**
527.85	488.83		36.48	13.60	0.18			0.24
406.06	400.57		1.57	1.79				
254.33	250.52		2.69	0.01	0.09		0.01	0.03
3.09	3.09							
207.58	174.82		3.93	3.82				
22.05	21.84		0.16	0.04				
13.10	11.82		0.01			0.09		
25.64	25.36		0.28	0.01				
1.40	1.29		0.10	0.06				
369.40	328.83		23.40	7.70	0.42			
9.52	9.02		0.17	0.02	2.28			
7.63	7.34			0.43				
1208.77	793.44		391.48	54.90	1124.43	128.80	7.82	4.59
9309.45	9064.65		124.04	3943.83	516.65	12.11	23.29	23.88
300.49	292.51		1.80	3.36	0.86			0.03
378.47	269.40		2.31	0.06				
157.25	143.67		1.02	1.92	4.04			
16206.53	10780.99		5307.40	1421.30	218.69	59.31	25.62	15.14
8414.73	7868.94		477.41	39181.81	2020.99	10739.35	1688.54	2.80
1699.95	1543.04		151.46	388.23	134.98		5.01	122.79
188.24	159.89		27.64	572.26	18.32	121.63	8.26	1.12
10.60	9.56		0.25	400.30	6.70	0.31	1.01	
6.94	2.95				1.91	4.79	0.01	0.89
12.42	11.79		0.03	10.91	0.37	0.02	0.03	0.29
18.42	7.48		10.94	0.39	1.34			0.01
8.61	8.61			0.68	0.03			0.01
11.68	11.20		0.47	0.02	0.26	0.01		
1.66	1.66							
2.66	2.63			0.06		0.89		
188.33	59.00		126.46	66.88	6.51	14.10	4.62	
0.93	0.93				0.35			0.01
376.82	**368.56**		**0.53**	**97.60**	**10.09**	**2.28**		**0.50**
286.76	278.52		0.53	97.60	0.43	0.29		
86.98	86.98				9.65	1.99		0.50
3.07	3.05							

4-3 续表 1

单位：万吨标准煤

行 业	Sector	其他焦化产品 Other Coking Products
工业	**Industry**	**1156.26**
(一)采矿业	**Mining**	**0.66**
煤炭开采和洗选业	Mining and Washing of Coal	0.66
石油和天然气开采业	Extraction of Petroleum and Natural Gas	
黑色金属矿采选业	Mining and Processing of Ferrous Metal Ores	
有色金属矿采选业	Mining and Processing of Non-Ferrous Metal Ores	
非金属矿采选业	Mining and Processing of Nonmetal Ores	
开采专业及辅助性活动	Professional and Support Activities for Mining	
其他采矿业	Mining of Other Ores	
(二)制造业	**Manufacturing**	**1155.32**
农副食品加工业	Processing of Food from Agricultural Products	
食品制造业	Manufacture of Foods	
酒、饮料和精制茶制造业	Manufacture of Liquor, Beverages and Refined Tea	0.01
烟草制品业	Manufacture of Tobacco	
纺织业	Manufacture of Textile	
纺织服装、服饰业	Manufacture of Textile, Wearing Apparel and Accessories	
皮革、毛皮、羽毛及其制品和制鞋业	Manufacture of Leather, Fur, Feather and Related Products and Footwear	
木材加工和木、竹、藤、棕、草制品业	Processing of Timber, Manufacture of Wood, Bamboo, Rattan, Palm, Palm,and Straw Products	
家具制造业	Manufacture of Furniture	
造纸和纸制品业	Manufacture of Paper and Paper Products	
印刷和记录媒介复制业	Printing and Reproduction of Recording Media	
文教、工美、体育和娱乐用品制造业	Manufacture of Articles for Culture, Education, Arts and Crafts, Sport and Entertainment Activities	
石油、煤炭及其他燃料加工业	Processing of Petroleum, Coal and Other Fuels	105.17
化学原料和化学制品制造业	Manufacture of Raw Chemical Materials and Chemical Products	629.69
医药制造业	Manufacture of Medicines	0.01
化学纤维制造业	Manufacture of Chemical Fibers	
橡胶和塑料制品业	Manufacture of Rubber and Plastics Products	2.96
非金属矿物制品业	Manufacture of Non-metallic Mineral Products	19.11
黑色金属冶炼和压延加工业	Smelting and Pressing of Ferrous Metals	379.71
有色金属冶炼和压延加工业	Smelting and Pressing of Non-ferrous Metals	11.30
金属制品业	Manufacture of Metal Products	3.47
通用设备制造业	Manufacture of General Purpose Machinery	
专用设备制造业	Manufacture of Special Purpose Machinery	3.20
汽车制造业	Manufacture of Automobiles	
铁路、船舶、航空航天和其他运输设备制造业	Manufacture of Railway, Ship, Aerospace and Other Transport Equipments	
电气机械和器材制造业	Manufacture of Electrical Machinery and Apparatus	
计算机、通信和其他电子设备制造业	Manufacture of Computers, Communication and Other Electronic Equipment	
仪器仪表制造业	Manufacture of Measuring Instruments and Machinery	
其他制造业	Other Manufacture	
废弃资源综合利用业	Utilization of Waste Resources	0.69
金属制品、机械和设备修理业	Repair Service of Metal Products, Machinery and Equipment	
(三)电力、热力、燃气及水生产和供应业	**Production and Supply of Electricity, Gas and Water**	**0.28**
电力、热力生产和供应业	Production and Supply of Electric Power and Heat Power	0.28
燃气生产和供应业	Production and Supply of Gas	
水的生产和供应业	Production and Supply of Water	

Continued 1

(10[4] tce)

油品合计 Petroleum Products Total	原油 Crude Oil	汽油 Gasoline	煤油 Kerosene	柴油 Diesel Oil	燃料油 Fuel Oil	石脑油 Naphtha	润滑油 Lubricants	石蜡 Paraffin Waxes	溶剂油 White Spirit
34291.99	**598.63**	**235.98**	**13.82**	**1281.64**	**329.56**	**9268.03**	**378.72**	**270.52**	**64.79**
1248.93	**353.85**	**20.44**	**1.53**	**549.46**	**1.61**	**213.90**	**3.05**		
500.09	0.12	4.74	0.90	214.81	0.28	213.90	1.73		
437.32	353.60	8.31		36.43	0.42		0.01		
52.16		0.88	0.01	50.84	0.01		0.41		
27.94		1.57	0.60	24.14	0.74		0.05		
72.85		1.14	0.02	69.67	0.05		0.23		
158.23	0.13	3.81		153.24	0.10		0.62		
0.33				0.33					
32982.75	**244.51**	**189.54**	**12.29**	**702.32**	**326.83**	**9054.13**	**375.16**	**270.50**	**64.79**
30.44		7.14	0.05	17.97	1.33		0.04	0.02	1.97
16.73		5.42	0.02	7.30	0.62		0.01		
8.66		2.68		4.21	0.55		0.02		
1.00		0.12		0.81					
17.34		4.81	0.02	5.54	1.67		0.15		
8.19		4.25		3.15	0.36		0.03		
4.63		2.30		1.46	0.20		0.06		0.15
10.51		1.86		5.65	0.19		0.09	2.30	
5.67		2.40	0.02	2.75	0.08		0.11		
22.87	0.04	2.40		13.44	3.88		0.12	0.05	0.38
10.03		4.17	0.01	4.54	0.23		0.08		0.04
20.15		3.03		2.88	0.39		0.03	0.69	0.08
16377.38	74.64	1.76	0.04	17.08	166.66	1942.97	341.29	0.02	1.54
11992.61	168.90	12.93	2.95	37.14	42.54	7111.11	1.68	263.44	58.17
14.35		4.38	0.01	5.47	2.15		0.01	0.04	0.50
3.49		0.55	0.02	1.62	0.90		0.06		0.13
38.55	0.06	8.71	0.07	11.20	3.16		0.77	1.72	0.74
3619.49	0.52	19.01	0.77	338.44	83.27		1.11	1.21	0.38
105.13		3.68	0.03	59.67	0.38		1.83	0.01	
356.90	0.30	3.65	0.55	35.32	11.03		0.68	0.01	0.15
44.29		12.12	0.44	19.10	1.07		0.94	0.04	0.03
52.33		16.01	2.12	21.39	0.65	0.04	5.09	0.19	0.06
52.18	0.01	12.22	1.30	21.87	0.54		5.22	0.05	0.06
61.07	0.01	20.05	0.36	23.79	0.25	0.01	11.83	0.02	0.18
21.89		3.99	1.92	11.06	1.40		0.48	0.30	0.04
35.92		15.10	0.18	9.46	1.70		2.67	0.20	0.14
18.67		9.26	0.04	5.13	0.38		0.45	0.01	0.04
5.61		3.90	0.06	1.02	0.10		0.12	0.08	
7.15		0.66	0.13	1.21			0.01	0.10	
10.62		0.35	0.01	5.96	0.92		0.03		
8.89		0.61	1.16	6.69	0.25		0.14		
60.31	**0.28**	**26.00**		**29.85**	**1.12**		**0.50**	**0.03**	
51.28	0.23	20.01		27.41	1.03		0.45		
4.53		3.35		1.08			0.04		
4.51	0.05	2.64		1.37	0.09		0.01	0.03	

4-3 续表 2

单位：万吨标准煤

行 业	Sector	石油沥青 Bitumen Asphalt
工业	**Industry**	**457.88**
(一)采矿业	**Mining**	**1.76**
煤炭开采和洗选业	Mining and Washing of Coal	0.47
石油和天然气开采业	Extraction of Petroleum and Natural Gas	
黑色金属矿采选业	Mining and Processing of Ferrous Metal Ores	
有色金属矿采选业	Mining and Processing of Non-Ferrous Metal Ores	0.52
非金属矿采选业	Mining and Processing of Nonmetal Ores	0.77
开采专业及辅助性活动	Professional and Support Activities for Mining	
其他采矿业	Mining of Other Ores	
(二)制造业	**Manufacturing**	**456.11**
农副食品加工业	Processing of Food from Agricultural Products	
食品制造业	Manufacture of Foods	
酒、饮料和精制茶制造业	Manufacture of Liquor, Beverages and Refined Tea	
烟草制品业	Manufacture of Tobacco	
纺织业	Manufacture of Textile	2.06
纺织服装、服饰业	Manufacture of Textile, Wearing Apparel and Accessories	
皮革、毛皮、羽毛及其制品和制鞋业	Manufacture of Leather, Fur, Feather and Related Products and Footwear	
木材加工和木、竹、藤、棕、草制品业	Processing of Timber, Manufacture of Wood, Bamboo, Rattan, Palm, Palm,and Straw Products	
家具制造业	Manufacture of Furniture	
造纸和纸制品业	Manufacture of Paper and Paper Products	
印刷和记录媒介复制业	Printing and Reproduction of Recording Media	
文教、工美、体育和娱乐用品制造业	Manufacture of Articles for Culture, Education, Arts and Crafts, Sport and Entertainment Activities	
石油、煤炭及其他燃料加工业	Processing of Petroleum, Coal and Other Fuels	10.32
化学原料和化学制品制造业	Manufacture of Raw Chemical Materials and Chemical Products	51.17
医药制造业	Manufacture of Medicines	
化学纤维制造业	Manufacture of Chemical Fibers	
橡胶和塑料制品业	Manufacture of Rubber and Plastics Products	3.78
非金属矿物制品业	Manufacture of Non-metallic Mineral Products	367.88
黑色金属冶炼和压延加工业	Smelting and Pressing of Ferrous Metals	
有色金属冶炼和压延加工业	Smelting and Pressing of Non-ferrous Metals	20.56
金属制品业	Manufacture of Metal Products	0.25
通用设备制造业	Manufacture of General Purpose Machinery	
专用设备制造业	Manufacture of Special Purpose Machinery	
汽车制造业	Manufacture of Automobiles	0.01
铁路、船舶、航空航天和其他运输设备制造业	Manufacture of Railway, Ship, Aerospace and Other Transport Equipments	
电气机械和器材制造业	Manufacture of Electrical Machinery and Apparatus	0.05
计算机、通信和其他电子设备制造业	Manufacture of Computers, Communication and Other Electronic Equipment	
仪器仪表制造业	Manufacture of Measuring Instruments and Machinery	
其他制造业	Other Manufacture	
废弃资源综合利用业	Utilization of Waste Resources	
金属制品、机械和设备修理业	Repair Service of Metal Products, Machinery and Equipment	
(三)电力、热力、燃气及水生产和供应业	**Production and Supply of Electricity, Gas and Water**	
电力、热力生产和供应业	Production and Supply of Electric Power and Heat Power	
燃气生产和供应业	Production and Supply of Gas	
水的生产和供应业	Production and Supply of Water	

Continued 2

(10⁴ tce)

石油焦 Petroleum Coke	液化石油气 Liquefied Petroleum Gas	炼厂干气 Refinery Gas	其他石油制品 Other Petroleum Products	天然气 Natural Gas	液化天然气 Liquefied Natural Gas	热力 Heat	电力 Electricity	其他能源 Other Energy
3321.58	**4279.46**	**2928.41**	**10862.97**	**7847.77**	**12402.15**	**14056.59**	**60368.43**	**990.53**
1.09	**62.86**	**16.70**	**22.68**	**1784.62**	**78.72**	**204.07**	**3153.59**	**9.85**
	62.48		0.67	110.48	26.79	21.40	1116.93	1.13
	0.17	16.70	21.69	1614.22	20.52	91.57	569.43	
			0.01	0.68		4.45	549.90	2.39
0.33				10.63		0.01	404.92	6.01
0.76	0.11		0.10	10.73	30.54	78.07	277.38	0.33
	0.11		0.23	37.89	0.88	8.56	36.30	
							198.74	
3320.47	**4216.21**	**2909.88**	**10840.00**	**5976.03**	**12205.17**	**13363.01**	**48979.80**	**971.06**
	1.67		0.25	53.65	329.48	297.80	1035.34	186.82
	2.07		1.29	176.97	157.22	299.93	410.60	38.62
	1.20		0.01	127.28	61.12	200.84	216.38	15.13
	0.06			14.58		7.33	62.52	2.23
	2.34		0.75	202.85	444.87	1092.90	2028.32	52.08
	0.35		0.04	12.87	135.03	10.96	270.68	6.26
	0.35		0.10	1.43	35.96	6.30	173.24	7.75
	0.41			35.89	4.03	23.67	349.01	81.03
	0.31			17.44	3.92	2.60	148.39	3.13
	2.43		0.12	65.25	205.88	774.59	981.05	62.84
	0.71		0.25	45.56	14.49	17.09	162.88	7.32
11.63	1.21		0.19	41.31	168.98	3.67	104.52	5.31
230.53	2605.08	2609.06	8376.38	350.23	1010.49	2266.33	1577.18	52.10
89.14	1440.52	299.23	2413.68	2382.17	3020.82	5687.64	7105.02	232.29
	0.79		1.01	101.95	144.22	376.85	529.03	19.90
	0.15		0.07	28.91	204.10	377.49	553.50	14.79
	4.37	0.01	3.96	105.66	135.30	106.59	1819.86	13.85
2692.85	93.38	0.13	20.55	541.56	2347.01	163.19	4829.39	83.03
22.37	15.17	1.45	0.54	616.31	1218.21	639.34	8339.46	47.29
270.77	4.75		9.12	279.32	385.99	738.79	8766.36	7.08
	9.58	0.01	0.71	172.49	774.70	21.47	1907.24	4.64
	4.75	0.01	2.04	133.13	149.40	11.98	1324.22	5.06
	6.72		4.20	67.34	164.74	28.41	612.70	4.35
	2.73		1.83	87.82	280.67	89.08	1453.65	2.32
	2.25		0.43	63.66	224.41	20.20	196.34	0.24
0.33	4.55		1.55	43.86	154.49	47.65	1158.78	4.76
	2.64		0.72	159.29	199.67	42.81	1930.28	2.87
	0.15		0.18	6.61	4.77	2.33	94.92	1.21
	5.05			0.58	52.57	2.82	738.26	0.76
2.86	0.44		0.03	37.19	167.50	1.36	82.46	6.00
	0.04			2.87	5.12	0.99	18.24	
0.02	**0.40**	**1.83**	**0.29**	**87.13**	**118.25**	**489.51**	**8235.03**	**9.62**
0.02	0.02	1.83	0.27	32.84		343.87	7233.92	9.62
	0.05		0.01	48.27	118.05	138.79	208.35	
	0.33		0.01	6.02	0.21	6.85	792.76	

4-4 分行业能源消费总量

单位：万吨标准煤

行　业	Sector	1995
消费总量	**Total Consumption**	**131176**
农、林、牧、渔业	**Agriculture, Forestry, Animal Husbandry and Fishery**	**5505**
工业	**Industry**	**96191**
采矿业	**Mining**	**9941**
煤炭开采和洗选业	Mining and Washing of Coal	5500
石油和天然气开采业	Extraction of Petroleum and Natural Gas	2813
黑色金属矿采选业	Mining and Processing of Ferrous Metal Ores	268
有色金属矿采选业	Mining and Processing of Non-Ferrous Metal Ores	557
非金属矿采选业	Mining and Processing of Nonmetal Ores	553
开采专业及辅助性活动	Professional and Support Activities for Mining	
其他采矿业	Mining of Other Ores	250
制造业	**Manufacturing**	**78368**
农副食品加工业	Processing of Food from Agricultural Products	1973
食品制造业	Manufacture of Foods	1208
酒、饮料和精制茶制造业	Manufacture of Liquor, Beverages and Refined Tea	1000
烟草制品业	Manufacture of Tobacco	224
纺织业	Manufacture of Textile	3531
纺织服装、服饰业	Manufacture of Textile, Wearing Apparel and Accessories	329
皮革、毛皮、羽毛及其制品和制鞋业	Manufacture of Leather, Fur, Feather and Related Products and Footwear	290
木材加工和木、竹、藤、棕、草制品业	Processing of Timber, Manufacture of Wood, Bamboo, Rattan, Palm, and Straw Products	380
家具制造业	Manufacture of Furniture	106
造纸和纸制品业	Manufacture of Paper and Paper Products	2138
印刷和记录媒介复制业	Printing and Reproduction of Recording Media	203
文教、工美、体育和娱乐用品制造业	Manufacture of Articles for Culture, Education, Arts and Crafts, Sport and Entertainment Activities	62
石油、煤炭及其他燃料加工业	Processing of Petroleum, Coal and Other Fuels	5567
化学原料和化学制品制造业	Manufacture of Raw Chemical Materials and Chemical Products	15822
医药制造业	Manufacture of Medicines	1201
化学纤维制造业	Manufacture of Chemical Fibers	1278
橡胶和塑料制品业	Manufacture of Rubber and Plastics Products	1186
非金属矿物制品业	Manufacture of Non-metallic Mineral Products	13058
黑色金属冶炼和压延加工业	Smelting and Pressing of Ferrous Metals	18533
有色金属冶炼和压延加工业	Smelting and Pressing of Non-ferrous Metals	2842
金属制品业	Manufacture of Metal Products	994
通用设备制造业	Manufacture of General Purpose Machinery	1651
专用设备制造业	Manufacture of Special Purpose Machinery	1089
汽车制造业	Manufacture of Automobiles	1376
铁路、船舶、航空航天和其他运输设备制造业	Manufacture of Railway, Ship, Aerospace and Other Transport Equipments	
电气机械和器材制造业	Manufacture of Electrical Machinery and Apparatus	629
计算机、通信和其他电子设备制造业	Manufacture of Computers, Communication and Other Electronic Equipment	321
仪器仪表制造业	Manufacture of Measuring Instruments and Machinery	143
其他制造业	Other Manufacture	1234
废弃资源综合利用业	Utilization of Waste Resources	
金属制品、机械和设备修理业	Repair Service of Metal Products, Machinery and Equipment	
电力、热力、燃气及水生产和供应业	**Production and Supply of Electricity, Gas and Water**	**7883**
电力、热力生产和供应业	Production and Supply of Electric Power and Heat Power	7053
燃气生产和供应业	Production and Supply of Gas	341
水的生产和供应业	Production and Supply of Water	489
建筑业	**Construction**	**1335**
交通运输、仓储和邮政业	**Transport, Storage and Post**	**5863**
批发和零售业、住宿和餐饮业	**Wholesale and Retail Trades, Hotels and Catering Services**	**2018**
其他	**Others**	**4519**
居民生活	**Residential**	**15745**

Total Energy Consumption by Sector

(10⁴ tce)

2000	2005	2010	2015	2016	2017	2018	2019	2020
146964	**261369**	**360648**	**434113**	**441492**	**455827**	**471925**	**487488**	**498314**
4233	**6860**	**7266**	**8271**	**8585**	**8945**	**8781**	**9018**	**9263**
103014	**187914**	**261377**	**295953**	**295615**	**302308**	**311151**	**322503**	**332625**
10286	**12429**	**20950**	**19489**	**17773**	**18099**	**18981**	**19233**	**17451**
4576	5634	12436	10399	9436	9646	9983	10133	8953
3966	3741	3987	4269	3916	3956	3818	3755	3743
376	1135	2089	1663	1458	1537	1566	1660	1728
427	814	999	1177	1076	1106	1253	1258	1090
708	995	1224	1297	1260	1185	1312	1324	1126
			337	286	321	464	470	322
234	111	214	348	341	347	584	633	488
80914	**158235**	**217329**	**248264**	**247658**	**252462**	**258604**	**268426**	**279651**
1669	3096	3746	4266	4241	4145	4036	4126	4002
1092	1615	1857	1840	1976	1965	1959	2042	2148
844	1523	1369	1501	1496	1403	1317	1283	1199
313	278	234	230	206	200	198	192	180
3020	6145	6988	7159	7303	7518	7372	7398	6982
357	669	848	923	946	882	866	905	854
208	375	475	631	607	563	546	539	489
376	929	1382	1306	1194	1082	1059	1036	1007
104	141	252	376	364	353	367	383	393
2281	4078	4475	4059	4115	4314	4102	3847	3927
207	298	420	467	481	484	517	508	498
123	213	237	393	410	435	461	493	501
7956	12481	17874	24184	24165	26458	28689	32572	35267
14070	28626	36741	49533	49722	49356	51278	53272	56723
977	1521	1816	2263	2323	2251	2179	2179	2259
1911	1789	1644	1912	2075	2204	2329	2416	2355
1405	2894	3853	4432	4538	4771	4793	4868	4990
11515	26215	32512	35587	34772	33343	32798	33344	35387
20563	44724	66873	64404	62879	62843	62279	65387	66851
4129	7966	13628	20773	21028	23316	24628	24436	25460
1218	2375	3804	4645	4974	6366	6283	6552	6385
1266	2495	3774	3531	3665	3636	3705	3627	3982
883	1299	1902	1846	1739	1691	1691	1884	1820
1530	2060	3782	3184	3276	3380	3646	3663	4078
			856	867	979	1821	853	827
658	1410	2347	2589	2623	2582	2698	2841	3106
692	1518	2547	3149	3377	3662	4628	5028	5120
158	223	359	316	309	307	277	249	252
1389	1237	1459	1666	1708	1672	1620	1799	1857
	41	129	187	228	222	391	635	686
			53	52	76	72	68	63
11814	**17250**	**23099**	**28200**	**30184**	**31747**	**33566**	**34844**	**35523**
10584	15847	21487	26191	28080	29258	30832	31759	32076
618	692	627	718	739	994	1148	1309	1525
611	711	985	1291	1365	1495	1587	1775	1923
2207	**3486**	**5533**	**7545**	**7847**	**8243**	**8685**	**9142**	**9320**
11447	**19136**	**27102**	**38510**	**39883**	**42140**	**43617**	**43909**	**41309**
3251	**5917**	**7847**	**11447**	**12042**	**12456**	**12994**	**13624**	**13171**
6118	**10484**	**15052**	**21925**	**23185**	**24277**	**26262**	**27582**	**28245**
16695	**27573**	**36470**	**50461**	**54336**	**57459**	**60436**	**61709**	**64380**

4-5 分行业煤炭消费总量

单位：万吨

行 业	Sector	1995
消费总量	**Total Consumption**	**137677**
农、林、牧、渔业	**Agriculture, Forestry, Animal Husbandry and Fishery**	**1857**
工业	**Industry**	**117571**
采矿业	**Mining**	**9861**
煤炭开采和洗选业	Mining and Washing of Coal	8291
石油和天然气开采业	Extraction of Petroleum and Natural Gas	637
黑色金属矿采选业	Mining and Processing of Ferrous Metal Ores	95
有色金属矿采选业	Mining and Processing of Non-Ferrous Metal Ores	175
非金属矿采选业	Mining and Processing of Nonmetal Ores	434
开采专业及辅助性活动	Professional and Support Activities for Mining	
其他采矿业	Mining of Other Ores	229
制造业	**Manufacturing**	**63109**
农副食品加工业	Processing of Food from Agricultural Products	1754
食品制造业	Manufacture of Foods	1215
酒、饮料和精制茶制造业	Manufacture of Liquor, Beverages and Refined Tea	983
烟草制品业	Manufacture of Tobacco	191
纺织业	Manufacture of Textile	2537
纺织服装、服饰业	Manufacture of Textile, Wearing Apparel and Accessories	117
皮革、毛皮、羽毛及其制品和制鞋业	Manufacture of Leather, Fur, Feather and Related Products and Footwear	239
木材加工和木、竹、藤、棕、草制品业	Processing of Timber, Manufacture of Wood, Bamboo, Rattan, Palm, and Straw Products	363
家具制造业	Manufacture of Furniture	63
造纸和纸制品业	Manufacture of Paper and Paper Products	2132
印刷和记录媒介复制业	Printing and Reproduction of Recording Media	87
文教、工美、体育和娱乐用品制造业	Manufacture of Articles for Culture, Education, Arts and Crafts, Sport and Entertainment Activities	33
石油、煤炭及其他燃料加工业	Processing of Petroleum, Coal and Other Fuels	8025
化学原料和化学制品制造业	Manufacture of Raw Chemical Materials and Chemical Products	10804
医药制造业	Manufacture of Medicines	915
化学纤维制造业	Manufacture of Chemical Fibers	823
橡胶和塑料制品业	Manufacture of Rubber and Plastics Products	878
非金属矿物制品业	Manufacture of Non-metallic Mineral Products	13424
黑色金属冶炼和压延加工业	Smelting and Pressing of Ferrous Metals	12921
有色金属冶炼和压延加工业	Smelting and Pressing of Non-ferrous Metals	1349
金属制品业	Manufacture of Metal Products	462
通用设备制造业	Manufacture of General Purpose Machinery	821
专用设备制造业	Manufacture of Special Purpose Machinery	653
汽车制造业	Manufacture of Automobiles	860
铁路、船舶、航空航天和其他运输设备制造业	Manufacture of Railway, Ship, Aerospace and Other Transport Equipments	
电气机械和器材制造业	Manufacture of Electrical Machinery and Apparatus	344
计算机、通信和其他电子设备制造业	Manufacture of Computers, Communication and Other Electronic Equipment	142
仪器仪表制造业	Manufacture of Measuring Instruments and Machinery	71
其他制造业	Other Manufacture	906
废弃资源综合利用业	Utilization of Waste Resources	
金属制品、机械和设备修理业	Repair Service of Metal Products, Machinery and Equipment	
电力、热力、燃气及水生产和供应业	**Production and Supply of Electricity, Gas and Water**	**44600**
电力、热力生产和供应业	Production and Supply of Electric Power and Heat Power	43800
燃气生产和供应业	Production and Supply of Gas	763
水的生产和供应业	Production and Supply of Water	38
建筑业	**Construction**	**440**
交通运输、仓储和邮政业	**Transport, Storage and Post**	**1315**
批发和零售业、住宿和餐饮业	**Wholesale and Retail Trades, Hotels and Catering Services**	**977**
其他	**Others**	**1987**
居民生活	**Residential**	**13530**

Total Coal Consumption by Sector

(10[4] tons)

2000	2005	2010	2015	2016	2017	2018	2019	2020
135690	**243375**	**349008**	**399834**	**388820**	**391403**	**397452**	**401915**	**404860**
1051	**1802**	**2147**	**2625**	**2778**	**2834**	**2363**	**2202**	**2254**
121807	**224766**	**329728**	**378190**	**367435**	**371160**	**380696**	**387268**	**390891**
10603	**13307**	**27146**	**30802**	**25246**	**25106**	**26064**	**23850**	**17859**
8913	11748	24893	29103	23793	23874	24234	22140	16886
847	367	541	186	174	131	122	112	72
79	275	482	378	283	245	222	198	205
100	220	212	199	120	105	137	93	85
512	686	1016	819	774	662	753	742	540
			116	97	88	595	564	63
153	11	3	2	5	1			8
53356	**105047**	**151519**	**181345**	**172342**	**162194**	**161049**	**159894**	**159830**
1511	2320	3365	2601	2570	2234	1871	1720	1577
761	1260	1845	1617	1679	1526	1619	1642	1639
733	1360	1587	1185	1091	956	690	619	497
151	143	86	43	28	22	15	7	5
1564	3282	3710	4729	4211	3308	951	790	592
142	293	374	257	214	142	57	45	49
81	149	196	155	135	94	33	22	18
265	568	699	467	326	217	108	90	40
50	35	83	57	42	17	5	2	2
1982	3827	5242	4669	4603	4586	4272	3942	3545
58	56	84	81	84	46	66	62	60
20	31	45	124	114	75	33	14	10
9718	20390	35103	48069	46561	45310	48515	53972	55519
8162	17337	22379	30100	26916	24579	23504	22007	23077
615	980	1274	1511	1427	1184	913	786	735
993	1203	921	1090	1370	1329	1330	1318	1142
485	919	1334	978	868	670	501	401	280
9841	23834	30844	31696	30691	27039	24321	22608	24705
12109	20835	30749	33896	31184	30443	29308	27987	28217
1528	2931	6928	14769	15656	16761	21888	20765	17138
274	377	555	460	399	256	349	333	306
413	721	1095	301	244	186	97	21	16
376	471	657	287	206	141	48	32	12
827	773	932	430	366	273	179	97	85
			118	92	159	75	41	35
220	333	569	731	560	104	37	24	20
84	153	192	150	131	108	196	411	172
37	38	41	20	20	13	4	2	2
353	406	563	687	483	365	4	2	3
	21	67	61	68	49	60	132	333
			5	4	3			1
57848	**106411**	**151064**	**166043**	**169847**	**183860**	**193583**	**203524**	**213202**
56675	105016	149726	165422	169441	183107	192239	201798	211123
1122	1363	1255	570	383	730	1318	1707	2057
51	33	83	51	22	23	27	20	22
537	**604**	**731**	**878**	**805**	**733**	**650**	**640**	**639**
882	**811**	**639**	**492**	**404**	**353**	**321**	**283**	**241**
1461	**2627**	**3192**	**3864**	**3826**	**3461**	**2686**	**2378**	**1981**
1495	**2727**	**3412**	**4159**	**4081**	**3580**	**3021**	**2598**	**2571**
8457	**10039**	**9159**	**9627**	**9492**	**9283**	**7714**	**6547**	**6283**

4-6 分行业焦炭消费总量

单位：万吨

行　业	Sector	1995
消费总量	**Total Consumption**	**10725**
农、林、牧、渔业	**Agriculture, Forestry, Animal Husbandry and Fishery**	**129**
工业	**Industry**	**10412**
采矿业	**Mining**	**151**
煤炭开采和洗选业	Mining and Washing of Coal	42
石油和天然气开采业	Extraction of Petroleum and Natural Gas	1
黑色金属矿采选业	Mining and Processing of Ferrous Metal Ores	57
有色金属矿采选业	Mining and Processing of Non-Ferrous Metal Ores	25
非金属矿采选业	Mining and Processing of Nonmetal Ores	26
开采专业及辅助性活动	Professional and Support Activities for Mining	
其他采矿业	Mining of Other Ores	1
制造业	**Manufacturing**	**10244**
农副食品加工业	Processing of Food from Agricultural Products	15
食品制造业	Manufacture of Foods	10
酒、饮料和精制茶制造业	Manufacture of Liquor, Beverages and Refined Tea	5
烟草制品业	Manufacture of Tobacco	2
纺织业	Manufacture of Textile	6
纺织服装、服饰业	Manufacture of Textile, Wearing Apparel and Accessories	1
皮革、毛皮、羽毛及其制品和制鞋业	Manufacture of Leather, Fur, Feather and Related Products and Footwear	1
木材加工和木、竹、藤、棕、草制品业	Processing of Timber, Manufacture of Wood, Bamboo, Rattan, Palm, and Straw Products	1
家具制造业	Manufacture of Furniture	1
造纸和纸制品业	Manufacture of Paper and Paper Products	4
印刷和记录媒介复制业	Printing and Reproduction of Recording Media	1
文教、工美、体育和娱乐用品制造业	Manufacture of Articles for Culture, Education, Arts and Crafts, Sport and Entertainment Activities	2
石油、煤炭及其他燃料加工业	Processing of Petroleum, Coal and Other Fuels	32
化学原料和化学制品制造业	Manufacture of Raw Chemical Materials and Chemical Products	1299
医药制造业	Manufacture of Medicines	3
化学纤维制造业	Manufacture of Chemical Fibers	24
橡胶和塑料制品业	Manufacture of Rubber and Plastics Products	3
非金属矿物制品业	Manufacture of Non-metallic Mineral Products	277
黑色金属冶炼和压延加工业	Smelting and Pressing of Ferrous Metals	7811
有色金属冶炼和压延加工业	Smelting and Pressing of Non-ferrous Metals	195
金属制品业	Manufacture of Metal Products	123
通用设备制造业	Manufacture of General Purpose Machinery	237
专用设备制造业	Manufacture of Special Purpose Machinery	101
汽车制造业	Manufacture of Automobiles	41
铁路、船舶、航空航天和其他运输设备制造业	Manufacture of Railway, Ship, Aerospace and Other Transport Equipments	
电气机械和器材制造业	Manufacture of Electrical Machinery and Apparatus	16
计算机、通信和其他电子设备制造业	Manufacture of Computers, Communication and Other Electronic Equipment	1
仪器仪表制造业	Manufacture of Measuring Instruments and Machinery	3
其他制造业	Other Manufacture	30
废弃资源综合利用业	Utilization of Waste Resources	
金属制品、机械和设备修理业	Repair Service of Metal Products, Machinery and Equipment	
电力、热力、燃气及水生产和供应业	**Production and Supply of Electricity, Gas and Water**	**17**
电力、热力生产和供应业	Production and Supply of Electric Power and Heat Power	4
燃气生产和供应业	Production and Supply of Gas	13
水的生产和供应业	Production and Supply of Water	
建筑业	**Construction**	**11**
交通运输、仓储和邮政业	**Transport, Storage and Post**	**10**
批发和零售业、住宿和餐饮业	**Wholesale and Retail Trades, Hotels and Catering Services**	**26**
其他	**Others**	**6**
居民生活	**Residential**	**132**

Total Coke Consumption by Sector

(10^4 tons)

2000	2005	2010	2015	2016	2017	2018	2019	2020
10841	**25106**	**38703**	**44059**	**45462**	**43743**	**43717**	**46426**	**48310**
71	**63**	**47**	**49**	**53**	**38**	**103**	**60**	**23**
10555	**24861**	**38599**	**43923**	**45325**	**43609**	**43561**	**46320**	**48272**
161	**150**	**421**	**236**	**243**	**203**	**174**	**208**	**199**
53	37	43	63	75	75	34	49	11
6								
52	84	353	158	153	116	128	148	170
22	16	16	9	5	3	4	4	4
27	13	9	7	10	8	9	8	15
10357	**24646**	**38155**	**43646**	**45045**	**43366**	**43346**	**46067**	**47802**
16	9	15	141	143	138	137	125	16
15	5	3	3	2	2	1	2	16
3	1	1	1	1	1			4
1								
4	3	5	2	1	1	2	3	6
2	1	4	2	2	1			
2		1						
1	2	2	1	1			2	
1	1	5	2	1	1	1	1	
2	4	2	1	1				30
2	4	4	3	3	4	2		
65	77	93	65	32	41	56	71	59
1105	1724	2475	3579	3997	3674	3744	4014	4289
1	1	3	1	1	2	2	3	6
27	51	2		17	17	18	20	3
9	4	15	3	2	1			2
312	208	386	904	881	773	966	1340	1464
8085	21429	33448	37336	38439	37521	37152	39247	40335
218	397	592	565	528	518	403	406	490
126	78	76	100	66	60	450	469	589
208	456	657	684	686	444	328	245	412
74	69	126	68	71	64	20	7	
32	94	169	129	123	69	31	14	12
			3	2	1	1		
11	17	27	12	7	5	2	1	1
	1	12	14	14	13			
4	3	6	3	2	1			
30	4	2		3	2			
	2	25	22	16	10	31	97	69
37	**65**	**23**	**40**	**37**	**40**	**40**	**45**	**271**
	6	4	39	35	39	39	44	270
37	59	19	2	2	2	2	1	1
19	**18**	**6**	**7**	**7**	**13**	**11**	**10**	**4**
11	**1**		**3**	**3**	**6**			
36	**64**	**5**	**40**	**41**	**49**	**19**	**17**	
12	**8**	**3**	**5**	**6**	**6**	**6**	**6**	
137	**90**	**43**	**31**	**27**	**22**	**16**	**13**	**11**

4-7 分行业原油消费总量

单位：万吨

行　业	Sector	1995
消费总量	**Total Consumption**	**14886.39**
农、林、牧、渔业	**Agriculture, Forestry, Animal Husbandry and Fishery**	**10.11**
工业	**Industry**	**14716.30**
采矿业	**Mining**	**1686.21**
煤炭开采和洗选业	Mining and Washing of Coal	
石油和天然气开采业	Extraction of Petroleum and Natural Gas	1686.16
黑色金属矿采选业	Mining and Processing of Ferrous Metal Ores	
有色金属矿采选业	Mining and Processing of Non-Ferrous Metal Ores	0.05
非金属矿采选业	Mining and Processing of Nonmetal Ores	
开采专业及辅助性活动	Professional and Support Activities for Mining	
其他采矿业	Mining of Other Ores	
制造业	**Manufacturing**	**12963.62**
农副食品加工业	Processing of Food from Agricultural Products	0.53
食品制造业	Manufacture of Foods	0.72
酒、饮料和精制茶制造业	Manufacture of Liquor, Beverages and Refined Tea	0.72
烟草制品业	Manufacture of Tobacco	
纺织业	Manufacture of Textile	1.29
纺织服装、服饰业	Manufacture of Textile, Wearing Apparel and Accessories	0.04
皮革、毛皮、羽毛及其制品和制鞋业	Manufacture of Leather, Fur, Feather and Related Products and Footwear	0.04
木材加工和木、竹、藤、棕、草制品业	Processing of Timber, Manufacture of Wood, Bamboo, Rattan, Palm, and Straw Products	
家具制造业	Manufacture of Furniture	
造纸和纸制品业	Manufacture of Paper and Paper Products	0.26
印刷和记录媒介复制业	Printing and Reproduction of Recording Media	0.10
文教、工美、体育和娱乐用品制造业	Manufacture of Articles for Culture, Education, Arts and Crafts, Sport and Entertainment Activities	
石油、煤炭及其他燃料加工业	Processing of Petroleum, Coal and Other Fuels	11338.36
化学原料和化学制品制造业	Manufacture of Raw Chemical Materials and Chemical Products	1078.84
医药制造业	Manufacture of Medicines	0.12
化学纤维制造业	Manufacture of Chemical Fibers	478.22
橡胶和塑料制品业	Manufacture of Rubber and Plastics Products	1.24
非金属矿物制品业	Manufacture of Non-metallic Mineral Products	56.32
黑色金属冶炼和压延加工业	Smelting and Pressing of Ferrous Metals	3.17
有色金属冶炼和压延加工业	Smelting and Pressing of Non-ferrous Metals	0.35
金属制品业	Manufacture of Metal Products	0.17
通用设备制造业	Manufacture of General Purpose Machinery	0.28
专用设备制造业	Manufacture of Special Purpose Machinery	0.20
汽车制造业	Manufacture of Automobiles	0.57
铁路、船舶、航空航天和其他运输设备制造业	Manufacture of Railway, Ship, Aerospace and Other Transport Equipments	
电气机械和器材制造业	Manufacture of Electrical Machinery and Apparatus	0.85
计算机、通信和其他电子设备制造业	Manufacture of Computers, Communication and Other Electronic Equipment	
仪器仪表制造业	Manufacture of Measuring Instruments and Machinery	
其他制造业	Other Manufacture	1.23
废弃资源综合利用业	Utilization of Waste Resources	
金属制品、机械和设备修理业	Repair Service of Metal Products, Machinery and Equipment	
电力、热力、燃气及水生产和供应业	**Production and Supply of Electricity, Gas and Water**	**66.47**
电力、热力生产和供应业	Production and Supply of Electric Power and Heat Power	66.47
燃气生产和供应业	Production and Supply of Gas	
水的生产和供应业	Production and Supply of Water	
建筑业	**Construction**	**2.71**
交通运输、仓储和邮政业	**Transport, Storage and Post**	**156.77**
批发和零售业、住宿和餐饮业	**Wholesale and Retail Trades, Hotels and Catering Services**	**0.50**
其他	**Others**	
居民生活	**Residential**	

Total Crude Oil Consumption by Sector

(10[4] tons)

2000	2005	2010	2015	2016	2017	2018	2019	2020
21232.01	**30088.94**	**42874.55**	**54788.28**	**57125.93**	**59402.17**	**63004.33**	**67268.27**	**69477.14**
21052.08	**29962.07**	**42716.55**	**54752.43**	**57103.59**	**59393.50**	**62995.51**	**67259.08**	**69476.54**
3196.35	**1373.95**	**1020.29**	**1024.17**	**787.88**	**739.96**	**644.02**	**637.22**	**610.12**
2.32			0.03	0.01	0.06	13.92	0.22	0.08
3194.03	1373.95	1020.29	987.50	740.82	713.31	612.23	636.91	609.94
				1.23				
			36.64	45.82	26.59	17.86	0.10	0.09
17779.14	**28559.26**	**41692.62**	**53727.99**	**56315.45**	**58653.34**	**62351.28**	**66621.69**	**68866.23**
0.42	0.07	0.11	0.03	0.02	0.02	0.06		
0.48	0.10	0.01						
0.52	0.50							
0.05	0.20	0.02			0.01	0.07		
0.16	0.24	0.03	0.01		0.01			
	0.04	0.05	0.02	0.02				
	0.12	0.22	0.04	0.01				
	0.03	0.01	0.01					
0.48	0.68	0.12	0.04	0.04	0.04	0.03	0.03	0.03
		0.01						
0.10	0.09	0.06		0.01				
15295.82	26019.28	38624.99	50191.16	52431.24	55431.90	59673.27	63223.31	65073.92
1809.79	2510.59	3062.50	3536.22	3883.65	3220.70	2676.96	3397.86	3791.64
		0.02					0.03	
604.71	10.62							
0.45	0.90	0.12	0.04	0.04			0.01	0.05
53.54	14.17	2.45	0.21	0.21	0.42	0.46	0.10	0.37
10.25	0.13	0.33	0.02	0.02	0.01			
0.80	0.31	0.71	0.01	0.01		0.36	0.30	0.21
0.03	0.06	0.12	0.01	0.01	0.01	0.01		
0.11	0.15	0.09	0.03	0.03	0.01	0.01		
0.27	0.11	0.06	0.08	0.08	0.09			0.01
0.06	0.15	0.17	0.02	0.02	0.06	0.02	0.01	0.01
			0.01	0.01	0.01	0.01	0.01	
0.50	0.26	0.15			0.02	0.01		
	0.40	0.27	0.01	0.01				
	0.05		0.01	0.01	0.01			
0.60	0.01							
							0.01	
76.59	**28.86**	**3.64**	**0.27**	**0.26**	**0.20**	**0.21**	**0.17**	**0.19**
76.59	28.60	3.64	0.27	0.26	0.20	0.21	0.17	0.16
	0.26							
								0.03
3.30								
175.05	**126.87**	**158.00**	**35.85**	**22.34**	**8.67**	**8.82**	**9.19**	**0.60**
0.18								
1.40								

4-8 分行业汽油消费总量

单位：万吨

行　业	Sector	1995
消费总量	**Total Consumption**	**2909.59**
农、林、牧、渔业	**Agriculture, Forestry, Animal Husbandry and Fishery**	**179.66**
工业	**Industry**	**812.43**
采矿业	**Mining**	**135.90**
煤炭开采和洗选业	Mining and Washing of Coal	37.87
石油和天然气开采业	Extraction of Petroleum and Natural Gas	58.99
黑色金属矿采选业	Mining and Processing of Ferrous Metal Ores	4.74
有色金属矿采选业	Mining and Processing of Non-Ferrous Metal Ores	8.18
非金属矿采选业	Mining and Processing of Nonmetal Ores	8.74
开采专业及辅助性活动	Professional and Support Activities for Mining	
其他采矿业	Mining of Other Ores	17.38
制造业	**Manufacturing**	**637.21**
农副食品加工业	Processing of Food from Agricultural Products	37.56
食品制造业	Manufacture of Foods	16.33
酒、饮料和精制茶制造业	Manufacture of Liquor, Beverages and Refined Tea	14.91
烟草制品业	Manufacture of Tobacco	3.17
纺织业	Manufacture of Textile	42.72
纺织服装、服饰业	Manufacture of Textile, Wearing Apparel and Accessories	11.39
皮革、毛皮、羽毛及其制品和制鞋业	Manufacture of Leather, Fur, Feather and Related Products and Footwear	5.38
木材加工和木、竹、藤、棕、草制品业	Processing of Timber, Manufacture of Wood, Bamboo, Rattan, Palm, and Straw Products	4.68
家具制造业	Manufacture of Furniture	3.71
造纸和纸制品业	Manufacture of Paper and Paper Products	14.59
印刷和记录媒介复制业	Printing and Reproduction of Recording Media	6.17
文教、工美、体育和娱乐用品制造业	Manufacture of Articles for Culture, Education, Arts and Crafts, Sport and Entertainment Activities	2.66
石油、煤炭及其他燃料加工业	Processing of Petroleum, Coal and Other Fuels	29.23
化学原料和化学制品制造业	Manufacture of Raw Chemical Materials and Chemical Products	62.64
医药制造业	Manufacture of Medicines	8.98
化学纤维制造业	Manufacture of Chemical Fibers	4.56
橡胶和塑料制品业	Manufacture of Rubber and Plastics Products	31.88
非金属矿物制品业	Manufacture of Non-metallic Mineral Products	82.14
黑色金属冶炼和压延加工业	Smelting and Pressing of Ferrous Metals	42.55
有色金属冶炼和压延加工业	Smelting and Pressing of Non-ferrous Metals	12.71
金属制品业	Manufacture of Metal Products	18.19
通用设备制造业	Manufacture of General Purpose Machinery	58.65
专用设备制造业	Manufacture of Special Purpose Machinery	26.69
汽车制造业	Manufacture of Automobiles	37.48
铁路、船舶、航空航天和其他运输设备制造业	Manufacture of Railway, Ship, Aerospace and Other Transport Equipments	
电气机械和器材制造业	Manufacture of Electrical Machinery and Apparatus	24.07
计算机、通信和其他电子设备制造业	Manufacture of Computers, Communication and Other Electronic Equipment	9.15
仪器仪表制造业	Manufacture of Measuring Instruments and Machinery	4.69
其他制造业	Other Manufacture	20.33
废弃资源综合利用业	Utilization of Waste Resources	
金属制品、机械和设备修理业	Repair Service of Metal Products, Machinery and Equipment	
电力、热力、燃气及水生产和供应业	**Production and Supply of Electricity, Gas and Water**	**39.32**
电力、热力生产和供应业	Production and Supply of Electric Power and Heat Power	33.85
燃气生产和供应业	Production and Supply of Gas	3.21
水的生产和供应业	Production and Supply of Water	2.26
建筑业	**Construction**	**103.62**
交通运输、仓储和邮政业	**Transport, Storage and Post**	**982.30**
批发和零售业、住宿和餐饮业	**Wholesale and Retail Trades, Hotels and Catering Services**	**197.23**
其他	**Others**	**570.65**
居民生活	**Residential**	**63.70**

Total Gasoline Consumption by Sector

(10^4 tons)

2000	2005	2010	2015	2016	2017	2018	2019	2020
3504.56	**4854.91**	**6956.20**	**11368.46**	**11866.04**	**12296.27**	**13055.30**	**13627.97**	**12767.16**
89.16	**159.59**	**169.07**	**231.33**	**224.39**	**229.64**	**242.92**	**253.18**	**257.35**
681.98	**441.71**	**689.46**	**477.08**	**436.32**	**382.10**	**296.51**	**262.00**	**183.97**
120.78	**51.89**	**66.32**	**40.39**	**36.27**	**29.53**	**22.32**	**19.25**	**13.89**
36.32	14.61	20.11	10.64	8.88	7.22	6.15	4.95	3.22
45.38	25.71	24.20	11.29	9.91	8.90	7.77	6.99	5.65
6.81	4.60	7.70	3.73	3.27	2.12	1.17	0.81	0.60
5.87	3.30	7.59	7.03	6.95	4.50	1.89	1.64	1.07
9.07	3.65	6.40	3.49	3.24	2.72	1.50	1.05	0.77
			4.13	3.92	4.03	3.84	3.82	2.59
17.34	0.02	0.32	0.08	0.09	0.03			
528.75	**364.19**	**590.92**	**403.38**	**368.90**	**324.05**	**249.17**	**215.69**	**152.41**
34.04	13.24	38.93	28.48	23.61	17.55	9.90	7.09	4.85
13.62	7.36	15.74	10.13	9.50	7.91	4.80	4.21	3.69
11.35	6.93	9.55	6.63	6.74	5.04	4.15	2.89	1.82
34.04	0.75	0.72	0.63	0.56	0.52	0.44	0.38	0.08
39.68	16.74	26.96	13.89	11.99	13.07	7.02	5.59	3.27
7.94	9.28	17.83	11.89	10.92	8.96	5.76	4.89	2.89
5.68	4.30	8.40	6.87	6.27	5.18	3.59	2.86	1.56
3.68	4.72	9.29	7.06	5.94	4.73	2.14	1.70	1.27
3.97	2.74	8.23	5.19	4.59	4.62	3.18	2.40	1.63
13.62	8.05	11.32	6.14	5.44	4.80	3.10	2.51	1.63
6.81	6.64	8.33	6.56	6.45	6.25	4.09	3.59	2.83
2.55	3.70	4.08	8.18	7.11	6.64	4.14	3.31	2.06
16.63	20.85	36.18	3.26	3.97	3.69	19.74	27.88	16.51
51.05	42.14	48.20	35.52	35.06	28.47	18.77	14.16	17.07
10.22	7.34	12.16	10.82	9.80	8.16	5.82	3.92	2.98
4.31	1.10	1.55	0.95	1.32	1.13	0.80	0.61	0.37
23.42	21.05	34.02	20.88	19.89	17.04	12.66	9.45	5.92
51.74	24.03	37.47	30.08	27.04	23.92	17.08	14.75	12.92
34.04	21.17	13.40	11.32	8.34	6.61	3.49	3.35	2.50
12.49	6.14	10.35	6.67	5.95	4.94	4.28	3.39	2.48
20.42	17.14	32.95	22.33	19.78	17.29	13.09	11.60	8.24
23.82	26.21	54.03	31.19	26.27	23.86	17.40	15.29	10.88
34.12	15.84	29.51	25.93	22.78	20.42	14.05	11.84	8.30
22.70	34.92	49.21	35.33	36.07	34.65	27.77	24.72	13.62
			7.12	6.39	5.89	7.48	3.50	2.71
18.15	20.62	36.48	26.45	24.86	21.25	17.45	14.94	10.26
9.07	10.55	20.31	14.54	14.09	13.86	10.94	9.59	6.29
3.40	3.45	7.26	5.84	4.91	4.74	4.18	3.84	2.65
16.20	6.87	7.73	1.70	1.78	1.43	0.88	0.68	0.45
	0.31	0.73	0.81	0.67	0.59	0.44	0.31	0.24
			0.99	0.83	0.85	0.53	0.44	0.42
32.44	**25.62**	**32.22**	**33.31**	**31.15**	**28.52**	**25.01**	**27.06**	**17.67**
28.17	20.31	24.64	25.97	23.88	21.88	19.07	21.55	13.60
1.95	2.36	3.20	3.39	3.08	2.87	2.62	2.55	2.28
2.32	2.95	4.38	3.94	4.19	3.77	3.32	2.96	1.79
115.55	**172.14**	**274.70**	**408.57**	**437.26**	**452.32**	**504.99**	**499.89**	**508.39**
1527.78	**2430.05**	**3274.92**	**5306.59**	**5511.15**	**5698.53**	**6067.62**	**6244.92**	**5573.57**
69.84	**129.39**	**168.18**	**243.29**	**240.86**	**244.46**	**275.50**	**287.95**	**273.23**
792.67	**998.20**	**1166.22**	**2108.47**	**2046.40**	**2075.05**	**2163.56**	**2240.92**	**2253.09**
227.58	**523.83**	**1213.65**	**2593.11**	**2969.67**	**3214.17**	**3504.20**	**3839.10**	**3717.56**

4-9 分行业煤油消费总量

单位：万吨

行　业	Sector	1995
消费总量	**Total Consumption**	**512.11**
农、林、牧、渔业	**Agriculture, Forestry, Animal Husbandry and Fishery**	**3.57**
工业	**Industry**	**44.94**
采矿业	**Mining**	**2.92**
煤炭开采和洗选业	Mining and Washing of Coal	1.59
石油和天然气开采业	Extraction of Petroleum and Natural Gas	0.59
黑色金属矿采选业	Mining and Processing of Ferrous Metal Ores	0.08
有色金属矿采选业	Mining and Processing of Non-Ferrous Metal Ores	0.40
非金属矿采选业	Mining and Processing of Nonmetal Ores	0.20
开采专业及辅助性活动	Professional and Support Activities for Mining	
其他采矿业	Mining of Other Ores	0.06
制造业	**Manufacturing**	**40.41**
农副食品加工业	Processing of Food from Agricultural Products	0.26
食品制造业	Manufacture of Foods	0.33
酒、饮料和精制茶制造业	Manufacture of Liquor, Beverages and Refined Tea	0.23
烟草制品业	Manufacture of Tobacco	2.07
纺织业	Manufacture of Textile	2.91
纺织服装、服饰业	Manufacture of Textile, Wearing Apparel and Accessories	0.11
皮革、毛皮、羽毛及其制品和制鞋业	Manufacture of Leather, Fur, Feather and Related Products and Footwear	0.42
木材加工和木、竹、藤、棕、草制品业	Processing of Timber, Manufacture of Wood, Bamboo, Rattan, Palm, and Straw Products	1.17
家具制造业	Manufacture of Furniture	0.01
造纸和纸制品业	Manufacture of Paper and Paper Products	1.78
印刷和记录媒介复制业	Printing and Reproduction of Recording Media	3.41
文教、工美、体育和娱乐用品制造业	Manufacture of Articles for Culture, Education, Arts and Crafts, Sport and Entertainment Activities	0.10
石油、煤炭及其他燃料加工业	Processing of Petroleum, Coal and Other Fuels	1.02
化学原料和化学制品制造业	Manufacture of Raw Chemical Materials and Chemical Products	8.10
医药制造业	Manufacture of Medicines	0.15
化学纤维制造业	Manufacture of Chemical Fibers	0.18
橡胶和塑料制品业	Manufacture of Rubber and Plastics Products	0.55
非金属矿物制品业	Manufacture of Non-metallic Mineral Products	2.59
黑色金属冶炼和压延加工业	Smelting and Pressing of Ferrous Metals	0.41
有色金属冶炼和压延加工业	Smelting and Pressing of Non-ferrous Metals	0.57
金属制品业	Manufacture of Metal Products	3.37
通用设备制造业	Manufacture of General Purpose Machinery	3.05
专用设备制造业	Manufacture of Special Purpose Machinery	0.91
汽车制造业	Manufacture of Automobiles	4.87
铁路、船舶、航空航天和其他运输设备制造业	Manufacture of Railway, Ship, Aerospace and Other Transport Equipments	
电气机械和器材制造业	Manufacture of Electrical Machinery and Apparatus	0.50
计算机、通信和其他电子设备制造业	Manufacture of Computers, Communication and Other Electronic Equipment	0.23
仪器仪表制造业	Manufacture of Measuring Instruments and Machinery	0.12
其他制造业	Other Manufacture	0.99
废弃资源综合利用业	Utilization of Waste Resources	
金属制品、机械和设备修理业	Repair Service of Metal Products, Machinery and Equipment	
电力、热力、燃气及水生产和供应业	**Production and Supply of Electricity, Gas and Water**	**1.61**
电力、热力生产和供应业	Production and Supply of Electric Power and Heat Power	1.30
燃气生产和供应业	Production and Supply of Gas	0.11
水的生产和供应业	Production and Supply of Water	0.20
建筑业	**Construction**	**3.51**
交通运输、仓储和邮政业	**Transport, Storage and Post**	**250.01**
批发和零售业、住宿和餐饮业	**Wholesale and Retail Trades, Hotels and Catering Services**	**8.51**
其他	**Others**	**137.32**
居民生活	**Residential**	**64.25**

Total Kerosene Consumption by Sector

(10[4] tons)

2000	2005	2010	2015	2016	2017	2018	2019	2020
871.61	**1076.84**	**1765.17**	**2663.71**	**2970.71**	**3326.36**	**3653.51**	**3950.23**	**3352.10**
1.50	**1.60**	**0.90**	**1.10**	**2.24**	**1.52**	**4.91**	**10.95**	**11.00**
83.95	**57.50**	**40.20**	**21.16**	**19.96**	**14.55**	**24.94**	**10.97**	**9.39**
7.44	**6.40**	**4.41**	**2.44**	**2.17**	**1.30**	**1.08**	**1.22**	**1.04**
5.37	3.26	2.53	1.72	1.59	0.81	0.67	0.75	0.61
0.42	0.17							
0.04	1.42	0.35	0.07	0.05	0.02			0.01
1.26	0.74	0.67	0.43	0.37	0.43	0.39	0.46	0.40
0.34	0.80	0.24	0.22	0.14	0.03	0.02	0.02	0.01
				0.01				
0.01	0.01	0.62						
76.05	**50.74**	**35.75**	**18.64**	**17.72**	**13.21**	**22.56**	**9.75**	**8.35**
0.25	0.40	0.51	0.50	0.35	0.20	0.14	0.09	0.04
0.08	0.33	0.20	0.05	0.10	0.01			0.01
0.08	0.54	0.13	0.08	0.04	0.05	0.06	0.06	
0.08	0.03							
3.78	2.05	0.50	0.15	0.07	0.05	0.02	0.03	0.01
0.42	0.70	0.25	0.04	0.02			0.05	
0.17	0.37	0.24	0.12	0.16	0.08	0.01	0.01	
0.08	1.09	0.17	0.52	0.14	0.02	0.01		
0.04	0.24	0.08	0.01	0.01		0.01		0.02
3.61	0.91	0.22	0.05	0.39	0.02		0.01	
5.71	0.74	0.10	0.05	0.04	0.03	0.01	0.01	0.01
1.26	0.35	0.11	0.05	0.04	0.04	0.10	0.11	
18.06	2.06	5.64	0.15	0.19	0.25	0.07	0.18	0.03
8.73	6.09	5.02	3.44	3.13	2.17	1.92	1.90	2.00
0.15	0.52	0.34	0.16	0.04	0.05	0.02	0.01	0.01
0.42	0.50	0.01	0.07	0.05	0.06	0.02	0.02	0.02
0.49	1.01	0.37	0.27	0.26	0.24	0.04	0.06	0.05
2.43	3.06	1.16	2.46	1.58	1.00	0.82	0.83	0.53
5.37	1.92	0.47	0.24	0.20	0.09	0.02	0.02	0.02
0.59	2.32	1.78	0.73	0.94	1.08	0.84	0.54	0.37
1.68	2.64	1.40	0.92	0.76	0.63	0.56	0.45	0.30
3.27	5.80	4.47	2.50	2.40	2.11	1.95	1.62	1.44
1.34	1.69	0.64	0.90	0.92	0.93	0.78	0.77	0.88
6.30	11.08	10.18	0.61	0.50	0.43	0.40	0.27	0.24
			1.89	2.61	1.82	13.06	0.95	1.30
0.25	1.60	0.66	0.72	0.70	0.69	0.44	0.42	0.12
0.18	0.82	0.36	0.27	0.20	0.19	0.25	0.15	0.02
0.15	1.13	0.61	0.42	0.28	0.25	0.16	0.12	0.04
11.08	0.70	0.10	0.72	0.94	0.02	0.08	0.08	0.09
	0.04	0.03	0.02	0.02	0.03	0.09	0.02	0.01
			0.53	0.65	0.67	0.66	0.93	0.79
0.46	**0.36**	**0.04**	**0.08**	**0.07**	**0.04**	**1.29**		
0.42	0.32	0.03	0.08	0.07	0.04	1.29		
0.01	0.02	0.01						
0.03	0.03							
4.00		**8.77**	**12.50**	**10.00**	**9.75**	**17.27**	**16.03**	**10.81**
535.90	**952.42**	**1601.08**	**2504.88**	**2814.94**	**3173.31**	**3462.53**	**3689.21**	**3110.76**
14.00	**3.67**	**34.98**	**11.68**	**11.21**	**11.30**	**15.47**	**15.47**	**14.76**
160.09	**36.19**	**58.73**	**83.27**	**85.93**	**88.36**	**103.81**	**184.17**	**182.96**
72.17	**25.46**	**20.52**	**29.13**	**26.43**	**27.58**	**24.59**	**23.43**	**12.42**

4-10 分行业柴油消费总量

单位：万吨

行　业	Sector	1995
消费总量	**Total Consumption**	**4321.44**
农、林、牧、渔业	**Agriculture, Forestry, Animal Husbandry and Fishery**	**1001.39**
工业	**Industry**	**1189.87**
采矿业	**Mining**	**229.63**
煤炭开采和洗选业	Mining and Washing of Coal	31.68
石油和天然气开采业	Extraction of Petroleum and Natural Gas	147.95
黑色金属矿采选业	Mining and Processing of Ferrous Metal Ores	5.41
有色金属矿采选业	Mining and Processing of Non-Ferrous Metal Ores	12.62
非金属矿采选业	Mining and Processing of Nonmetal Ores	20.96
开采专业及辅助性活动	Professional and Support Activities for Mining	
其他采矿业	Mining of Other Ores	11.01
制造业	**Manufacturing**	**722.25**
农副食品加工业	Processing of Food from Agricultural Products	33.65
食品制造业	Manufacture of Foods	18.15
酒、饮料和精制茶制造业	Manufacture of Liquor, Beverages and Refined Tea	8.04
烟草制品业	Manufacture of Tobacco	1.16
纺织业	Manufacture of Textile	36.39
纺织服装、服饰业	Manufacture of Textile, Wearing Apparel and Accessories	8.64
皮革、毛皮、羽毛及其制品和制鞋业	Manufacture of Leather, Fur, Feather and Related Products and Footwear	5.76
木材加工和木、竹、藤、棕、草制品业	Processing of Timber, Manufacture of Wood, Bamboo, Rattan, Palm, and Straw Products	6.10
家具制造业	Manufacture of Furniture	1.42
造纸和纸制品业	Manufacture of Paper and Paper Products	27.59
印刷和记录媒介复制业	Printing and Reproduction of Recording Media	2.66
文教、工美、体育和娱乐用品制造业	Manufacture of Articles for Culture, Education, Arts and Crafts, Sport and Entertainment Activities	2.73
石油、煤炭及其他燃料加工业	Processing of Petroleum, Coal and Other Fuels	48.89
化学原料和化学制品制造业	Manufacture of Raw Chemical Materials and Chemical Products	94.41
医药制造业	Manufacture of Medicines	3.86
化学纤维制造业	Manufacture of Chemical Fibers	5.45
橡胶和塑料制品业	Manufacture of Rubber and Plastics Products	25.06
非金属矿物制品业	Manufacture of Non-metallic Mineral Products	149.29
黑色金属冶炼和压延加工业	Smelting and Pressing of Ferrous Metals	73.20
有色金属冶炼和压延加工业	Smelting and Pressing of Non-ferrous Metals	21.66
金属制品业	Manufacture of Metal Products	23.40
通用设备制造业	Manufacture of General Purpose Machinery	31.18
专用设备制造业	Manufacture of Special Purpose Machinery	14.53
汽车制造业	Manufacture of Automobiles	31.60
铁路、船舶、航空航天和其他运输设备制造业	Manufacture of Railway, Ship, Aerospace and Other Transport Equipments	
电气机械和器材制造业	Manufacture of Electrical Machinery and Apparatus	17.14
计算机、通信和其他电子设备制造业	Manufacture of Computers, Communication and Other Electronic Equipment	10.73
仪器仪表制造业	Manufacture of Measuring Instruments and Machinery	3.94
其他制造业	Other Manufacture	15.62
废弃资源综合利用业	Utilization of Waste Resources	
金属制品、机械和设备修理业	Repair Service of Metal Products, Machinery and Equipment	
电力、热力、燃气及水生产和供应业	**Production and Supply of Electricity, Gas and Water**	**237.99**
电力、热力生产和供应业	Production and Supply of Electric Power and Heat Power	234.44
燃气生产和供应业	Production and Supply of Gas	2.12
水的生产和供应业	Production and Supply of Water	1.43
建筑业	**Construction**	**118.19**
交通运输、仓储和邮政业	**Transport, Storage and Post**	**1246.56**
批发和零售业、住宿和餐饮业	**Wholesale and Retail Trades, Hotels and Catering Services**	**103.59**
其他	**Others**	**645.70**
居民生活	**Residential**	**16.14**

Total Diesel Oil Consumption by Sector

(10^4 tons)

2000	2005	2010	2015	2016	2017	2018	2019	2020
6806.23	**10974.94**	**14699.00**	**17360.31**	**16839.04**	**16916.54**	**16409.56**	**14917.95**	**14282.70**
697.10	**1286.35**	**1206.73**	**1492.88**	**1495.86**	**1546.82**	**1468.24**	**1475.05**	**1497.15**
1696.46	**1710.04**	**2089.99**	**1516.37**	**1412.91**	**1459.94**	**1259.47**	**1290.60**	**1026.12**
289.49	**358.27**	**500.35**	**490.51**	**436.21**	**438.84**	**467.38**	**465.44**	**377.30**
54.46	62.13	141.23	165.03	153.04	155.83	163.16	152.71	147.53
166.62	187.31	185.98	47.50	49.32	41.34	40.86	40.59	25.03
12.54	33.32	62.36	82.87	62.74	56.43	50.15	42.54	34.91
13.71	13.46	20.82	30.60	32.22	27.65	24.33	21.82	16.57
29.39	61.05	89.42	70.80	64.93	56.29	52.28	53.82	47.86
			93.60	73.82	100.87	136.51	153.85	105.17
12.77	0.99	0.54	0.13	0.13	0.42	0.08	0.10	0.23
1139.17	**1217.86**	**1499.34**	**960.45**	**917.52**	**958.35**	**739.75**	**769.62**	**601.86**
39.71	54.79	56.78	47.78	42.00	36.35	25.59	21.55	12.34
17.88	20.89	30.47	15.99	14.50	13.31	9.52	8.26	5.01
10.75	14.27	15.91	11.22	10.34	8.24	6.13	4.77	2.89
4.29	5.61	4.50	1.78	1.31	1.32	1.66	1.04	0.55
46.31	42.93	44.63	14.76	12.92	21.29	7.28	6.00	3.90
14.69	27.87	34.34	13.82	12.00	9.83	5.45	5.37	2.18
15.55	14.70	13.70	5.37	4.47	4.04	2.20	1.94	1.00
6.97	11.11	18.06	11.86	10.23	8.73	5.74	5.21	3.88
2.58	8.30	14.53	7.26	5.89	4.96	3.83	2.99	1.88
24.18	25.22	28.43	17.79	17.32	15.89	15.29	15.49	10.38
7.70	6.91	13.57	6.58	5.99	5.82	4.38	4.22	3.12
12.20	11.59	16.39	7.86	7.88	6.55	4.42	3.49	1.98
74.18	50.65	24.53	18.31	36.60	148.78	61.13	107.79	121.94
123.40	138.00	162.69	113.30	118.15	88.84	40.52	39.36	32.67
7.18	8.65	17.15	10.51	9.81	9.64	9.94	5.75	3.76
10.41	7.44	7.95	2.03	2.33	2.16	2.04	1.67	1.11
50.55	47.12	66.87	25.03	22.47	21.18	16.53	11.90	7.69
319.33	253.14	289.95	293.05	287.61	280.25	283.27	314.21	232.30
73.95	92.05	99.88	68.11	60.40	60.26	51.19	52.90	41.28
44.09	53.04	63.98	44.94	39.62	38.93	36.71	33.76	24.89
39.86	52.24	66.29	29.93	25.28	22.26	23.64	19.52	13.18
33.28	56.61	74.65	36.17	30.98	29.58	25.07	21.25	14.68
13.62	27.06	47.63	47.01	39.93	21.77	16.76	14.46	15.01
51.30	68.40	110.55	37.97	37.00	37.80	30.01	26.95	16.33
			19.81	16.71	16.04	16.98	11.25	7.59
25.83	47.58	71.92	24.63	20.67	17.07	13.45	10.72	6.49
38.02	50.22	71.22	13.25	12.28	11.12	8.47	6.43	3.52
10.40	8.80	14.22	4.36	3.30	2.67	1.48	1.01	0.70
20.98	11.52	14.35	1.63	1.54	1.56	1.28	1.13	0.83
	1.15	4.20	4.20	4.33	4.63	5.08	4.84	4.19
			4.17	3.69	7.47	4.73	4.40	4.59
267.80	**133.91**	**90.30**	**65.40**	**59.17**	**62.75**	**52.34**	**55.53**	**46.96**
257.82	121.78	83.08	60.74	55.00	58.91	48.68	52.15	45.28
7.18	9.73	2.61	2.54	2.03	1.57	1.58	1.38	0.74
2.80	2.39	4.61	2.13	2.14	2.27	2.08	2.00	0.94
205.86	**386.64**	**490.20**	**555.71**	**561.26**	**596.06**	**543.37**	**530.27**	**503.92**
3293.81	**6169.41**	**8657.56**	**11162.80**	**11068.49**	**11173.69**	**11166.92**	**9867.31**	**9531.98**
95.94	**116.03**	**196.60**	**257.74**	**231.97**	**233.77**	**211.77**	**203.88**	**197.61**
638.70	**900.06**	**1287.19**	**1384.15**	**1307.24**	**1233.30**	**1107.45**	**954.04**	**946.15**
178.36	**406.40**	**770.73**	**990.66**	**761.31**	**672.96**	**652.34**	**596.79**	**579.78**

4-11 分行业燃料油消费总量

单位：万吨

行　业	Sector	1995
消费总量	**Total Consumption**	**3693.67**
农、林、牧、渔业	**Agriculture, Forestry, Animal Husbandry and Fishery**	**8.37**
工业	**Industry**	**3406.16**
采矿业	**Mining**	**246.45**
煤炭开采和洗选业	Mining and Washing of Coal	1.16
石油和天然气开采业	Extraction of Petroleum and Natural Gas	226.71
黑色金属矿采选业	Mining and Processing of Ferrous Metal Ores	2.33
有色金属矿采选业	Mining and Processing of Non-Ferrous Metal Ores	9.46
非金属矿采选业	Mining and Processing of Nonmetal Ores	6.79
开采专业及辅助性活动	Professional and Support Activities for Mining	
其他采矿业	Mining of Other Ores	
制造业	**Manufacturing**	**2186.73**
农副食品加工业	Processing of Food from Agricultural Products	20.68
食品制造业	Manufacture of Foods	5.40
酒、饮料和精制茶制造业	Manufacture of Liquor, Beverages and Refined Tea	7.13
烟草制品业	Manufacture of Tobacco	1.34
纺织业	Manufacture of Textile	34.95
纺织服装、服饰业	Manufacture of Textile, Wearing Apparel and Accessories	2.07
皮革、毛皮、羽毛及其制品和制鞋业	Manufacture of Leather, Fur, Feather and Related Products and Footwear	1.49
木材加工和木、竹、藤、棕、草制品业	Processing of Timber, Manufacture of Wood, Bamboo, Rattan, Palm, and Straw Products	1.59
家具制造业	Manufacture of Furniture	0.83
造纸和纸制品业	Manufacture of Paper and Paper Products	16.62
印刷和记录媒介复制业	Printing and Reproduction of Recording Media	0.23
文教、工美、体育和娱乐用品制造业	Manufacture of Articles for Culture, Education, Arts and Crafts, Sport and Entertainment Activities	0.06
石油、煤炭及其他燃料加工业	Processing of Petroleum, Coal and Other Fuels	611.91
化学原料和化学制品制造业	Manufacture of Raw Chemical Materials and Chemical Products	388.63
医药制造业	Manufacture of Medicines	38.86
化学纤维制造业	Manufacture of Chemical Fibers	90.23
橡胶和塑料制品业	Manufacture of Rubber and Plastics Products	336.06
非金属矿物制品业	Manufacture of Non-metallic Mineral Products	324.83
黑色金属冶炼和压延加工业	Smelting and Pressing of Ferrous Metals	464.93
有色金属冶炼和压延加工业	Smelting and Pressing of Non-ferrous Metals	62.13
金属制品业	Manufacture of Metal Products	13.24
通用设备制造业	Manufacture of General Purpose Machinery	9.99
专用设备制造业	Manufacture of Special Purpose Machinery	22.57
汽车制造业	Manufacture of Automobiles	15.93
铁路、船舶、航空航天和其他运输设备制造业	Manufacture of Railway, Ship, Aerospace and Other Transport Equipments	
电气机械和器材制造业	Manufacture of Electrical Machinery and Apparatus	10.20
计算机、通信和其他电子设备制造业	Manufacture of Computers, Communication and Other Electronic Equipment	7.96
仪器仪表制造业	Manufacture of Measuring Instruments and Machinery	1.24
其他制造业	Other Manufacture	17.27
废弃资源综合利用业	Utilization of Waste Resources	
金属制品、机械和设备修理业	Repair Service of Metal Products, Machinery and Equipment	
电力、热力、燃气及水生产和供应业	**Production and Supply of Electricity, Gas and Water**	**972.98**
电力、热力生产和供应业	Production and Supply of Electric Power and Heat Power	927.73
燃气生产和供应业	Production and Supply of Gas	45.25
水的生产和供应业	Production and Supply of Water	
建筑业	**Construction**	**14.24**
交通运输、仓储和邮政业	**Transport, Storage and Post**	**227.45**
批发和零售业、住宿和餐饮业	**Wholesale and Retail Trades, Hotels and Catering Services**	**6.62**
其他	**Others**	**30.83**
居民生活	**Residential**	

Total Fuel Oil Consumption by Sector

(10[4] tons)

2000	2005	2010	2015	2016	2017	2018	2019	2020
3872.75	**4244.16**	**3758.02**	**4662.01**	**4631.04**	**4887.30**	**4536.07**	**4690.34**	**5364.60**
0.40	**0.66**	**1.14**	**0.94**	**1.03**	**1.31**	**1.28**	**1.19**	**1.13**
2975.05	**2986.86**	**2377.32**	**3133.03**	**3035.41**	**3043.74**	**2688.17**	**2612.54**	**3262.33**
209.96	**35.11**	**37.33**	**31.56**	**38.78**	**31.16**	**27.94**	**7.94**	**1.24**
5.77	5.26	2.32	0.43	0.50	0.36	0.26	0.32	0.22
202.77	28.84	34.75	28.47	37.28	28.67	25.14	5.95	0.39
	0.48	0.07	0.04	0.04	0.02	0.05	0.05	0.01
0.22	0.25	0.01	1.51	0.03	1.40	1.59	0.96	0.52
1.20	0.29	0.18	0.18	0.20	0.02	0.03	0.04	0.04
			0.93	0.73	0.69	0.87	0.61	0.07
1928.86	**1741.84**	**2220.15**	**3092.89**	**2989.59**	**3007.76**	**2656.10**	**2600.50**	**3257.25**
13.32	12.42	9.79	1.78	2.12	2.24	1.57	1.51	0.93
9.04	23.19	13.76	3.59	2.61	2.48	2.12	1.12	0.43
8.08	18.12	8.26	0.64	1.08	2.15	0.59	0.36	0.39
3.00	1.46	1.06	0.42	0.32	0.13			
66.61	53.14	22.45	7.12	5.84	6.29	4.85	3.45	1.17
12.44	14.44	5.31	0.61	0.52	0.62	0.52	0.49	0.25
3.50	11.91	5.87	0.93	0.53	0.37	0.37	0.34	0.14
2.82	2.63	0.25	0.17	0.31	0.23	0.29	0.21	0.13
0.67	1.30	0.58	0.27	0.29	0.31	0.16	0.14	0.06
19.72	28.39	19.58	12.10	13.68	13.22	5.95	8.12	6.06
2.30	1.79	2.05	0.36	0.32	0.22	0.31	0.40	0.16
1.04	2.57	1.73	0.87	0.78	0.84	0.44	0.46	0.27
510.63	354.73	1033.02	1873.59	1536.01	1725.28	1878.27	1895.08	2229.67
372.50	301.44	514.56	903.27	1167.54	1033.29	569.50	562.54	941.83
5.53	7.99	6.69	1.38	1.43	1.71	2.16	2.74	1.51
89.86	33.55	15.24	2.99	3.26	3.09	1.44	0.41	0.65
23.21	36.23	22.83	7.28	7.25	6.12	4.21	3.38	2.21
314.36	527.61	353.57	207.40	182.67	157.46	148.21	96.29	58.29
332.01	124.72	23.91	3.80	2.86	2.13	0.89	0.65	0.27
55.43	88.06	97.12	44.74	41.85	27.97	20.80	13.87	7.72
12.93	18.64	12.47	6.67	6.66	4.51	2.72	1.60	0.75
7.05	8.34	7.75	1.13	0.97	0.91	0.77	0.70	0.45
11.56	5.06	3.75	1.34	1.07	1.15	0.91	0.64	0.38
14.22	11.80	12.50	0.79	0.53	0.57	0.54	0.32	0.17
			3.91	3.46	4.41	4.28	1.39	0.98
12.67	14.75	7.81	1.86	2.01	2.78	2.04	2.07	1.19
12.97	28.37	13.67	2.14	1.37	1.00	0.77	0.50	0.30
0.15	6.32	0.40	0.31	0.24	0.21	0.12	0.09	0.07
11.24	2.57	2.38	0.23	0.05	0.27	0.03		
	0.30	1.80	0.67	1.48	5.31	0.94	1.32	0.65
			0.53	0.49	0.49	0.34	0.31	0.17
836.23	**1209.91**	**119.84**	**8.57**	**7.04**	**4.82**	**4.14**	**4.10**	**3.83**
811.91	1195.01	119.43	8.38	6.38	4.61	3.93	3.90	3.77
24.31	14.89	0.23	0.16	0.62	0.11	0.11	0.11	
0.01	0.01	0.18	0.03	0.04	0.10	0.10	0.09	0.06
16.71	**14.18**	**30.76**	**53.51**	**51.91**	**43.24**	**31.83**	**31.84**	**40.75**
850.00	**1201.02**	**1326.65**	**1439.49**	**1511.38**	**1771.34**	**1795.70**	**2025.31**	**2042.01**
11.59	**27.52**	**8.62**	**18.95**	**17.25**	**15.15**	**10.05**	**10.22**	**11.80**
19.00	**13.91**	**13.53**	**16.08**	**14.06**	**12.51**	**9.04**	**9.25**	**6.59**

4-12 分行业天然气消费总量

单位：亿立方米

行　业	Sector	1995
消费总量	**Total Consumption**	**177.41**
农、林、牧、渔业	**Agriculture, Forestry, Animal Husbandry and Fishery**	**0.02**
工业	**Industry**	**154.39**
采矿业	**Mining**	**51.87**
煤炭开采和洗选业	Mining and Washing of Coal	
石油和天然气开采业	Extraction of Petroleum and Natural Gas	50.58
黑色金属矿采选业	Mining and Processing of Ferrous Metal Ores	
有色金属矿采选业	Mining and Processing of Non-Ferrous Metal Ores	0.59
非金属矿采选业	Mining and Processing of Nonmetal Ores	0.70
开采专业及辅助性活动	Professional and Support Activities for Mining	
其他采矿业	Mining of Other Ores	
制造业	**Manufacturing**	**100.80**
农副食品加工业	Processing of Food from Agricultural Products	1.00
食品制造业	Manufacture of Foods	0.03
酒、饮料和精制茶制造业	Manufacture of Liquor, Beverages and Refined Tea	0.02
烟草制品业	Manufacture of Tobacco	
纺织业	Manufacture of Textile	3.97
纺织服装、服饰业	Manufacture of Textile, Wearing Apparel and Accessories	
皮革、毛皮、羽毛及其制品和制鞋业	Manufacture of Leather, Fur, Feather and Related Products and Footwear	
木材加工和木、竹、藤、棕、草制品业	Processing of Timber, Manufacture of Wood, Bamboo, Rattan, Palm, and Straw Products	
家具制造业	Manufacture of Furniture	
造纸和纸制品业	Manufacture of Paper and Paper Products	0.06
印刷和记录媒介复制业	Printing and Reproduction of Recording Media	
文教、工美、体育和娱乐用品制造业	Manufacture of Articles for Culture, Education, Arts and Crafts, Sport and Entertainment Activities	
石油、煤炭及其他燃料加工业	Processing of Petroleum, Coal and Other Fuels	15.14
化学原料和化学制品制造业	Manufacture of Raw Chemical Materials and Chemical Products	63.36
医药制造业	Manufacture of Medicines	0.30
化学纤维制造业	Manufacture of Chemical Fibers	4.32
橡胶和塑料制品业	Manufacture of Rubber and Plastics Products	
非金属矿物制品业	Manufacture of Non-metallic Mineral Products	2.27
黑色金属冶炼和压延加工业	Smelting and Pressing of Ferrous Metals	3.69
有色金属冶炼和压延加工业	Smelting and Pressing of Non-ferrous Metals	0.50
金属制品业	Manufacture of Metal Products	0.45
通用设备制造业	Manufacture of General Purpose Machinery	0.14
专用设备制造业	Manufacture of Special Purpose Machinery	2.25
汽车制造业	Manufacture of Automobiles	0.66
铁路、船舶、航空航天和其他运输设备制造业	Manufacture of Railway, Ship, Aerospace and Other Transport Equipments	
电气机械和器材制造业	Manufacture of Electrical Machinery and Apparatus	0.74
计算机、通信和其他电子设备制造业	Manufacture of Computers, Communication and Other Electronic Equipment	1.01
仪器仪表制造业	Manufacture of Measuring Instruments and Machinery	0.01
其他制造业	Other Manufacture	0.88
废弃资源综合利用业	Utilization of Waste Resources	
金属制品、机械和设备修理业	Repair Service of Metal Products, Machinery and Equipment	
电力、热力、燃气及水生产和供应业	**Production and Supply of Electricity, Gas and Water**	**1.72**
电力、热力生产和供应业	Production and Supply of Electric Power and Heat Power	1.14
燃气生产和供应业	Production and Supply of Gas	0.58
水的生产和供应业	Production and Supply of Water	
建筑业	**Construction**	**0.28**
交通运输、仓储和邮政业	**Transport, Storage and Post**	**1.57**
批发和零售业、住宿和餐饮业	**Wholesale and Retail Trades, Hotels and Catering Services**	**0.55**
其他	**Others**	**1.19**
居民生活	**Residential**	**19.41**

注：2010年起包括液化天然气数据。

Total Natural Gas Consumption by Sector

(10^8 cu.m)

2000	2005	2010	2015	2016	2017	2018	2019	2020
245.03	**466.08**	**1080.24**	**1931.75**	**2078.06**	**2393.69**	**2817.09**	**3059.68**	**3339.89**
		0.50	**0.95**	**1.09**	**1.14**	**1.30**	**1.24**	**1.28**
199.00	**327.24**	**691.75**	**1234.48**	**1338.59**	**1575.25**	**1940.07**	**2092.05**	**2304.02**
72.12	**82.28**	**128.87**	**163.15**	**153.56**	**164.77**	**183.73**	**186.59**	**184.50**
0.10	4.33	4.53	14.42	17.20	20.15	20.86	24.63	19.41
71.98	77.88	123.55	143.06	132.63	141.42	157.01	154.97	156.70
	0.02	0.03	0.01	0.01		0.01	0.03	0.06
	0.02	0.09	1.05	0.08	0.17	0.50	0.66	0.83
0.04	0.03	0.66	0.12	0.18	0.39	1.03	1.64	3.24
			4.49	3.46	2.64	4.32	4.66	4.26
		0.01						
118.75	**220.24**	**373.39**	**718.63**	**773.40**	**959.04**	**1259.16**	**1404.51**	**1508.65**
0.15	0.27	0.88	5.72	9.89	16.97	21.33	31.51	30.40
0.07	1.28	2.76	9.87	14.13	17.53	19.66	24.34	26.44
0.03	0.50	1.70	6.19	8.49	10.87	15.06	16.65	14.89
0.08	0.26	0.62	1.74	1.03	1.06	1.08	1.24	1.19
1.09	0.56	1.66	6.24	18.77	30.76	37.48	44.93	50.77
	0.09	0.32	1.75	3.47	6.26	6.05	10.84	11.74
	0.03	0.04	0.23	0.77	1.45	1.83	2.17	2.93
	0.11	0.30	0.70	1.18	2.26	3.08	2.88	3.13
	0.04	0.36	1.52	1.32	1.73	1.58	1.67	1.67
0.29	0.55	1.49	9.32	10.68	19.55	25.79	22.50	22.32
0.08	0.19	0.77	2.33	2.60	3.42	4.46	5.10	4.83
		0.43	2.86	4.22	7.18	10.39	14.09	16.48
13.24	17.76	44.00	137.99	143.37	191.46	188.17	171.56	146.50
88.73	142.30	191.90	259.18	243.49	266.18	324.93	409.68	460.60
0.59	0.97	2.92	7.25	8.20	9.44	11.47	15.04	20.01
0.07	0.29	0.44	3.07	5.01	6.92	10.94	14.13	18.38
0.10	0.89	2.60	7.66	8.83	11.84	17.12	17.81	20.67
2.46	23.81	45.49	84.03	84.08	105.30	137.65	178.49	226.49
1.68	9.76	21.43	44.05	52.48	59.39	110.44	137.69	144.61
0.49	3.87	9.06	42.52	42.87	50.75	55.87	56.18	52.80
0.59	0.69	3.63	16.25	24.66	31.58	50.20	63.11	74.22
0.20	1.81	8.89	10.93	13.98	15.37	19.35	21.74	22.16
1.29	3.09	6.95	7.57	8.93	11.20	14.97	20.72	18.35
1.68	4.98	12.97	19.26	16.96	22.16	24.01	26.69	28.88
			12.54	16.44	22.81	92.05	22.02	22.57
0.79	1.23	4.63	4.90	8.10	10.19	12.42	11.92	15.55
3.35	4.77	6.27	7.88	12.04	14.74	26.01	34.41	28.32
0.02	0.08	0.54	0.78	0.93	1.09	0.95	1.07	0.89
1.69	0.04	0.34	2.63	3.85	5.18	3.70	4.45	4.16
		0.01	0.99	2.02	3.29	10.46	19.25	16.06
			0.68	0.63	1.11	0.68	0.62	0.63
8.14	**24.73**	**189.48**	**352.70**	**411.64**	**451.44**	**497.19**	**500.95**	**610.87**
6.44	17.49	180.81	343.66	407.83	446.10	487.32	492.84	575.98
1.68	7.18	8.49	8.79	3.46	4.93	8.87	7.54	34.27
0.02	0.06	0.19	0.26	0.34	0.41	0.99	0.58	0.62
0.82	**1.49**	**1.16**	**2.16**	**1.95**	**1.80**	**2.49**	**2.81**	**2.64**
8.81	**38.01**	**106.70**	**237.62**	**254.77**	**284.71**	**286.19**	**341.48**	**354.29**
3.44	**10.79**	**27.24**	**51.29**	**53.75**	**57.56**	**60.79**	**62.46**	**62.14**
0.64	**9.12**	**26.00**	**45.44**	**48.17**	**52.95**	**57.87**	**57.32**	**55.55**
32.32	**79.43**	**226.90**	**359.81**	**379.75**	**420.30**	**468.38**	**502.32**	**559.97**

Note: Include the data of Liquefied Natural Gas since 2010.

4-13 分行业电力消费总量

单位：亿千瓦时

行　业	Sector	1995
消费总量	**Total Consumption**	**10023.40**
农、林、牧、渔业	**Agriculture, Forestry, Animal Husbandry and Fishery**	**582.42**
工业	**Industry**	**7659.81**
采矿业	**Mining**	**837.66**
煤炭开采和洗选业	Mining and Washing of Coal	392.38
石油和天然气开采业	Extraction of Petroleum and Natural Gas	258.85
黑色金属矿采选业	Mining and Processing of Ferrous Metal Ores	34.28
有色金属矿采选业	Mining and Processing of Non-Ferrous Metal Ores	83.00
非金属矿采选业	Mining and Processing of Nonmetal Ores	52.76
开采专业及辅助性活动	Professional and Support Activities for Mining	
其他采矿业	Mining of Other Ores	16.39
制造业	**Manufacturing**	**5156.10**
农副食品加工业	Processing of Food from Agricultural Products	181.00
食品制造业	Manufacture of Foods	72.15
酒、饮料和精制茶制造业	Manufacture of Liquor, Beverages and Refined Tea	52.62
烟草制品业	Manufacture of Tobacco	17.16
纺织业	Manufacture of Textile	335.22
纺织服装、服饰业	Manufacture of Textile, Wearing Apparel and Accessories	41.22
皮革、毛皮、羽毛及其制品和制鞋业	Manufacture of Leather, Fur, Feather and Related Products and Footwear	42.88
木材加工和木、竹、藤、棕、草制品业	Processing of Timber, Manufacture of Wood, Bamboo, Rattan, Palm, and Straw Products	25.88
家具制造业	Manufacture of Furniture	13.16
造纸和纸制品业	Manufacture of Paper and Paper Products	169.06
印刷和记录媒介复制业	Printing and Reproduction of Recording Media	31.19
文教、工美、体育和娱乐用品制造业	Manufacture of Articles for Culture, Education, Arts and Crafts, Sport and Entertainment Activities	7.09
石油、煤炭及其他燃料加工业	Processing of Petroleum, Coal and Other Fuels	156.06
化学原料和化学制品制造业	Manufacture of Raw Chemical Materials and Chemical Products	1028.05
医药制造业	Manufacture of Medicines	107.46
化学纤维制造业	Manufacture of Chemical Fibers	92.78
橡胶和塑料制品业	Manufacture of Rubber and Plastics Products	125.16
非金属矿物制品业	Manufacture of Non-metallic Mineral Products	599.61
黑色金属冶炼和压延加工业	Smelting and Pressing of Ferrous Metals	905.36
有色金属冶炼和压延加工业	Smelting and Pressing of Non-ferrous Metals	425.61
金属制品业	Manufacture of Metal Products	113.51
通用设备制造业	Manufacture of General Purpose Machinery	136.30
专用设备制造业	Manufacture of Special Purpose Machinery	97.67
汽车制造业	Manufacture of Automobiles	154.63
铁路、船舶、航空航天和其他运输设备制造业	Manufacture of Railway, Ship, Aerospace and Other Transport Equipments	
电气机械和器材制造业	Manufacture of Electrical Machinery and Apparatus	64.96
计算机、通信和其他电子设备制造业	Manufacture of Computers, Communication and Other Electronic Equipment	38.64
仪器仪表制造业	Manufacture of Measuring Instruments and Machinery	17.12
其他制造业	Other Manufacture	104.55
废弃资源综合利用业	Utilization of Waste Resources	
金属制品、机械和设备修理业	Repair Service of Metal Products, Machinery and Equipment	
电力、热力、燃气及水生产和供应业	**Production and Supply of Electricity, Gas and Water**	**1666.05**
电力、热力生产和供应业	Production and Supply of Electric Power and Heat Power	1539.76
燃气生产和供应业	Production and Supply of Gas	10.83
水的生产和供应业	Production and Supply of Water	115.46
建筑业	**Construction**	**159.62**
交通运输、仓储和邮政业	**Transport, Storage and Post**	**182.30**
批发和零售业、住宿和餐饮业	**Wholesale and Retail Trades, Hotels and Catering Services**	**199.47**
其他	**Others**	**234.20**
居民生活	**Residential**	**1005.58**

Total Electricity Consumption by Sector

(10^8 kW • h)

2000	2005	2010	2015	2016	2017	2018	2019	2020
13472.38	**24940.32**	**41934.49**	**58019.98**	**61205.09**	**65913.97**	**71508.20**	**74866.12**	**77620.17**
532.96	**776.33**	**976.49**	**1039.83**	**1091.91**	**1175.12**	**1242.53**	**1336.20**	**1422.11**
10004.62	**18521.69**	**30871.77**	**41549.99**	**42996.89**	**46052.84**	**49094.91**	**50698.30**	**52353.44**
993.71	**1480.34**	**1940.39**	**2377.66**	**2290.86**	**2403.62**	**2577.04**	**2776.92**	**2565.98**
417.16	589.53	751.67	883.79	847.04	881.57	906.28	1026.76	908.81
321.64	385.35	347.90	459.26	463.18	454.06	417.33	434.44	463.32
63.46	205.63	361.33	344.82	315.14	374.11	388.26	419.28	447.44
80.79	157.66	258.71	325.26	306.76	326.11	379.48	386.17	329.47
84.83	114.14	155.26	225.74	224.75	228.93	250.76	257.36	225.70
			25.72	23.11	23.87	39.95	41.30	29.53
25.84	28.04	65.52	113.08	110.88	114.96	194.99	211.62	161.71
6731.44	**13126.01**	**22870.00**	**31178.10**	**32131.97**	**34687.63**	**36935.83**	**38108.53**	**39853.38**
161.24	253.35	424.36	641.29	672.07	716.29	763.86	797.43	842.42
98.83	114.81	184.69	239.46	255.50	263.34	277.38	301.94	334.09
58.98	76.55	132.34	162.13	162.78	156.37	169.23	173.56	176.06
32.85	35.86	45.88	52.75	51.96	51.96	52.81	52.91	50.87
370.42	823.57	1276.74	1561.63	1592.73	1684.90	1748.42	1760.15	1650.38
49.07	87.60	151.58	216.93	227.52	215.83	233.18	231.59	220.24
27.12	54.85	89.72	158.23	153.61	147.25	157.66	156.81	140.96
32.24	105.57	212.21	254.36	251.17	245.28	269.86	279.32	283.98
12.48	24.28	44.49	92.78	95.94	98.60	108.84	115.36	120.74
237.41	407.73	535.44	634.92	675.81	712.37	728.24	744.61	798.25
31.21	60.71	95.45	111.98	115.60	121.32	126.27	131.05	132.53
20.81	42.54	48.09	73.11	77.07	82.58	88.42	89.78	85.05
245.60	313.49	565.34	779.92	836.08	946.44	1114.43	1198.93	1283.30
1153.74	2129.77	3144.93	4754.04	4874.63	5122.26	5449.17	5427.38	5781.14
88.36	153.21	222.58	315.19	337.18	364.77	385.74	407.71	430.45
194.79	233.20	298.86	362.05	390.28	425.47	437.68	455.15	450.37
219.56	531.71	862.99	1174.69	1238.36	1349.35	1376.17	1426.38	1480.76
763.74	1419.51	2448.48	3105.42	3187.99	3305.08	3506.40	3760.64	3929.53
1121.08	2550.47	4611.61	5332.61	5281.67	5583.54	6142.36	6459.68	6785.56
697.58	1473.10	3129.09	5505.48	5671.42	6373.46	6698.08	6673.67	7132.92
196.30	507.25	960.72	1264.19	1370.68	1848.37	1623.17	1672.84	1551.86
160.77	344.77	621.03	774.40	828.61	913.95	993.56	1007.43	1077.47
94.49	182.90	317.83	430.99	418.15	423.87	450.83	499.42	498.54
203.42	300.72	790.29	769.06	834.70	885.42	1006.19	1031.41	1182.79
			182.75	174.68	174.51	166.83	166.18	159.76
90.68	245.80	508.19	706.17	736.53	745.59	802.04	859.31	942.86
125.88	327.89	670.76	938.62	1004.23	1106.77	1391.21	1500.45	1570.61
25.37	42.52	85.83	87.40	86.41	88.69	83.37	74.53	77.23
217.42	275.62	376.40	455.89	478.78	482.13	519.01	578.41	600.70
	6.66	14.10	29.88	39.35	37.15	47.74	57.94	67.10
			9.79	10.48	14.71	17.70	16.56	14.84
2279.47	**3915.34**	**6061.38**	**7994.23**	**8574.06**	**8961.59**	**9582.05**	**9812.84**	**9934.08**
2094.11	3698.28	5687.51	7434.60	7977.42	8292.15	8886.95	9033.23	9119.51
34.41	29.86	82.87	148.37	156.75	182.68	173.62	185.85	169.53
150.94	187.20	291.00	411.26	439.89	486.77	521.48	593.76	645.05
159.77	**233.93**	**483.24**	**698.67**	**725.62**	**789.22**	**887.82**	**991.19**	**1011.10**
281.20	**430.34**	**734.53**	**1125.61**	**1251.49**	**1417.98**	**1608.50**	**1752.34**	**1750.98**
418.68	**752.31**	**1292.00**	**2122.04**	**2323.78**	**2526.65**	**2900.40**	**3187.10**	**3169.04**
623.20	**1340.91**	**2451.83**	**3918.63**	**4394.80**	**4880.59**	**5716.49**	**6263.78**	**6517.02**
1451.95	**2884.81**	**5124.63**	**7565.21**	**8420.60**	**9071.57**	**10057.55**	**10637.21**	**11396.48**

五、全国能源平衡表

Chapter 5　Energy Balance Table of China

5-1 全国能源平衡表(实物量) -2020

项目	Item	煤合计 (万吨) Coal Total (10^4 tons)	原煤 (万吨) Raw Coal (10^4 tons)
一.可供本地区消费的能源量	**Total Primary Energy Supply**	**414518.97**	**415805.42**
1.一次能源生产量	Indigenous Production	390157.71	390157.71
水电	Hydro Power		
核电	Nuclear Power		
风电	Wind Power		
2.进口量	Import	30361.09	30361.09
3.境内飞机和轮船在境外的加油量	Domestic Airplanes&Ships Refueling Abroad		
4.出口量(-)	Export (-)	319.46	316.78
5.境外飞机和轮船在境内的加油量(-)	Oversea Airplanes&Ships Refueling Domestically (-)		
6.库存增(-)、减(+)量	Stock Change	-5680.37	-4396.61
二.加工转换投入(-)产出(+)量	**Input(-) & Output(+) of Transformation**	**-332434.09**	**-349916.36**
1.火力发电	Thermal Power	-211634.87	-206845.78
2.供热	Heating Supply	-36933.28	-35434.18
3.煤炭洗选	Coal Washing	-11301.20	-90163.69
4.炼焦	Coking	-65967.64	-10960.01
5.炼油及煤制油	Petroleum Refining and Coal-to-liquids	-3047.29	-2914.28
#油品再投入量(-)	Petroleum Products Input (-)		
6.制气	Gas Works	-3308.95	-3150.59
#再投入量(-)	Input (-)		
7.天然气液化	Natural Gas Liquefaction		
8.煤制品加工	Briquettes	-240.86	-447.82
9.回收能	Recovery of Energy		
三.损失量	**Loss**		
四.终端消费量	**Total Final Consumption**	**72425.57**	**57206.52**
1.农、林、牧、渔业	Agriculture, Forestry, Animal Husbandry and Fishery	2253.90	2172.28
2.工业	Industry	58457.16	44258.69
#用作原料、材料	Non-Energy Use	13945.34	11477.50
3.建筑业	Construction	638.85	597.02
4.交通运输、仓储和邮政业	Transport, Storage and Post	241.01	224.31
5.批发和零售业、住宿和餐饮业	Wholesale and Retail Trades, Hotels and Catering Services	1981.18	1926.62
6.其他	Others	2570.80	2488.06
7.居民生活	Residential	6282.66	5539.54
城镇	Urban	611.84	482.44
乡村	Rural	5670.81	5057.10
五.平衡差额	**Statistical Difference**	**9659.31**	**8682.54**
六.消费量合计	**Total Energy Consumption**	**404859.66**	**407122.88**

Energy Balance of China (Physical Quantity) -2020

洗精煤 (万吨) Cleaned Coal (10^4 tons)	其他洗煤 (万吨) Other Washed Coal (10^4 tons)	煤制品 (万吨) Briquettes (10^4 tons)	煤矸石 (万吨) Gangue (10^4 tons)	焦炭 (万吨) Coke (10^4 tons)	焦炉煤气 (亿立方米) Coke Oven Gas (10^8 cu.m)	高炉煤气 (亿立方米) Blast Furnace Gas (10^8 cu.m)	转炉煤气 (亿立方米) Converter Gas (10^8 cu.m)	其他煤气 (亿立方米) Other Gas (10^8 cu.m)
-747.63	**-531.00**	**-7.81**		**123.79**				
				297.91				
		2.68		349.21				
-747.63	-531.00	-5.13		175.09				
1117.80	**15008.33**	**1356.13**	**-60.08**	**46640.33**	**711.53**	**8481.93**	**661.85**	**145.40**
	-4789.09		-2087.61	-250.03	-217.85	-2932.52	-360.91	-3.48
	-1499.10		-762.82	-280.28	-57.17	-500.05	-49.18	-1.60
56125.43	22737.06		2790.35					
-55007.63				47188.23	1032.53			
	-133.01							
	-158.35							150.47
				-17.59	-45.99			
	-1149.18	1356.13						
						11914.49	1071.94	
	13932.63	**1286.41**		**47762.51**	**727.21**	**8638.81**	**651.37**	**149.80**
	81.62			23.24				
	13300.72	897.76		47724.27	718.58	8638.81	651.37	97.63
	2302.54	165.30		1818.29	105.48			
	41.83			3.57				
	16.70							
	37.37	17.18		0.02	0.68			9.54
	76.57	6.17			0.88			
	377.83	365.29		11.41	7.07			42.63
	52.23	77.18		2.82	5.12			42.41
	325.60	288.11		8.59	1.95			0.22
370.17	**544.69**	**61.91**	**-60.08**	**-998.40**	**-15.67**	**-156.88**	**10.48**	**-4.40**
55007.63	**21661.36**	**1286.41**	**2850.43**	**48310.41**	**1048.21**	**12071.38**	**1061.46**	**154.88**

5-1 续表 1

项　目	Item	其他焦化产品（万吨） Other Coking Products (10^4 tons)	油品合计（万吨） Petroleum Products Total (10^4 tons)
一.可供本地区消费的能源量	**Total Primary Energy Supply**		**67553.72**
1.一次能源生产量	Indigenous Production		19476.86
水电	Hydro Power		
核电	Nuclear Power		
风电	Wind Power		
2.进口量	Import		60497.54
3.境内飞机和轮船在境外的加油量	Domestic Airplanes&Ships Refueling Abroad		774.14
4.出口量(-)	Export (-)		6738.13
5.境外飞机和轮船在境内的加油量(-)	Oversea Airplanes&Ships Refueling Domestically (-)		812.90
6.库存增(-)、减(+)量	Stock Change		-5643.79
二.加工转换投入(-)产出(+)量	**Input(-) & Output(+) of Transformation**	**933.70**	**-3265.64**
1.火力发电	Thermal Power		-321.54
2.供热	Heating Supply		-677.70
3.煤炭洗选	Coal Washing		
4.炼焦	Coking	1350.21	-4.60
5.炼油及煤制油	Petroleum Refining and Coal-to-liquids	-412.06	12495.07
#油品再投入量(-)	Petroleum Products Input (-)		-14728.00
6.制气	Gas Works	2.17	-28.86
#再投入量(-)	Input (-)	-6.63	
7.天然气液化	Natural Gas Liquefaction		
8.煤制品加工	Briquettes		
9.回收能	Recovery of Energy		
三.损失量	**Loss**		**18.26**
四.终端消费量	**Total Final Consumption**	**1001.96**	**62085.22**
1.农、林、牧、渔业	Agriculture, Forestry, Animal Husbandry and Fishery		1773.10
2.工业	Industry	1001.96	24428.39
#用作原料、材料	Non-Energy Use	369.98	14394.21
3.建筑业	Construction		4180.29
4.交通运输、仓储和邮政业	Transport, Storage and Post		20480.16
5.批发和零售业、住宿和餐饮业	Wholesale and Retail Trades, Hotels and Catering Services		583.27
6.其他	Others		3469.89
7.居民生活	Residential		7170.11
城镇	Urban		4884.76
乡村	Rural		2285.35
五.平衡差额	**Statistical Difference**	**-68.26**	**2184.60**
六.消费量合计	**Total Energy Consumption**	**1420.65**	**65369.11**

Continued 1

原油(万吨) Crude Oil (10^4 tons)	汽油(万吨) Gasoline (10^4 tons)	煤油(万吨) Kerosene (10^4 tons)	柴油(万吨) Diesel Oil (10^4 tons)	燃料油(万吨) Fuel Oil (10^4 tons)	石脑油(万吨) Naphtha (10^4 tons)	润滑油(万吨) Lubricants (10^4 tons)	石蜡(万吨) Paraffin Waxes (10^4 tons)	溶剂油(万吨) White Spirit (10^4 tons)
69969.65	**-1427.66**	**-717.04**	**-2070.17**	**-436.41**	**772.46**	**16.30**	**-49.71**	**5.10**
19476.86								
54200.67	48.05	265.73	119.10	1253.47	788.70	28.95	11.34	3.69
		248.32	18.37	507.45				
163.81	1600.00	997.48	1975.95	1583.31		13.43	66.00	0.31
		228.78	35.21	548.91				
-3544.07	124.29	-4.82	-196.48	-65.10	-16.24	0.79	4.94	1.72
-69040.48	**14233.10**	**4129.42**	**16383.32**	**2749.06**	**5621.91**	**258.93**	**239.24**	**37.64**
-16.55			-27.58	-29.43				
			-2.91	-231.38				
-69023.93	14256.69	4129.42	16529.85	5780.70	7190.72	263.38	249.42	39.97
	-23.59		-116.04	-2770.83	-1568.81	-4.45	-10.18	-2.32
17.63								
419.03	**12743.57**	**3352.10**	**14136.16**	**2332.96**	**6178.69**	**267.78**	**198.21**	**44.16**
	257.35	11.00	1497.15	1.13				
419.03	160.38	9.39	879.58	230.69	6178.69	267.78	198.21	44.16
	2.47	1.82	20.75	37.99	5750.38	245.96	194.33	41.56
	508.39	10.81	503.92	40.75				
	5573.57	3110.76	9531.98	2042.01				
	273.23	14.76	197.61	11.80				
	2253.09	182.96	946.15	6.59				
	3717.56	12.42	579.78					
	2510.98	0.36	265.29					
	1206.59	12.06	314.49					
492.50	**61.87**	**60.28**	**176.98**	**-20.31**	**215.68**	**7.46**	**-8.68**	**-1.41**
69477.14	**12767.16**	**3352.10**	**14282.70**	**5364.60**	**7747.49**	**272.23**	**208.39**	**46.48**

5-1 续表 2

项　目	Item	石油沥青（万吨） Bitumen Asphalt (10^4 tons)	石油焦（万吨） Petroleum Coke (10^4 tons)
一.可供本地区消费的能源量	**Total Primary Energy Supply**	**228.14**	**847.55**
1.一次能源生产量	Indigenous Production		
水电	Hydro Power		
核电	Nuclear Power		
风电	Wind Power		
2.进口量	Import	475.92	1027.66
3.境内飞机和轮船在境外的加油量	Domestic Airplanes&Ships Refueling Abroad		
4.出口量(−)	Export (-)	56.74	178.36
5.境外飞机和轮船在境内的加油量(−)	Oversea Airplanes&Ships Refueling Domestically (-)		
6.库存增(−)、减(+)量	Stock Change	-191.04	-1.76
二.加工转换投入(−)产出(+)量	**Input(-) & Output(+) of Transformation**	**3321.53**	**2454.29**
1.火力发电	Thermal Power		-189.88
2.供热	Heating Supply		-256.55
3.煤炭洗选	Coal Washing		
4.炼焦	Coking		-4.60
5.炼油及煤制油	Petroleum Refining and Coal-to-liquids	3950.47	2956.90
#油品再投入量(−)	Petroleum Products Input (-)	-628.94	-42.34
6.制气	Gas Works		-9.25
#再投入量(−)	Input (-)		
7.天然气液化	Natural Gas Liquefaction		
8.煤制品加工	Briquettes		
9.回收能	Recovery of Energy		
三.损失量	**Loss**		
四.终端消费量	**Total Final Consumption**	**3479.59**	**3163.41**
1.农、林、牧、渔业	Agriculture, Forestry, Animal Husbandry and Fishery		
2.工业	Industry	349.52	3163.41
#用作原料、材料	Non-Energy Use	304.14	2423.03
3.建筑业	Construction	3018.82	
4.交通运输、仓储和邮政业	Transport, Storage and Post	111.24	
5.批发和零售业、住宿和餐饮业	Wholesale and Retail Trades, Hotels and Catering Services		
6.其他	Others		
7.居民生活	Residential		
城镇	Urban		
乡村	Rural		
五.平衡差额	**Statistical Difference**	**70.08**	**138.42**
六.消费量合计	**Total Energy Consumption**	**4108.53**	**3666.03**

Continued 2

液化石油气 (万吨) Liquefied Petroleum Gas (10^4 tons)	炼厂干气 (万吨) Refinery Gas (10^4 tons)	其他石油制品 (万吨) Other Petroleum Products (10^4 tons)	天然气 (亿立方米) Natural Gas (10^8 cu.m)	液化天然气 (万吨) Liquefied Natural Gas (10^4 tons)	热力 (万百万千焦) Heat (10^{10} kJ)	电力 (亿千瓦时) Electricity (10^8 kW•h)	其他能源 (万吨标准煤) Other Energy (10^4 tce)
1892.07		**-1476.56**	**2350.63**	**6663.86**		**24317.69**	**7214.43**
			1924.95			24488.12	7214.43
						13552.09	
						3662.55	
						4664.74	
2004.63		269.65	476.53	6669.73		47.51	
94.89		7.86	50.85	5.87		217.93	
-17.68		-1738.35					
3920.55	**1896.13**	**10529.72**	**-755.92**	**931.47**	**596841.75**	**53302.48**	**-1325.91**
-0.14	-50.19	-7.78	-411.37	-352.62	-127833.91	53302.48	-2017.84
-7.71	-165.20	-13.95	-169.66	-48.78	613906.59		-689.73
4489.00	2348.61	19333.88	-31.42				-415.24
-556.88	-221.19	-8782.42					
-3.72	-15.90		69.94				768.20
			-15.17				
			-198.25	1332.86			
					110769.08		1028.70
0.63			**26.13**	**1.47**	**5204.80**	**3233.48**	
5652.07	**1863.57**	**8253.91**	**1568.80**	**7590.07**	**591129.64**	**74386.69**	**5590.70**
6.47			1.28		111.89	1422.11	666.23
2496.33	1863.57	8167.65	614.97	7042.49	412216.71	49119.96	990.53
866.76	127.15	4377.86	87.44	162.98			105.78
11.34		86.26	2.64		1933.11	1011.10	28.55
110.61			272.25	547.58	3904.98	1750.98	1208.26
85.87			62.14		10405.72	3169.04	64.00
81.10			55.55		21207.86	6517.02	245.50
2860.35			559.97		141349.38	11396.48	2387.64
2108.13			553.67		141349.38	6157.21	238.00
752.22			6.30			5239.27	2149.64
159.91	**32.56**	**799.25**	**-0.22**	**3.79**	**507.31**		**297.82**
6221.15	**2316.04**	**17058.07**	**2236.86**	**7992.93**	**724168.35**	**77620.17**	**8713.51**

5-2 全国能源平衡表(标准量) -2020

单位：万吨标准煤

项　目	Item	能源合计（发电煤耗计算法）(Coal Equivalent Calculation)	Energy Total（电热当量计算法）(Calorific Value Calculation)
一.可供本地区消费的能源量	**Total Primary Energy Supply**	**507478.68**	**464901.27**
1.一次能源生产量	Indigenous Production	407295.20	364419.41
水电	Hydro Power	40383.62	16655.52
核电	Nuclear Power	10913.96	4501.27
风电	Wind Power	13900.37	5732.96
2.进口量	Import	123687.97	123604.79
3.境内飞机和轮船在境外的加油量	Domestic Airplanes&Ships Refueling Abroad	1117.09	1117.09
4.出口量(-)	Export (-)	11665.68	11284.11
5.境外飞机和轮船在境内的加油量(-)	Oversea Airplanes&Ships Refueling Domestically (-)	1172.11	1172.11
6.库存增(-)、减(+)量	Stock Change	-11783.80	-11783.80
二.加工转换投入(-)产出(+)量	**Input(-) & Output(+) of Transformation**	**16.87**	**-93309.47**
1.火力发电	Thermal Power		-93326.33
2.供热	Heating Supply	-7202.87	-7202.87
3.煤炭洗选	Coal Washing	-4548.04	-4548.04
4.炼焦	Coking	-3937.65	-3937.65
5.炼油及煤制油	Petroleum Refining and Coal-to-liquids	14258.47	14258.47
#油品再投入量(-)	Petroleum Products Input (-)	-20390.25	-20390.25
6.制气	Gas Works	-425.68	-425.68
#再投入量(-)	Input (-)	-481.10	-481.10
7.天然气液化	Natural Gas Liquefaction	-182.70	-182.70
8.煤制品加工	Briquettes	-110.54	-110.54
9.回收能	Recovery of Energy	23037.21	23037.21
三.损失量	**Loss**	**10175.19**	**4513.74**
四.终端消费量	**Total Final Consumption**	**488155.77**	**357913.48**
1.农、林、牧、渔业	Agriculture, Forestry, Animal Husbandry and Fishery	9262.85	6772.91
2.工业	Industry	322677.35	236674.13
#用作原料、材料	Non-Energy Use	34557.13	34557.13
3.建筑业	Construction	9320.36	7550.03
4.交通运输、仓储和邮政业	Transport, Storage and Post	41098.69	38032.92
5.批发和零售业、住宿和餐饮业	Wholesale and Retail Trades, Hotels and Catering Services	13171.11	7622.50
6.其他	Others	28245.06	16834.53
7.居民生活	Residential	64380.34	44426.45
城镇	Urban	38731.64	27951.09
乡村	Rural	25648.71	16475.36
五.平衡差额	**Statistical Difference**	**9164.59**	**9164.59**
六.消费量合计	**Total Energy Consumption**	**498314.09**	**455736.68**

Energy Balance of China (Standard Quantity) -2020

(10[4] tce)

煤合计 Coal Total	原煤 Raw Coal	洗精煤 Cleaned Coal	其他洗煤 Other Washed Coal	煤制品 Briquettes	煤矸石 Gangue	焦炭 Coke	焦炉煤气 Coke Oven Gas	高炉煤气 Blast Furnace Gas	转炉煤气 Converter Gas
289194.95	**290159.30**	**-672.87**	**-286.74**	**-4.74**		**120.25**			
274719.77	274719.77								
18830.69	18830.69					289.39			
276.58	274.95			1.63		339.22			
-4078.93	-3116.21	-672.87	-286.74	-3.11		170.08			
-229296.52	**-239230.49**	**1006.02**	**8104.50**	**823.44**	**43.79**	**45306.41**	**4065.70**	**10907.76**	**1796.27**
-139530.78	-136944.67		-2586.11		-417.52	-242.87	-1244.77	-3771.22	-979.52
-22770.06	-21960.55		-809.52		-152.56	-272.27	-326.65	-643.06	-133.46
-5161.92	-67952.82	50512.89	12278.01		613.88				
-57229.50	-7722.64	-49506.87				45838.64	5899.90		
-2177.10	-2105.27		-71.82						
-2316.63	-2231.12		-85.51						
						-17.09	-262.78		
-110.54	-313.42		-620.56	823.44					
								15322.04	2909.25
52835.06	**44530.33**		**7523.62**	**781.11**		**46396.50**	**4155.26**	**11109.51**	**1767.82**
1727.13	1683.05		44.07			22.58			
42043.42	34315.91		7182.39	545.12		46359.35	4105.95	11109.51	1767.82
10411.24	9067.50		1243.37	100.37		1766.29	602.71		
530.50	507.91		22.59			3.47			
181.28	172.26		9.02						
1619.29	1588.67		20.18	10.43		0.02	3.88		
2031.00	1985.90		41.35	3.75			5.03		
4702.44	4276.61		204.03	221.80		11.09	40.40		
456.92	381.85		28.20	46.86		2.74	29.26		
4245.52	3894.76		175.82	174.94		8.34	11.14		
7063.37	**6398.49**	**333.16**	**294.13**	**37.59**	**43.79**	**-969.84**	**-89.56**	**-201.75**	**28.45**

5-2 续表 1

单位：万吨标准煤

项　目	Item	其他煤气 Other Gas	其他焦化产品 Other Coking Products
一.可供本地区消费的能源量	**Total Primary Energy Supply**		
1.一次能源生产量	Indigenous Production		
水电	Hydro Power		
核电	Nuclear Power		
风电	Wind Power		
2.进口量	Import		
3.境内飞机和轮船在境外的加油量	Domestic Airplanes&Ships Refueling Abroad		
4.出口量(−)	Export (-)		
5.境外飞机和轮船在境内的加油量(−)	Oversea Airplanes&Ships Refueling Domestically (-)		
6.库存增(−)、减(+)量	Stock Change		
二.加工转换投入(−)产出(+)量	**Input(-) & Output(+) of Transformation**	**259.68**	**1077.48**
1.火力发电	Thermal Power	-6.22	
2.供热	Heating Supply	-2.85	
3.煤炭洗选	Coal Washing		
4.炼焦	Coking		1558.15
5.炼油及煤制油	Petroleum Refining and Coal-to-liquids		-475.52
#油品再投入量(−)	Petroleum Products Input (-)		
6.制气	Gas Works	268.75	2.51
#再投入量(−)	Input (-)		-7.65
7.天然气液化	Natural Gas Liquefaction		
8.煤制品加工	Briquettes		
9.回收能	Recovery of Energy		
三.损失量	**Loss**		
四.终端消费量	**Total Final Consumption**	**267.55**	**1156.26**
1.农、林、牧、渔业	Agriculture, Forestry, Animal Husbandry and Fishery		
2.工业	Industry	174.36	1156.26
#用作原料、材料	Non-Energy Use		426.95
3.建筑业	Construction		
4.交通运输、仓储和邮政业	Transport, Storage and Post		
5.批发和零售业、住宿和餐饮业	Wholesale and Retail Trades, Hotels and Catering Services	17.04	
6.其他	Others		
7.居民生活	Residential	76.14	
城镇	Urban	75.75	
乡村	Rural	0.39	
五.平衡差额	**Statistical Difference**	**-7.87**	**-78.77**
六.消费量合计	**Total Energy Consumption**		

Continued 1

(10[4] tce)

油品合计 Petroleum Products Total	原油 Crude Oil	汽油 Gasoline	煤油 Kerosene	柴油 Diesel Oil	燃料油 Fuel Oil	石脑油 Naphtha	润滑油 Lubricants	石蜡 Paraffin Waxes
96752.95	**99958.64**	**-2100.65**	**-1055.05**	**-3016.44**	**-623.46**	**1158.68**	**23.06**	**-67.85**
27824.64	27824.64							
86599.55	77431.08	70.69	390.99	173.53	1790.70	1183.04	40.94	15.48
1117.09			365.38	26.77	724.94			
9741.26	234.02	2354.23	1467.70	2879.16	2261.91		19.00	90.07
1172.11			336.63	51.30	784.18			
-7874.95	-5063.06	182.89	-7.09	-286.28	-93.01	-24.36	1.12	6.74
-3999.05	**-98631.23**	**20942.58**	**6076.02**	**23872.13**	**3927.31**	**8432.87**	**366.21**	**326.52**
-394.70	-23.64			-40.19	-42.04			
-895.53				-4.24	-330.55			
-4.83								
17727.32	-98607.59	20977.29	6076.02	24085.65	8258.31	10786.07	372.50	340.41
-20390.25		-34.71		-169.09	-3958.41	-2353.21	-6.30	-13.89
-41.07								
26.27	**25.19**							
89669.83	**598.63**	**18750.89**	**4932.28**	**20597.81**	**3332.87**	**9268.03**	**378.72**	**270.52**
2589.05		378.66	16.19	2181.50	1.62			
34291.99	598.63	235.98	13.82	1281.64	329.56	9268.03	378.72	270.52
19841.31		3.64	2.68	30.23	54.27	8625.57	347.87	265.22
5645.25		748.05	15.91	734.26	58.21			
29919.72		8200.94	4577.17	13889.04	2917.22			
875.74		402.04	21.72	287.94	16.85			
5111.49		3315.20	269.20	1378.64	9.41			
11236.59		5470.02	18.27	844.79				
7695.71		3694.65	0.53	386.55				
3540.88		1775.37	17.75	458.24				
3057.80	**703.59**	**91.03**	**88.70**	**257.88**	**-29.02**	**323.52**	**10.55**	**-11.85**

5-2 续表 2

单位：万吨标准煤

项　　目	Item	溶剂油 White Spirit	石油沥青 Bitumen Asphalt
一.可供本地区消费的能源量	**Total Primary Energy Supply**	**7.49**	**298.87**
1.一次能源生产量	Indigenous Production		
水电	Hydro Power		
核电	Nuclear Power		
风电	Wind Power		
2.进口量	Import	5.41	623.46
3.境内飞机和轮船在境外的加油量	Domestic Airplanes&Ships Refueling Abroad		
4.出口量(-)	Export (-)	0.45	74.33
5.境外飞机和轮船在境内的加油量(-)	Oversea Airplanes&Ships Refueling Domestically (-)		
6.库存增(-)、减(+)量	Stock Change	2.52	-250.26
二.加工转换投入(-)产出(+)量	**Input(-) & Output(+) of Transformation**	**55.23**	**4351.20**
1.火力发电	Thermal Power		
2.供热	Heating Supply		
3.煤炭洗选	Coal Washing		
4.炼焦	Coking		
5.炼油及煤制油	Petroleum Refining and Coal-to-liquids	58.64	5175.12
#油品再投入量(-)	Petroleum Products Input (-)	-3.41	-823.91
6.制气	Gas Works		
#再投入量(-)	Input (-)		
7.天然气液化	Natural Gas Liquefaction		
8.煤制品加工	Briquettes		
9.回收能	Recovery of Energy		
三.损失量	**Loss**		
四.终端消费量	**Total Final Consumption**	**64.79**	**4558.26**
1.农、林、牧、渔业	Agriculture, Forestry, Animal Husbandry and Fishery		
2.工业	Industry	64.79	457.88
#用作原料、材料	Non-Energy Use	60.97	398.42
3.建筑业	Construction		3954.66
4.交通运输、仓储和邮政业	Transport, Storage and Post		145.72
5.批发和零售业、住宿和餐饮业	Wholesale and Retail Trades, Hotels and Catering Services		
6.其他	Others		
7.居民生活	Residential		
城镇	Urban		
乡村	Rural		
五.平衡差额	**Statistical Difference**	**-2.07**	**91.81**
六.消费量合计	**Total Energy Consumption**		

Continued 2

(10[4] tce)

石油焦 Petroleum Coke	液化石油气 Liquefied Petroleum Gas	炼厂干气 Refinery Gas	其他石油制品 Other Petroleum Products	天然气 Natural Gas	液化天然气 Liquefied Natural Gas	热力 Heat	电力 Electricity	其他能源 Other Energy
889.92	**3243.57**		**-1963.83**	**29996.88**	**11735.36**		**29886.45**	**7214.43**
				24564.68			30095.89	7214.43
							16655.52	
							4501.27	
							5732.96	
1079.05	3436.54		358.63	6081.08	11745.69		58.39	
187.27	162.66		10.46	648.88	10.33		267.84	
-1.85	-30.31		-2312.01					
2577.00	**6720.99**	**2979.58**	**14004.53**	**-9646.49**	**1640.36**	**20352.30**	**65508.75**	**-1325.91**
-199.37	-0.24	-78.86	-10.35	-5249.55	-620.97	-4359.14	65508.75	-2017.84
-269.38	-13.21	-259.59	-18.55	-2165.00	-85.90	20934.21		-689.73
-4.83								
3104.75	7695.49	3690.60	25714.06	-401.00				-415.24
-44.45	-954.67	-347.58	-11680.62					
-9.71	-6.38	-24.98		892.58				768.20
				-193.58				
				-2529.93	2347.23			
						3777.23		1028.70
	1.08			**333.45**	**2.59**	**177.48**	**3973.95**	
3321.58	**9689.34**	**2928.41**	**10977.70**	**20019.77**	**13366.45**	**20157.52**	**91421.24**	**5590.70**
	11.09			16.34		3.82	1747.77	666.23
3321.58	4279.46	2928.41	10862.97	7847.77	12402.15	14056.59	60368.43	990.53
2544.19	1485.89	199.80	5822.55	1115.83	287.02			105.78
	19.43		114.73	33.70		65.92	1242.65	28.55
	189.63			3474.24	964.31	133.16	2151.96	1208.26
	147.20			792.95		354.83	3894.74	64.00
	139.03			708.91		723.19	8009.42	245.50
	4903.50			7145.86		4820.01	14006.28	2387.64
	3613.97			7065.49		4820.01	7567.21	238.00
	1289.53			80.37			6439.07	2149.64
145.34	**274.14**	**51.17**	**1063.00**	**-2.83**	**6.67**	**17.30**		**297.82**

5-3 综合能源平衡表

单位：万吨标准煤

项　目	Item	1980	1985	1990
可供消费的能源总量	**Total Energy Available for Consumption**	**61557**	**77603**	**96138**
一次能源生产总量	Total Primary Energy Production	63735	85546	103922
回收能	Recovery of Energy			
进口量	Imports	261	340	1310
出口量(-)	Exports (-)	3058	5774	5875
年初年末库存差额	Stock Changes in the Year	619	-2509	-3219
能源消费总量	**Total Energy Consumption**	**60275**	**76682**	**98703**
在总量中:	Consumption by Sector			
1.农、林、牧、渔业	Agriculture, Forestry, Animal Husbandry and Fishery	4692	4045	4852
2.工业	Industry	38986	51068	67578
3.建筑业	Construction	957	1302	1213
4.交通运输、仓储和邮政业	Transport, Storage and Post	2902	3713	4541
5.批发和零售业、住宿和餐饮业	Wholesale and Retail Trades, Hotels and Catering Services	518	766	1247
6.其他	Others	1205	2470	3473
7.居民生活	Residential	11015	13318	15799
在总量中:	Consumption by Usage			
(一) 终端消费	(I) Final Consumption	57508	73586	94289
#工业	Industry	38293	48021	63239
(二) 加工转换损失量	(II) Losses During the Process of Energy Transformation	1358	1491	2264
#炼焦	Coking	644	572	905
炼油及煤制油	Petroleum Refining and Coal-to-liquids	113	110	326
(三) 回收能(-)	(III) Recovery of Energy(-)			
(四) 损失量	(IV) Other Losses	1409	1605	2150
平衡差额	**Balance**	**1282**	**921**	**-2565**

注：1.电力按等价热值折算，因此加工转换损失量中不包括发电损失量。
　　2.进口量包括境内飞机和轮船在境外的加油量；出口量包括境外飞机和轮船在境内的加油量。

Overall Energy Balance Sheet

(10[4] tce)

1995	2000	2005	2010	2015	2016	2017	2018	2019	2020
129535	**144234**	**254619**	**365588**	**431636**	**434121**	**450444**	**471686**	**493178**	**507479**
129034	138570	229037	312125	362193	345954	358867	378859	397317	407295
2312	3087	7452	8958						
5456	14327	26823	57671	77695	90235	100039	110787	119064	124805
6776	9327	11257	8803	9785	11956	12669	13337	14151	12838
-491	-2424	2564	-4363	1532	9888	4206	-4623	-9052	-11784
131176	**146964**	**261369**	**360648**	**434113**	**441492**	**455827**	**471925**	**487488**	**498314**
5505	4233	6860	7266	8271	8585	8945	8781	9018	9263
96191	103014	187914	261377	295953	295615	302308	311151	322503	332625
1335	2207	3486	5533	7545	7847	8243	8685	9142	9320
5863	11447	19136	27102	38510	39883	42140	43617	43909	41309
2018	3251	5917	7847	11447	12042	12456	12994	13624	13171
4519	6118	10484	15052	21925	23185	24277	26262	27582	28245
15745	16695	27573	36470	50461	54336	57459	60436	61709	64380
124252	140476	250877	337469	420110	428342	442255	461020	476219	488156
89473	96871	177775	238652	282291	282809	289098	300558	311542	322677
3634	2472	3882	14294	18770	18674	19279	20803	22156	23020
	526	855	1595	4261	3887	3721	4129	4209	3938
	781	1273	1960	2866	3543	4280	5027	5895	6132
				14492	15373	15921	20465	21350	23037
3289	4016	6610	8885	9724	9849	10213	10567	10462	10175
-1641	**-2730**	**-6751**	**4940**	**-2477**	**-7371**	**-5383**	**-239**	**5690**	**9165**

Note: a) Electric power is converted on the basic of equal caloric value. Therefore, losses during the process of energy transformation exclude losses in power generation.

b) Data on imports include the domestic airplanes and ships refueling abroad. Data on exports include the oversea airplanes and ships refueling domestically.

5-4 煤炭平衡表

单位：万吨

项　　目	Item	1980	1985	1990
可供量	**Total Energy Available for Consumption**	**62601**	**82777**	**102221**
生产量	Production	62015	87228	107988
进口量	Imports	199	231	200
出口量(－)	Exports (-)	632	777	1729
年初年末库存差额	Stock Changes in the Year	1019	-3906	-4239
消费量	**Total Energy Consumption**	**61010**	**81603**	**105523**
在消费量中:	Consumption by Sector			
1.农、林、牧、渔业	Agriculture, Forestry, Animal Husbandry and Fishery	1550	2209	2095
2.工业	Industry	43848	58613	81091
3.建筑业	Construction	556	532	438
4.交通运输、仓储和邮政业	Transport, Storage and Post	1934	2307	2161
5.批发和零售业、住宿和餐饮业	Wholesale and Retail Trades, Hotels and Catering Services	455	738	1058
6.其他	Others	1091	1580	1980
7.居民生活	Residential	11574	15624	16700
在消费量中:	Consumption by Usage			
(一) 终端消费	(I) Final Consumption	38804	52704	60206
#工业	Industry	21643	29715	35774
(二) 中间消费	(II) Intermediate Consumption			
(用于加工转换)	(Consumed in Transformation)	22205	28899	41258
#火力发电	Thermal Power	12648	16441	27204
供热	Heating		1462	2996
炼焦	Coking	6682	7304	10698
煤制油	Coal-to-liquids			
制气	Gas Production	131	191	360
(三)洗选损耗	(III) Losses in Coal Washing and Dressing	2744	3501	4059
平衡差额	**Balance**	**1592**	**1174**	**-3302**

注：生产量为原煤产量。

Coal Balance Sheet

(10[4] tons)

1995	2000	2005	2010	2015	2016	2017	2018	2019	2020
133462	**131895**	**235508**	**355578**	**397074**	**378494**	**383480**	**394848**	**405537**	**414519**
136073	138418	236515	342845	374654	341060	352356	369774	384633	390158
164	218	2622	18307	20406	25555	27093	28210	29977	30361
2862	5506	7173	1911	534	879	809	494	603	319
87	-1235	3545	-3663	2547	12758	4839	-2642	-8470	-5680
137677	**135690**	**243375**	**349008**	**399834**	**388820**	**391403**	**397452**	**401915**	**404860**
1857	1051	1802	2147	2625	2778	2834	2363	2202	2254
117571	121807	224766	329728	378190	367435	371160	380696	387268	390891
440	537	604	731	878	805	733	650	640	639
1315	882	811	639	492	404	353	321	283	241
977	1461	2627	3192	3864	3826	3461	2686	2378	1981
1987	1495	2727	3412	4159	4081	3580	3021	2598	2571
13530	8457	10039	9159	9627	9492	9283	7714	6547	6283
66156	50511	86386	114826	112975	101569	92841	81171	73449	72426
46050	36628	67776	95546	91331	80183	72598	64415	58802	58457
69488	81987	152208	222948	267061	272512	285325	303986	316252	321133
44440	55811	103663	153742	179568	182666	193925	205197	210159	211635
5887	8794	13542	17553	24115	26577	28983	32388	34442	36933
18396	16496	33446	49950	60874	60649	58910	61603	65673	65968
			213	679	1105	1568	2497	3240	3047
764	960	1277	1040	1320	1212	1663	2010	2459	3309
2033	3191	4782	11235	19798	14740	13237	12295	12213	11301
-4215	**-3795**	**-7868**	**6569**	**-2760**	**-10326**	**-7924**	**-2604**	**3623**	**9659**

Note: Data on production refer to the raw coal production.

5-5 焦炭平衡表

单位: 万吨

项　　目	Item	1980	1985	1990
可供量	**Total Energy Available for Consumption**	**4315.3**	**4689.7**	**7085.8**
生产量	Production	4343.0	4802.1	7328.3
进口量	Imports		2.1	
出口量(-)	Exports (-)	27.1	36.9	129.0
年初年末库存差额	Stock Changes in the Year	-0.6	-77.6	-113.5
消费量	**Total Energy Consumption**	**4303.0**	**4689.7**	**6914.7**
在消费量中:	Consumption by Sector			
1.农、林、牧、渔业	Agriculture, Forestry, Animal Husbandry and Fishery	10.6	20.8	60.1
2.工业	Industry	4266.7	4627.7	6808.8
3.建筑业	Construction	11.9	7.8	5.2
4.交通运输、仓储和邮政业	Transport, Storage and Post	8.2	5.7	4.1
5.批发和零售业、住宿和餐饮业	Wholesale and Retail Trades, Hotels and Catering Services	0.9	2.7	7.7
6.其他	Others	4.7	2.0	1.9
7.居民生活	Residential		23.0	26.9
在消费量中:	Consumption by Usage			
(一) 终端消费	(I) Final Consumption	4294.7	4677.9	6846.3
#工业	Industry	4258.4	4615.9	6740.4
(二) 中间消费	(II) Intermediate Consumption			
(用于加工转换)	(Consumed in Transformation)	8.3	11.8	68.4
制气	Gas Production	8.3	11.8	68.4
(三) 损失量	(III) Losses in Coal Washing and Dressing			
平衡差额	**Balance**	**12.3**		**171.1**

Coke Balance Sheet

(10[4] tons)

1995	2000	2005	2010	2015	2016	2017	2018	2019	2020
12207.1	**10892.3**	**25084.4**	**38707.1**	**44018.9**	**45428.6**	**43739.5**	**43257.9**	**46533.7**	**47312.0**
13424.5	12184.0	26511.7	38657.8	44822.5	44911.5	43168.4	44751.4	47295.8	47188.2
0.1		0.5	11.0	0.4	0.1	1.0	9.1	52.3	297.9
886.1	1519.7	1276.4	335.0	964.8	1011.9	807.9	975.8	652.3	349.2
-331.4	228.0	-151.4	373.3	160.8	1529.0	1378.0	-526.8	-162.2	175.1
10725.3	**10840.8**	**25105.8**	**38702.8**	**44058.7**	**45462.4**	**43743.1**	**43716.6**	**46426.0**	**48310.4**
128.6	70.9	63.5	46.8	49.5	53.1	38.4	103.0	59.7	23.2
10412.0	10554.6	24860.9	38598.7	43923.0	45324.7	43609.1	43560.9	46320.2	48272.2
10.8	19.0	18.4	5.8	6.7	7.1	12.6	10.6	9.7	3.6
10.1	11.2	1.1	0.1	3.0	3.2	6.0	0.4	0.4	
25.7	35.7	64.1	5.1	40.1	41.3	49.4	19.0	16.9	
6.4	12.2	7.6	2.8	5.4	5.6	5.9	6.3	6.3	
131.6	137.2	90.3	43.5	31.2	27.4	21.8	16.4	12.8	11.4
10648.0	10697.9	24877.9	38574.6	43775.0	45454.4	43741.5	43693.7	46336.6	47762.5
10334.7	10411.7	24633.0	38470.5	43639.2	45316.7	43607.4	43538.0	46230.9	47724.3
77.3	142.9	227.9	128.2	283.8	8.0	1.6	22.8	89.3	547.9
77.3	142.9	227.9	128.2	1.8	1.9	1.6	1.6	16.5	17.6
1481.8	**51.6**	**-21.4**	**4.3**	**-39.8**	**-33.8**	**-3.6**	**-458.6**	**107.7**	**-998.4**

5-6 石油平衡表

单位：万吨

项目	Item	1980	1985	1990
可供量	**Total Energy Available for Consumption**	**8794.5**	**9193.7**	**11435.0**
生产量	Production	10594.6	12489.5	13830.6
进口量	Imports	82.7	90.0	755.6
出口量(-)	Exports (-)	1806.2	3630.4	3110.4
年初年末库存差额	Stock Changes in the Year	-76.6	244.6	-40.8
消费量	**Total Energy Consumption**	**8757.4**	**9168.8**	**11485.6**
在消费量中:	Consumption by Sector			
1.农、林、牧、渔业	Agriculture, Forestry, Animal Husbandry and Fishery	814..9	758.7	1033.6
2.工业	Industry	6203.2	6171.4	7321.6
3.建筑业	Construction	175.2	292.2	327.3
4.交通运输、仓储和邮政业	Transport, Storage and Post	911.5	1176.4	1683.2
5.批发和零售业、住宿和餐饮业	Wholesale and Retail Trades, Hotels and Catering Services	29.0	38.1	77.6
6.其他	Others	481.7	506.1	757.8
7.居民生活	Residential	141.9	225.9	284.5
在消费量中:	Consumption by Usage			
(一) 终端消费	(I) Final Consumption	6311.0	7063.3	9304.7
#工业	Industry	3780.3	4462.0	5180.4
(二) 中间消费	(II) Intermediate Consumption			
(用于加工转换)	(Consumed in Transformation)	2183.6	1858.5	1630.4
火力发电	Thermal Power	2065.4	1425.5	1234.4
供热	Heating		285.6	356.3
制气	Gas Production	36.7	34.5	39.7
炼油损失量	Losses in Petroleum Refining	81.5	112.9	295.8
(三) 损失量	(III) Other Losses	262.8	247.0	254.7
平衡差额	**Balance**	**37.1**	**24.9**	**-50.6**

注：1.生产量为原油产量。
2.进口量包括境内飞机和轮船在境外的加油量；出口量包括境外飞机和轮船在境内的加油量。

Petroleum Balance Sheet

(10^4 tons)

1995	2000	2005	2010	2015	2016	2017	2018	2019	2020
16072.7	**22631.4**	**32539.1**	**44178.4**	**55688.0**	**57710.6**	**60810.8**	**63726.6**	**66900.9**	**67553.7**
15004.4	16300.0	18135.3	20301.4	21455.6	19968.5	19150.6	18932.4	19101.4	19476.9
3673.2	9748.5	17163.2	29437.2	39748.6	44502.9	49141.2	54094.3	58102.2	61271.7
2454.5	2172.1	2888.1	4079.0	5128.2	6382.9	7026.7	7557.4	8211.4	7551.0
-151.0	-1245.0	128.8	-1481.2	-388.1	-377.8	-454.3	-1742.7	-2091.4	-5643.8
16064.9	**22495.9**	**32547.0**	**44101.0**	**55960.2**	**57692.9**	**60395.9**	**62245.1**	**64506.5**	**65369.1**
1203.2	788.5	1451.7	1382.5	1733.4	1730.3	1786.4	1724.9	1748.2	1773.1
9349.3	11248.5	14030.4	18555.0	19718.0	20382.5	21486.7	22460.3	25210.6	27711.1
242.8	840.6	1502.2	2483.1	3384.3	3599.1	3803.5	3935.7	4055.1	4180.3
2863.6	6399.0	10928.5	15079.3	20663.1	21146.1	22075.8	22738.6	22109.6	20481.4
333.9	247.0	375.6	481.0	615.7	584.9	601.1	599.0	608.4	583.3
1390.3	1635.9	1974.2	2578.2	3683.3	3537.1	3502.7	3458.2	3460.6	3469.9
682.0	1336.5	2284.4	3541.9	6162.2	6712.8	7139.7	7328.4	7314.0	7170.1
13676.3	19950.1	29495.6	41243.4	52945.7	54387.0	56880.0	58623.0	61018.5	62085.2
7095.5	8860.0	11107.5	15857.8	16739.7	17100.2	17980.5	18847.6	21732.4	24428.4
2230.0	2352.9	2896.0	2663.3	2926.9	3264.3	3468.9	3593.3	3453.6	3265.6
1358.5	1178.2	1306.4	385.3	265.5	284.6	280.6	309.3	308.3	321.5
399.9	427.0	429.1	593.1	493.2	517.8	522.6	590.2	653.8	677.7
51.6	25.9	14.4			4.8	4.7	4.7	3.7	28.9
420.1	721.9	1146.1	1684.8	2168.2	2457.2	2661.0	2689.0	2487.9	2232.9
158.6	192.9	155.4	194.4	87.6	41.6	47.0	28.8	34.5	18.3
7.8	**135.4**	**-7.9**	**77.4**	**-272.2**	**17.7**	**414.9**	**1481.5**	**2394.3**	**2184.6**

Note: a) Data on production refer to the crude oil production.

b) Data on imports include the domestic airplanes and ships refueling abroad. Data on exports include the oversea airplanes and ships refueling domestically.

5-7 原油平衡表

单位：万吨

项　　目	Item	1980	1985	1990
可供量	**Total Energy Available for Consumption**	**9222.9**	**9516.5**	**11770.6**
生产量	Production	10594.6	12489.5	13830.6
进口量	Imports	36.6		292.3
出口量(-)	Exports (-)	1330.9	3003.0	2399.0
年初年末库存差额	Stock Changes in the Year	-77.4	30.0	46.7
消费量	**Total Energy Consumption**	**9205.0**	**9509.5**	**11762.2**
在消费量中:	Consumption by Sector			
1.农、林、牧、渔业	Agriculture, Forestry, Animal Husbandry and Fishery	8.0	0.8	0.2
2.工业	Industry	9112.0	9389.9	11653.8
3.建筑业	Construction	28.8	74.0	55.2
4.交通运输、仓储和邮政业	Transport, Storage and Post	50.1	44.3	52.1
5.批发和零售业、住宿和餐饮业	Wholesale and Retail Trades, Hotels and Catering Services		0.1	0.3
6.其他	Others	6.1	0.4	0.6
7.居民生活	Residential			
在消费量中:	Consumption by Usage			
(一) 终端消费	(I) Final Consumption	499.6	350.4	402.1
#工业	Industry	429.7	254.9	333.4
(二) 中间消费	(II) Intermediate Consumption			
(用于加工转换)	(Consumed in Transformation)	8443.0	8929.7	11106.9
火力发电	Thermal Power	574.0	279.5	124.6
供热	Heating		61.3	21.1
炼油	Petroleum Refineries	7869.0	8588.9	10961.2
(三) 油田原油损失量	(III) Losses in Oil Field for Crude Oil	262.4	229.4	253.2
平衡差额	**Balance**	**17.9**	**7.0**	**8.4**

Crude Oil Balance Sheet

(10⁴ tons)

1995	2000	2005	2010	2015	2016	2017	2018	2019	2020
14794.9	**21383.0**	**30089.2**	**42876.6**	**54593.5**	**57332.3**	**59969.0**	**63849.2**	**68007.5**	**69969.6**
15004.4	16300.0	18135.3	20301.4	21455.6	19968.5	19150.6	18932.4	19101.4	19476.9
1709.0	7026.5	12681.7	23768.2	33548.3	38100.7	41946.2	46188.5	50567.6	54200.7
1822.7	1030.6	806.7	303.0	286.6	294.1	486.1	262.7	81.0	163.8
-95.8	-912.9	78.8	-890.0	-123.8	-442.8	-641.8	-1009.1	-1580.5	-3544.1
14886.4	**21232.0**	**30088.9**	**42874.6**	**54788.3**	**57125.9**	**59402.2**	**63004.3**	**67268.3**	**69477.1**
10.1									
14716.3	21052.1	29962.1	42716.6	54752.4	57103.6	59393.5	62995.5	67259.1	69476.5
2.7	3.3								
156.8	175.1	126.9	158.0	35.9	22.3	8.7	8.8	9.2	0.6
0.5	0.2								
1390.3	1.4								
309.9	636.8	850.4	806.1	782.7	630.1	364.7	348.3	326.5	419.0
274.7	612.3	850.4	806.1	782.7	630.1	364.7	348.3	326.5	419.0
14419.4	20404.3	29084.8	41876.4	53918.4	56455.4	58991.5	62627.7	66907.9	69040.5
61.6	85.0	41.3	3.7	12.5	13.1	14.2	15.3	16.0	16.5
4.4	14.0	3.0	3.3	6.7					
14353.4	20305.3	29040.5	41869.4	53899.2	56442.3	58977.3	62612.4	66891.9	69023.9
157.1	190.9	153.8	192.0	87.2	40.4	46.0	28.3	33.8	17.6
-91.5	**151.0**	**0.2**	**2.1**	**-194.8**	**206.4**	**566.8**	**844.8**	**739.2**	**492.5**

5-8 燃料油平衡表

单位: 万吨

项　目	Item	1980	1985	1990
可供量	**Total Energy Available for Consumption**	**3096.1**	**2848.0**	**3320.7**
生产量	Production	3142.0	2835.8	3267.9
进口量	Imports	39.0	70.0	167.3
出口量(-)	Exports (-)	45.4	64.9	97.2
年初年末库存差额	Stock Changes in the Year	-39.5	7.1	-17.3
消费量	**Total Energy Consumption**	**3073.7**	**2837.4**	**3367.8**
在消费量中:	Consumption by Sector			
1.农、林、牧、渔业	Agriculture, Forestry, Animal Husbandry and Fishery	2.3	3.1	2.9
2.工业	Industry	2937.4	2662.2	3091.7
3.建筑业	Construction	15.0	18.9	47.3
4.交通运输、仓储和邮政业	Transport, Storage and Post	109.0	144.1	208.2
5.批发和零售业、住宿和餐饮业	Wholesale and Retail Trades, Hotels and Catering Services	2.9	3.1	1.6
6.其他	Others	7.1	6.0	16.1
7.居民生活	Residential			
在消费量中:	Consumption by Usage			
(一) 终端消费	(I) Final Consumption	1617.9	1538.8	2042.6
#工　业	Industry	1481.6	1363.5	1766.5
(二) 中间消费	(II) Intermediate Consumption			
(用于加工转换)	(Consumed in Transformation)	1455.8	1296.1	1325.2
火力发电	Thermal Power	1419.1	1042.3	977.3
供　热	Heating		219.3	308.3
炼油再投入量	Petroleum Production			
制　气	Gas Production	36.7	34.5	39.6
(三)损失量	(III) Other Losses		2.5	
平衡差额	**Balance**	**22.4**	**10.6**	**-47.1**

Fuel Oil Balance Sheet

(10^4 tons)

1995	2000	2005	2010	2015	2016	2017	2018	2019	2020
3717.3	**3836.7**	**4237.3**	**3765.4**	**4632.8**	**4644.5**	**4895.8**	**4585.2**	**4851.0**	**5344.3**
2960.8	2053.7	1767.4	2487.0	3963.0	4236.9	4563.5	3899.7	4506.0	5780.7
859.1	1704.3	2883.9	2695.2	2068.2	1743.2	1915.3	2271.3	2028.5	1760.9
68.6	57.9	427.6	1419.7	1402.1	1342.0	1516.7	1673.2	1548.5	2132.2
-34.0	136.6	13.5	3.0	3.7	6.4	-66.2	87.4	-135.0	-65.1
3693.7	**3872.8**	**4244.2**	**3758.0**	**4662.0**	**4631.0**	**4887.3**	**4536.1**	**4690.3**	**5364.6**
8.4	0.4	0.7	1.1	0.9	1.0	1.3	1.3	1.2	1.1
3406.2	2975.1	2986.9	2377.3	3133.0	3035.4	3043.7	2688.2	2612.5	3262.3
14.2	16.7	14.2	30.8	53.5	51.9	43.2	31.8	31.8	40.7
227.5	850.0	1201.0	1326.7	1439.5	1511.4	1771.3	1795.7	2025.3	2042.0
6.6	11.6	27.5	8.6	19.0	17.2	15.1	10.1	10.2	11.8
30.8	19.0	13.9	13.5	16.1	14.1	12.5	9.0	9.2	6.6
2262.8	2741.4	2989.9	2403.2	2123.7	2060.4	2196.9	2155.9	2295.4	2333.0
1975.3	1843.7	1732.6	1022.5	594.8	464.8	353.4	308.0	217.6	230.7
1430.9	1131.3	1254.3	1354.8	2538.3	2570.7	2690.4	2380.2	2395.0	3031.6
1071.5	814.2	1068.7	123.9	31.5	31.1	16.6	15.1	13.9	29.4
307.8	291.2	171.1	201.3	165.1	158.5	67.0	59.5	60.2	231.4
			1029.6	2341.6	2381.1	2606.7	2305.5	2320.8	2770.8
51.6	25.9	14.4							
23.6	**-36.1**	**-6.9**	**7.4**	**-29.2**	**13.5**	**8.5**	**49.1**	**160.7**	**-20.3**

5-9 汽油平衡表

单位：万吨

项　　目	Item	1980	1985	1990
可供量	**Total Energy Available for Consumption**	**999.4**	**1399.6**	**1884.1**
生产量	Production	1079.0	1471.9	2173.4
进口量	Imports		0.3	16.9
出口量(-)	Exports (-)	117.8	129.9	233.8
年初年末库存差额	Stock Changes in the Year	38.2	57.3	-72.4
消费量	**Total Energy Consumption**	**998.6**	**1396.3**	**1899.5**
在消费量中:	Consumption by Sector			
1.农、林、牧、渔业	Agriculture, Forestry, Animal Husbandry and Fishery	53.3	122.3	145.9
2.工业	Industry	273.2	451.3	589.3
3.建筑业	Construction	54.1	73.0	89.5
4.交通运输、仓储和邮政业	Transport, Storage and Post	404.9	477.4	620.1
5.批发和零售业、住宿和餐饮业	Wholesale and Retail Trades, Hotels and Catering Services	19.4	23.4	46.0
6.其他	Others	193.7	238.3	390.7
7.居民生活	Residential		10.6	18.0
平衡差额	**Balance**	**0.8**	**3.3**	**-15.4**

5-10 煤油平衡表

单位：万吨

项　　目	Item	1980	1985	1990
可供量	**Total Energy Available for Consumption**	**359.0**	**383.2**	**350.9**
生产量	Production	398.5	405.3	392.5
进口量	Imports		15.2	26.1
出口量(-)	Exports (-)	46.8	46.0	55.5
年初年末库存差额	Stock Changes in the Year	2.3	8.7	-12.2
消费量	**Total Energy Consumption**	**365.9**	**385.5**	**350.9**
在消费量中:	Consumption by Sector			
1.农、林、牧、渔业	Agriculture, Forestry, Animal Husbandry and Fishery	2.3	3.3	3.1
2.工业	Industry	15.7	20.1	20.6
3.建筑业	Construction	0.8	1.3	1.3
4.交通运输、仓储和邮政业	Transport, Storage and Post	31.4	56.2	93.4
5.批发和零售业、住宿和餐饮业	Wholesale and Retail Trades, Hotels and Catering Services	0.2	0.1	0.6
6.其他	Others	216.7	182.9	127.3
7.居民生活	Residential	98.8	121.6	104.6
平衡差额	**Balance**	**-6.9**	**-2.3**	

Gasoline Balance Sheet

(10^4 tons)

1995	2000	2005	2010	2015	2016	2017	2018	2019	2020
2902.0	**3504.5**	**4855.3**	**6964.3**	**11385.0**	**11829.4**	**12200.5**	**13035.3**	**13690.3**	**12829.0**
3051.6	4134.7	5433.6	7410.5	12103.6	12932.0	13276.2	14264.7	14880.7	14256.7
15.9				17.0	20.8	1.6	44.5	33.3	48.0
193.1	467.7	559.7	517.0	589.3	969.3	1051.4	1287.9	1637.1	1600.0
27.6	-162.5	-18.6	70.8	-146.3	-154.2	-26.0	13.9	413.3	124.3
2909.6	**3504.6**	**4854.9**	**6956.2**	**11368.5**	**11866.0**	**12296.3**	**13055.3**	**13628.0**	**12767.2**
179.7	89.2	159.6	169.1	231.3	224.4	229.6	242.9	253.2	257.3
812.4	682.0	441.7	689.5	477.1	436.3	382.1	296.5	262.0	184.0
103.6	115.6	172.1	274.7	408.6	437.3	452.3	505.0	499.9	508.4
982.3	1527.8	2430.1	3274.9	5306.6	5511.1	5698.5	6067.6	6244.9	5573.6
197.2	69.8	129.4	168.2	243.3	240.9	244.5	275.5	287.9	273.2
570.7	792.7	998.2	1166.2	2108.5	2046.4	2075.0	2163.6	2240.9	2253.1
63.7	227.6	523.8	1213.7	2593.1	2969.7	3214.2	3504.2	3839.1	3717.6
-7.6	**-0.1**	**0.4**	**8.1**	**16.6**	**-36.7**	**-95.8**	**-20.0**	**62.3**	**61.9**

Kerosene Balance Sheet

(10^4 tons)

1995	2000	2005	2010	2015	2016	2017	2018	2019	2020
486.4	**880.9**	**1070.0**	**1767.6**	**2732.6**	**3020.7**	**3332.8**	**3714.3**	**4002.8**	**3412.4**
445.8	872.3	1006.5	1924.4	3658.6	3983.9	4230.9	4770.3	5322.6	4129.4
115.7	322.5	476.1	726.1	716.4	776.7	852.3	942.3	930.0	514.0
62.4	256.3	447.6	870.5	1626.6	1721.7	1765.2	1947.0	2239.8	1226.3
-12.7	-57.6	35.0	-12.3	-15.8	-18.2	14.8	-51.3	-10.0	-4.8
512.1	**871.6**	**1076.8**	**1765.2**	**2663.7**	**2970.7**	**3326.4**	**3653.5**	**3950.2**	**3352.1**
3.6	1.5	1.6	0.9	1.1	2.2	1.5	4.9	11.0	11.0
44.9	84.0	57.5	40.2	21.2	20.0	14.5	24.9	11.0	9.4
3.5	4.0		8.8	12.5	10.0	9.7	17.3	16.0	10.8
250.0	535.9	952.4	1601.1	2504.9	2814.9	3173.3	3462.5	3689.2	3110.8
8.5	14.0	3.7	35.0	11.7	11.2	11.3	15.5	15.5	14.8
137.3	160.1	36.2	58.7	83.3	85.9	88.4	103.8	184.2	183.0
64.3	72.2	25.5	20.5	29.1	26.4	27.6	24.6	23.4	12.4
-25.7	**9.3**	**-6.8**	**2.4**	**68.9**	**50.0**	**6.4**	**60.8**	**52.6**	**60.3**

5-11 柴油平衡表

单位：万吨

项　目	Item	1980	1985	1990
可供量	**Total Energy Available for Consumption**	**1663.2**	**1944.1**	**2689.4**
生产量	Production	1827.8	2023.2	2609.0
进口量	Imports	2.1	4.5	233.8
出口量(−)	Exports (-)	166.5	225.6	169.8
年初年末库存差额	Stock Changes in the Year	-0.2	142.0	16.4
消费量	**Total Energy Consumption**	**1663.2**	**1939.4**	**2691.7**
在消费量中:	Consumption by Sector			
1.农、林、牧、渔业	Agriculture, Forestry, Animal Husbandry and Fishery	749.0	629.2	881.5
2.工业	Industry	457.4	644.1	728.1
3.建筑业	Construction	76.5	125.0	133.0
4.交通运输、仓储和邮政业	Transport, Storage and Post	316.1	454.4	709.4
5.批发和零售业、住宿和餐饮业	Wholesale and Retail Trades, Hotels and Catering Services	6.5	10.9	22.5
6.其他	Others	57.7	74.0	217.0
7.居民生活	Residential			
在消费量中:	Consumption by Usage			
(一) 终端消费	(I) Final Consumption	1590.9	1827.4	2564.8
#工　业	Industry	385.1	532.1	601.2
(二) 中间消费	(II) Intermediate Consumption			
(用于加工转换)	(Consumed in Transformation)	72.3	108.6	126.9
火力发电	Thermal Power	72.3	103.6	124.5
供　热	Heating		5.0	2.4
(三) 损失量	(III) Other Losses		3.4	
平衡差额	**Balance**		**4.7**	**-2.3**

Diesel Oil Balance Sheet

(10^4 tons)

1995	2000	2005	2010	2015	2016	2017	2018	2019	2020
4404.2	**6806.5**	**10972.6**	**14701.9**	**17353.6**	**16765.2**	**16994.5**	**16567.3**	**15359.6**	**14459.7**
3972.6	7079.6	11090.2	14924.4	18007.9	17917.7	18667.9	18360.1	17308.3	16529.9
645.3	51.9	61.0	190.2	71.5	116.1	107.6	89.0	144.5	137.5
169.5	77.5	170.9	490.2	731.3	1556.9	1736.8	1872.8	2189.1	2011.2
-44.2	-247.6	-7.7	77.5	5.5	288.3	-44.2	-9.0	95.9	-196.5
4321.4	**6806.2**	**10974.9**	**14699.0**	**17360.3**	**16839.0**	**16916.5**	**16409.6**	**14917.9**	**14282.7**
1001.4	697.1	1286.3	1206.7	1492.9	1495.9	1546.8	1468.2	1475.1	1497.2
1189.9	1696.5	1710.0	2090.0	1516.4	1412.9	1459.9	1259.5	1290.6	1026.1
118.2	205.9	386.6	490.2	555.7	561.3	596.1	543.4	530.3	503.9
1246.6	3293.8	6169.4	8657.6	11162.8	11068.5	11173.7	11166.9	9867.3	9532.0
103.6	95.9	116.0	196.6	257.7	232.0	233.8	211.8	203.9	197.6
645.7	638.7	900.1	1287.2	1384.2	1307.2	1233.3	1107.4	954.0	946.2
16.1	178.4	406.4	770.7	990.7	761.3	673.0	652.3	596.8	579.8
4070.0	6578.6	10889.4	14655.2	17280.4	16736.4	16722.4	16340.0	14805.6	14136.2
938.5	1468.8	1624.5	2046.2	1436.5	1310.3	1265.8	1189.9	1178.3	879.6
251.4	227.7	85.5	43.8	79.9	102.7	194.1	69.6	112.3	146.5
204.9	227.7	81.9	40.1	22.4	29.2	23.9	26.4	24.2	27.6
46.6		3.6	3.8	6.2	6.1	5.9	5.2	5.3	2.9
82.7	**0.3**	**-2.4**	**2.9**	**-6.7**	**-73.9**	**78.0**	**157.8**	**441.6**	**177.0**

5-12 液化石油气平衡表

单位：万吨

项　　目	Item	1980	1985	1990
可供量	**Total Energy Available for Consumption**	**122.5**	**157.3**	**258.5**
生产量	Production	122.5	159.7	261.6
进口量	Imports			
出口量(-)	Exports (-)		1.9	1.1
年初年末库存差额	Stock Changes in the Year		-0.5	-2.0
消费量	**Total Energy Consumption**	**119.6**	**155.7**	**254.2**
在消费量中:	Consumption by Sector			
1.农、林、牧、渔业	Agriculture, Forestry, Animal Husbandry and Fishery			
2.工业	Industry	76.1	59.9	82.0
3.建筑业	Construction			1.0
4.交通运输、仓储和邮政业	Transport, Storage and Post			
5.批发和零售业、住宿和餐饮业	Wholesale and Retail Trades, Hotels and Catering Services		0.5	6.6
6.其他	Others	0.4	4.5	6.1
7.居民生活	Residential	43.1	90.8	158.5
平衡差额	**Balance**	**2.9**	**1.6**	**4.3**

5-13 天然气平衡表

单位：亿立方米

项　　目	Item	1980	1985	1990
可供量	**Total Energy Available for Consumption**	**142.7**	**129.3**	**153.0**
生产量	Production	142.7	129.3	153.0
进口量	Imports			
出口量(-)	Exports (-)			
年初年末库存差额	Stock Changes in the Year			
消费量	**Total Energy Consumption**	**140.6**	**129.3**	**152.5**
在消费量中:	Consumption by Sector			
1.农、林、牧、渔业	Agriculture, Forestry, Animal Husbandry and Fishery			
2.工业	Industry	131.4	109.6	120.2
3.建筑业	Construction	6.0	14.1	10.6
4.交通运输、仓储和邮政业	Transport, Storage and Post	0.7	0.8	1.9
5.批发和零售业、住宿和餐饮业	Wholesale and Retail Trades, Hotels and Catering Services			
6.其他	Others	0.5	0.5	1.2
7.居民生活	Residential	2.0	4.3	18.6
平衡差额	**Balance**	**2.1**		**0.5**

注：从2010年起包括液化天然气数据。

Liquefied Petroleum Gas Balance Sheet

(10⁴ tons)

1995	2000	2005	2010	2015	2016	2017	2018	2019	2020
774.3	**1396.2**	**2052.2**	**2323.8**	**4008.2**	**5034.0**	**5472.9**	**5733.4**	**6160.6**	**6381.1**
540.8	916.6	1432.7	2092.3	2934.4	3503.9	3677.3	3915.6	4210.0	4489.0
232.6	481.7	617.0	327.0	1244.0	1678.5	1921.9	1966.4	2109.3	2004.6
7.1	1.6	2.7	93.0	144.2	132.3	132.2	113.5	140.9	94.9
8.0	-0.6	5.2	-2.5	-26.0	-16.0	5.9	-35.1	-17.8	-17.7
750.6	**1389.7**	**2046.5**	**2321.9**	**3961.2**	**5015.1**	**5457.8**	**5673.1**	**6066.4**	**6221.2**
0.1	0.4	3.5	4.7	7.2	6.8	7.1	7.6	7.8	6.5
192.5	426.1	534.4	586.8	1113.9	1766.8	1896.3	2215.5	2870.3	3064.8
0.5	8.9	6.3	7.2	15.1	14.8	15.8	17.0	14.0	11.3
0.5	16.5	48.7	61.0	100.3	104.2	123.7	125.1	156.5	111.2
17.4	55.5	99.0	72.6	84.0	83.6	96.4	86.2	90.9	85.9
5.7	24.0	25.8	52.6	91.4	83.5	93.5	74.4	72.2	81.1
534.0	858.3	1328.7	1537.0	2549.3	2955.4	3225.0	3147.3	2854.7	2860.4
23.7	**6.5**	**5.7**	**1.9**	**47.0**	**18.9**	**15.1**	**60.3**	**94.2**	**159.9**

Natural Gas Balance Sheet

(10^8 cu.m)

1995	2000	2005	2010	2015	2016	2017	2018	2019	2020
179.5	**240.6**	**463.5**	**1082.3**	**1925.0**	**2080.5**	**2390.7**	**2814.3**	**3057.5**	**3270.2**
179.5	272.0	493.2	957.9	1346.1	1368.7	1480.4	1601.6	1761.7	1925.0
			164.7	611.4	745.6	945.6	1246.4	1331.8	1397.0
	31.4	29.7	40.3	32.5	33.8	35.3	33.6	36.1	51.7
177.4	**245.0**	**466.1**	**1080.2**	**1931.8**	**2078.1**	**2393.7**	**2817.1**	**3059.7**	**3339.9**
			0.5	0.9	1.1	1.1	1.3	1.2	1.3
154.4	199.0	327.2	691.8	1234.5	1338.6	1575.2	1940.1	2092.1	2304.0
0.3	0.8	1.5	1.2	2.2	1.9	1.8	2.5	2.8	2.6
1.6	8.8	38.0	106.7	237.6	254.8	284.7	286.2	341.5	354.3
0.6	3.4	10.8	27.2	51.3	53.7	57.6	60.8	62.5	62.1
1.2	0.6	9.1	26.0	45.4	48.2	52.9	57.9	57.3	55.6
19.4	32.3	79.4	226.9	359.8	379.7	420.3	468.4	502.3	560.0
2.1	**-4.4**	**-2.6**	**2.1**	**-6.7**	**2.4**	**-3.0**	**-2.8**	**-2.2**	**0.3**

Note: Include the data of Liquefied Natural Gas since 2010.

5-14 电力平衡表

单位：亿千瓦时

项目	Item	1980	1985	1990
可供量	**Total Energy Available for Consumption**	**3006.3**	**4117.6**	**6230.4**
生产量	Production	3006.3	4106.9	6212.0
#水电	#Hydro Power	582.1	923.7	1267.2
火电	Thermal Power	2424.2	3183.2	4944.8
核电	Nuclear Power			
风电	Wind Power			
进口量	Imports		11.1	19.3
出口量(-)	Exports (-)		0.4	0.9
消费量	**Total Energy Consumption**	**3006.3**	**4117.6**	**6230.4**
在消费量中:	Consumption by Sector			
1.农、林、牧、渔业	Agriculture, Forestry, Animal Husbandry and Fishery	270.0	317.4	426.8
2.工业	Industry	2471.9	3283.4	4873.3
3.建筑业	Construction	47.1	71.2	65.0
4.交通运输、仓储和邮政业	Transport, Storage and Post	26.5	63.4	105.9
5.批发和零售业、住宿和餐饮业	Wholesale and Retail Trades, Hotels and Catering Services	16.8	38.0	76.2
6.其他	Others	68.8	121.7	202.4
7.居民生活	Residential	105.2	222.5	480.8
在消费量中:	Consumption by Usage			
(一) 终端消费	(I) Final Consumption	2763.4	3813.3	5795.8
#工业	#Industry	2229.0	2979.1	4438.7
(二) 输配电损失量	(II) Losses in Transmission	242.9	304.3	434.6

Electricity Balance Sheet

(10[8] kW•h)

1995	2000	2005	2010	2015	2016	2017	2018	2019	2020
10023.4	**13472.7**	**24940.8**	**41936.5**	**58021.3**	**61204.4**	**65914.0**	**71509.2**	**74866.3**	**77620.2**
10077.3	13556.0	25002.6	42071.6	58145.7	61331.6	66044.5	71661.3	75034.3	77790.6
1905.8	2224.1	3970.2	7221.7	11302.7	11840.5	11978.7	12317.9	13044.4	13552.1
8043.2	11141.9	20473.4	33319.3	42841.9	44370.7	47546.0	50963.2	52201.5	53302.5
128.3	167.4	530.9	738.8	1707.9	2132.9	2480.7	2943.6	3483.5	3662.5
			446.2	1857.7	2370.7	2972.3	3659.7	4060.3	4664.7
6.4	15.5	50.1	55.5	62.1	61.9	64.2	56.9	48.6	47.5
60.3	98.8	111.9	190.6	186.5	189.1	194.7	209.1	216.5	217.9
10023.4	**13472.4**	**24940.3**	**41934.5**	**58020.0**	**61205.1**	**65914.0**	**71508.2**	**74866.1**	**77620.2**
582.4	533.0	776.3	976.5	1039.8	1091.9	1175.1	1242.5	1336.2	1422.1
7659.8	10004.6	18521.7	30871.8	41550.0	42996.9	46052.8	49094.9	50698.3	52353.4
159.6	159.8	233.9	483.2	698.7	725.6	789.2	887.8	991.2	1011.1
182.3	281.2	430.3	734.5	1125.6	1251.5	1418.0	1608.5	1752.3	1751.0
199.5	418.7	752.3	1292.0	2122.0	2323.8	2526.6	2900.4	3187.1	3169.0
234.2	623.2	1340.9	2451.8	3918.6	4394.8	4880.6	5716.5	6263.8	6517.0
1005.6	1452.0	2884.8	5124.6	7565.2	8420.6	9071.6	10057.6	10637.2	11396.5
9278.9	12535.7	23233.8	39366.3	55032.1	58142.2	62718.1	68156.5	71536.0	74386.7
6915.3	9067.9	16815.2	28303.5	38562.1	39934.0	42857.0	45743.2	47368.2	49120.0
744.5	936.7	1706.5	2568.2	2987.9	3062.9	3195.8	3351.7	3330.1	3233.5

六、地区能源平衡表

Chapter 6 Energy Balance Table by Region

6-1 北京能源平衡表(实物量)-2020

项 目	Item	煤合计 (万吨) Coal Total (10^4 tons)	原煤 (万吨) Raw Coal (10^4 tons)
一.可供本地区消费的能源量	**Total Primary Energy Supply**	**134.98**	**106.70**
1.一次能源生产量	Indigenous Production		
2.外省(区、市)调入量	Moving in from Other Provinces	131.86	103.59
3.进口量	Import		
4.境内飞机和轮船在境外的加油量	Domestic Airplanes&Ships Refueling Abroad		
5.本省(区、市)调出量(-)	Sending Out to Other Provinces(-)	21.74	21.74
6.出口量(-)	Export(-)		
7.境外飞机和轮船在境内的加油量(-)	Oversea Airplanes&Ships Refueling Domestically(-)		
8.库存增(-)、减(+)量	Stock Change	24.86	24.86
二.加工转换投入(-)产出(+)量	**Input(-) & Output(+) of Transformation**	**-59.53**	**-59.53**
1.火力发电	Thermal Power	-21.72	-21.72
2.供热	Heating Supply	-37.82	-37.82
3.煤炭洗选	Coal Washing		
4.炼焦	Coking		
5.炼油及煤制油	Petroleum Refining and Coal-to-liquids		
#油品再投入量(-)	Petroleum Products Input (-)		
6.制气	Gas Works		
#再投入量(-)	Input (-)		
7.天然气液化	Natural Gas Liquefaction		
8.煤制品加工	Briquettes		
9.回收能	Recovery of Energy		
三.损失量	**Loss**		
四.终端消费量	**Total Final Consumption**	**75.45**	**47.17**
1.农、林、牧、渔业	Agriculture, Forestry, Animal Husbandry and Fishery	1.70	1.70
2.工业	Industry	37.67	37.67
#用作原料、材料	Non-Energy Use		
3.建筑业	Construction	0.01	0.01
4.交通运输、仓储和邮政业	Transport, Storage and Post	0.20	0.20
5.批发和零售业、住宿和餐饮业	Wholesale and Retail Trades, Hotels and Catering Services	0.02	0.02
6.其他	Others	0.03	0.03
7.居民生活	Residential	35.83	7.55
城镇	Urban	7.55	7.55
乡村	Rural	28.28	
五.平衡差额	**Statistical Difference**		
六.消费量合计	**Total Energy Consumption**	**134.98**	**106.70**

Energy Balance of Beijing (Physical Quantity) -2020

洗精煤 (万吨) Cleaned Coal (10^4 tons)	其他洗煤 (万吨) Other Washed Coal (10^4 tons)	煤制品 (万吨) Briquettes (10^4 tons)	煤矸石 (万吨) Gangue (10^4 tons)	焦炭 (万吨) Coke (10^4 tons)	焦炉煤气 (亿立方米) Coke Oven Gas (10^8 cu.m)	高炉煤气 (亿立方米) Blast Furnace Gas (10^8 cu.m)	转炉煤气 (亿立方米) Converter Gas (10^8 cu.m)	其他煤气 (亿立方米) Other Gas (10^8 cu.m)
		28.28		**0.01**				
		28.28						
				0.27				
				0.28				
		28.28		**0.01**				
				0.01				
		28.28						
		28.28						
		28.28		**0.01**				

6-1 续表 1

项　　目	Item	其他焦化产品(万吨) Other Coking Products (10^4 tons)	油品合计(万吨) Petroleum Products Total (10^4 tons)
一.可供本地区消费的能源量	**Total Primary Energy Supply**		**1364.32**
1.一次能源生产量	Indigenous Production		
2.外省(区、市)调入量	Moving in from Other Provinces		2781.05
3.进口量	Import		75.87
4.境内飞机和轮船在境外的加油量	Domestic Airplanes&Ships Refueling Abroad		76.90
5.本省(区、市)调出量(-)	Sending Out to Other Provinces(-)		1557.55
6.出口量(-)	Export(-)		
7.境外飞机和轮船在境内的加油量(-)	Oversea Airplanes&Ships Refueling Domestically(-)		26.15
8.库存增(-)、减(+)量	Stock Change		14.21
二.加工转换投入(-)产出(+)量	**Input(-) & Output(+) of Transformation**		**-81.18**
1.火力发电	Thermal Power		-6.49
2.供热	Heating Supply		-59.43
3.煤炭洗选	Coal Washing		
4.炼焦	Coking		
5.炼油及煤制油	Petroleum Refining and Coal-to-liquids		245.34
#油品再投入量(-)	Petroleum Products Input (-)		-248.22
6.制气	Gas Works		3.67
#再投入量(-)	Input (-)		-16.05
7.天然气液化	Natural Gas Liquefaction		
8.煤制品加工	Briquettes		
9.回收能	Recovery of Energy		
三.损失量	**Loss**		**2.12**
四.终端消费量	**Total Final Consumption**		**1280.87**
1.农、林、牧、渔业	Agriculture, Forestry, Animal Husbandry and Fishery		4.01
2.工业	Industry		284.14
#用作原料、材料	Non-Energy Use		182.53
3.建筑业	Construction		22.84
4.交通运输、仓储和邮政业	Transport, Storage and Post		557.36
5.批发和零售业、住宿和餐饮业	Wholesale and Retail Trades, Hotels and Catering Services		21.50
6.其他	Others		49.79
7.居民生活	Residential		341.25
城镇	Urban		336.65
乡村	Rural		4.60
五.平衡差额	**Statistical Difference**		**0.14**
六.消费量合计	**Total Energy Consumption**		**1364.18**

Continued 1

原油 (万吨) Crude Oil (10^4 tons)	汽油 (万吨) Gasoline (10^4 tons)	煤油 (万吨) Kerosene (10^4 tons)	柴油 (万吨) Diesel Oil (10^4 tons)	燃料油 (万吨) Fuel Oil (10^4 tons)	石脑油 (万吨) Naphtha (10^4 tons)	润滑油 (万吨) Lubricants (10^4 tons)	石蜡 (万吨) Paraffin Waxes (10^4 tons)	溶剂油 (万吨) White Spirit (10^4 tons)
781.77	**215.23**	**354.82**	**-47.86**	**-4.55**	**65.95**	**0.99**		
783.03	819.32	304.55	774.31		70.34	0.98		
		75.87						
		76.90						
	611.96	83.69	814.61	4.53	6.09			
		26.15						
-1.26	7.87	7.35	-7.56	-0.02	1.70			
-779.64	**207.83**	**103.06**	**160.00**	**4.75**	**-2.02**			
			-0.16					
			-0.25	-0.07				
-779.64	207.83	103.06	160.41	4.82	173.43			
					-175.45			
2.12								
	423.06	**457.88**	**112.14**	**0.20**	**63.93**	**0.99**		
	2.23		1.74					
	6.55	0.04	8.57	0.04	63.93	0.99		
					63.93	0.99		
	7.07		15.43					
	28.42	457.30	67.36	0.15				
	16.00		3.66	0.01				
	32.21	0.54	15.38					
	330.58							
	330.58							
781.77	**423.06**	**457.88**	**112.55**	**0.27**	**239.38**	**0.99**		

6-1 续表 2

项　目	Item	石油沥青(万吨) Bitumen Asphalt (10^4 tons)	石油焦(万吨) Petroleum Coke (10^4 tons)
一.可供本地区消费的能源量	**Total Primary Energy Supply**	**14.22**	**3.26**
1.一次能源生产量	Indigenous Production		
2.外省(区、市)调入量	Moving in from Other Provinces	14.45	
3.进口量	Import		
4.境内飞机和轮船在境外的加油量	Domestic Airplanes&Ships Refueling Abroad		
5.本省(区、市)调出量(-)	Sending Out to Other Provinces(-)		1.43
6.出口量(-)	Export(-)		
7.境外飞机和轮船在境内的加油量(-)	Oversea Airplanes&Ships Refueling Domestically(-)		
8.库存增(-)、减(+)量	Stock Change	-0.22	4.69
二.加工转换投入(-)产出(+)量	**Input(-) & Output(+) of Transformation**	**7.55**	**-3.25**
1.火力发电	Thermal Power		-5.10
2.供热	Heating Supply		-43.59
3.煤炭洗选	Coal Washing		
4.炼焦	Coking		
5.炼油及煤制油	Petroleum Refining and Coal-to-liquids	7.55	45.44
#油品再投入量(-)	Petroleum Products Input (-)		
6.制气	Gas Works		
#再投入量(-)	Input (-)		
7.天然气液化	Natural Gas Liquefaction		
8.煤制品加工	Briquettes		
9.回收能	Recovery of Energy		
三.损失量	**Loss**		
四.终端消费量	**Total Final Consumption**	**21.77**	**0.01**
1.农、林、牧、渔业	Agriculture, Forestry, Animal Husbandry and Fishery		
2.工业	Industry	21.77	0.01
#用作原料、材料	Non-Energy Use	21.77	
3.建筑业	Construction		
4.交通运输、仓储和邮政业	Transport, Storage and Post		
5.批发和零售业、住宿和餐饮业	Wholesale and Retail Trades, Hotels and Catering Services		
6.其他	Others		
7.居民生活	Residential		
城镇	Urban		
乡村	Rural		
五.平衡差额	**Statistical Difference**		
六.消费量合计	**Total Energy Consumption**	**21.77**	**48.70**

Continued 2

液化石油气 (万吨) Liquefied Petroleum Gas (10^4 tons)	炼厂干气 (万吨) Refinery Gas (10^4 tons)	其他石油制品 (万吨) Other Petroleum Products (10^4 tons)	天然气 (亿立方米) Natural Gas (10^8 cu.m)	液化天然气 (万吨) Liquefied Natural Gas (10^4 tons)	热力 (万百万千焦) Heat (10^{10} kJ)	电力 (亿千瓦时) Electricity (10^8 kW•h)	其他能源 (万吨标准煤) Other Energy (10^4 tce)
-0.38		**-19.14**	**188.82**	**19.00**	**827.15**	**705.65**	**257.43**
			19.98			21.38	257.43
		14.06	188.82	19.01	827.15	689.02	
0.40		34.83	19.98			4.75	
0.03		1.63		-0.01			
28.28	**63.65**	**128.61**	**-119.82**	**-0.67**	**19716.80**	**435.83**	**-132.76**
-0.02	-0.24	-0.97	-66.89		-321.86	436.09	-135.96
-0.43	-6.06	-9.03	-51.74	-0.67	19774.02	-0.25	
29.30	81.75	211.39					-18.99
		-72.77					
-0.57	4.24						22.19
	-16.05		-1.20				
					264.64		
			7.46			**44.15**	
27.90	**63.51**	**109.46**	**61.83**	**18.33**	**20601.16**	**1095.82**	**125.10**
0.04			0.03			16.18	0.06
9.25	63.51	109.46	10.77	1.43	4734.59	225.49	7.48
0.03	2.63	93.16					
0.33			0.36		132.09	24.85	0.30
4.12			2.81	16.91	661.17	58.57	6.32
1.83			5.50		1333.06	91.21	4.65
1.66			26.52		8283.26	399.73	42.47
10.67			15.84		5457.00	279.79	63.83
6.07			14.07		5457.00	230.70	22.43
4.60			1.78			49.10	41.40
	0.14		**-0.30**		**-57.22**	**1.52**	**-0.43**
28.93	**85.86**	**192.24**	**189.12**	**19.00**	**20923.03**	**1140.22**	**280.05**

6-2 天津能源平衡表(实物量)-2020

项 目	Item	煤合计 (万吨) Coal Total (10^4 tons)	原煤 (万吨) Raw Coal (10^4 tons)
一.可供本地区消费的能源量	**Total Primary Energy Supply**	**3745.28**	**3390.25**
1.一次能源生产量	Indigenous Production		
2.外省(区、市)调入量	Moving in from Other Provinces	4026.83	3013.06
3.进口量	Import	343.19	343.19
4.境内飞机和轮船在境外的加油量	Domestic Airplanes&Ships Refueling Abroad		
5.本省(区、市)调出量(-)	Sending Out to Other Provinces(-)	650.27	
6.出口量(-)	Export(-)	1.24	1.24
7.境外飞机和轮船在境内的加油量(-)	Oversea Airplanes&Ships Refueling Domestically(-)		
8.库存增(-)、减(+)量	Stock Change	26.77	35.24
二.加工转换投入(-)产出(+)量	**Input(-) & Output(+) of Transformation**	**-3140.94**	**-2899.17**
1.火力发电	Thermal Power	-2071.91	-2071.91
2.供热	Heating Supply	-832.87	-827.26
3.煤炭洗选	Coal Washing		
4.炼焦	Coking	-236.16	
5.炼油及煤制油	Petroleum Refining and Coal-to-liquids		
#油品再投入量(-)	Petroleum Products Input (-)		
6.制气	Gas Works		
#再投入量(-)	Input (-)		
7.天然气液化	Natural Gas Liquefaction		
8.煤制品加工	Briquettes		
9.回收能	Recovery of Energy		
三.损失量	**Loss**		
四.终端消费量	**Total Final Consumption**	**604.34**	**491.08**
1.农、林、牧、渔业	Agriculture, Forestry, Animal Husbandry and Fishery	6.60	6.60
2.工业	Industry	562.81	449.55
#用作原料、材料	Non-Energy Use	152.06	152.06
3.建筑业	Construction	2.14	2.14
4.交通运输、仓储和邮政业	Transport, Storage and Post	0.34	0.34
5.批发和零售业、住宿和餐饮业	Wholesale and Retail Trades, Hotels and Catering Services		
6.其他	Others	9.21	9.21
7.居民生活	Residential	23.24	23.24
城镇	Urban	0.68	0.68
乡村	Rural	22.56	22.56
五.平衡差额	**Statistical Difference**		
六.消费量合计	**Total Energy Consumption**	**3745.28**	**3390.25**

Energy Balance of Tianjin (Physical Quantity) -2020

洗精煤 (万吨) Cleaned Coal (10^4 tons)	其他洗煤 (万吨) Other Washed Coal (10^4 tons)	煤制品 (万吨) Briquettes (10^4 tons)	煤矸石 (万吨) Gangue (10^4 tons)	焦炭 (万吨) Coke (10^4 tons)	焦炉煤气 (亿立方米) Coke Oven Gas (10^8 cu.m)	高炉煤气 (亿立方米) Blast Furnace Gas (10^8 cu.m)	转炉煤气 (亿立方米) Converter Gas (10^8 cu.m)	其他煤气 (亿立方米) Other Gas (10^8 cu.m)
236.16	**118.87**			**754.01**	**1.58**	**-10.64**	**0.17**	
240.84	751.71	21.22		759.14	2.68		0.17	
	629.15	21.12		13.90	1.10	10.64		
-4.68	-3.69	-0.10		8.77				
-236.16	**-5.61**			**175.36**	**1.64**	**281.32**	**17.26**	
					-1.83	-65.54	-5.45	
	-5.61				-0.23			
-236.16				175.36	3.70			
						346.86	22.71	
				2.33				
	113.26			**927.04**	**3.22**	**270.68**	**17.43**	
	113.26			927.04	3.22	270.68	17.43	
236.16	**118.87**			**929.37**	**5.28**	**336.22**	**22.88**	

6-2 续表 1

项　目	Item	其他焦化产品 (万吨) Other Coking Products (10^4 tons)	油品合计 (万吨) Petroleum Products Total (10^4 tons)
一.可供本地区消费的能源量	**Total Primary Energy Supply**	**53.27**	**1454.61**
1.一次能源生产量	Indigenous Production		3242.22
2.外省(区、市)调入量	Moving in from Other Provinces	62.33	5917.99
3.进口量	Import		2.00
4.境内飞机和轮船在境外的加油量	Domestic Airplanes&Ships Refueling Abroad		0.18
5.本省(区、市)调出量(-)	Sending Out to Other Provinces(-)	9.62	7741.47
6.出口量(-)	Export(-)		
7.境外飞机和轮船在境内的加油量(-)	Oversea Airplanes&Ships Refueling Domestically(-)		2.70
8.库存增(-)、减(+)量	Stock Change	0.56	36.39
二.加工转换投入(-)产出(+)量	**Input(-) & Output(+) of Transformation**	**9.41**	**-85.40**
1.火力发电	Thermal Power		-35.13
2.供热	Heating Supply		-32.61
3.煤炭洗选	Coal Washing		
4.炼焦	Coking	9.41	
5.炼油及煤制油	Petroleum Refining and Coal-to-liquids		272.88
#油品再投入量(-)	Petroleum Products Input (-)		-289.40
6.制气	Gas Works		-1.14
#再投入量(-)	Input (-)		
7.天然气液化	Natural Gas Liquefaction		
8.煤制品加工	Briquettes		
9.回收能	Recovery of Energy		
三.损失量	**Loss**		**0.08**
四.终端消费量	**Total Final Consumption**	**62.68**	**1369.13**
1.农、林、牧、渔业	Agriculture, Forestry, Animal Husbandry and Fishery		39.41
2.工业	Industry	62.68	655.13
#用作原料、材料	Non-Energy Use	28.68	155.75
3.建筑业	Construction		115.10
4.交通运输、仓储和邮政业	Transport, Storage and Post		237.69
5.批发和零售业、住宿和餐饮业	Wholesale and Retail Trades, Hotels and Catering Services		31.70
6.其他	Others		60.41
7.居民生活	Residential		229.69
城镇	Urban		211.62
乡村	Rural		18.07
五.平衡差额	**Statistical Difference**		
六.消费量合计	**Total Energy Consumption**	**62.68**	**1454.61**

Continued 1

原油 (万吨) Crude Oil (10⁴ tons)	汽油 (万吨) Gasoline (10⁴ tons)	煤油 (万吨) Kerosene (10⁴ tons)	柴油 (万吨) Diesel Oil (10⁴ tons)	燃料油 (万吨) Fuel Oil (10⁴ tons)	石脑油 (万吨) Naphtha (10⁴ tons)	润滑油 (万吨) Lubricants (10⁴ tons)	石蜡 (万吨) Paraffin Waxes (10⁴ tons)	溶剂油 (万吨) White Spirit (10⁴ tons)
1394.16	**4.79**	**-13.50**	**-9.64**	**47.91**	**74.90**	**0.99**	**0.30**	**0.03**
3242.22								
986.23	2006.17	395.57	2212.59	104.04	74.73	14.12	0.30	0.19
		2.00						
		0.18						
2832.80	2002.78	411.64	2242.59	63.50		18.32		0.16
		2.70						
-1.49	1.40	3.09	20.36	7.37	0.17	5.19		
-1384.71	**279.94**	**98.82**	**334.42**	**4.53**	**121.65**			
-16.55			-0.20	-0.04				
			-0.07	-0.07				
-1368.16	279.94	98.82	334.69	4.70	281.57			
				-0.06	-159.92			
				0.02				
9.45	**284.73**	**85.32**	**324.78**	**52.42**	**196.55**	**0.99**	**0.30**	**0.03**
	12.13		26.43			0.85		
9.45	7.92	0.01	32.24	15.53	196.55	0.14	0.30	0.03
					129.40	0.01	0.26	
	15.98	0.03	93.16	5.65				
	15.95	85.26	97.51	28.54				
	11.88	0.01	15.58	1.92				
	14.11	0.01	44.46	0.78				
	206.76		15.40					
	194.38		13.46					
	12.38		1.94					
1394.16	**284.73**	**85.32**	**325.05**	**52.61**	**356.47**	**0.99**	**0.30**	**0.03**

6-2 续表 2

项　目	Item	石油沥青(万吨) Bitumen Asphalt (10^4 tons)	石油焦(万吨) Petroleum Coke (10^4 tons)
一.可供本地区消费的能源量	**Total Primary Energy Supply**	**0.46**	**-4.79**
1.一次能源生产量	Indigenous Production		
2.外省(区、市)调入量	Moving in from Other Provinces	0.38	39.45
3.进口量	Import		
4.境内飞机和轮船在境外的加油量	Domestic Airplanes&Ships Refueling Abroad		
5.本省(区、市)调出量(-)	Sending Out to Other Provinces(-)		44.71
6.出口量(-)	Export(-)		
7.境外飞机和轮船在境内的加油量(-)	Oversea Airplanes&Ships Refueling Domestically(-)		
8.库存增(-)、减(+)量	Stock Change	0.08	0.47
二.加工转换投入(-)产出(+)量	**Input(-) & Output(+) of Transformation**		**51.11**
1.火力发电	Thermal Power		-18.24
2.供热	Heating Supply		-32.28
3.煤炭洗选	Coal Washing		
4.炼焦	Coking		
5.炼油及煤制油	Petroleum Refining and Coal-to-liquids		101.63
#油品再投入量(-)	Petroleum Products Input (-)		
6.制气	Gas Works		
#再投入量(-)	Input (-)		
7.天然气液化	Natural Gas Liquefaction		
8.煤制品加工	Briquettes		
9.回收能	Recovery of Energy		
三.损失量	**Loss**		
四.终端消费量	**Total Final Consumption**	**0.46**	**46.32**
1.农、林、牧、渔业	Agriculture, Forestry, Animal Husbandry and Fishery		
2.工业	Industry	0.46	46.32
#用作原料、材料	Non-Energy Use		
3.建筑业	Construction		
4.交通运输、仓储和邮政业	Transport, Storage and Post		
5.批发和零售业、住宿和餐饮业	Wholesale and Retail Trades, Hotels and Catering Services		
6.其他	Others		
7.居民生活	Residential		
城镇	Urban		
乡村	Rural		
五.平衡差额	**Statistical Difference**		
六.消费量合计	**Total Energy Consumption**	**0.46**	**96.84**

Continued 2

液化石油气 (万吨) Liquefied Petroleum Gas (10^4 tons)	炼厂干气 (万吨) Refinery Gas (10^4 tons)	其他石油制品 (万吨) Other Petroleum Products (10^4 tons)	天然气 (亿立方米) Natural Gas (10^8 cu.m)	液化天然气 (万吨) Liquefied Natural Gas (10^4 tons)	热力 (万百万千焦) Heat (10^{10} kJ)	电力 (亿千瓦时) Electricity (10^8 kW•h)	其他能源 (万吨标准煤) Other Energy (10^4 tce)
7.59		**-48.59**	**117.03**	**16.56**		**229.64**	**239.52**
			36.31			30.57	113.99
14.20		70.02	93.30	52.12		200.78	125.60
6.79		118.18	12.58	35.52		1.71	
0.18		-0.43		-0.04			-0.07
59.00	**44.18**	**305.66**	**-61.37**	**-5.70**	**22738.85**	**743.12**	**-93.76**
	-0.03	-0.07	-36.56		-1417.60	743.12	-60.07
	-0.06	-0.13	-22.83	-5.70	21711.67		-16.87
59.00	47.96	432.73	-0.71				-32.38
	-2.55	-126.87					
	-1.14						15.56
			-1.27				
					2444.78		
0.06			**3.72**	**0.03**		**39.60**	
66.53	**44.18**	**257.07**	**51.94**	**10.83**	**22738.85**	**933.16**	**145.76**
						14.47	
44.93	44.18	257.07	26.93	10.83	9907.55	586.07	136.07
26.08							
0.28			0.23		72.43	14.14	
10.43			3.51		336.22	44.74	0.53
2.31			7.01		432.41	32.29	
1.05			2.12		2176.82	115.35	9.16
7.53			12.14		9813.42	126.10	
3.78			10.29		9813.42	85.74	
3.75			1.85			40.36	
66.59	**47.96**	**384.14**	**117.03**	**16.56**	**24156.45**	**972.76**	**255.08**

6-3 河北能源平衡表(实物量)-2020

项　目	Item	煤合计 (万吨) Coal Total (10^4 tons)	原煤 (万吨) Raw Coal (10^4 tons)
一.可供本地区消费的能源量	**Total Primary Energy Supply**	**28176.87**	**25334.27**
1.一次能源生产量	Indigenous Production	4974.74	4974.74
2.外省(区、市)调入量	Moving in from Other Provinces	31728.88	19386.45
3.进口量	Import	1085.89	1085.89
4.境内飞机和轮船在境外的加油量	Domestic Airplanes&Ships Refueling Abroad		
5.本省(区、市)调出量(-)	Sending Out to Other Provinces(-)	9579.65	124.33
6.出口量(-)	Export(-)	45.07	45.07
7.境外飞机和轮船在境内的加油量(-)	Oversea Airplanes&Ships Refueling Domestically(-)		
8.库存增(-)、减(+)量	Stock Change	12.08	56.59
二.加工转换投入(-)产出(+)量	**Input(-) & Output(+) of Transformation**	**-21354.20**	**-19806.40**
1.火力发电	Thermal Power	-9344.67	-9249.34
2.供热	Heating Supply	-2931.36	-2851.01
3.煤炭洗选	Coal Washing	-1090.15	-5460.98
4.炼焦	Coking	-8018.08	-1835.72
5.炼油及煤制油	Petroleum Refining and Coal-to-liquids		
#油品再投入量(-)	Petroleum Products Input (-)		
6.制气	Gas Works	-27.79	-27.79
#再投入量(-)	Input (-)		
7.天然气液化	Natural Gas Liquefaction		
8.煤制品加工	Briquettes	57.85	-381.56
9.回收能	Recovery of Energy		
三.损失量	**Loss**		
四.终端消费量	**Total Final Consumption**	**6822.67**	**5527.87**
1.农、林、牧、渔业	Agriculture, Forestry, Animal Husbandry and Fishery	24.30	21.91
2.工业	Industry	5703.86	4844.68
#用作原料、材料	Non-Energy Use	386.41	308.68
3.建筑业	Construction	0.76	0.34
4.交通运输、仓储和邮政业	Transport, Storage and Post	0.33	0.33
5.批发和零售业、住宿和餐饮业	Wholesale and Retail Trades, Hotels and Catering Services	73.75	60.22
6.其他	Others	8.03	5.83
7.居民生活	Residential	1011.64	594.56
城镇	Urban	21.87	
乡村	Rural	989.77	594.56
五.平衡差额	**Statistical Difference**		
六.消费量合计	**Total Energy Consumption**	**28176.87**	**25334.27**

Energy Balance of Hebei (Physical Quantity) -2020

洗精煤 (万吨) Cleaned Coal (10^4 tons)	其他洗煤 (万吨) Other Washed Coal (10^4 tons)	煤制品 (万吨) Briquettes (10^4 tons)	煤矸石 (万吨) Gangue (10^4 tons)	焦炭 (万吨) Coke (10^4 tons)	焦炉煤气 (亿立方米) Coke Oven Gas (10^8 cu.m)	高炉煤气 (亿立方米) Blast Furnace Gas (10^8 cu.m)	转炉煤气 (亿立方米) Converter Gas (10^8 cu.m)	其他煤气 (亿立方米) Other Gas (10^8 cu.m)
3853.64	**-1046.30**	**35.26**	**15.35**	**3868.97**				**3.63**
5028.22	6188.87	1125.34	1.64	5055.43				3.63
1113.98	7249.75	1091.59		1132.23				
-60.60	14.58	1.51	13.71	-54.23				
-3853.64	**1864.86**	**440.98**	**20.65**	**5734.37**	**100.85**	**2209.85**	**151.00**	
	-95.33		-278.28		-21.52	-1210.38	-136.00	
	-80.35		-3.48	-5.21	-4.76	-102.40	-4.90	
2328.72	2042.11		302.41					
-6182.36				5740.93	133.08			
					-5.95		-0.07	
	-1.57	440.98		-1.35				
						3522.63	291.97	
	818.56	**476.24**	**36.00**	**9603.34**	**100.85**	**2209.85**	**151.00**	**3.63**
		2.39						
	818.56	40.62	36.00	9603.34	100.85	2209.85	151.00	1.87
	47.94	29.79		0.02	7.97		3.16	
		0.42						
		13.53						
		2.20						
		417.08						1.76
		21.87						
		395.21						1.76
6182.36	**995.81**	**476.24**	**317.76**	**9609.90**	**133.08**	**3522.63**	**291.97**	**3.63**

6-3 续表 1

项　目	Item	其他焦化产品(万吨) Other Coking Products (10^4 tons)	油品合计(万吨) Petroleum Products Total (10^4 tons)
一.可供本地区消费的能源量	**Total Primary Energy Supply**	**-82.12**	**1290.10**
1.一次能源生产量	Indigenous Production		543.51
2.外省(区、市)调入量	Moving in from Other Provinces		1901.78
3.进口量	Import		371.58
4.境内飞机和轮船在境外的加油量	Domestic Airplanes&Ships Refueling Abroad		
5.本省(区、市)调出量(-)	Sending Out to Other Provinces(-)	82.12	1526.47
6.出口量(-)	Export(-)		
7.境外飞机和轮船在境内的加油量(-)	Oversea Airplanes&Ships Refueling Domestically(-)		
8.库存增(-)、减(+)量	Stock Change		-0.30
二.加工转换投入(-)产出(+)量	**Input(-) & Output(+) of Transformation**	**239.55**	**-88.94**
1.火力发电	Thermal Power		-4.41
2.供热	Heating Supply		-7.41
3.煤炭洗选	Coal Washing		
4.炼焦	Coking	239.55	
5.炼油及煤制油	Petroleum Refining and Coal-to-liquids		473.97
#油品再投入量(-)	Petroleum Products Input (-)		-551.09
6.制气	Gas Works		
#再投入量(-)	Input (-)		
7.天然气液化	Natural Gas Liquefaction		
8.煤制品加工	Briquettes		
9.回收能	Recovery of Energy		
三.损失量	**Loss**		
四.终端消费量	**Total Final Consumption**	**157.43**	**1201.16**
1.农、林、牧、渔业	Agriculture, Forestry, Animal Husbandry and Fishery		70.53
2.工业	Industry	157.43	276.12
#用作原料、材料	Non-Energy Use	86.28	234.24
3.建筑业	Construction		70.02
4.交通运输、仓储和邮政业	Transport, Storage and Post		371.00
5.批发和零售业、住宿和餐饮业	Wholesale and Retail Trades, Hotels and Catering Services		39.71
6.其他	Others		18.41
7.居民生活	Residential		355.37
城镇	Urban		198.20
乡村	Rural		157.17
五.平衡差额	**Statistical Difference**		
六.消费量合计	**Total Energy Consumption**	**157.43**	**1290.10**

Continued 1

原油 (万吨) Crude Oil (10^4 tons)	汽油 (万吨) Gasoline (10^4 tons)	煤油 (万吨) Kerosene (10^4 tons)	柴油 (万吨) Diesel Oil (10^4 tons)	燃料油 (万吨) Fuel Oil (10^4 tons)	石脑油 (万吨) Naphtha (10^4 tons)	润滑油 (万吨) Lubricants (10^4 tons)	石蜡 (万吨) Paraffin Waxes (10^4 tons)	溶剂油 (万吨) White Spirit (10^4 tons)
2091.04	**-94.38**	**-76.81**	**-21.57**	**-132.62**	**-98.67**	**-10.01**	**2.51**	**0.30**
543.51								
1222.79	167.68	1.93	70.25	147.65	26.25	0.23	2.40	0.06
371.58								
64.46	264.57	81.97	86.87	280.77	120.11	10.43		
17.62	2.51	3.23	-4.95	0.50	-4.81	0.19	0.11	0.24
-2077.44	**514.51**	**90.45**	**472.31**	**158.87**	**103.14**	**10.61**		
			-1.59	-0.52				
			-0.18	-1.78				
-2077.44	514.51	90.45	474.08	226.12	134.19	10.61		
				-64.95	-31.05			
13.60	**420.13**	**13.64**	**450.74**	**26.25**	**4.47**	**0.60**	**2.51**	**0.30**
			70.53					
13.60	7.02	0.34	32.96	8.26	4.47	0.60	2.51	0.30
	0.03		0.42	0.04	4.47	0.01	2.05	0.07
	22.16		28.90	1.96				
	40.35	13.30	304.22	13.08				
	23.85		10.80	2.95				
	14.96		3.33					
	311.79							
	180.20							
	131.59							
2091.04	**420.13**	**13.64**	**452.51**	**93.50**	**35.52**	**0.60**	**2.51**	**0.30**

6-3 续表 2

项目	Item	石油沥青(万吨) Bitumen Asphalt (10^4 tons)	石油焦(万吨) Petroleum Coke (10^4 tons)
一.可供本地区消费的能源量	**Total Primary Energy Supply**	**-235.27**	**-46.02**
1.一次能源生产量	Indigenous Production		
2.外省(区、市)调入量	Moving in from Other Provinces	35.30	2.67
3.进口量	Import		
4.境内飞机和轮船在境外的加油量	Domestic Airplanes&Ships Refueling Abroad		
5.本省(区、市)调出量(-)	Sending Out to Other Provinces(-)	260.50	52.36
6.出口量(-)	Export(-)		
7.境外飞机和轮船在境内的加油量(-)	Oversea Airplanes&Ships Refueling Domestically(-)		
8.库存增(-)、减(+)量	Stock Change	-10.07	3.67
二.加工转换投入(-)产出(+)量	**Input(-) & Output(+) of Transformation**	**282.64**	**53.49**
1.火力发电	Thermal Power		
2.供热	Heating Supply		
3.煤炭洗选	Coal Washing		
4.炼焦	Coking		
5.炼油及煤制油	Petroleum Refining and Coal-to-liquids	353.39	53.49
#油品再投入量(-)	Petroleum Products Input (-)	-70.75	
6.制气	Gas Works		
#再投入量(-)	Input (-)		
7.天然气液化	Natural Gas Liquefaction		
8.煤制品加工	Briquettes		
9.回收能	Recovery of Energy		
三.损失量	**Loss**		
四.终端消费量	**Total Final Consumption**	**47.37**	**7.47**
1.农、林、牧、渔业	Agriculture, Forestry, Animal Husbandry and Fishery		
2.工业	Industry	30.37	7.47
#用作原料、材料	Non-Energy Use	26.58	6.10
3.建筑业	Construction	17.00	
4.交通运输、仓储和邮政业	Transport, Storage and Post		
5.批发和零售业、住宿和餐饮业	Wholesale and Retail Trades, Hotels and Catering Services		
6.其他	Others		
7.居民生活	Residential		
城镇	Urban		
乡村	Rural		
五.平衡差额	**Statistical Difference**		
六.消费量合计	**Total Energy Consumption**	**118.12**	**7.47**

Continued 2

液化石油气 (万吨) Liquefied Petroleum Gas (10^4 tons)	炼厂干气 (万吨) Refinery Gas (10^4 tons)	其他石油制品 (万吨) Other Petroleum Products (10^4 tons)	天然气 (亿立方米) Natural Gas (10^8 cu.m)	液化天然气 (万吨) Liquefied Natural Gas (10^4 tons)	热力 (万百万千焦) Heat (10^{10} kJ)	电力 (亿千瓦时) Electricity (10^8 kW•h)	其他能源 (万吨标准煤) Other Energy (10^4 tce)
-24.63	**-16.43**	**-47.34**	**153.64**	**143.56**	**-1593.47**	**1251.71**	**472.66**
			5.61			593.35	472.66
91.81		132.76	148.03	148.74		1215.01	
				1.65			
115.94	16.43	172.06		5.68	1593.47	556.64	
-0.50		-8.04		-1.15			
136.52	**63.25**	**102.71**	**-7.22**	**11.09**	**60393.08**	**2831.73**	**-280.65**
	-1.82	-0.48	-1.46		-14801.23	2831.73	-226.96
	-4.81	-0.64	-3.73	-0.68	53110.78		-51.90
166.33	76.03	452.21	-2.54				-15.57
-29.81	-6.15	-348.38					
			2.22				13.78
			-1.71	11.77			
					22083.53		
						213.37	
111.89	**46.82**	**55.37**	**146.42**	**154.65**	**58799.61**	**3870.07**	**192.01**
						124.51	
66.03	46.82	55.37	55.79	53.20	25823.25	2544.20	81.05
61.25		26.11	1.00	0.06			
			0.10		56.90	44.23	
0.05			1.82	101.45	970.23	119.02	
2.11			3.21		3227.58	177.63	
0.12			3.66		6499.00	306.79	
43.58			81.84		22222.65	553.69	110.96
18.00			33.00		20391.90	223.48	110.96
25.58			48.84		1830.75	330.21	
141.70	**59.60**	**404.87**	**154.24**	**155.33**	**73600.84**	**4083.44**	**486.44**

6-4 山西能源平衡表(实物量)-2020

项　目	Item	煤合计 (万吨) Coal Total (10^4 tons)	原煤 (万吨) Raw Coal (10^4 tons)
一.可供本地区消费的能源量	**Total Primary Energy Supply**	**53739.03**	**104183.97**
1.一次能源生产量	Indigenous Production	107905.72	107905.72
2.外省(区、市)调入量	Moving in from Other Provinces	8907.59	4121.15
3.进口量	Import		
4.境内飞机和轮船在境外的加油量	Domestic Airplanes&Ships Refueling Abroad		
5.本省(区、市)调出量(-)	Sending Out to Other Provinces(-)	62093.36	7695.11
6.出口量(-)	Export(-)		
7.境外飞机和轮船在境内的加油量(-)	Oversea Airplanes&Ships Refueling Domestically(-)		
8.库存增(-)、减(+)量	Stock Change	-980.92	-147.79
二.加工转换投入(-)产出(+)量	**Input(-) & Output(+) of Transformation**	**-48956.41**	**-99914.57**
1.火力发电	Thermal Power	-14495.94	-11823.91
2.供热	Heating Supply	-2776.18	-2210.93
3.煤炭洗选	Coal Washing	-17553.16	-85414.35
4.炼焦	Coking	-13842.30	-1.34
5.炼油及煤制油	Petroleum Refining and Coal-to-liquids	-151.33	-151.33
#油品再投入量(-)	Petroleum Products Input (-)		
6.制气	Gas Works	-96.56	-96.56
#再投入量(-)	Input (-)		
7.天然气液化	Natural Gas Liquefaction		
8.煤制品加工	Briquettes	-40.94	-216.15
9.回收能	Recovery of Energy		
三.损失量	**Loss**		
四.终端消费量	**Total Final Consumption**	**4782.62**	**4269.40**
1.农、林、牧、渔业	Agriculture, Forestry, Animal Husbandry and Fishery	114.55	114.55
2.工业	Industry	4028.12	3528.10
#用作原料、材料	Non-Energy Use	1271.24	1160.69
3.建筑业	Construction	2.24	2.24
4.交通运输、仓储和邮政业	Transport, Storage and Post	6.80	6.80
5.批发和零售业、住宿和餐饮业	Wholesale and Retail Trades, Hotels and Catering Services	134.18	134.18
6.其他	Others	124.00	124.00
7.居民生活	Residential	372.73	359.53
城镇	Urban	56.82	52.80
乡村	Rural	315.91	306.73
五.平衡差额	**Statistical Difference**		
六.消费量合计	**Total Energy Consumption**	**53739.03**	**104183.97**

Energy Balance of Shanxi (Physical Quantity) -2020

洗精煤 (万吨) Cleaned Coal (10^4 tons)	其他洗煤 (万吨) Other Washed Coal (10^4 tons)	煤制品 (万吨) Briquettes (10^4 tons)	煤矸石 (万吨) Gangue (10^4 tons)	焦炭 (万吨) Coke (10^4 tons)	焦炉煤气 (亿立方米) Coke Oven Gas (10^8 cu.m)	高炉煤气 (亿立方米) Blast Furnace Gas (10^8 cu.m)	转炉煤气 (亿立方米) Converter Gas (10^8 cu.m)	其他煤气 (亿立方米) Other Gas (10^8 cu.m)
-9736.18	**-40551.02**	**-157.74**		**-7794.71**				
2106.45	2663.10	16.89		509.45				
11412.77	42815.48	170.00		8303.93				
-429.86	-398.64	-4.63		-0.23				
9736.18	**41034.21**	**187.77**	**98.42**	**10493.70**	**170.23**	**603.01**	**43.45**	**19.87**
	-2672.03		-584.06		-46.12	-137.43	-11.27	-1.96
	-565.25		-202.74		-0.98	-9.12	-0.61	
23577.14	44284.05		885.22					
-13840.96				10493.70	226.42			
					-9.09			21.83
	-12.56	187.77						
						749.56	55.33	
	483.19	**30.03**	**98.42**	**2698.99**	**170.23**	**603.01**	**43.45**	**19.87**
	483.19	16.83	98.42	2698.99	170.23	603.01	43.45	12.53
	104.18	6.37		7.81	42.56			
								0.02
								0.59
		13.20						6.73
		4.02						4.84
		9.18						1.89
13840.96	**3733.03**	**30.03**	**885.22**	**2698.99**	**226.42**	**749.56**	**55.33**	**21.83**

6-4 续表 1

项　目	Item	其他焦化产品 (万吨) Other Coking Products (10^4 tons)	油品合计 (万吨) Petroleum Products Total (10^4 tons)
一.可供本地区消费的能源量	**Total Primary Energy Supply**	**-44.36**	**563.26**
1.一次能源生产量	Indigenous Production		
2.外省(区、市)调入量	Moving in from Other Provinces	31.79	686.64
3.进口量	Import		
4.境内飞机和轮船在境外的加油量	Domestic Airplanes&Ships Refueling Abroad		
5.本省(区、市)调出量(-)	Sending Out to Other Provinces(-)	71.08	125.90
6.出口量(-)	Export(-)		
7.境外飞机和轮船在境内的加油量(-)	Oversea Airplanes&Ships Refueling Domestically(-)		
8.库存增(-)、减(+)量	Stock Change	-5.07	2.52
二.加工转换投入(-)产出(+)量	**Input(-) & Output(+) of Transformation**	**359.88**	**128.43**
1.火力发电	Thermal Power		-0.80
2.供热	Heating Supply		-0.03
3.煤炭洗选	Coal Washing		
4.炼焦	Coking	453.91	
5.炼油及煤制油	Petroleum Refining and Coal-to-liquids	-94.03	129.26
#油品再投入量(-)	Petroleum Products Input (-)		
6.制气	Gas Works		
#再投入量(-)	Input (-)		
7.天然气液化	Natural Gas Liquefaction		
8.煤制品加工	Briquettes		
9.回收能	Recovery of Energy		
三.损失量	**Loss**		
四.终端消费量	**Total Final Consumption**	**315.52**	**691.69**
1.农、林、牧、渔业	Agriculture, Forestry, Animal Husbandry and Fishery		55.40
2.工业	Industry	315.52	95.77
#用作原料、材料	Non-Energy Use	64.68	11.83
3.建筑业	Construction		61.60
4.交通运输、仓储和邮政业	Transport, Storage and Post		406.16
5.批发和零售业、住宿和餐饮业	Wholesale and Retail Trades, Hotels and Catering Services		13.11
6.其他	Others		17.83
7.居民生活	Residential		41.82
城镇	Urban		21.99
乡村	Rural		19.83
五.平衡差额	**Statistical Difference**		
六.消费量合计	**Total Energy Consumption**	**409.55**	**563.26**

Continued 1

原油 (万吨) Crude Oil (10^4 tons)	汽油 (万吨) Gasoline (10^4 tons)	煤油 (万吨) Kerosene (10^4 tons)	柴油 (万吨) Diesel Oil (10^4 tons)	燃料油 (万吨) Fuel Oil (10^4 tons)	石脑油 (万吨) Naphtha (10^4 tons)	润滑油 (万吨) Lubricants (10^4 tons)	石蜡 (万吨) Paraffin Waxes (10^4 tons)	溶剂油 (万吨) White Spirit (10^4 tons)
	227.24	**40.31**	**384.27**	**0.97**	**-10.74**	**-4.59**	**-0.94**	
	231.47	40.17	381.10	0.89		4.79	0.48	
	4.21		0.71		11.34	9.49	1.70	
	-0.02	0.14	3.88	0.08	0.60	0.11	0.28	
			14.29	**-0.12**	**10.74**	**5.60**	**2.29**	
			-0.69	-0.11				
			-0.02	-0.01				
			15.00		10.74	5.60	2.29	
	227.24	**40.31**	**398.57**	**0.85**		**1.01**	**1.35**	
	15.10		40.30					
	6.61	0.32	70.14	0.85		1.01	1.35	
	0.02	0.02	1.35			0.07	0.28	
	13.97	0.83	46.72					
	135.88	38.90	231.38					
	6.78	0.26	6.03					
	15.34		2.22					
	33.56		1.77					
	18.41		0.26					
	15.15		1.51					
	227.24	**40.31**	**399.28**	**0.97**		**1.01**	**1.35**	

6-4 续表 2

项　目	Item	石油沥青(万吨) Bitumen Asphalt (10^4 tons)	石油焦(万吨) Petroleum Coke (10^4 tons)
一.可供本地区消费的能源量	**Total Primary Energy Supply**	**-48.46**	**8.10**
1.一次能源生产量	Indigenous Production		
2.外省(区、市)调入量	Moving in from Other Provinces	5.99	17.88
3.进口量	Import		
4.境内飞机和轮船在境外的加油量	Domestic Airplanes&Ships Refueling Abroad		
5.本省(区、市)调出量(-)	Sending Out to Other Provinces(-)	53.51	8.36
6.出口量(-)	Export(-)		
7.境外飞机和轮船在境内的加油量(-)	Oversea Airplanes&Ships Refueling Domestically(-)		
8.库存增(-)、减(+)量	Stock Change	-0.94	-1.42
二.加工转换投入(-)产出(+)量	**Input(-) & Output(+) of Transformation**	**55.51**	
1.火力发电	Thermal Power		
2.供热	Heating Supply		
3.煤炭洗选	Coal Washing		
4.炼焦	Coking		
5.炼油及煤制油	Petroleum Refining and Coal-to-liquids	55.51	
#油品再投入量(-)	Petroleum Products Input (-)		
6.制气	Gas Works		
#再投入量(-)	Input (-)		
7.天然气液化	Natural Gas Liquefaction		
8.煤制品加工	Briquettes		
9.回收能	Recovery of Energy		
三.损失量	**Loss**		
四.终端消费量	**Total Final Consumption**	**7.05**	**8.10**
1.农、林、牧、渔业	Agriculture, Forestry, Animal Husbandry and Fishery		
2.工业	Industry	7.05	8.10
#用作原料、材料	Non-Energy Use	4.58	5.46
3.建筑业	Construction		
4.交通运输、仓储和邮政业	Transport, Storage and Post		
5.批发和零售业、住宿和餐饮业	Wholesale and Retail Trades, Hotels and Catering Services		
6.其他	Others		
7.居民生活	Residential		
城镇	Urban		
乡村	Rural		
五.平衡差额	**Statistical Difference**		
六.消费量合计	**Total Energy Consumption**	**7.05**	**8.10**

Continued 2

液化石油气 (万吨) Liquefied Petroleum Gas (10^4 tons)	炼厂干气 (万吨) Refinery Gas (10^4 tons)	其他石油制品 (万吨) Other Petroleum Products (10^4 tons)	天然气 (亿立方米) Natural Gas (10^8 cu.m)	液化天然气 (万吨) Liquefied Natural Gas (10^4 tons)	热力 (万百万千焦) Heat (10^{10} kJ)	电力 (亿千瓦时) Electricity (10^8 kW•h)	其他能源 (万吨标准煤) Other Energy (10^4 tce)
-8.16		**-24.74**	**109.50**	**-135.63**		**-582.58**	**127.94**
			85.93			471.04	130.58
3.87			26.18	13.01		312.42	
11.50		25.08	0.70	151.91		1366.04	
-0.53		0.34	-1.91	3.27			-2.64
15.24		**24.88**	**-45.55**	**145.09**	**30989.68**	**3032.50**	**-111.12**
			-22.19		-8517.54	3032.50	-101.05
			-5.21	-0.08	31312.23		-10.07
15.24		24.88					
			3.94				
			-22.09	145.17			
					8194.99		
						106.43	
7.08		**0.14**	**63.95**	**9.46**	**30989.68**	**2343.49**	**16.82**
						47.52	
0.20		0.14	28.26	8.13	16417.32	1782.40	16.82
		0.05	0.18	0.12			
0.08			0.12	0.17	31.49	24.90	
			9.96	0.20	560.28	82.22	
0.04			5.08	0.96	726.79	58.60	
0.27			4.88		1373.80	117.43	
6.49			15.65		11880.00	230.42	
3.32			11.11		11880.00	137.67	
3.17			4.54			92.75	
7.08		**0.14**	**93.41**	**9.54**	**39507.22**	**2449.92**	**127.94**

6-5 内蒙古能源平衡表(实物量)-2020

项 目	Item	煤合计 (万吨) Coal Total (10^4 tons)	原煤 (万吨) Raw Coal (10^4 tons)
一.可供本地区消费的能源量	**Total Primary Energy Supply**	**51818.89**	**58105.54**
1.一次能源生产量	Indigenous Production	102550.86	102550.86
2.外省(区、市)调入量	Moving in from Other Provinces	4598.27	3068.63
3.进口量	Import	2758.19	2758.19
4.境内飞机和轮船在境外的加油量	Domestic Airplanes&Ships Refueling Abroad		
5.本省(区、市)调出量(-)	Sending Out to Other Provinces(-)	57862.38	50100.71
6.出口量(-)	Export(-)		
7.境外飞机和轮船在境内的加油量(-)	Oversea Airplanes&Ships Refueling Domestically(-)		
8.库存增(-)、减(+)量	Stock Change	-226.05	-171.42
二.加工转换投入(-)产出(+)量	**Input(-) & Output(+) of Transformation**	**-43163.27**	**-49932.22**
1.火力发电	Thermal Power	-27629.97	-27629.97
2.供热	Heating Supply	-4409.44	-4409.44
3.煤炭洗选	Coal Washing	-3642.62	-16290.94
4.炼焦	Coking	-5980.09	-231.92
5.炼油及煤制油	Petroleum Refining and Coal-to-liquids	-851.94	-718.93
#油品再投入量(-)	Petroleum Products Input (-)		
6.制气	Gas Works	-647.42	-647.42
#再投入量(-)	Input (-)		
7.天然气液化	Natural Gas Liquefaction		
8.煤制品加工	Briquettes	-1.79	-3.60
9.回收能	Recovery of Energy		
三.损失量	**Loss**		
四.终端消费量	**Total Final Consumption**	**8655.62**	**8173.32**
1.农、林、牧、渔业	Agriculture, Forestry, Animal Husbandry and Fishery	153.77	89.73
2.工业	Industry	7194.80	6972.46
#用作原料、材料	Non-Energy Use	3308.36	3244.81
3.建筑业	Construction	183.83	157.80
4.交通运输、仓储和邮政业	Transport, Storage and Post	197.57	137.29
5.批发和零售业、住宿和餐饮业	Wholesale and Retail Trades, Hotels and Catering Services	367.35	312.31
6.其他	Others	206.70	185.17
7.居民生活	Residential	351.59	318.57
城镇	Urban	48.53	42.14
乡村	Rural	303.06	276.42
五.平衡差额	**Statistical Difference**		
六.消费量合计	**Total Energy Consumption**	**51818.89**	**58105.54**

Energy Balance of Inner Mongolia (Physical Quantity) -2020

洗精煤 (万吨) Cleaned Coal (10^4 tons)	其他洗煤 (万吨) Other Washed Coal (10^4 tons)	煤制品 (万吨) Briquettes (10^4 tons)	煤矸石 (万吨) Gangue (10^4 tons)	焦炭 (万吨) Coke (10^4 tons)	焦炉煤气 (亿立方米) Coke Oven Gas (10^8 cu.m)	高炉煤气 (亿立方米) Blast Furnace Gas (10^8 cu.m)	转炉煤气 (亿立方米) Converter Gas (10^8 cu.m)	其他煤气 (亿立方米) Other Gas (10^8 cu.m)
-30.41	**-6259.43**	**3.19**	**12.94**	**-1671.41**	**-0.27**			**0.99**
1413.34	100.29	16.01		945.24				0.99
				0.85				
1416.51	6337.03	8.13		2589.00	0.27			
				0.98				
-27.24	-22.70	-4.69	12.94	-27.51				
30.61	**6736.53**	**1.81**	**-12.94**	**4288.58**	**62.86**	**236.85**	**26.07**	
			-370.62		-4.27	-130.76	-5.59	
			-45.02		-1.38	-24.59	-2.92	
5778.78	6869.54		402.70					
-5748.17				4288.58	75.21			
	-133.01							
					-6.70			
		1.81						
						392.20	34.58	
								0.02
0.20	**477.10**	**5.00**		**2617.17**	**62.59**	**236.85**	**26.07**	**0.97**
	64.04			19.21				
	217.34	5.00		2597.96	62.59	236.85	26.07	0.43
	63.55			476.92	11.29			0.02
	26.03							
0.20	60.08							
	55.04							
	21.53							
	33.02							0.54
	6.38							0.51
	26.64							0.03
5748.37	**610.11**	**5.00**	**415.64**	**2617.17**	**74.94**	**392.20**	**34.58**	**0.99**

6-5 续表 1

项　　目	Item	其他焦化产品 (万吨) Other Coking Products (10^4 tons)	油品合计 (万吨) Petroleum Products Total (10^4 tons)
一.可供本地区消费的能源量	**Total Primary Energy Supply**	**198.68**	**928.00**
1.一次能源生产量	Indigenous Production		13.60
2.外省(区、市)调入量	Moving in from Other Provinces	246.14	1294.50
3.进口量	Import		217.07
4.境内飞机和轮船在境外的加油量	Domestic Airplanes&Ships Refueling Abroad		
5.本省(区、市)调出量(-)	Sending Out to Other Provinces(-)	18.41	590.65
6.出口量(-)	Export(-)		0.19
7.境外飞机和轮船在境内的加油量(-)	Oversea Airplanes&Ships Refueling Domestically(-)		0.07
8.库存增(-)、减(+)量	Stock Change	-29.06	-6.27
二.加工转换投入(-)产出(+)量	**Input(-) & Output(+) of Transformation**	**192.25**	**247.09**
1.火力发电	Thermal Power		-1.44
2.供热	Heating Supply		-0.11
3.煤炭洗选	Coal Washing		
4.炼焦	Coking	220.33	
5.炼油及煤制油	Petroleum Refining and Coal-to-liquids	-28.08	255.52
#油品再投入量(-)	Petroleum Products Input (-)		-6.88
6.制气	Gas Works		
#再投入量(-)	Input (-)		
7.天然气液化	Natural Gas Liquefaction		
8.煤制品加工	Briquettes		
9.回收能	Recovery of Energy		
三.损失量	**Loss**		**0.24**
四.终端消费量	**Total Final Consumption**	**390.93**	**1174.85**
1.农、林、牧、渔业	Agriculture, Forestry, Animal Husbandry and Fishery		72.54
2.工业	Industry	390.93	233.36
#用作原料、材料	Non-Energy Use	3.54	50.37
3.建筑业	Construction		204.06
4.交通运输、仓储和邮政业	Transport, Storage and Post		346.22
5.批发和零售业、住宿和餐饮业	Wholesale and Retail Trades, Hotels and Catering Services		21.95
6.其他	Others		119.29
7.居民生活	Residential		177.43
城镇	Urban		96.56
乡村	Rural		80.87
五.平衡差额	**Statistical Difference**		
六.消费量合计	**Total Energy Consumption**	**419.01**	**928.00**

Continued 1

原油 (万吨) Crude Oil (10^4 tons)	汽油 (万吨) Gasoline (10^4 tons)	煤油 (万吨) Kerosene (10^4 tons)	柴油 (万吨) Diesel Oil (10^4 tons)	燃料油 (万吨) Fuel Oil (10^4 tons)	石脑油 (万吨) Naphtha (10^4 tons)	润滑油 (万吨) Lubricants (10^4 tons)	石蜡 (万吨) Paraffin Waxes (10^4 tons)	溶剂油 (万吨) White Spirit (10^4 tons)
414.72	**197.94**	**17.82**	**275.85**	**-6.14**	**-28.71**	**0.82**	**-83.57**	**0.01**
13.60								
487.54	272.80	20.33	316.23	0.12		10.84		0.01
206.16						10.64		
290.35	76.85	2.42	35.91	6.27	28.35	20.85	82.94	
			0.15			0.02	0.02	
		0.07						
-2.24	1.99	-0.03	-4.32	0.01	-0.36	0.21	-0.61	
-409.51	**167.02**	**16.55**	**166.98**	**7.55**	**28.71**		**83.57**	
			-1.31	-0.13				
			-0.11					
-409.51	167.02	16.55	168.40	7.68	28.71		83.57	
5.21	**364.96**	**34.37**	**442.83**	**1.41**		**0.82**		**0.01**
	8.52		64.02					
5.21	1.29	0.17	98.87	1.39		0.82		0.01
	0.03	0.12	8.35	0.22				
	11.27		20.44					
	178.02	34.20	133.96	0.02				
	10.37		8.43					
	63.22		54.85					
	92.26		62.27					
	62.55		18.91					
	29.71		43.36					
414.72	**364.96**	**34.37**	**444.25**	**1.54**		**0.82**		**0.01**

6-5 续表 2

项　目	Item	石油沥青(万吨) Bitumen Asphalt (10^4 tons)	石油焦(万吨) Petroleum Coke (10^4 tons)
一.可供本地区消费的能源量	**Total Primary Energy Supply**	**74.52**	**87.39**
1.一次能源生产量	Indigenous Production		
2.外省(区、市)调入量	Moving in from Other Provinces	82.84	87.07
3.进口量	Import	0.01	0.12
4.境内飞机和轮船在境外的加油量	Domestic Airplanes&Ships Refueling Abroad		
5.本省(区、市)调出量(-)	Sending Out to Other Provinces(-)	8.11	
6.出口量(-)	Export(-)		
7.境外飞机和轮船在境内的加油量(-)	Oversea Airplanes&Ships Refueling Domestically(-)		
8.库存增(-)、减(+)量	Stock Change	-0.23	0.21
二.加工转换投入(-)产出(+)量	**Input(-) & Output(+) of Transformation**	**73.40**	
1.火力发电	Thermal Power		
2.供热	Heating Supply		
3.煤炭洗选	Coal Washing		
4.炼焦	Coking		
5.炼油及煤制油	Petroleum Refining and Coal-to-liquids	73.40	
#油品再投入量(-)	Petroleum Products Input (-)		
6.制气	Gas Works		
#再投入量(-)	Input (-)		
7.天然气液化	Natural Gas Liquefaction		
8.煤制品加工	Briquettes		
9.回收能	Recovery of Energy		
三.损失量	**Loss**		
四.终端消费量	**Total Final Consumption**	**147.92**	**87.39**
1.农、林、牧、渔业	Agriculture, Forestry, Animal Husbandry and Fishery		
2.工业	Industry	8.39	87.39
#用作原料、材料	Non-Energy Use	1.14	17.89
3.建筑业	Construction	139.53	
4.交通运输、仓储和邮政业	Transport, Storage and Post		
5.批发和零售业、住宿和餐饮业	Wholesale and Retail Trades, Hotels and Catering Services		
6.其他	Others		
7.居民生活	Residential		
城镇	Urban		
乡村	Rural		
五.平衡差额	**Statistical Difference**		
六.消费量合计	**Total Energy Consumption**	**147.92**	**87.39**

Continued 2

液化石油气 (万吨) Liquefied Petroleum Gas (10^4 tons)	炼厂干气 (万吨) Refinery Gas (10^4 tons)	其他石油制品 (万吨) Other Petroleum Products (10^4 tons)	天然气 (亿立方米) Natural Gas (10^8 cu.m)	液化天然气 (万吨) Liquefied Natural Gas (10^4 tons)	热力 (万百万千焦) Heat (10^{10} kJ)	电力 (亿千瓦时) Electricity (10^8 kW•h)	其他能源 (万吨标准煤) Other Energy (10^4 tce)
0.82		**-23.47**	**96.68**	**-273.42**	**-78.25**	**-841.97**	**40.32**
			25.55			969.77	
1.41		15.30	83.04	9.97		258.09	41.11
0.14							
0.65		37.95	11.87	283.30	78.25	2055.94	
						13.89	
-0.08		-0.82	-0.03	-0.10			-0.79
56.27		**56.55**	**-31.88**	**348.54**	**60497.19**	**4840.16**	**-38.34**
			-0.01	-0.01	-6773.25	4841.20	-38.33
			-1.78		57750.26	-1.04	-0.01
56.27		63.43					
		-6.88					
			21.32				
			-51.41	348.55			
					9520.18		
0.24			**0.12**			**94.66**	
56.85		**33.08**	**64.68**	**75.12**	**60418.94**	**3903.53**	**1.98**
					38.14	62.87	
29.56		0.26	49.22	47.79	21467.29	3413.38	1.31
22.63			9.91	0.15			0.06
		32.82			229.92	14.22	
0.01			9.99	27.33	373.55	49.20	0.67
3.15			0.84		2526.78	55.45	
1.22			0.77		4646.22	154.27	
22.90			3.86		31137.04	154.14	
15.10			3.82		31137.04	109.06	
7.80			0.04			45.08	
57.09		**39.96**	**69.90**	**75.13**	**67192.19**	**3999.23**	**40.32**

6-6 辽宁能源平衡表(实物量)-2020

项目	Item	煤合计 (万吨) Coal Total (10^4 tons)	原煤 (万吨) Raw Coal (10^4 tons)
一.可供本地区消费的能源量	**Total Primary Energy Supply**	**19068.00**	**16463.79**
1.一次能源生产量	Indigenous Production	3128.83	3128.83
2.外省(区、市)调入量	Moving in from Other Provinces	17127.38	13644.24
3.进口量	Import	950.84	950.84
4.境内飞机和轮船在境外的加油量	Domestic Airplanes&Ships Refueling Abroad		
5.本省(区、市)调出量(-)	Sending Out to Other Provinces(-)	2140.74	1234.97
6.出口量(-)	Export(-)		
7.境外飞机和轮船在境内的加油量(-)	Oversea Airplanes&Ships Refueling Domestically(-)		
8.库存增(-)、减(+)量	Stock Change	1.69	-25.15
二.加工转换投入(-)产出(+)量	**Input(-) & Output(+) of Transformation**	**-15556.34**	**-13455.69**
1.火力发电	Thermal Power	-6614.24	-6612.48
2.供热	Heating Supply	-4675.32	-4628.89
3.煤炭洗选	Coal Washing	-646.76	-1730.87
4.炼焦	Coking	-3147.81	
5.炼油及煤制油	Petroleum Refining and Coal-to-liquids		
#油品再投入量(-)	Petroleum Products Input (-)		
6.制气	Gas Works	-472.23	-472.23
#再投入量(-)	Input (-)		
7.天然气液化	Natural Gas Liquefaction		
8.煤制品加工	Briquettes	0.02	-11.22
9.回收能	Recovery of Energy		
三.损失量	**Loss**		
四.终端消费量	**Total Final Consumption**	**3511.66**	**3008.09**
1.农、林、牧、渔业	Agriculture, Forestry, Animal Husbandry and Fishery	20.70	20.70
2.工业	Industry	3016.31	2835.50
#用作原料、材料	Non-Energy Use	123.25	123.23
3.建筑业	Construction	0.33	0.33
4.交通运输、仓储和邮政业	Transport, Storage and Post	8.73	8.50
5.批发和零售业、住宿和餐饮业	Wholesale and Retail Trades, Hotels and Catering Services	0.03	0.03
6.其他	Others	90.59	0.74
7.居民生活	Residential	374.97	142.29
城镇	Urban	90.91	53.64
乡村	Rural	284.06	88.65
五.平衡差额	**Statistical Difference**	**0.01**	
六.消费量合计	**Total Energy Consumption**	**19068.00**	**16463.78**

Energy Balance of Liaoning (Physical Quantity) -2020

洗精煤 (万吨) Cleaned Coal (10^4 tons)	其他洗煤 (万吨) Other Washed Coal (10^4 tons)	煤制品 (万吨) Briquettes (10^4 tons)	煤矸石 (万吨) Gangue (10^4 tons)	焦炭 (万吨) Coke (10^4 tons)	焦炉煤气 (亿立方米) Coke Oven Gas (10^8 cu.m)	高炉煤气 (亿立方米) Blast Furnace Gas (10^8 cu.m)	转炉煤气 (亿立方米) Converter Gas (10^8 cu.m)	其他煤气 (亿立方米) Other Gas (10^8 cu.m)
2923.58	**-328.61**	**9.25**	**95.51**	**1199.71**				
3107.82	357.94	17.39	128.49	1399.57				
214.66	688.10	3.01		145.07				
				2.18				
30.42	1.55	-5.13	-32.98	-52.61				
-2923.58	**809.24**	**13.69**	**-91.65**	**2296.21**	**62.86**	**797.87**	**61.85**	**1.88**
	-1.76		-63.52		-15.52	-275.71	-16.84	
	-46.13	-0.30	-28.13		-7.15	-71.06	-5.54	
224.23	859.88							
-3147.81				2297.07	85.53			
								1.88
				-0.86				
	-2.75	13.99						
						1144.64	84.23	
	480.63	**22.94**	**3.86**	**3495.92**	**62.86**	**797.87**	**61.85**	**1.88**
	173.41	7.39	3.86	3495.92	62.86	797.87	61.85	0.31
	0.02			8.50	1.25	0.24		
	0.23							0.03
								0.02
	89.85							
	217.14	15.55						1.51
	30.80	6.47						1.51
	186.33	9.07						0.01
3147.81	**531.27**	**23.24**	**95.51**	**3496.78**	**85.53**	**1144.64**	**84.23**	**1.88**

6-6 续表 1

项　目	Item	其他焦化产品(万吨) Other Coking Products (10^4 tons)	油品合计(万吨) Petroleum Products Total (10^4 tons)
一.可供本地区消费的能源量	**Total Primary Energy Supply**	**-34.88**	**5239.97**
1.一次能源生产量	Indigenous Production		1049.37
2.外省(区、市)调入量	Moving in from Other Provinces		7476.62
3.进口量	Import		5056.02
4.境内飞机和轮船在境外的加油量	Domestic Airplanes&Ships Refueling Abroad		43.66
5.本省(区、市)调出量(-)	Sending Out to Other Provinces(-)	91.18	8134.15
6.出口量(-)	Export(-)		11.43
7.境外飞机和轮船在境内的加油量(-)	Oversea Airplanes&Ships Refueling Domestically(-)		70.35
8.库存增(-)、减(+)量	Stock Change	56.30	-169.77
二.加工转换投入(-)产出(+)量	**Input(-) & Output(+) of Transformation**	**105.59**	**-429.88**
1.火力发电	Thermal Power		-5.59
2.供热	Heating Supply		-25.04
3.煤炭洗选	Coal Washing		
4.炼焦	Coking	105.59	
5.炼油及煤制油	Petroleum Refining and Coal-to-liquids		2483.44
#油品再投入量(-)	Petroleum Products Input (-)		-2878.97
6.制气	Gas Works		-3.72
#再投入量(-)	Input (-)		
7.天然气液化	Natural Gas Liquefaction		
8.煤制品加工	Briquettes		
9.回收能	Recovery of Energy		
三.损失量	**Loss**		
四.终端消费量	**Total Final Consumption**	**70.71**	**4810.09**
1.农、林、牧、渔业	Agriculture, Forestry, Animal Husbandry and Fishery		142.14
2.工业	Industry	70.71	2653.41
#用作原料、材料	Non-Energy Use	29.97	1620.80
3.建筑业	Construction		141.77
4.交通运输、仓储和邮政业	Transport, Storage and Post		1138.79
5.批发和零售业、住宿和餐饮业	Wholesale and Retail Trades, Hotels and Catering Services		39.86
6.其他	Others		319.59
7.居民生活	Residential		374.54
城镇	Urban		305.87
乡村	Rural		68.67
五.平衡差额	**Statistical Difference**		
六.消费量合计	**Total Energy Consumption**	**70.71**	**5239.97**

Continued 1

原油(万吨) Crude Oil (10^4 tons)	汽油(万吨) Gasoline (10^4 tons)	煤油(万吨) Kerosene (10^4 tons)	柴油(万吨) Diesel Oil (10^4 tons)	燃料油(万吨) Fuel Oil (10^4 tons)	石脑油(万吨) Naphtha (10^4 tons)	润滑油(万吨) Lubricants (10^4 tons)	石蜡(万吨) Paraffin Waxes (10^4 tons)	溶剂油(万吨) White Spirit (10^4 tons)
10289.53	**-969.50**	**-375.97**	**-1216.01**	**-118.36**	**283.48**	**-8.78**	**-61.56**	**0.25**
1049.37								
4988.04	997.10	95.38	597.03	167.99	277.10	18.07	0.91	0.26
4957.13			12.97		85.92			
		34.94		8.72				
582.05	1985.90	476.07	1814.20	250.66	89.97	23.29	63.03	
		5.43	6.00					
		18.35	2.00	50.00				
-122.96	19.30	-6.44	-3.81	5.59	10.43	-3.56	0.56	-0.01
-10276.29	**1766.89**	**409.48**	**2222.61**	**264.73**	**518.73**	**11.36**	**83.06**	
			-0.34	-4.03				
			-0.15	-18.61				
-10276.29	1766.89	409.48	2223.10	331.12	643.47	11.36	83.06	
				-43.75	-124.74			
13.24	**797.39**	**33.51**	**1006.61**	**146.37**	**802.21**	**2.58**	**21.50**	**0.25**
	59.16		82.98					
13.24	13.28	9.36	72.95	36.07	802.21	2.58	21.50	0.25
	0.02	0.62	0.17		670.48	0.45	1.52	0.07
	1.03		5.00	0.97				
	223.96	24.15	674.54	109.34				
	15.20		8.15					
	142.64		160.85					
	342.12		2.15					
	286.42							
	55.71		2.15					
10289.53	**797.39**	**33.51**	**1007.10**	**212.76**	**926.95**	**2.58**	**21.50**	**0.25**

6-6 续表 2

项　目	Item	石油沥青 (万吨) Bitumen Asphalt (10^4 tons)	石油焦 (万吨) Petroleum Coke (10^4 tons)
一.可供本地区消费的能源量	**Total Primary Energy Supply**	**-544.68**	**-152.85**
1.一次能源生产量	Indigenous Production		
2.外省(区、市)调入量	Moving in from Other Provinces	90.78	41.30
3.进口量	Import		
4.境内飞机和轮船在境外的加油量	Domestic Airplanes&Ships Refueling Abroad		
5.本省(区、市)调出量(-)	Sending Out to Other Provinces(-)	654.74	203.38
6.出口量(-)	Export(-)		
7.境外飞机和轮船在境内的加油量(-)	Oversea Airplanes&Ships Refueling Domestically(-)		
8.库存增(-)、减(+)量	Stock Change	19.28	9.23
二.加工转换投入(-)产出(+)量	**Input(-) & Output(+) of Transformation**	**794.92**	**340.62**
1.火力发电	Thermal Power	-0.43	
2.供热	Heating Supply		-0.60
3.煤炭洗选	Coal Washing		
4.炼焦	Coking		
5.炼油及煤制油	Petroleum Refining and Coal-to-liquids	965.92	341.22
#油品再投入量(-)	Petroleum Products Input (-)	-170.57	
6.制气	Gas Works		
#再投入量(-)	Input (-)		
7.天然气液化	Natural Gas Liquefaction		
8.煤制品加工	Briquettes		
9.回收能	Recovery of Energy		
三.损失量	**Loss**		
四.终端消费量	**Total Final Consumption**	**250.24**	**187.77**
1.农、林、牧、渔业	Agriculture, Forestry, Animal Husbandry and Fishery		
2.工业	Industry	18.54	187.77
#用作原料、材料	Non-Energy Use	14.22	62.46
3.建筑业	Construction	134.76	
4.交通运输、仓储和邮政业	Transport, Storage and Post	96.94	
5.批发和零售业、住宿和餐饮业	Wholesale and Retail Trades, Hotels and Catering Services		
6.其他	Others		
7.居民生活	Residential		
城镇	Urban		
乡村	Rural		
五.平衡差额	**Statistical Difference**		
六.消费量合计	**Total Energy Consumption**	**421.24**	**188.37**

Continued 2

液化石油气 (万吨) Liquefied Petroleum Gas (10^4 tons)	炼厂干气 (万吨) Refinery Gas (10^4 tons)	其他石油制品 (万吨) Other Petroleum Products (10^4 tons)	天然气 (亿立方米) Natural Gas (10^8 cu.m)	液化天然气 (万吨) Liquefied Natural Gas (10^4 tons)	热力 (万百万千焦) Heat (10^{10} kJ)	电力 (亿千瓦时) Electricity (10^8 kW•h)	其他能源 (万吨标准煤) Other Energy (10^4 tce)
-63.21	**0.04**	**-1822.43**	**72.76**	**7.08**		**1013.26**	**113.50**
			7.37			628.42	
59.77		142.88	65.39	501.98		630.36	113.50
113.48		1877.38		495.22		245.52	
-9.50	0.04	-87.93		0.32			
182.69	**441.99**	**2809.33**	**-6.91**	**0.35**	**74473.07**	**1499.99**	**25.54**
	-0.79				-7174.02	1506.84	-86.74
-0.05	-5.63		-1.29	-0.09	70493.03	-6.85	-3.86
258.61	455.14	5270.36	-5.11				26.17
-72.15	-6.73	-2461.03					-159.71
-3.72							249.68
			-0.44	-0.03			
			-0.07	0.47			
					11154.06		
						102.46	
119.48	**442.03**	**986.90**	**65.85**	**7.43**	**74473.07**	**2410.79**	**139.04**
					12.46	53.85	
46.72	442.03	986.90	49.17	4.93	44849.82	1680.18	138.64
28.21	81.07	761.51	3.33				4.32
0.01			0.02		57.84	22.48	
9.87			7.52	2.50	727.85	63.28	0.40
16.51			0.02		184.60	105.68	
16.10					1875.36	172.53	
30.27			9.12		26765.13	312.79	
19.45			8.77		26138.08	207.45	
10.82			0.35		627.05	105.34	
195.40	**455.18**	**3447.93**	**72.70**	**7.55**	**81647.09**	**2520.10**	**389.35**

6-7 吉林能源平衡表(实物量)-2020

项　目	Item	煤合计(万吨) Coal Total (10^4 tons)	原煤(万吨) Raw Coal (10^4 tons)
一.可供本地区消费的能源量	**Total Primary Energy Supply**	**8489.19**	**8088.17**
1.一次能源生产量	Indigenous Production	1040.16	1040.16
2.外省(区、市)调入量	Moving in from Other Provinces	7325.41	6859.27
3.进口量	Import	443.30	443.30
4.境内飞机和轮船在境外的加油量	Domestic Airplanes&Ships Refueling Abroad		
5.本省(区、市)调出量(-)	Sending Out to Other Provinces(-)	289.78	196.05
6.出口量(-)	Export(-)	0.15	0.15
7.境外飞机和轮船在境内的加油量(-)	Oversea Airplanes&Ships Refueling Domestically(-)		
8.库存增(-)、减(+)量	Stock Change	-29.75	-58.36
二.加工转换投入(-)产出(+)量	**Input(-) & Output(+) of Transformation**	**-7129.90**	**-6768.32**
1.火力发电	Thermal Power	-3951.94	-3951.94
2.供热	Heating Supply	-2617.80	-2607.28
3.煤炭洗选	Coal Washing	-76.70	-209.10
4.炼焦	Coking	-483.46	
5.炼油及煤制油	Petroleum Refining and Coal-to-liquids		
#油品再投入量(-)	Petroleum Products Input (-)		
6.制气	Gas Works		
#再投入量(-)	Input (-)		
7.天然气液化	Natural Gas Liquefaction		
8.煤制品加工	Briquettes		
9.回收能	Recovery of Energy		
三.损失量	**Loss**		
四.终端消费量	**Total Final Consumption**	**1359.29**	**1319.85**
1.农、林、牧、渔业	Agriculture, Forestry, Animal Husbandry and Fishery	39.90	26.45
2.工业	Industry	1047.71	1032.17
#用作原料、材料	Non-Energy Use	43.17	43.17
3.建筑业	Construction	4.68	1.30
4.交通运输、仓储和邮政业	Transport, Storage and Post	9.39	3.58
5.批发和零售业、住宿和餐饮业	Wholesale and Retail Trades, Hotels and Catering Services	2.81	1.55
6.其他	Others	107.67	107.67
7.居民生活	Residential	147.13	147.13
城镇	Urban	7.38	7.38
乡村	Rural	139.75	139.75
五.平衡差额	**Statistical Difference**		
六.消费量合计	**Total Energy Consumption**	**8489.19**	**8088.17**

Energy Balance of Jilin (Physical Quantity) -2020

洗精煤 (万吨) Cleaned Coal (10^4 tons)	其他洗煤 (万吨) Other Washed Coal (10^4 tons)	煤制品 (万吨) Briquettes (10^4 tons)	煤矸石 (万吨) Gangue (10^4 tons)	焦炭 (万吨) Coke (10^4 tons)	焦炉煤气 (亿立方米) Coke Oven Gas (10^8 cu.m)	高炉煤气 (亿立方米) Blast Furnace Gas (10^8 cu.m)	转炉煤气 (亿立方米) Converter Gas (10^8 cu.m)	其他煤气 (亿立方米) Other Gas (10^8 cu.m)
439.82	**-39.43**	**0.63**	**0.82**	**300.91**				
435.79	27.36	2.99	0.49	308.68				
16.61	73.98	3.14		39.28				
20.64	7.19	0.78	0.33	31.51				
-439.82	**78.24**			**368.65**	**13.35**	**171.09**	**10.41**	
					-0.52	-34.75	-3.73	
	-10.52					-0.01		
43.64	88.76							
-483.46				368.65	13.87			
						205.85	14.14	
	38.81	**0.63**	**0.82**	**669.56**	**13.35**	**171.09**	**10.41**	
	13.45			1.58				
	14.91	0.63	0.82	667.98	12.45	171.09	10.41	
	3.38							
	5.81							
	1.26							
					0.90			
					0.80			
					0.10			
483.46	**49.33**	**0.63**	**0.82**	**669.56**	**13.87**	**205.85**	**14.14**	

6-7 续表 1

项　目	Item	其他焦化产品(万吨) Other Coking Products (10^4 tons)	油品合计(万吨) Petroleum Products Total (10^4 tons)
一.可供本地区消费的能源量	**Total Primary Energy Supply**	**-14.28**	**992.74**
1.一次能源生产量	Indigenous Production		404.41
2.外省(区、市)调入量	Moving in from Other Provinces		1150.99
3.进口量	Import		0.35
4.境内飞机和轮船在境外的加油量	Domestic Airplanes&Ships Refueling Abroad		
5.本省(区、市)调出量(-)	Sending Out to Other Provinces(-)	14.28	589.05
6.出口量(-)	Export(-)		
7.境外飞机和轮船在境内的加油量(-)	Oversea Airplanes&Ships Refueling Domestically(-)		
8.库存增(-)、减(+)量	Stock Change		26.04
二.加工转换投入(-)产出(+)量	**Input(-) & Output(+) of Transformation**	**14.29**	**-54.58**
1.火力发电	Thermal Power		-2.51
2.供热	Heating Supply		-6.16
3.煤炭洗选	Coal Washing		
4.炼焦	Coking	14.29	
5.炼油及煤制油	Petroleum Refining and Coal-to-liquids		-10.51
#油品再投入量(-)	Petroleum Products Input (-)		-35.40
6.制气	Gas Works		
#再投入量(-)	Input (-)		
7.天然气液化	Natural Gas Liquefaction		
8.煤制品加工	Briquettes		
9.回收能	Recovery of Energy		
三.损失量	**Loss**		
四.终端消费量	**Total Final Consumption**	**0.01**	**938.16**
1.农、林、牧、渔业	Agriculture, Forestry, Animal Husbandry and Fishery		65.05
2.工业	Industry	0.01	409.32
#用作原料、材料	Non-Energy Use		310.43
3.建筑业	Construction		43.36
4.交通运输、仓储和邮政业	Transport, Storage and Post		293.60
5.批发和零售业、住宿和餐饮业	Wholesale and Retail Trades, Hotels and Catering Services		15.13
6.其他	Others		67.77
7.居民生活	Residential		43.93
城镇	Urban		15.16
乡村	Rural		28.77
五.平衡差额	**Statistical Difference**		
六.消费量合计	**Total Energy Consumption**	**0.01**	**992.74**

Continued 1

原油 (万吨) Crude Oil (10^4 tons)	汽油 (万吨) Gasoline (10^4 tons)	煤油 (万吨) Kerosene (10^4 tons)	柴油 (万吨) Diesel Oil (10^4 tons)	燃料油 (万吨) Fuel Oil (10^4 tons)	石脑油 (万吨) Naphtha (10^4 tons)	润滑油 (万吨) Lubricants (10^4 tons)	石蜡 (万吨) Paraffin Waxes (10^4 tons)	溶剂油 (万吨) White Spirit (10^4 tons)
970.25	**-35.58**	**-2.42**	**79.91**	**-0.17**	**18.06**	**0.31**	**0.03**	**0.25**
404.41								
557.30	173.89	28.00	359.25	0.30	18.65	0.15		0.12
		0.35						
11.81	212.52	31.16	283.55	0.53		1.28		
20.35	3.05	0.39	4.21	0.06	-0.59	1.44	0.03	0.13
-954.96	**209.91**	**30.77**	**261.42**	**24.50**	**90.77**			
			-0.36	-2.15				
	-0.02		-0.10	-6.04				
-954.96	209.93	30.77	261.88	32.69	90.77			
15.29	**174.33**	**28.35**	**341.33**	**24.33**	**108.83**	**0.31**	**0.03**	**0.25**
	28.48		36.57					
15.29	8.88	0.01	25.87	24.33	108.83	0.31	0.03	0.25
	0.06		0.17	21.18	108.83	0.01		
	15.37		27.52					
	43.09	28.34	217.62					
	9.99		3.62					
	47.34		16.59					
	21.18		13.54					
	11.25		0.83					
	9.93		12.71					
970.25	**174.35**	**28.35**	**341.79**	**32.52**	**108.83**	**0.31**	**0.03**	**0.25**

6-7 续表 2

项　目	Item	石油沥青(万吨) Bitumen Asphalt (10^4 tons)	石油焦(万吨) Petroleum Coke (10^4 tons)
一.可供本地区消费的能源量	**Total Primary Energy Supply**	**2.57**	**-20.25**
1.一次能源生产量	Indigenous Production		
2.外省(区、市)调入量	Moving in from Other Provinces	2.90	0.19
3.进口量	Import		
4.境内飞机和轮船在境外的加油量	Domestic Airplanes&Ships Refueling Abroad		
5.本省(区、市)调出量(-)	Sending Out to Other Provinces(-)		20.27
6.出口量(-)	Export(-)		
7.境外飞机和轮船在境内的加油量(-)	Oversea Airplanes&Ships Refueling Domestically(-)		
8.库存增(-)、减(+)量	Stock Change	-0.33	-0.17
二.加工转换投入(-)产出(+)量	**Input(-) & Output(+) of Transformation**		**20.43**
1.火力发电	Thermal Power		
2.供热	Heating Supply		
3.煤炭洗选	Coal Washing		
4.炼焦	Coking		
5.炼油及煤制油	Petroleum Refining and Coal-to-liquids		20.43
#油品再投入量(-)	Petroleum Products Input (-)		
6.制气	Gas Works		
#再投入量(-)	Input (-)		
7.天然气液化	Natural Gas Liquefaction		
8.煤制品加工	Briquettes		
9.回收能	Recovery of Energy		
三.损失量	**Loss**		
四.终端消费量	**Total Final Consumption**	**2.57**	**0.18**
1.农、林、牧、渔业	Agriculture, Forestry, Animal Husbandry and Fishery		
2.工业	Industry	2.57	0.18
#用作原料、材料	Non-Energy Use	0.76	
3.建筑业	Construction		
4.交通运输、仓储和邮政业	Transport, Storage and Post		
5.批发和零售业、住宿和餐饮业	Wholesale and Retail Trades, Hotels and Catering Services		
6.其他	Others		
7.居民生活	Residential		
城镇	Urban		
乡村	Rural		
五.平衡差额	**Statistical Difference**		
六.消费量合计	**Total Energy Consumption**	**2.57**	**0.18**

Continued 2

液化石油气 (万吨) Liquefied Petroleum Gas (10^4 tons)	炼厂干气 (万吨) Refinery Gas (10^4 tons)	其他石油制品 (万吨) Other Petroleum Products (10^4 tons)	天然气 (亿立方米) Natural Gas (10^8 cu.m)	液化天然气 (万吨) Liquefied Natural Gas (10^4 tons)	热力 (万百万千焦) Heat (10^{10} kJ)	电力 (亿千瓦时) Electricity (10^8 kW•h)	其他能源 (万吨标准煤) Other Energy (10^4 tce)
2.71		**-22.93**	**34.23**	**-18.10**	**-64.99**	**55.19**	**388.23**
			19.81			268.62	267.15
10.24			14.58			140.51	117.60
6.46		21.47		17.57	64.99	353.94	
-1.07		-1.46	-0.16	-0.53			3.48
18.12	**34.90**	**209.56**	**-3.50**	**18.53**	**33082.72**	**750.21**	**-203.36**
			-0.02		-778.12	750.21	-183.55
			-0.53		32502.44		-19.81
23.38	34.90	239.70					
-5.26		-30.14					
			-2.95	18.53			
					1358.40		
					3600.50	**49.12**	
20.83	**34.90**	**186.63**	**30.73**	**0.43**	**29417.23**	**756.28**	**184.87**
						22.90	
1.24	34.90	186.63	12.58	0.43	13004.20	419.60	162.75
0.02		179.40	0.77				
0.47			0.51		1160.50	11.07	0.81
4.55			6.89		1366.56	29.12	3.15
1.52			1.55		1598.59	45.96	0.89
3.84			2.32		3660.46	86.48	12.68
9.21			6.88		8626.92	141.15	4.59
3.08			6.47		7532.15	94.97	
6.13			0.41		1094.77	46.18	4.59
26.09	**34.90**	**216.77**	**31.67**	**0.43**	**33795.85**	**805.40**	**388.23**

6-8 黑龙江能源平衡表(实物量)-2020

项 目	Item	煤合计(万吨) Coal Total (10^4 tons)	原煤(万吨) Raw Coal (10^4 tons)
一.可供本地区消费的能源量	**Total Primary Energy Supply**	**13964.33**	**14717.62**
1.一次能源生产量	Indigenous Production	5557.77	5557.77
2.外省(区、市)调入量	Moving in from Other Provinces	10032.35	8812.06
3.进口量	Import	365.07	365.07
4.境内飞机和轮船在境外的加油量	Domestic Airplanes&Ships Refueling Abroad		
5.本省(区、市)调出量(−)	Sending Out to Other Provinces(-)	1839.97	
6.出口量(−)	Export(-)		
7.境外飞机和轮船在境内的加油量(−)	Oversea Airplanes&Ships Refueling Domestically(-)		
8.库存增(−)、减(+)量	Stock Change	-150.89	-17.28
二.加工转换投入(−)产出(+)量	**Input(-) & Output(+) of Transformation**	**-10705.26**	**-11630.45**
1.火力发电	Thermal Power	-4268.98	-4157.56
2.供热	Heating Supply	-3918.20	-3791.00
3.煤炭洗选	Coal Washing	-1011.65	-3674.03
4.炼焦	Coking	-1504.03	
5.炼油及煤制油	Petroleum Refining and Coal-to-liquids		
#油品再投入量(−)	Petroleum Products Input (-)		
6.制气	Gas Works	-1.70	
#再投入量(−)	Input (-)		
7.天然气液化	Natural Gas Liquefaction		
8.煤制品加工	Briquettes	-0.70	-7.86
9.回收能	Recovery of Energy		
三.损失量	**Loss**		
四.终端消费量	**Total Final Consumption**	**3259.07**	**3087.17**
1.农、林、牧、渔业	Agriculture, Forestry, Animal Husbandry and Fishery	485.00	485.00
2.工业	Industry	1954.66	1782.76
#用作原料、材料	Non-Energy Use	69.82	18.23
3.建筑业	Construction		
4.交通运输、仓储和邮政业	Transport, Storage and Post	195.45	195.45
5.批发和零售业、住宿和餐饮业	Wholesale and Retail Trades, Hotels and Catering Services	303.73	303.73
6.其他	Others	151.75	151.75
7.居民生活	Residential	168.48	168.48
城镇	Urban	85.67	85.67
乡村	Rural	82.81	82.81
五.平衡差额	**Statistical Difference**		
六.消费量合计	**Total Energy Consumption**	**13964.33**	**14717.62**

Energy Balance of Heilongjiang (Physical Quantity) -2020

洗精煤 (万吨) Cleaned Coal (10^4 tons)	其他洗煤 (万吨) Other Washed Coal (10^4 tons)	煤制品 (万吨) Briquettes (10^4 tons)	煤矸石 (万吨) Gangue (10^4 tons)	焦炭 (万吨) Coke (10^4 tons)	焦炉煤气 (亿立方米) Coke Oven Gas (10^8 cu.m)	高炉煤气 (亿立方米) Blast Furnace Gas (10^8 cu.m)	转炉煤气 (亿立方米) Converter Gas (10^8 cu.m)	其他煤气 (亿立方米) Other Gas (10^8 cu.m)
-326.31	**-430.28**	**3.30**	**488.11**	**-678.04**				**0.10**
1097.60		122.69	462.79					0.10
1348.75	417.95	73.27		673.88				
-75.16	-12.33	-46.12	25.32	-4.16				
326.31	**596.95**	**1.93**	**-483.28**	**1061.94**	**14.35**	**101.01**	**10.19**	**0.50**
	-111.42		-377.81		-4.61	-22.65		
	-121.97	-5.23	-201.68		-0.16			
1830.34	832.04		96.21					
-1504.03				1062.66	21.42			
	-1.70							0.50
				-0.72	-2.30			
		7.16						
						123.66	10.19	
	166.67	**5.23**	**4.83**	**383.90**	**14.35**	**101.01**	**10.19**	**0.60**
	166.67	5.23	4.83	383.90	14.35	101.01	10.19	0.60
	51.59			0.38	5.75	6.38		
1504.03	**401.76**	**10.46**	**584.32**	**383.90**	**19.12**	**123.66**	**10.19**	**0.60**

6-8 续表 1

项　　目	Item	其他焦化产品 (万吨) Other Coking Products (10^4 tons)	油品合计 (万吨) Petroleum Products Total (10^4 tons)
一.可供本地区消费的能源量	**Total Primary Energy Supply**	**-61.18**	**1549.80**
1.一次能源生产量	Indigenous Production		3001.03
2.外省(区、市)调入量	Moving in from Other Provinces		217.68
3.进口量	Import		2993.48
4.境内飞机和轮船在境外的加油量	Domestic Airplanes&Ships Refueling Abroad		
5.本省(区、市)调出量(-)	Sending Out to Other Provinces(-)	61.29	4733.67
6.出口量(-)	Export(-)		
7.境外飞机和轮船在境内的加油量(-)	Oversea Airplanes&Ships Refueling Domestically(-)		
8.库存增(-)、减(+)量	Stock Change	0.11	71.28
二.加工转换投入(-)产出(+)量	**Input(-) & Output(+) of Transformation**	**73.85**	**-322.24**
1.火力发电	Thermal Power		-6.70
2.供热	Heating Supply		-93.46
3.煤炭洗选	Coal Washing		
4.炼焦	Coking	73.85	
5.炼油及煤制油	Petroleum Refining and Coal-to-liquids		-132.92
#油品再投入量(-)	Petroleum Products Input (-)		-89.16
6.制气	Gas Works		
#再投入量(-)	Input (-)		
7.天然气液化	Natural Gas Liquefaction		
8.煤制品加工	Briquettes		
9.回收能	Recovery of Energy		
三.损失量	**Loss**		
四.终端消费量	**Total Final Consumption**	**12.67**	**1227.56**
1.农、林、牧、渔业	Agriculture, Forestry, Animal Husbandry and Fishery		178.55
2.工业	Industry	12.67	416.27
#用作原料、材料	Non-Energy Use	1.23	162.82
3.建筑业	Construction		8.90
4.交通运输、仓储和邮政业	Transport, Storage and Post		372.37
5.批发和零售业、住宿和餐饮业	Wholesale and Retail Trades, Hotels and Catering Services		87.79
6.其他	Others		89.42
7.居民生活	Residential		74.27
城镇	Urban		49.20
乡村	Rural		25.07
五.平衡差额	**Statistical Difference**		
六.消费量合计	**Total Energy Consumption**	**12.67**	**1549.80**

Continued 1

原油（万吨） Crude Oil (10^4 tons)	汽油（万吨） Gasoline (10^4 tons)	煤油（万吨） Kerosene (10^4 tons)	柴油（万吨） Diesel Oil (10^4 tons)	燃料油（万吨） Fuel Oil (10^4 tons)	石脑油（万吨） Naphtha (10^4 tons)	润滑油（万吨） Lubricants (10^4 tons)	石蜡（万吨） Paraffin Waxes (10^4 tons)	溶剂油（万吨） White Spirit (10^4 tons)
1685.99	**-132.40**	**-2.33**	**79.46**	**-4.69**	**45.64**	**0.10**	**-42.40**	**0.10**
3001.03								
			161.92		53.54			0.10
2991.20	2.16							
4407.78	153.72	0.22	90.47	3.08		0.71	42.08	0.05
101.54	19.16	-2.11	8.01	-1.61	-7.90	0.81	-0.32	0.05
-1643.27	**533.54**	**54.43**	**317.20**	**17.87**	**-1.45**		**42.40**	
			-0.40	-0.43				
			-0.11	-10.95				
-1643.27	533.54	54.43	317.71	29.25	8.03		42.40	
					-9.48			
42.72	**401.14**	**52.10**	**396.66**	**13.18**	**44.19**	**0.10**		**0.10**
	45.26		133.29					
42.72	5.81		32.80	13.18	44.19	0.10		0.10
	0.08		0.25		16.53			
	0.72		8.18					
	241.26	52.10	79.01					
	31.59		56.20					
	39.52		49.90					
	36.99		37.28					
	26.07		23.13					
	10.92		14.15					
1685.99	**401.14**	**52.10**	**397.17**	**24.56**	**53.67**	**0.10**		**0.10**

6-8 续表 2

项　目	Item	石油沥青 (万吨) Bitumen Asphalt (10^4 tons)	石油焦 (万吨) Petroleum Coke (10^4 tons)
一.可供本地区消费的能源量	**Total Primary Energy Supply**	**2.12**	**-16.77**
1.一次能源生产量	Indigenous Production		
2.外省(区、市)调入量	Moving in from Other Provinces	2.12	
3.进口量	Import	0.12	
4.境内飞机和轮船在境外的加油量	Domestic Airplanes&Ships Refueling Abroad		
5.本省(区、市)调出量(-)	Sending Out to Other Provinces(-)		16.82
6.出口量(-)	Export(-)		
7.境外飞机和轮船在境内的加油量(-)	Oversea Airplanes&Ships Refueling Domestically(-)		
8.库存增(-)、减(+)量	Stock Change	-0.12	0.05
二.加工转换投入(-)产出(+)量	**Input(-) & Output(+) of Transformation**		**17.17**
1.火力发电	Thermal Power		
2.供热	Heating Supply		
3.煤炭洗选	Coal Washing		
4.炼焦	Coking		
5.炼油及煤制油	Petroleum Refining and Coal-to-liquids		17.17
#油品再投入量(-)	Petroleum Products Input (-)		
6.制气	Gas Works		
#再投入量(-)	Input (-)		
7.天然气液化	Natural Gas Liquefaction		
8.煤制品加工	Briquettes		
9.回收能	Recovery of Energy		
三.损失量	**Loss**		
四.终端消费量	**Total Final Consumption**	**2.12**	**0.40**
1.农、林、牧、渔业	Agriculture, Forestry, Animal Husbandry and Fishery		
2.工业	Industry	2.12	0.40
#用作原料、材料	Non-Energy Use	2.11	0.40
3.建筑业	Construction		
4.交通运输、仓储和邮政业	Transport, Storage and Post		
5.批发和零售业、住宿和餐饮业	Wholesale and Retail Trades, Hotels and Catering Services		
6.其他	Others		
7.居民生活	Residential		
城镇	Urban		
乡村	Rural		
五.平衡差额	**Statistical Difference**		
六.消费量合计	**Total Energy Consumption**	**2.12**	**0.40**

Continued 2

液化石油气 (万吨) Liquefied Petroleum Gas (10^4 tons)	炼厂干气 (万吨) Refinery Gas (10^4 tons)	其他石油制品 (万吨) Other Petroleum Products (10^4 tons)	天然气 (亿立方米) Natural Gas (10^8 cu.m)	液化天然气 (万吨) Liquefied Natural Gas (10^4 tons)	热力 (万百万千焦) Heat (10^{10} kJ)	电力 (亿千瓦时) Electricity (10^8 kW•h)	其他能源 (万吨标准煤) Other Energy (10^4 tce)
-4.66	**0.02**	**-60.38**	**47.67**	**-4.78**		**113.91**	**661.98**
			46.78			216.08	338.94
			0.89				323.04
4.65		14.09		4.28		102.17	
-0.01	0.02	-46.29		-0.50			
87.19	**48.32**	**204.36**	**-8.07**	**7.16**	**55325.60**	**921.77**	**-384.51**
-0.12	-5.75		-2.18		-88.32	921.77	-333.42
	-82.40		-5.00		55357.99		-60.84
107.26	136.47	264.09					
-19.95		-59.73					
							9.75
			-0.89				
				7.16			
					55.93		
						21.28	
82.53	**48.34**	**143.98**	**39.60**	**2.38**	**55325.60**	**1014.40**	**277.47**
						26.97	
82.53	48.34	143.98	17.41	0.18	9254.33	598.13	277.47
59.19		84.26	5.57	0.08			
					180.00	10.50	
			6.56	2.20	3296.10	29.63	
			3.98		5843.22	48.84	
			2.05		5382.94	105.09	
			9.60		31369.01	195.24	
			9.60		31369.01	126.10	
						69.14	
102.60	**136.49**	**203.71**	**46.68**	**2.38**	**55413.92**	**1035.68**	**671.73**

6-9 上海能源平衡表(实物量)-2020

项　目	Item	煤合计(万吨) Coal Total (10^4 tons)	原煤(万吨) Raw Coal (10^4 tons)
一.可供本地区消费的能源量	**Total Primary Energy Supply**	**4168.73**	**3341.11**
1.一次能源生产量	Indigenous Production		
2.外省(区、市)调入量	Moving in from Other Provinces	4097.39	3262.68
3.进口量	Import	185.68	185.68
4.境内飞机和轮船在境外的加油量	Domestic Airplanes&Ships Refueling Abroad		
5.本省(区、市)调出量(-)	Sending Out to Other Provinces(-)	128.31	128.31
6.出口量(-)	Export(-)		
7.境外飞机和轮船在境内的加油量(-)	Oversea Airplanes&Ships Refueling Domestically(-)		
8.库存增(-)、减(+)量	Stock Change	13.97	21.06
二.加工转换投入(-)产出(+)量	**Input(-) & Output(+) of Transformation**	**-3725.24**	**-2900.49**
1.火力发电	Thermal Power	-2661.91	-2661.91
2.供热	Heating Supply	-208.56	-208.56
3.煤炭洗选	Coal Washing		
4.炼焦	Coking	-849.69	-24.94
5.炼油及煤制油	Petroleum Refining and Coal-to-liquids		
#油品再投入量(-)	Petroleum Products Input (-)		
6.制气	Gas Works	-5.08	-5.08
#再投入量(-)	Input (-)		
7.天然气液化	Natural Gas Liquefaction		
8.煤制品加工	Briquettes		
9.回收能	Recovery of Energy		
三.损失量	**Loss**	**11.80**	**8.80**
四.终端消费量	**Total Final Consumption**	**430.97**	**430.97**
1.农、林、牧、渔业	Agriculture, Forestry, Animal Husbandry and Fishery	0.30	0.30
2.工业	Industry	422.24	422.24
#用作原料、材料	Non-Energy Use	182.57	182.57
3.建筑业	Construction	1.20	1.20
4.交通运输、仓储和邮政业	Transport, Storage and Post	0.03	0.03
5.批发和零售业、住宿和餐饮业	Wholesale and Retail Trades, Hotels and Catering Services	1.50	1.50
6.其他	Others	1.70	1.70
7.居民生活	Residential	4.00	4.00
城镇	Urban	2.20	2.20
乡村	Rural	1.80	1.80
五.平衡差额	**Statistical Difference**	**0.72**	**0.85**
六.消费量合计	**Total Energy Consumption**	**4168.01**	**3340.26**

Energy Balance of Shanghai (Physical Quantity) -2020

洗精煤 (万吨) Cleaned Coal (10^4 tons)	其他洗煤 (万吨) Other Washed Coal (10^4 tons)	煤制品 (万吨) Briquettes (10^4 tons)	煤矸石 (万吨) Gangue (10^4 tons)	焦炭 (万吨) Coke (10^4 tons)	焦炉煤气 (亿立方米) Coke Oven Gas (10^8 cu.m)	高炉煤气 (亿立方米) Blast Furnace Gas (10^8 cu.m)	转炉煤气 (亿立方米) Converter Gas (10^8 cu.m)	其他煤气 (亿立方米) Other Gas (10^8 cu.m)
827.62				**91.49**	**0.15**	**1.39**		
834.71				184.22	0.15	1.39		
				106.56				
-7.09				13.83				
-824.75				**540.58**	**21.68**	**125.01**	**10.89**	
					-1.37	-78.52	-2.57	
-824.75				540.58	23.49			
					-0.44			
						203.53	13.46	
3.00				**8.00**				
				623.90	**21.83**	**126.40**	**10.89**	
				623.90	21.83	126.40	10.89	
-0.13				**0.17**				
827.75				**631.90**	**23.64**	**204.92**	**13.46**	

6-9 续表 1

项　目	Item	其他焦化产品(万吨) Other Coking Products (10^4 tons)	油品合计(万吨) Petroleum Products Total (10^4 tons)
一.可供本地区消费的能源量	**Total Primary Energy Supply**	**40.53**	**3164.97**
1.一次能源生产量	Indigenous Production		52.03
2.外省(区、市)调入量	Moving in from Other Provinces	72.17	6948.49
3.进口量	Import		2779.43
4.境内飞机和轮船在境外的加油量	Domestic Airplanes&Ships Refueling Abroad		609.58
5.本省(区、市)调出量(-)	Sending Out to Other Provinces(-)	30.99	6681.28
6.出口量(-)	Export(-)		378.96
7.境外飞机和轮船在境内的加油量(-)	Oversea Airplanes&Ships Refueling Domestically(-)		187.36
8.库存增(-)、减(+)量	Stock Change	-0.65	23.04
二.加工转换投入(-)产出(+)量	**Input(-) & Output(+) of Transformation**	**33.70**	**-24.10**
1.火力发电	Thermal Power		-19.19
2.供热	Heating Supply		-18.04
3.煤炭洗选	Coal Washing		
4.炼焦	Coking	33.70	
5.炼油及煤制油	Petroleum Refining and Coal-to-liquids		80.82
#油品再投入量(-)	Petroleum Products Input (-)		-67.69
6.制气	Gas Works		
#再投入量(-)	Input (-)		
7.天然气液化	Natural Gas Liquefaction		
8.煤制品加工	Briquettes		
9.回收能	Recovery of Energy		
三.损失量	**Loss**		
四.终端消费量	**Total Final Consumption**	**74.21**	**3141.79**
1.农、林、牧、渔业	Agriculture, Forestry, Animal Husbandry and Fishery		26.30
2.工业	Industry	74.21	1003.32
#用作原料、材料	Non-Energy Use	21.62	695.95
3.建筑业	Construction		85.08
4.交通运输、仓储和邮政业	Transport, Storage and Post		1396.06
5.批发和零售业、住宿和餐饮业	Wholesale and Retail Trades, Hotels and Catering Services		168.92
6.其他	Others		214.16
7.居民生活	Residential		247.95
城镇	Urban		194.20
乡村	Rural		53.75
五.平衡差额	**Statistical Difference**	**0.02**	**-0.92**
六.消费量合计	**Total Energy Consumption**	**74.21**	**3165.89**

Continued 1

原油(万吨) Crude Oil (10^4 tons)	汽油(万吨) Gasoline (10^4 tons)	煤油(万吨) Kerosene (10^4 tons)	柴油(万吨) Diesel Oil (10^4 tons)	燃料油(万吨) Fuel Oil (10^4 tons)	石脑油(万吨) Naphtha (10^4 tons)	润滑油(万吨) Lubricants (10^4 tons)	石蜡(万吨) Paraffin Waxes (10^4 tons)	溶剂油(万吨) White Spirit (10^4 tons)
2500.41	**-87.99**	**271.93**	**-247.77**	**533.73**	**302.05**	**36.87**	**-5.99**	**0.86**
52.03								
	1402.08	331.24	1139.93	385.58	227.62	89.83	0.02	0.26
2458.38		246.25			72.90			
		198.05	17.23	394.30				
35.63	1471.62	151.16	1239.53	213.12	4.70	53.10	6.05	
	18.45	165.09	162.39	33.03				
		187.36						
25.63			-3.01		6.23	0.14	0.04	0.60
-2497.75	**552.79**	**229.84**	**687.29**	**104.37**	**192.46**	**7.41**	**13.58**	
			-3.28					
			-0.09					
-2497.75	552.79	229.84	690.66	104.37	192.46	7.41	13.58	
2.66	**465.49**	**500.57**	**438.33**	**640.36**	**494.31**	**43.95**	**7.59**	**1.18**
	13.50		11.00	1.00				
2.66	11.95	0.88	25.65	3.20	494.31	6.25	7.59	1.18
	0.03	0.31	0.02		489.64	0.87	0.47	0.77
	25.04		28.05	10.69				
	55.90	499.69	197.93	625.29		12.00		
	66.00		89.00	0.12		7.00		
	82.60		77.70	0.06		6.00		
	210.50		9.00			12.70		
	175.50		4.00			9.20		
	35.00		5.00			3.50		
	-0.69	**1.20**	**1.19**	**-2.26**	**0.20**	**0.33**		**-0.32**
2500.41	**465.49**	**500.57**	**441.70**	**640.36**	**494.31**	**43.95**	**7.59**	**1.18**

6-9 续表 2

项目	Item	石油沥青(万吨) Bitumen Asphalt (10^4 tons)	石油焦(万吨) Petroleum Coke (10^4 tons)
一.可供本地区消费的能源量	**Total Primary Energy Supply**	**2.24**	**-90.66**
1.一次能源生产量	Indigenous Production		
2.外省(区、市)调入量	Moving in from Other Provinces	850.05	1228.05
3.进口量	Import		
4.境内飞机和轮船在境外的加油量	Domestic Airplanes&Ships Refueling Abroad		
5.本省(区、市)调出量(-)	Sending Out to Other Provinces(-)	836.68	1316.21
6.出口量(-)	Export(-)		
7.境外飞机和轮船在境内的加油量(-)	Oversea Airplanes&Ships Refueling Domestically(-)		
8.库存增(-)、减(+)量	Stock Change	-11.13	-2.50
二.加工转换投入(-)产出(+)量	**Input(-) & Output(+) of Transformation**	**78.64**	**93.76**
1.火力发电	Thermal Power		-15.72
2.供热	Heating Supply		-17.69
3.煤炭洗选	Coal Washing		
4.炼焦	Coking		
5.炼油及煤制油	Petroleum Refining and Coal-to-liquids	78.64	127.17
#油品再投入量(-)	Petroleum Products Input (-)		
6.制气	Gas Works		
#再投入量(-)	Input (-)		
7.天然气液化	Natural Gas Liquefaction		
8.煤制品加工	Briquettes		
9.回收能	Recovery of Energy		
三.损失量	**Loss**		
四.终端消费量	**Total Final Consumption**	**80.96**	**3.00**
1.农、林、牧、渔业	Agriculture, Forestry, Animal Husbandry and Fishery		
2.工业	Industry	22.96	3.00
#用作原料、材料	Non-Energy Use	15.00	0.04
3.建筑业	Construction	18.00	
4.交通运输、仓储和邮政业	Transport, Storage and Post		
5.批发和零售业、住宿和餐饮业	Wholesale and Retail Trades, Hotels and Catering Services		
6.其他	Others	40.00	
7.居民生活	Residential		
城镇	Urban		
乡村	Rural		
五.平衡差额	**Statistical Difference**	**-0.08**	**0.10**
六.消费量合计	**Total Energy Consumption**	**80.96**	**36.41**

Continued 2

液化石油气 (万吨) Liquefied Petroleum Gas (10^4 tons)	炼厂干气 (万吨) Refinery Gas (10^4 tons)	其他石油制品 (万吨) Other Petroleum Products (10^4 tons)	天然气 (亿立方米) Natural Gas (10^8 cu.m)	液化天然气 (万吨) Liquefied Natural Gas (10^4 tons)	热力 (万百万千焦) Heat (10^{10} kJ)	电力 (亿千瓦时) Electricity (10^8 kW•h)	其他能源 (万吨标准煤) Other Energy (10^4 tce)
-13.98	**1.10**	**-37.83**	**94.23**	**4.40**		**740.98**	**109.50**
			15.11			28.76	109.50
1232.05	1.10	60.68	37.84	3.97		826.34	
1.90			54.05	0.43			
1247.77		105.71	12.77			114.12	
-0.16		7.20					
116.22	**145.32**	**251.97**	**-40.58**	**-0.63**	**9612.32**	**834.98**	**-49.95**
	-0.19		-26.59	-0.27	-1151.82	834.98	-96.33
	-0.26		-7.15	-0.36	6683.27		-11.94
116.22	145.77	319.66	-3.24				
		-67.69					
							43.65
			-3.60				
					4080.87		14.67
			3.22			**62.29**	
102.20	**146.42**	**214.77**	**50.43**	**3.77**	**9612.32**	**1513.67**	**59.44**
0.80			0.12		40.39	6.23	
62.50	146.42	214.77	22.16	3.77	9449.54	707.17	59.44
50.07	20.09	118.64	3.30				
3.30			0.11		6.46	49.35	
5.25			1.31		1.24	55.17	
6.80			3.20		14.27	77.67	
7.80			6.40		30.94	360.94	
15.75			17.13		69.48	257.14	
5.50			14.53		69.48	253.19	
10.25			2.60			3.95	
0.04		**-0.63**					**0.11**
102.20	**146.87**	**282.46**	**94.23**	**4.40**	**10764.14**	**1575.96**	**167.71**

6-10 江苏能源平衡表(实物量)-2020

项　目	Item	煤合计(万吨) Coal Total (10^4 tons)	原煤(万吨) Raw Coal (10^4 tons)
一.可供本地区消费的能源量	**Total Primary Energy Supply**	**24141.74**	**22613.89**
1.一次能源生产量	Indigenous Production	1022.28	1022.28
2.外省(区、市)调入量	Moving in from Other Provinces	32860.25	30057.63
3.进口量	Import	865.00	865.00
4.境内飞机和轮船在境外的加油量	Domestic Airplanes&Ships Refueling Abroad		
5.本省(区、市)调出量(-)	Sending Out to Other Provinces(-)	11853.84	10434.40
6.出口量(-)	Export(-)		
7.境外飞机和轮船在境内的加油量(-)	Oversea Airplanes&Ships Refueling Domestically(-)		
8.库存增(-)、减(+)量	Stock Change	1248.05	1103.38
二.加工转换投入(-)产出(+)量	**Input(-) & Output(+) of Transformation**	**-20841.55**	**-19727.04**
1.火力发电	Thermal Power	-14847.58	-14654.35
2.供热	Heating Supply	-3822.94	-3736.93
3.煤炭洗选	Coal Washing	-123.35	-1156.11
4.炼焦	Coking	-1905.58	-37.55
5.炼油及煤制油	Petroleum Refining and Coal-to-liquids		
#油品再投入量(-)	Petroleum Products Input (-)		
6.制气	Gas Works	-142.10	-142.10
#再投入量(-)	Input (-)		
7.天然气液化	Natural Gas Liquefaction		
8.煤制品加工	Briquettes		
9.回收能	Recovery of Energy		
三.损失量	**Loss**		
四.终端消费量	**Total Final Consumption**	**3300.19**	**2886.85**
1.农、林、牧、渔业	Agriculture, Forestry, Animal Husbandry and Fishery	44.46	44.46
2.工业	Industry	3253.16	2839.82
#用作原料、材料	Non-Energy Use	641.11	641.11
3.建筑业	Construction	2.25	2.25
4.交通运输、仓储和邮政业	Transport, Storage and Post	0.32	0.32
5.批发和零售业、住宿和餐饮业	Wholesale and Retail Trades, Hotels and Catering Services		
6.其他	Others		
7.居民生活	Residential		
城镇	Urban		
乡村	Rural		
五.平衡差额	**Statistical Difference**		
六.消费量合计	**Total Energy Consumption**	**24141.74**	**22613.89**

Energy Balance of Jiangsu (Physical Quantity) -2020

洗精煤 (万吨) Cleaned Coal (10^4 tons)	其他洗煤 (万吨) Other Washed Coal (10^4 tons)	煤制品 (万吨) Briquettes (10^4 tons)	煤矸石 (万吨) Gangue (10^4 tons)	焦炭 (万吨) Coke (10^4 tons)	焦炉煤气 (亿立方米) Coke Oven Gas (10^8 cu.m)	高炉煤气 (亿立方米) Blast Furnace Gas (10^8 cu.m)	转炉煤气 (亿立方米) Converter Gas (10^8 cu.m)	其他煤气 (亿立方米) Other Gas (10^8 cu.m)
993.67	**526.03**	**8.15**		**3172.66**				
1578.15	1196.34	28.13		3754.96				
696.94	699.90	22.60		664.21				
				2.06				
112.46	29.59	2.62		83.97				
-993.67	**-134.83**	**13.99**		**1312.87**	**41.19**	**951.73**	**67.07**	
	-193.23				-3.31	-475.95	-43.01	
	-82.83	-3.18			-1.51	-44.42	-3.24	
874.36	158.40							
-1868.03				1312.87	46.01			
	-17.17	17.17						
						1472.10	113.32	
	391.20	**22.14**		**4485.53**	**41.19**	**951.73**	**67.07**	
	391.20	22.14		4485.53	41.19	951.73	67.07	
				25.89				
1868.03	**684.43**	**25.32**		**4485.53**	**46.01**	**1472.10**	**113.32**	

6-10 续表 1

项　目	Item	其他焦化产品(万吨) Other Coking Products (10^4 tons)	油品合计(万吨) Petroleum Products Total (10^4 tons)
一.可供本地区消费的能源量	**Total Primary Energy Supply**	**-65.96**	**3249.86**
1.一次能源生产量	Indigenous Production		152.05
2.外省(区、市)调入量	Moving in from Other Provinces	23.85	5122.88
3.进口量	Import		2822.34
4.境内飞机和轮船在境外的加油量	Domestic Airplanes&Ships Refueling Abroad		0.42
5.本省(区、市)调出量(-)	Sending Out to Other Provinces(-)	94.59	4709.17
6.出口量(-)	Export(-)		134.52
7.境外飞机和轮船在境内的加油量(-)	Oversea Airplanes&Ships Refueling Domestically(-)		7.86
8.库存增(-)、减(+)量	Stock Change	4.78	3.72
二.加工转换投入(-)产出(+)量	**Input(-) & Output(+) of Transformation**	**118.17**	**-219.32**
1.火力发电	Thermal Power		-4.78
2.供热	Heating Supply		-6.24
3.煤炭洗选	Coal Washing		
4.炼焦	Coking	118.17	
5.炼油及煤制油	Petroleum Refining and Coal-to-liquids		1063.96
#油品再投入量(-)	Petroleum Products Input (-)		-1272.26
6.制气	Gas Works		
#再投入量(-)	Input (-)		
7.天然气液化	Natural Gas Liquefaction		
8.煤制品加工	Briquettes		
9.回收能	Recovery of Energy		
三.损失量	**Loss**		**5.09**
四.终端消费量	**Total Final Consumption**	**52.21**	**3025.45**
1.农、林、牧、渔业	Agriculture, Forestry, Animal Husbandry and Fishery		201.28
2.工业	Industry	52.21	643.09
#用作原料、材料	Non-Energy Use	36.42	283.79
3.建筑业	Construction		205.30
4.交通运输、仓储和邮政业	Transport, Storage and Post		1474.00
5.批发和零售业、住宿和餐饮业	Wholesale and Retail Trades, Hotels and Catering Services		6.38
6.其他	Others		1.29
7.居民生活	Residential		494.11
城镇	Urban		385.45
乡村	Rural		108.66
五.平衡差额	**Statistical Difference**		
六.消费量合计	**Total Energy Consumption**	**52.21**	**3249.86**

Continued 1

原油 (万吨) Crude Oil (10^4 tons)	汽油 (万吨) Gasoline (10^4 tons)	煤油 (万吨) Kerosene (10^4 tons)	柴油 (万吨) Diesel Oil (10^4 tons)	燃料油 (万吨) Fuel Oil (10^4 tons)	石脑油 (万吨) Naphtha (10^4 tons)	润滑油 (万吨) Lubricants (10^4 tons)	石蜡 (万吨) Paraffin Waxes (10^4 tons)	溶剂油 (万吨) White Spirit (10^4 tons)
4017.88	**388.61**	**-191.64**	**229.43**	**-168.46**	**-187.58**	**-113.20**	**-2.33**	**0.27**
152.05								
1182.41	769.64	16.62	766.75	697.99	401.64	27.53	0.41	5.68
2816.57					5.77			
		0.38				0.04		
117.57	396.98	152.33	476.46	860.01	595.79	150.85	2.74	5.15
	19.44	53.22	61.86					
		0.68	0.67	6.51				
-15.58	35.39	-2.41	1.67	0.07	0.80	10.08		-0.26
-4011.99	**715.92**	**298.32**	**669.87**	**285.47**	**401.96**	**115.01**	**2.84**	**0.71**
			-1.33	-0.06				
			-0.15	-0.01				
-4011.99	715.92	298.32	671.35	328.83	401.96	115.01	2.84	0.71
				-43.29				
5.09								
0.80	**1104.53**	**106.68**	**899.30**	**117.01**	**214.38**	**1.81**	**0.51**	**0.98**
	24.36		166.03	10.89				
0.80	12.91	0.43	46.92	14.79	214.38	1.81	0.51	0.98
	0.12	0.01	0.09	0.07	214.38	0.69	0.17	0.62
	5.30		9.54	0.11				
	631.76	106.25	643.17	91.22				
	4.18		2.20					
	0.71		0.57					
	425.31		30.87					
	344.88		10.22					
	80.43		20.65					
4017.88	**1104.53**	**106.68**	**900.78**	**160.37**	**214.38**	**1.81**	**0.51**	**0.98**

6-10 续表 2

项　目	Item	石油沥青 (万吨) Bitumen Asphalt (10^4 tons)	石油焦 (万吨) Petroleum Coke (10^4 tons)
一.可供本地区消费的能源量	**Total Primary Energy Supply**	**-280.54**	**-134.91**
1.一次能源生产量	Indigenous Production		
2.外省(区、市)调入量	Moving in from Other Provinces	334.68	203.55
3.进口量	Import		
4.境内飞机和轮船在境外的加油量	Domestic Airplanes&Ships Refueling Abroad		
5.本省(区、市)调出量(-)	Sending Out to Other Provinces(-)	598.73	342.08
6.出口量(-)	Export(-)		
7.境外飞机和轮船在境内的加油量(-)	Oversea Airplanes&Ships Refueling Domestically(-)		
8.库存增(-)、减(+)量	Stock Change	-16.49	3.62
二.加工转换投入(-)产出(+)量	**Input(-) & Output(+) of Transformation**	**472.24**	**151.38**
1.火力发电	Thermal Power		-0.48
2.供热	Heating Supply		-0.87
3.煤炭洗选	Coal Washing		
4.炼焦	Coking		
5.炼油及煤制油	Petroleum Refining and Coal-to-liquids	475.61	152.73
#油品再投入量(-)	Petroleum Products Input (-)	-3.37	
6.制气	Gas Works		
#再投入量(-)	Input (-)		
7.天然气液化	Natural Gas Liquefaction		
8.煤制品加工	Briquettes		
9.回收能	Recovery of Energy		
三.损失量	**Loss**		
四.终端消费量	**Total Final Consumption**	**191.70**	**16.47**
1.农、林、牧、渔业	Agriculture, Forestry, Animal Husbandry and Fishery		
2.工业	Industry	1.50	16.47
#用作原料、材料	Non-Energy Use	0.33	2.08
3.建筑业	Construction	190.20	
4.交通运输、仓储和邮政业	Transport, Storage and Post		
5.批发和零售业、住宿和餐饮业	Wholesale and Retail Trades, Hotels and Catering Services		
6.其他	Others		
7.居民生活	Residential		
城镇	Urban		
乡村	Rural		
五.平衡差额	**Statistical Difference**		
六.消费量合计	**Total Energy Consumption**	**195.07**	**17.82**

Continued 2

液化石油气 (万吨) Liquefied Petroleum Gas (10^4 tons)	炼厂干气 (万吨) Refinery Gas (10^4 tons)	其他石油制品 (万吨) Other Petroleum Products (10^4 tons)	天然气 (亿立方米) Natural Gas (10^8 cu.m)	液化天然气 (万吨) Liquefied Natural Gas (10^4 tons)	热力 (万百万千焦) Heat (10^{10} kJ)	电力 (亿千瓦时) Electricity (10^8 kW•h)	其他能源 (万吨标准煤) Other Energy (10^4 tce)
-95.86		**-211.81**	**273.33**	**51.08**		**1939.79**	**354.01**
			4.24			783.62	378.41
176.48		539.50	272.47	290.63		1297.73	
				812.56			
266.61		743.87	3.38	1029.36		141.56	
-5.73		-7.44		-22.75			-24.40
176.01	**100.08**	**402.86**	**-100.67**	**-4.71**	**68605.57**	**4433.92**	**-299.73**
	-2.91		-81.08	-4.10	-5951.12	4433.92	-339.68
	-5.21		-18.24	-0.71	61459.09		-62.33
176.01	108.20	1628.46					
		-1225.60					
							102.28
			-1.34				
			-0.01	0.10			
					13097.60		
			2.93		**2784.14**	**188.54**	
80.15	**100.08**	**191.05**	**169.73**	**46.37**	**65821.43**	**6185.17**	**54.28**
						80.31	
40.46	100.08	191.05	119.79	41.48	65520.52	4334.56	54.28
0.08		65.15	1.63				12.90
0.15			0.02			59.95	
1.60			14.84	4.89	8.74	99.14	
			0.75		12.10	238.50	
0.01			0.11		7.34	575.01	
37.93			34.22		272.73	797.70	
30.35			34.22		272.73	398.40	
7.58						399.30	
80.15	**108.20**	**1416.65**	**273.32**	**51.18**	**74556.69**	**6373.71**	**456.29**

6-11 浙江能源平衡表(实物量)-2020

项 目	Item	煤合计(万吨) Coal Total (10^4 tons)	原煤(万吨) Raw Coal (10^4 tons)
一.可供本地区消费的能源量	**Total Primary Energy Supply**	**13131.55**	**12758.22**
1.一次能源生产量	Indigenous Production		
2.外省(区、市)调入量	Moving in from Other Provinces	10233.55	9843.68
3.进口量	Import	2857.09	2857.09
4.境内飞机和轮船在境外的加油量	Domestic Airplanes&Ships Refueling Abroad		
5.本省(区、市)调出量(-)	Sending Out to Other Provinces(-)		
6.出口量(-)	Export(-)	0.10	0.10
7.境外飞机和轮船在境内的加油量(-)	Oversea Airplanes&Ships Refueling Domestically(-)		
8.库存增(-)、减(+)量	Stock Change	41.01	57.55
二.加工转换投入(-)产出(+)量	**Input(-) & Output(+) of Transformation**	**-10976.72**	**-10787.35**
1.火力发电	Thermal Power	-7945.10	-7945.10
2.供热	Heating Supply	-2714.06	-2714.06
3.煤炭洗选	Coal Washing		
4.炼焦	Coking	-298.83	-29.81
5.炼油及煤制油	Petroleum Refining and Coal-to-liquids		
#油品再投入量(-)	Petroleum Products Input (-)		
6.制气	Gas Works	-50.56	-1.04
#再投入量(-)	Input (-)		
7.天然气液化	Natural Gas Liquefaction		
8.煤制品加工	Briquettes	31.83	-97.35
9.回收能	Recovery of Energy		
三.损失量	**Loss**		
四.终端消费量	**Total Final Consumption**	**2154.81**	**1970.86**
1.农、林、牧、渔业	Agriculture, Forestry, Animal Husbandry and Fishery		
2.工业	Industry	2096.05	1932.90
#用作原料、材料	Non-Energy Use	202.25	180.89
3.建筑业	Construction	5.40	5.40
4.交通运输、仓储和邮政业	Transport, Storage and Post		
5.批发和零售业、住宿和餐饮业	Wholesale and Retail Trades, Hotels and Catering Services	23.26	16.76
6.其他	Others	4.50	4.50
7.居民生活	Residential	25.60	11.30
城镇	Urban	9.60	4.10
乡村	Rural	16.00	7.20
五.平衡差额	**Statistical Difference**	**0.02**	**0.01**
六.消费量合计	**Total Energy Consumption**	**13131.53**	**12758.21**

Energy Balance of Zhejiang (Physical Quantity) -2020

洗精煤 (万吨) Cleaned Coal (10^4 tons)	其他洗煤 (万吨) Other Washed Coal (10^4 tons)	煤制品 (万吨) Briquettes (10^4 tons)	煤矸石 (万吨) Gangue (10^4 tons)	焦炭 (万吨) Coke (10^4 tons)	焦炉煤气 (亿立方米) Coke Oven Gas (10^8 cu.m)	高炉煤气 (亿立方米) Blast Furnace Gas (10^8 cu.m)	转炉煤气 (亿立方米) Converter Gas (10^8 cu.m)	其他煤气 (亿立方米) Other Gas (10^8 cu.m)
269.03	**101.97**	**2.34**	**3.74**	**99.24**				
283.18	106.69		3.86	104.32				
-14.15	-4.72	2.34	-0.12	-5.08				
-269.02	**-49.52**	**129.17**		**213.23**	**3.89**	**107.32**	**4.13**	**0.07**
					-0.45	-17.95	-6.68	
-269.02				213.23	4.33			
	-49.52							0.07
		129.17						
						125.27	10.80	
	52.44	**131.51**	**3.74**	**312.48**	**3.89**	**107.32**	**4.13**	**0.07**
	52.44	110.71	3.74	312.48	3.89	107.32	4.13	0.07
		21.35						
		6.50						
		14.30						
		5.50						
		8.80						
269.02	**101.96**	**131.51**	**3.74**	**312.48**	**4.33**	**125.27**	**10.80**	**0.07**

6-11 续表 1

项　　目	Item	其他焦化产品(万吨) Other Coking Products (10^4 tons)	油品合计(万吨) Petroleum Products Total (10^4 tons)
一.可供本地区消费的能源量	**Total Primary Energy Supply**	**-3.98**	**3900.24**
1.一次能源生产量	Indigenous Production		
2.外省(区、市)调入量	Moving in from Other Provinces		2957.05
3.进口量	Import		5731.95
4.境内飞机和轮船在境外的加油量	Domestic Airplanes&Ships Refueling Abroad		
5.本省(区、市)调出量(-)	Sending Out to Other Provinces(-)	3.95	3839.45
6.出口量(-)	Export(-)		1125.20
7.境外飞机和轮船在境内的加油量(-)	Oversea Airplanes&Ships Refueling Domestically(-)		
8.库存增(-)、减(+)量	Stock Change	-0.03	175.90
二.加工转换投入(-)产出(+)量	**Input(-) & Output(+) of Transformation**	**21.53**	**-245.65**
1.火力发电	Thermal Power		-31.41
2.供热	Heating Supply		-32.87
3.煤炭洗选	Coal Washing		
4.炼焦	Coking	21.53	
5.炼油及煤制油	Petroleum Refining and Coal-to-liquids		435.18
#油品再投入量(-)	Petroleum Products Input (-)		-597.84
6.制气	Gas Works		-18.72
#再投入量(-)	Input (-)		
7.天然气液化	Natural Gas Liquefaction		
8.煤制品加工	Briquettes		
9.回收能	Recovery of Energy		
三.损失量	**Loss**		
四.终端消费量	**Total Final Consumption**	**17.55**	**3654.60**
1.农、林、牧、渔业	Agriculture, Forestry, Animal Husbandry and Fishery		234.50
2.工业	Industry	17.55	1724.00
#用作原料、材料	Non-Energy Use		1366.72
3.建筑业	Construction		142.51
4.交通运输、仓储和邮政业	Transport, Storage and Post		947.48
5.批发和零售业、住宿和餐饮业	Wholesale and Retail Trades, Hotels and Catering Services		90.90
6.其他	Others		88.65
7.居民生活	Residential		426.55
城镇	Urban		219.85
乡村	Rural		206.70
五.平衡差额	**Statistical Difference**		
六.消费量合计	**Total Energy Consumption**	**17.55**	**3900.24**

Continued 1

原油 (万吨) Crude Oil (10^4 tons)	汽油 (万吨) Gasoline (10^4 tons)	煤油 (万吨) Kerosene (10^4 tons)	柴油 (万吨) Diesel Oil (10^4 tons)	燃料油 (万吨) Fuel Oil (10^4 tons)	石脑油 (万吨) Naphtha (10^4 tons)	润滑油 (万吨) Lubricants (10^4 tons)	石蜡 (万吨) Paraffin Waxes (10^4 tons)	溶剂油 (万吨) White Spirit (10^4 tons)
5082.70	**394.50**	**-378.40**	**-21.15**	**-10.02**	**-163.41**	**2.71**	**0.94**	**0.65**
802.39	839.28	111.67	473.25	629.44		2.53	0.92	0.67
4231.68		5.68	54.88	754.03		1.88		
	340.52	437.45	400.91	706.53	163.41			
55.20	96.55	53.38	98.33	819.86		1.65		
103.83	-7.72	-4.91	-50.04	132.89		-0.04	0.02	-0.02
-5082.69	**440.08**	**524.17**	**723.43**	**279.89**	**163.41**	**-0.01**		
			-0.90	-0.02		-0.01		
			-0.07	-0.05				
-5082.69	440.08	524.17	724.41	466.40	400.74			
				-174.38	-237.33			
				-12.06				
	834.57	**145.77**	**702.29**	**269.87**		**2.70**	**0.95**	**0.66**
	35.00		199.50					
	27.45	0.97	72.09	166.42		2.70	0.95	0.66
	0.18	0.14	1.52	143.91		0.48	0.70	0.55
	43.51		99.00					
	430.86	144.80	272.50	99.30				
	35.70		18.50	2.70				
	59.50		12.70	1.45				
	202.55		28.00					
	107.35		13.50					
	95.20		14.50					
5082.69	**834.57**	**145.77**	**703.26**	**456.38**	**237.33**	**2.71**	**0.95**	**0.66**

6-11 续表 2

项　目	Item	石油沥青(万吨) Bitumen Asphalt (10^4 tons)	石油焦(万吨) Petroleum Coke (10^4 tons)
一.可供本地区消费的能源量	**Total Primary Energy Supply**	**-343.37**	**-77.31**
1.一次能源生产量	Indigenous Production		
2.外省(区、市)调入量	Moving in from Other Provinces		
3.进口量	Import		
4.境内飞机和轮船在境外的加油量	Domestic Airplanes&Ships Refueling Abroad		
5.本省(区、市)调出量(−)	Sending Out to Other Provinces(-)	343.12	80.82
6.出口量(−)	Export(-)		
7.境外飞机和轮船在境内的加油量(−)	Oversea Airplanes&Ships Refueling Domestically(-)		
8.库存增(−)、减(+)量	Stock Change	-0.25	3.51
二.加工转换投入(−)产出(+)量	**Input(-) & Output(+) of Transformation**	**360.95**	**134.64**
1.火力发电	Thermal Power		-30.47
2.供热	Heating Supply		-32.75
3.煤炭洗选	Coal Washing		
4.炼焦	Coking		
5.炼油及煤制油	Petroleum Refining and Coal-to-liquids	397.97	204.53
#油品再投入量(−)	Petroleum Products Input (-)	-37.02	
6.制气	Gas Works		-6.66
#再投入量(−)	Input (-)		
7.天然气液化	Natural Gas Liquefaction		
8.煤制品加工	Briquettes		
9.回收能	Recovery of Energy		
三.损失量	**Loss**		
四.终端消费量	**Total Final Consumption**	**17.58**	**57.34**
1.农、林、牧、渔业	Agriculture, Forestry, Animal Husbandry and Fishery		
2.工业	Industry	17.58	57.34
#用作原料、材料	Non-Energy Use	17.50	13.08
3.建筑业	Construction		
4.交通运输、仓储和邮政业	Transport, Storage and Post		
5.批发和零售业、住宿和餐饮业	Wholesale and Retail Trades, Hotels and Catering Services		
6.其他	Others		
7.居民生活	Residential		
城镇	Urban		
乡村	Rural		
五.平衡差额	**Statistical Difference**		
六.消费量合计	**Total Energy Consumption**	**54.60**	**127.23**

Continued 2

液化石油气 (万吨) Liquefied Petroleum Gas (10^4 tons)	炼厂干气 (万吨) Refinery Gas (10^4 tons)	其他石油制品 (万吨) Other Petroleum Products (10^4 tons)	天然气 (亿立方米) Natural Gas (10^8 cu.m)	液化天然气 (万吨) Liquefied Natural Gas (10^4 tons)	热力 (万百万千焦) Heat (10^{10} kJ)	电力 (亿千瓦时) Electricity (10^8 kW•h)	其他能源 (万吨标准煤) Other Energy (10^4 tce)
104.32	**47.79**	**-739.71**	**133.50**	**65.08**		**2387.05**	**498.04**
						1088.68	499.39
49.10	47.79		133.50	65.08		1446.06	
683.81							
628.57		738.12				147.70	
0.23							
0.21		-1.59					-1.35
579.75	**96.82**	**1533.92**	**-35.62**	**-2.44**	**58756.47**	**2442.63**	**-423.06**
			-31.74		-6414.37	2442.63	-371.42
			-3.87	-2.44	56658.85		-52.68
617.86	126.95	1614.78					-39.04
-38.11	-30.13	-80.86					
							40.08
					8511.99		
					1779.08	**161.67**	
684.06	**144.61**	**794.21**	**97.89**	**62.64**	**56977.39**	**4668.01**	**74.98**
						28.71	
439.04	144.61	794.21	66.86	62.64	51329.65	3138.70	74.98
428.98		759.67	0.14	4.42			
						92.43	
0.02			0.02		2.74	83.49	
34.00			6.06		4070.00	215.83	
15.00					1575.00	421.39	
196.00			24.95			687.45	
99.00			18.35			373.16	
97.00			6.60			314.29	
722.18	**174.74**	**875.07**	**133.50**	**65.08**	**65170.84**	**4829.68**	**538.12**

6-12 安徽能源平衡表(实物量)-2020

项　目	Item	煤合计 (万吨) Coal Total (10^4 tons)	原煤 (万吨) Raw Coal (10^4 tons)
一.可供本地区消费的能源量	**Total Primary Energy Supply**	**16885.64**	**18496.99**
1.一次能源生产量	Indigenous Production	11084.44	11084.44
2.外省(区、市)调入量	Moving in from Other Provinces	10398.99	7947.53
3.进口量	Import		
4.境内飞机和轮船在境外的加油量	Domestic Airplanes&Ships Refueling Abroad		
5.本省(区、市)调出量(-)	Sending Out to Other Provinces(-)	4638.82	604.62
6.出口量(-)	Export(-)		
7.境外飞机和轮船在境内的加油量(-)	Oversea Airplanes&Ships Refueling Domestically(-)		
8.库存增(-)、减(+)量	Stock Change	41.03	69.64
二.加工转换投入(-)产出(+)量	**Input(-) & Output(+) of Transformation**	**-12835.32**	**-14583.82**
1.火力发电	Thermal Power	-9718.09	-9523.86
2.供热	Heating Supply	-728.61	-711.92
3.煤炭洗选	Coal Washing	-638.25	-4266.93
4.炼焦	Coking	-1669.26	
5.炼油及煤制油	Petroleum Refining and Coal-to-liquids	-26.34	-26.34
#油品再投入量(-)	Petroleum Products Input (-)		
6.制气	Gas Works	-54.77	-54.77
#再投入量(-)	Input (-)		
7.天然气液化	Natural Gas Liquefaction		
8.煤制品加工	Briquettes		
9.回收能	Recovery of Energy		
三.损失量	**Loss**		
四.终端消费量	**Total Final Consumption**	**4051.71**	**3914.14**
1.农、林、牧、渔业	Agriculture, Forestry, Animal Husbandry and Fishery	23.96	23.96
2.工业	Industry	3981.39	3867.51
#用作原料、材料	Non-Energy Use	1058.10	1021.23
3.建筑业	Construction	22.56	22.56
4.交通运输、仓储和邮政业	Transport, Storage and Post	0.12	0.12
5.批发和零售业、住宿和餐饮业	Wholesale and Retail Trades, Hotels and Catering Services		
6.其他	Others		
7.居民生活	Residential	23.68	
城镇	Urban	8.08	
乡村	Rural	15.60	
五.平衡差额	**Statistical Difference**	**-1.39**	**-0.98**
六.消费量合计	**Total Energy Consumption**	**16887.03**	**18497.96**

Energy Balance of Anhui (Physical Quantity) -2020

洗精煤 (万吨) Cleaned Coal (10^4 tons)	其他洗煤 (万吨) Other Washed Coal (10^4 tons)	煤制品 (万吨) Briquettes (10^4 tons)	煤矸石 (万吨) Gangue (10^4 tons)	焦炭 (万吨) Coke (10^4 tons)	焦炉煤气 (亿立方米) Coke Oven Gas (10^8 cu.m)	高炉煤气 (亿立方米) Blast Furnace Gas (10^8 cu.m)	转炉煤气 (亿立方米) Converter Gas (10^8 cu.m)	其他煤气 (亿立方米) Other Gas (10^8 cu.m)
-367.44	**-1292.34**	**48.43**	**86.05**	**92.42**				
2199.05	194.86	57.55	84.01	989.35				
2501.71	1519.35	13.14		895.07				
-64.78	32.15	4.02	2.04	-1.86				
367.85	**1387.94**	**-7.29**	**-75.23**	**1228.35**	**29.36**	**265.28**	**14.42**	
	-186.94	-7.29	-220.20		-6.53	-156.90	-15.75	
	-16.69		-19.76		-1.08	-12.09	-0.93	
2037.11	1591.57		164.73					
-1669.26				1228.35	36.97			
						434.27	31.10	
	95.78	**41.79**	**11.69**	**1321.00**	**29.36**	**265.28**	**14.42**	
	95.78	18.11	11.69	1321.00	29.36	265.28	14.42	
	36.87			2.44	0.17			
		23.68						
		8.08						
		15.60						
0.41	**-0.18**	**-0.65**	**-0.87**	**-0.23**				
1669.26	**299.41**	**49.08**	**251.65**	**1321.00**	**36.97**	**434.27**	**31.10**	

6-12 续表 1

项　目	Item	其他焦化产品 (万吨) Other Coking Products (10^4 tons)	油品合计 (万吨) Petroleum Products Total (10^4 tons)
一.可供本地区消费的能源量	**Total Primary Energy Supply**	**-66.91**	**1564.53**
1.一次能源生产量	Indigenous Production		
2.外省(区、市)调入量	Moving in from Other Provinces		966.12
3.进口量	Import		708.50
4.境内飞机和轮船在境外的加油量	Domestic Airplanes&Ships Refueling Abroad		
5.本省(区、市)调出量(-)	Sending Out to Other Provinces(-)	66.91	115.91
6.出口量(-)	Export(-)		
7.境外飞机和轮船在境内的加油量(-)	Oversea Airplanes&Ships Refueling Domestically(-)		
8.库存增(-)、减(+)量	Stock Change		5.81
二.加工转换投入(-)产出(+)量	**Input(-) & Output(+) of Transformation**	**80.29**	**1.90**
1.火力发电	Thermal Power		-0.39
2.供热	Heating Supply		-0.09
3.煤炭洗选	Coal Washing		
4.炼焦	Coking	80.29	
5.炼油及煤制油	Petroleum Refining and Coal-to-liquids		86.27
#油品再投入量(-)	Petroleum Products Input (-)		-83.89
6.制气	Gas Works		
#再投入量(-)	Input (-)		
7.天然气液化	Natural Gas Liquefaction		
8.煤制品加工	Briquettes		
9.回收能	Recovery of Energy		
三.损失量	**Loss**		
四.终端消费量	**Total Final Consumption**	**13.38**	**1565.90**
1.农、林、牧、渔业	Agriculture, Forestry, Animal Husbandry and Fishery		102.94
2.工业	Industry	13.38	186.12
#用作原料、材料	Non-Energy Use	6.23	51.75
3.建筑业	Construction		104.20
4.交通运输、仓储和邮政业	Transport, Storage and Post		664.98
5.批发和零售业、住宿和餐饮业	Wholesale and Retail Trades, Hotels and Catering Services		29.84
6.其他	Others		121.82
7.居民生活	Residential		355.99
城镇	Urban		233.26
乡村	Rural		122.74
五.平衡差额	**Statistical Difference**		**0.53**
六.消费量合计	**Total Energy Consumption**	**13.38**	**1564.00**

Continued 1

原油 (万吨) Crude Oil (10^4 tons)	汽油 (万吨) Gasoline (10^4 tons)	煤油 (万吨) Kerosene (10^4 tons)	柴油 (万吨) Diesel Oil (10^4 tons)	燃料油 (万吨) Fuel Oil (10^4 tons)	石脑油 (万吨) Naphtha (10^4 tons)	润滑油 (万吨) Lubricants (10^4 tons)	石蜡 (万吨) Paraffin Waxes (10^4 tons)	溶剂油 (万吨) White Spirit (10^4 tons)
711.03	**433.54**	**-35.18**	**465.44**	**6.58**	**-16.16**	**1.27**	**0.20**	**0.34**
	457.87	0.01	468.96	10.44		1.46	0.18	0.34
708.50								
	27.53	34.34	4.06	3.58	17.20	0.15		
2.53	3.20	-0.85	0.54	-0.28	1.04	-0.04	0.02	
-710.40	**256.16**	**46.83**	**183.45**	**13.64**	**16.16**			
			-0.39					
			-0.09					
-710.40	256.16	46.83	183.93	13.64	16.16			
0.63	**689.70**	**11.65**	**648.89**	**20.22**		**1.27**	**0.20**	**0.35**
	22.89		80.06					
0.63	2.90	0.23	49.90	3.85		1.27	0.20	0.35
	0.02		0.22	0.02			0.12	0.16
	34.00		68.33	1.88				
	219.81	11.42	419.23	14.50				
	19.68		10.16					
	105.43		16.39					
	285.00		4.83					
	204.40		1.12					
	80.60		3.71					
711.03	**689.70**	**11.65**	**649.37**	**20.22**		**1.27**	**0.20**	**0.35**

6-12 续表 2

项　目	Item	石油沥青 (万吨) Bitumen Asphalt (10^4 tons)	石油焦 (万吨) Petroleum Coke (10^4 tons)
一.可供本地区消费的能源量	**Total Primary Energy Supply**	**1.05**	**-11.44**
1.一次能源生产量	Indigenous Production		
2.外省(区、市)调入量	Moving in from Other Provinces	2.59	7.87
3.进口量	Import		
4.境内飞机和轮船在境外的加油量	Domestic Airplanes&Ships Refueling Abroad		
5.本省(区、市)调出量(-)	Sending Out to Other Provinces(-)	3.93	19.32
6.出口量(-)	Export(-)		
7.境外飞机和轮船在境内的加油量(-)	Oversea Airplanes&Ships Refueling Domestically(-)		
8.库存增(-)、减(+)量	Stock Change	2.39	0.01
二.加工转换投入(-)产出(+)量	**Input(-) & Output(+) of Transformation**		**26.16**
1.火力发电	Thermal Power		
2.供热	Heating Supply		
3.煤炭洗选	Coal Washing		
4.炼焦	Coking		
5.炼油及煤制油	Petroleum Refining and Coal-to-liquids		26.16
#油品再投入量(-)	Petroleum Products Input (-)		
6.制气	Gas Works		
#再投入量(-)	Input (-)		
7.天然气液化	Natural Gas Liquefaction		
8.煤制品加工	Briquettes		
9.回收能	Recovery of Energy		
三.损失量	**Loss**		
四.终端消费量	**Total Final Consumption**	**1.05**	**14.72**
1.农、林、牧、渔业	Agriculture, Forestry, Animal Husbandry and Fishery		
2.工业	Industry	1.05	14.72
#用作原料、材料	Non-Energy Use	0.79	6.53
3.建筑业	Construction		
4.交通运输、仓储和邮政业	Transport, Storage and Post		
5.批发和零售业、住宿和餐饮业	Wholesale and Retail Trades, Hotels and Catering Services		
6.其他	Others		
7.居民生活	Residential		
城镇	Urban		
乡村	Rural		
五.平衡差额	**Statistical Difference**		
六.消费量合计	**Total Energy Consumption**	**1.05**	**14.72**

Continued 2

液化石油气 (万吨) Liquefied Petroleum Gas (10^4 tons)	炼厂干气 (万吨) Refinery Gas (10^4 tons)	其他石油制品 (万吨) Other Petroleum Products (10^4 tons)	天然气 (亿立方米) Natural Gas (10^8 cu.m)	液化天然气 (万吨) Liquefied Natural Gas (10^4 tons)	热力 (万百万千焦) Heat (10^{10} kJ)	电力 (亿千瓦时) Electricity (10^8 kW•h)	其他能源 (万吨标准煤) Other Energy (10^4 tce)
-3.26		**11.11**	**66.57**	**3.50**		**-128.35**	**447.92**
			2.24			253.13	447.92
4.40		12.00	64.33			425.10	
5.80				0.23		806.58	
-1.86		-0.89		3.73			
70.22	**26.53**	**73.15**	**-2.29**	**0.93**	**14034.67**	**2555.84**	**-396.08**
			-1.79		-8320.20	2555.84	-404.19
			-0.45		13049.60		-16.95
70.34	37.90	145.55					
-0.12	-11.37	-72.40					
			0.08				25.06
			-0.13	0.93			
					9305.27		
						126.82	
66.96	**25.99**	**84.26**	**64.27**	**4.43**	**14034.67**	**2300.68**	**51.84**
						37.48	
0.77	25.99	84.26	28.25	4.43	11424.44	1423.97	51.84
0.06		43.83	0.10	0.03			
						39.53	
0.03			3.08		2.48	50.90	
			4.70		544.29	117.57	
			2.69			223.48	
66.17			25.55		2063.45	407.75	
27.74			25.55		2063.45	177.05	
38.43						230.69	
	0.54					**-0.01**	
67.08	**37.36**	**156.66**	**66.52**	**4.43**	**22354.87**	**2427.50**	**472.98**

6-13 福建能源平衡表(实物量)-2020

项 目	Item	煤合计(万吨) Coal Total (10^4 tons)	原煤(万吨) Raw Coal (10^4 tons)
一.可供本地区消费的能源量	**Total Primary Energy Supply**	**8960.56**	**8811.35**
1.一次能源生产量	Indigenous Production	658.54	658.54
2.外省(区、市)调入量	Moving in from Other Provinces	4411.53	4230.11
3.进口量	Import	5137.34	5137.34
4.境内飞机和轮船在境外的加油量	Domestic Airplanes&Ships Refueling Abroad		
5.本省(区、市)调出量(-)	Sending Out to Other Provinces(-)	1367.13	1317.62
6.出口量(-)	Export(-)		
7.境外飞机和轮船在境内的加油量(-)	Oversea Airplanes&Ships Refueling Domestically(-)		
8.库存增(-)、减(+)量	Stock Change	120.28	102.98
二.加工转换投入(-)产出(+)量	**Input(-) & Output(+) of Transformation**	**-6959.94**	**-6865.84**
1.火力发电	Thermal Power	-5843.90	-5843.90
2.供热	Heating Supply	-747.94	-747.94
3.煤炭洗选	Coal Washing	-0.60	-73.00
4.炼焦	Coking	-272.08	-90.85
5.炼油及煤制油	Petroleum Refining and Coal-to-liquids		
#油品再投入量(-)	Petroleum Products Input (-)		
6.制气	Gas Works	-99.02	-99.02
#再投入量(-)	Input (-)		
7.天然气液化	Natural Gas Liquefaction		
8.煤制品加工	Briquettes	3.60	-11.13
9.回收能	Recovery of Energy		
三.损失量	**Loss**		
四.终端消费量	**Total Final Consumption**	**2000.62**	**1945.51**
1.农、林、牧、渔业	Agriculture, Forestry, Animal Husbandry and Fishery	28.30	28.30
2.工业	Industry	1950.30	1895.19
#用作原料、材料	Non-Energy Use	72.01	71.37
3.建筑业	Construction	2.00	2.00
4.交通运输、仓储和邮政业	Transport, Storage and Post	1.02	1.02
5.批发和零售业、住宿和餐饮业	Wholesale and Retail Trades, Hotels and Catering Services	2.50	2.50
6.其他	Others	6.00	6.00
7.居民生活	Residential	10.50	10.50
城镇	Urban	2.05	2.05
乡村	Rural	8.45	8.45
五.平衡差额	**Statistical Difference**		
六.消费量合计	**Total Energy Consumption**	**8960.56**	**8811.35**

Energy Balance of Fujian (Physical Quantity) -2020

洗精煤 (万吨) Cleaned Coal (10^4 tons)	其他洗煤 (万吨) Other Washed Coal (10^4 tons)	煤制品 (万吨) Briquettes (10^4 tons)	煤矸石 (万吨) Gangue (10^4 tons)	焦炭 (万吨) Coke (10^4 tons)	焦炉煤气 (亿立方米) Coke Oven Gas (10^8 cu.m)	高炉煤气 (亿立方米) Blast Furnace Gas (10^8 cu.m)	转炉煤气 (亿立方米) Converter Gas (10^8 cu.m)	其他煤气 (亿立方米) Other Gas (10^8 cu.m)
181.23	**-49.72**	**17.70**		**654.59**				
181.42				667.04				
	49.51							
-0.19	-0.21	17.70		-12.45				
-181.23	**72.40**	**14.73**		**223.46**	**3.34**	**160.90**	**9.54**	**7.73**
					-0.22	-64.76	-12.44	
					-0.40	-14.40	-1.03	
	72.40							
-181.23				223.46	3.96			
								7.73
		14.73						
						240.06	23.01	
	22.68	**32.43**		**878.05**	**3.34**	**160.90**	**9.54**	**7.73**
	22.68	32.43		878.05	3.34	160.90	9.54	7.73
	0.64			0.74				
181.23	**22.68**	**32.43**		**878.05**	**3.96**	**240.06**	**23.01**	**7.73**

6-13 续表 1

项　　目	Item	其他焦化产品 (万吨) Other Coking Products (10^4 tons)	油品合计 (万吨) Petroleum Products Total (10^4 tons)
一.可供本地区消费的能源量	**Total Primary Energy Supply**		**2312.37**
1.一次能源生产量	Indigenous Production		
2.外省(区、市)调入量	Moving in from Other Provinces		866.18
3.进口量	Import		2557.52
4.境内飞机和轮船在境外的加油量	Domestic Airplanes&Ships Refueling Abroad		
5.本省(区、市)调出量(-)	Sending Out to Other Provinces(-)		1037.66
6.出口量(-)	Export(-)		
7.境外飞机和轮船在境内的加油量(-)	Oversea Airplanes&Ships Refueling Domestically(-)		
8.库存增(-)、减(+)量	Stock Change		-73.67
二.加工转换投入(-)产出(+)量	**Input(-) & Output(+) of Transformation**	**7.39**	**-251.30**
1.火力发电	Thermal Power		-40.27
2.供热	Heating Supply		-29.30
3.煤炭洗选	Coal Washing		
4.炼焦	Coking	7.39	
5.炼油及煤制油	Petroleum Refining and Coal-to-liquids		-108.26
#油品再投入量(-)	Petroleum Products Input (-)		-73.47
6.制气	Gas Works		
#再投入量(-)	Input (-)		
7.天然气液化	Natural Gas Liquefaction		
8.煤制品加工	Briquettes		
9.回收能	Recovery of Energy		
三.损失量	**Loss**		
四.终端消费量	**Total Final Consumption**	**7.39**	**2061.07**
1.农、林、牧、渔业	Agriculture, Forestry, Animal Husbandry and Fishery		71.70
2.工业	Industry	7.39	868.86
#用作原料、材料	Non-Energy Use		275.33
3.建筑业	Construction		137.34
4.交通运输、仓储和邮政业	Transport, Storage and Post		767.83
5.批发和零售业、住宿和餐饮业	Wholesale and Retail Trades, Hotels and Catering Services		13.18
6.其他	Others		26.86
7.居民生活	Residential		175.30
城镇	Urban		96.00
乡村	Rural		79.30
五.平衡差额	**Statistical Difference**		
六.消费量合计	**Total Energy Consumption**	**7.39**	**2312.37**

Continued 1

原油 (万吨) Crude Oil (10^4 tons)	汽油 (万吨) Gasoline (10^4 tons)	煤油 (万吨) Kerosene (10^4 tons)	柴油 (万吨) Diesel Oil (10^4 tons)	燃料油 (万吨) Fuel Oil (10^4 tons)	石脑油 (万吨) Naphtha (10^4 tons)	润滑油 (万吨) Lubricants (10^4 tons)	石蜡 (万吨) Paraffin Waxes (10^4 tons)	溶剂油 (万吨) White Spirit (10^4 tons)
2528.74	**212.03**	**-263.38**	**17.17**	**-5.10**	**-51.90**	**11.43**	**0.24**	**2.43**
	396.11		271.12	113.64	28.53	12.36	0.24	2.11
2557.52								
	168.24	264.76	239.44	119.39	81.54			
-28.78	-15.84	1.38	-14.51	0.65	1.11	-0.93		0.32
-2525.03	**318.87**	**386.89**	**387.89**	**148.77**	**187.83**			
			-0.75	-0.09				
			-0.60	-7.83				
-2525.03	318.87	386.89	389.24	168.28	187.83			
				-11.59				
3.71	**530.90**	**123.51**	**405.06**	**143.67**	**135.93**	**11.43**	**0.24**	**2.43**
	27.00	0.60	34.00	6.00		2.30		
3.71	76.39	0.40	26.00	25.64	135.93	4.13	0.24	2.43
	39.48		36.80					
	241.63	122.51	283.36	112.03		5.00		
	8.90		4.00					
	22.00		4.80					
	115.50		16.10					
	70.00		4.50					
	45.50		11.60					
2528.74	**530.90**	**123.51**	**406.41**	**163.18**	**135.93**	**11.43**	**0.24**	**2.43**

6-13 续表 2

项 目	Item	石油沥青 (万吨) Bitumen Asphalt (10^4 tons)	石油焦 (万吨) Petroleum Coke (10^4 tons)
一.可供本地区消费的能源量	**Total Primary Energy Supply**	**-58.90**	**16.01**
1.一次能源生产量	Indigenous Production		
2.外省(区、市)调入量	Moving in from Other Provinces		25.48
3.进口量	Import		
4.境内飞机和轮船在境外的加油量	Domestic Airplanes&Ships Refueling Abroad		
5.本省(区、市)调出量(-)	Sending Out to Other Provinces(-)	50.62	5.29
6.出口量(-)	Export(-)		
7.境外飞机和轮船在境内的加油量(-)	Oversea Airplanes&Ships Refueling Domestically(-)		
8.库存增(-)、减(+)量	Stock Change	-8.28	-4.18
二.加工转换投入(-)产出(+)量	**Input(-) & Output(+) of Transformation**	**122.02**	**9.43**
1.火力发电	Thermal Power		-10.54
2.供热	Heating Supply		-16.68
3.煤炭洗选	Coal Washing		
4.炼焦	Coking		
5.炼油及煤制油	Petroleum Refining and Coal-to-liquids	122.02	36.65
#油品再投入量(-)	Petroleum Products Input (-)		
6.制气	Gas Works		
#再投入量(-)	Input (-)		
7.天然气液化	Natural Gas Liquefaction		
8.煤制品加工	Briquettes		
9.回收能	Recovery of Energy		
三.损失量	**Loss**		
四.终端消费量	**Total Final Consumption**	**63.12**	**25.44**
1.农、林、牧、渔业	Agriculture, Forestry, Animal Husbandry and Fishery		
2.工业	Industry	3.06	25.44
#用作原料、材料	Non-Energy Use	2.24	2.84
3.建筑业	Construction	60.06	
4.交通运输、仓储和邮政业	Transport, Storage and Post		
5.批发和零售业、住宿和餐饮业	Wholesale and Retail Trades, Hotels and Catering Services		
6.其他	Others		
7.居民生活	Residential		
城镇	Urban		
乡村	Rural		
五.平衡差额	**Statistical Difference**		
六.消费量合计	**Total Energy Consumption**	**63.12**	**52.66**

Continued 2

液化石油气 (万吨) Liquefied Petroleum Gas (10^4 tons)	炼厂干气 (万吨) Refinery Gas (10^4 tons)	其他石油制品 (万吨) Other Petroleum Products (10^4 tons)	天然气 (亿立方米) Natural Gas (10^8 cu.m)	液化天然气 (万吨) Liquefied Natural Gas (10^4 tons)	热力 (万百万千焦) Heat (10^{10} kJ)	电力 (亿千瓦时) Electricity (10^8 kW•h)	其他能源 (万吨标准煤) Other Energy (10^4 tce)
-58.59		**-37.81**	**51.14**	**7.54**		**932.26**	**294.07**
						1085.74	294.07
		16.59	9.79			1.50	
			41.35	7.54			
58.68		49.70				154.98	
0.09		-4.70					
119.96	**123.63**	**468.44**	**-12.61**		**14908.91**	**1565.31**	**-232.27**
	-28.89		-12.09		-4472.26	1565.31	-230.00
	-4.19		-0.52		15367.52		-2.27
119.96	156.71	530.32					
		-61.88					
					4013.65		
						83.84	
61.37	**123.63**	**430.63**	**38.53**	**7.54**	**14908.91**	**2413.73**	**61.80**
1.80						42.62	1.80
11.23	123.63	430.63	32.23	7.54	14908.91	1458.58	60.00
		270.25					
1.00			0.90			38.26	
3.30			2.06			42.80	
0.28			0.60			131.54	
0.06			0.30			196.46	
43.70			2.44			503.47	
21.50			2.10			251.47	
22.20			0.34			252.00	
61.37	**156.71**	**492.51**	**51.14**	**7.54**	**19381.17**	**2497.57**	**294.07**

6-14 江西能源平衡表(实物量)-2020

项　目	Item	煤合计(万吨) Coal Total (10^4 tons)	原煤(万吨) Raw Coal (10^4 tons)
一.可供本地区消费的能源量	**Total Primary Energy Supply**	**7976.57**	**6970.13**
1.一次能源生产量	Indigenous Production	314.46	314.46
2.外省(区、市)调入量	Moving in from Other Provinces	7585.23	6575.80
3.进口量	Import	66.61	66.61
4.境内飞机和轮船在境外的加油量	Domestic Airplanes&Ships Refueling Abroad		
5.本省(区、市)调出量(-)	Sending Out to Other Provinces(-)	42.93	42.93
6.出口量(-)	Export(-)		
7.境外飞机和轮船在境内的加油量(-)	Oversea Airplanes&Ships Refueling Domestically(-)		
8.库存增(-)、减(+)量	Stock Change	53.19	56.18
二.加工转换投入(-)产出(+)量	**Input(-) & Output(+) of Transformation**	**-5409.18**	**-4573.10**
1.火力发电	Thermal Power	-4148.82	-4148.82
2.供热	Heating Supply	-290.11	-290.11
3.煤炭洗选	Coal Washing	-25.55	-102.61
4.炼焦	Coking	-960.70	-16.56
5.炼油及煤制油	Petroleum Refining and Coal-to-liquids		
#油品再投入量(-)	Petroleum Products Input (-)		
6.制气	Gas Works		
#再投入量(-)	Input (-)		
7.天然气液化	Natural Gas Liquefaction		
8.煤制品加工	Briquettes	16.00	-15.00
9.回收能	Recovery of Energy		
三.损失量	**Loss**		
四.终端消费量	**Total Final Consumption**	**2567.39**	**2397.03**
1.农、林、牧、渔业	Agriculture, Forestry, Animal Husbandry and Fishery	19.00	19.00
2.工业	Industry	2251.78	2179.22
#用作原料、材料	Non-Energy Use	0.22	0.22
3.建筑业	Construction	2.80	2.80
4.交通运输、仓储和邮政业	Transport, Storage and Post	5.01	5.01
5.批发和零售业、住宿和餐饮业	Wholesale and Retail Trades, Hotels and Catering Services	25.00	25.00
6.其他	Others	20.00	20.00
7.居民生活	Residential	243.80	146.00
城镇	Urban	50.80	26.00
乡村	Rural	193.00	120.00
五.平衡差额	**Statistical Difference**	**0.01**	**0.01**
六.消费量合计	**Total Energy Consumption**	**7976.57**	**6970.13**

Energy Balance of Jiangxi (Physical Quantity) -2020

洗精煤 (万吨) Cleaned Coal (10^4 tons)	其他洗煤 (万吨) Other Washed Coal (10^4 tons)	煤制品 (万吨) Briquettes (10^4 tons)	煤矸石 (万吨) Gangue (10^4 tons)	焦炭 (万吨) Coke (10^4 tons)	焦炉煤气 (亿立方米) Coke Oven Gas (10^8 cu.m)	高炉煤气 (亿立方米) Blast Furnace Gas (10^8 cu.m)	转炉煤气 (亿立方米) Converter Gas (10^8 cu.m)	其他煤气 (亿立方米) Other Gas (10^8 cu.m)
880.53	**123.95**	**1.96**	**84.12**	**273.42**				**0.11**
885.37	122.13	1.93	85.17	401.67				0.11
				138.59				
-4.84	1.82	0.03	-1.05	10.34				
-880.53	**-55.55**	**100.00**	**-37.46**	**688.50**	**16.76**	**250.31**	**26.29**	
			-37.46		-1.74	-113.55	-5.52	
					-0.59	-14.22	-1.22	
63.61	13.45							
-944.14				688.50	19.09			
	-69.00	100.00						
						378.08	33.03	
	68.40	**101.96**	**46.66**	**961.92**	**16.76**	**250.31**	**26.29**	**0.11**
	68.40	4.16	46.66	961.92	15.28	250.31	26.29	0.11
				2.67	0.06			
		97.80			1.48			
		24.80			1.48			
		73.00						
944.14	**137.40**	**101.96**	**84.12**	**961.92**	**19.09**	**378.08**	**33.03**	**0.11**

6-14 续表 1

项　目	Item	其他焦化产品(万吨) Other Coking Products (10^4 tons)	油品合计(万吨) Petroleum Products Total (10^4 tons)
一.可供本地区消费的能源量	**Total Primary Energy Supply**	**-19.59**	**1143.61**
1.一次能源生产量	Indigenous Production		
2.外省(区、市)调入量	Moving in from Other Provinces		1077.60
3.进口量	Import		140.97
4.境内飞机和轮船在境外的加油量	Domestic Airplanes&Ships Refueling Abroad		
5.本省(区、市)调出量(-)	Sending Out to Other Provinces(-)	19.40	91.88
6.出口量(-)	Export(-)		
7.境外飞机和轮船在境内的加油量(-)	Oversea Airplanes&Ships Refueling Domestically(-)		
8.库存增(-)、减(+)量	Stock Change	-0.19	16.92
二.加工转换投入(-)产出(+)量	**Input(-) & Output(+) of Transformation**	**26.15**	**-17.87**
1.火力发电	Thermal Power		-3.68
2.供热	Heating Supply		-5.24
3.煤炭洗选	Coal Washing		
4.炼焦	Coking	26.15	
5.炼油及煤制油	Petroleum Refining and Coal-to-liquids		42.96
#油品再投入量(-)	Petroleum Products Input (-)		-51.91
6.制气	Gas Works		
#再投入量(-)	Input (-)		
7.天然气液化	Natural Gas Liquefaction		
8.煤制品加工	Briquettes		
9.回收能	Recovery of Energy		
三.损失量	**Loss**		**0.60**
四.终端消费量	**Total Final Consumption**	**6.56**	**1125.13**
1.农、林、牧、渔业	Agriculture, Forestry, Animal Husbandry and Fishery		66.50
2.工业	Industry	6.56	115.08
#用作原料、材料	Non-Energy Use	5.48	20.30
3.建筑业	Construction		48.30
4.交通运输、仓储和邮政业	Transport, Storage and Post		583.15
5.批发和零售业、住宿和餐饮业	Wholesale and Retail Trades, Hotels and Catering Services		56.60
6.其他	Others		50.00
7.居民生活	Residential		205.50
城镇	Urban		145.50
乡村	Rural		60.00
五.平衡差额	**Statistical Difference**		**0.01**
六.消费量合计	**Total Energy Consumption**	**6.56**	**1143.60**

Continued 1

原油 (万吨) Crude Oil (10^4 tons)	汽油 (万吨) Gasoline (10^4 tons)	煤油 (万吨) Kerosene (10^4 tons)	柴油 (万吨) Diesel Oil (10^4 tons)	燃料油 (万吨) Fuel Oil (10^4 tons)	石脑油 (万吨) Naphtha (10^4 tons)	润滑油 (万吨) Lubricants (10^4 tons)	石蜡 (万吨) Paraffin Waxes (10^4 tons)	溶剂油 (万吨) White Spirit (10^4 tons)
702.48	**175.68**	**-40.05**	**295.99**	**-7.91**	**-26.74**	**0.32**	**0.10**	**0.03**
560.33	169.28		288.52			0.31	0.11	0.03
140.97								
		41.19		7.32	26.77			
1.18	6.40	1.14	7.47	-0.59	0.03	0.01	-0.01	
-701.88	**211.62**	**54.24**	**236.51**	**17.65**	**26.74**			
			-0.18					
-701.88	211.62	54.24	236.69	17.65	26.74			
0.60								
	387.30	**14.19**	**532.50**	**9.74**		**0.32**	**0.10**	**0.03**
	13.50		53.00					
	5.00	0.03	25.00	6.94		0.32	0.10	0.03
	2.80		21.50					
	191.00	14.16	375.00	2.80				
	23.00		24.00					
	27.00		17.00					
	125.00		17.00					
	90.00		7.00					
	35.00		10.00					
702.48	**387.30**	**14.19**	**532.68**	**9.74**		**0.32**	**0.10**	**0.03**

6-14 续表 2

项　目	Item	石油沥青(万吨) Bitumen Asphalt (10^4 tons)	石油焦(万吨) Petroleum Coke (10^4 tons)
一.可供本地区消费的能源量	**Total Primary Energy Supply**	**18.96**	**-16.34**
1.一次能源生产量	Indigenous Production		
2.外省(区、市)调入量	Moving in from Other Provinces	17.90	
3.进口量	Import		
4.境内飞机和轮船在境外的加油量	Domestic Airplanes&Ships Refueling Abroad		
5.本省(区、市)调出量(-)	Sending Out to Other Provinces(-)		16.60
6.出口量(-)	Export(-)		
7.境外飞机和轮船在境内的加油量(-)	Oversea Airplanes&Ships Refueling Domestically(-)		
8.库存增(-)、减(+)量	Stock Change	1.06	0.26
二.加工转换投入(-)产出(+)量	**Input(-) & Output(+) of Transformation**	**7.07**	**26.53**
1.火力发电	Thermal Power		-2.50
2.供热	Heating Supply		-3.35
3.煤炭洗选	Coal Washing		
4.炼焦	Coking		
5.炼油及煤制油	Petroleum Refining and Coal-to-liquids	7.07	32.38
#油品再投入量(-)	Petroleum Products Input (-)		
6.制气	Gas Works		
#再投入量(-)	Input (-)		
7.天然气液化	Natural Gas Liquefaction		
8.煤制品加工	Briquettes		
9.回收能	Recovery of Energy		
三.损失量	**Loss**		
四.终端消费量	**Total Final Consumption**	**26.03**	**10.19**
1.农、林、牧、渔业	Agriculture, Forestry, Animal Husbandry and Fishery		
2.工业	Industry	2.03	10.19
#用作原料、材料	Non-Energy Use	2.03	
3.建筑业	Construction	24.00	
4.交通运输、仓储和邮政业	Transport, Storage and Post		
5.批发和零售业、住宿和餐饮业	Wholesale and Retail Trades, Hotels and Catering Services		
6.其他	Others		
7.居民生活	Residential		
城镇	Urban		
乡村	Rural		
五.平衡差额	**Statistical Difference**		
六.消费量合计	**Total Energy Consumption**	**26.03**	**16.04**

Continued 2

液化石油气 (万吨) Liquefied Petroleum Gas (10^4 tons)	炼厂干气 (万吨) Refinery Gas (10^4 tons)	其他石油制品 (万吨) Other Petroleum Products (10^4 tons)	天然气 (亿立方米) Natural Gas (10^8 cu.m)	液化天然气 (万吨) Liquefied Natural Gas (10^4 tons)	热力 (万百万千焦) Heat (10^{10} kJ)	电力 (亿千瓦时) Electricity (10^8 kW•h)	其他能源 (万吨标准煤) Other Energy (10^4 tce)
35.91	**2.89**	**2.28**	**26.20**	**11.65**		**459.44**	**240.00**
						277.32	198.00
35.94	2.89	2.28	26.17	11.58		182.12	42.71
-0.03			0.03	0.07			-0.71
43.89	**24.86**	**34.90**	**-0.76**		**5008.64**	**1167.39**	**-164.51**
	-1.00		-0.58		-5047.53	1167.39	-160.77
	-1.89		-0.18		5827.29		-3.74
43.89	27.75	86.81					
		-51.91					
					4228.88		
						60.00	
79.80	**27.75**	**37.18**	**25.44**	**11.65**	**5008.64**	**1566.83**	**75.49**
						14.79	
0.51	27.75	37.18	15.14	2.65	5008.64	959.78	45.49
	3.30	14.97					
						28.83	
0.19			0.80	9.00		37.52	
9.60			2.00			82.45	
6.00			1.80			138.99	
63.50			5.70			304.47	30.00
48.50			5.50			158.44	
15.00			0.20			146.03	30.00
79.80	**30.64**	**89.09**	**26.20**	**11.65**	**10056.17**	**1626.83**	**240.00**

6-15 山东能源平衡表(实物量)-2020

项目	Item	煤合计(万吨) Coal Total (10^4 tons)	原煤(万吨) Raw Coal (10^4 tons)
一.可供本地区消费的能源量	**Total Primary Energy Supply**	**38790.28**	**40738.61**
1.一次能源生产量	Indigenous Production	10944.62	10944.62
2.外省(区、市)调入量	Moving in from Other Provinces	29785.07	29785.07
3.进口量	Import	1188.18	1188.18
4.境内飞机和轮船在境外的加油量	Domestic Airplanes&Ships Refueling Abroad		
5.本省(区、市)调出量(-)	Sending Out to Other Provinces(-)	4532.70	2368.38
6.出口量(-)	Export(-)		
7.境外飞机和轮船在境内的加油量(-)	Oversea Airplanes&Ships Refueling Domestically(-)		
8.库存增(-)、减(+)量	Stock Change	1405.11	1189.12
二.加工转换投入(-)产出(+)量	**Input(-) & Output(+) of Transformation**	**-32151.72**	**-34861.14**
1.火力发电	Thermal Power	-18498.74	-17902.25
2.供热	Heating Supply	-8243.63	-7951.65
3.煤炭洗选	Coal Washing	-732.21	-8330.29
4.炼焦	Coking	-4463.96	-407.56
5.炼油及煤制油	Petroleum Refining and Coal-to-liquids		
#油品再投入量(-)	Petroleum Products Input (-)		
6.制气	Gas Works	-200.93	-107.33
#再投入量(-)	Input (-)		
7.天然气液化	Natural Gas Liquefaction		
8.煤制品加工	Briquettes	-12.25	-162.07
9.回收能	Recovery of Energy		
三.损失量	**Loss**		
四.终端消费量	**Total Final Consumption**	**6638.55**	**5877.46**
1.农、林、牧、渔业	Agriculture, Forestry, Animal Husbandry and Fishery	40.60	40.60
2.工业	Industry	5706.94	4981.22
#用作原料、材料	Non-Energy Use	1608.46	1162.43
3.建筑业	Construction		
4.交通运输、仓储和邮政业	Transport, Storage and Post	12.00	12.00
5.批发和零售业、住宿和餐饮业	Wholesale and Retail Trades, Hotels and Catering Services	224.76	224.76
6.其他	Others	150.76	115.39
7.居民生活	Residential	503.49	503.49
城镇	Urban	172.11	172.11
乡村	Rural	331.38	331.38
五.平衡差额	**Statistical Difference**		
六.消费量合计	**Total Energy Consumption**	**38790.28**	**40738.60**

Energy Balance of Shandong (Physical Quantity) -2020

洗精煤 (万吨) Cleaned Coal (10^4 tons)	其他洗煤 (万吨) Other Washed Coal (10^4 tons)	煤制品 (万吨) Briquettes (10^4 tons)	煤矸石 (万吨) Gangue (10^4 tons)	焦炭 (万吨) Coke (10^4 tons)	焦炉煤气 (亿立方米) Coke Oven Gas (10^8 cu.m)	高炉煤气 (亿立方米) Blast Furnace Gas (10^8 cu.m)	转炉煤气 (亿立方米) Converter Gas (10^8 cu.m)	其他煤气 (亿立方米) Other Gas (10^8 cu.m)
-399.00	**-1568.91**	**19.58**	**-15.01**	**1613.36**				
				1644.13				
507.76	1656.56							
108.76	87.65	19.58	-15.01	-30.77				
399.00	**2192.27**	**118.15**	**41.11**	**2635.24**	**51.42**	**470.23**	**68.74**	**40.50**
	-592.27	-4.22	-224.50	-250.03	-8.82	-336.54	-15.64	-0.73
	-236.62	-55.36	-149.65	-275.07	-6.57	-50.71	-1.59	-1.59
4455.40	3142.68		415.26					
-4056.40				3162.55	72.13			
	-93.61							42.82
				-2.22	-5.32			
	-27.92	177.74						
						857.48	85.97	
	623.36	**137.74**	**26.11**	**4248.59**	**51.42**	**470.23**	**68.74**	**40.50**
	623.36	102.37	26.11	4248.59	50.17	470.23	68.74	40.50
	417.62	28.40		284.65	11.00			2.80
		35.37						
					1.25			
					1.04			
					0.21			
4056.40	**1573.77**	**197.32**	**400.25**	**4775.91**	**72.13**	**857.48**	**85.97**	**42.82**

6-15 续表 1

项 目	Item	其他焦化产品 (万吨) Other Coking Products (10^4 tons)	油品合计 (万吨) Petroleum Products Total (10^4 tons)
一.可供本地区消费的能源量	**Total Primary Energy Supply**	**-82.80**	**3951.92**
1.一次能源生产量	Indigenous Production		2219.17
2.外省(区、市)调入量	Moving in from Other Provinces		3199.36
3.进口量	Import		11027.99
4.境内飞机和轮船在境外的加油量	Domestic Airplanes&Ships Refueling Abroad		
5.本省(区、市)调出量(-)	Sending Out to Other Provinces(-)	80.60	12075.31
6.出口量(-)	Export(-)		1.79
7.境外飞机和轮船在境内的加油量(-)	Oversea Airplanes&Ships Refueling Domestically(-)		
8.库存增(-)、减(+)量	Stock Change	-2.20	-417.49
二.加工转换投入(-)产出(+)量	**Input(-) & Output(+) of Transformation**	**196.05**	**-627.08**
1.火力发电	Thermal Power	-0.06	-30.10
2.供热	Heating Supply	-0.14	-32.97
3.煤炭洗选	Coal Washing		
4.炼焦	Coking	196.25	
5.炼油及煤制油	Petroleum Refining and Coal-to-liquids		4668.62
#油品再投入量(-)	Petroleum Products Input (-)		-5229.53
6.制气	Gas Works		-3.10
#再投入量(-)	Input (-)		
7.天然气液化	Natural Gas Liquefaction		
8.煤制品加工	Briquettes		
9.回收能	Recovery of Energy		
三.损失量	**Loss**		
四.终端消费量	**Total Final Consumption**	**113.24**	**3324.84**
1.农、林、牧、渔业	Agriculture, Forestry, Animal Husbandry and Fishery		108.89
2.工业	Industry	113.24	1335.08
#用作原料、材料	Non-Energy Use	104.79	936.56
3.建筑业	Construction		212.13
4.交通运输、仓储和邮政业	Transport, Storage and Post		1041.61
5.批发和零售业、住宿和餐饮业	Wholesale and Retail Trades, Hotels and Catering Services		66.20
6.其他	Others		73.60
7.居民生活	Residential		487.34
城镇	Urban		364.36
乡村	Rural		122.98
五.平衡差额	**Statistical Difference**		
六.消费量合计	**Total Energy Consumption**	**113.44**	**3951.92**

Continued 1

原油 (万吨) Crude Oil (10^4 tons)	汽油 (万吨) Gasoline (10^4 tons)	煤油 (万吨) Kerosene (10^4 tons)	柴油 (万吨) Diesel Oil (10^4 tons)	燃料油 (万吨) Fuel Oil (10^4 tons)	石脑油 (万吨) Naphtha (10^4 tons)	润滑油 (万吨) Lubricants (10^4 tons)	石蜡 (万吨) Paraffin Waxes (10^4 tons)	溶剂油 (万吨) White Spirit (10^4 tons)
14708.95	**-1368.91**	**-86.83**	**-1717.60**	**1305.53**	**-290.87**	**-93.23**	**6.55**	**-13.62**
2219.17								
1770.73		50.00		1342.82			30.60	
10892.72				135.27				
	1365.82	143.00	1726.43	102.00	293.09	95.53		12.11
			1.79					
-173.67	-3.09	6.17	10.63	-70.57	2.22	2.30	-24.05	-1.51
-14545.65	**2019.17**	**187.63**	**2780.25**	**-1262.47**	**458.06**	**94.34**	**-3.90**	**15.18**
			-1.78	-0.37				
			-0.35	-0.29				
-14545.65	2042.49	187.63	2897.33	954.81	757.02	94.34	6.28	17.50
	-23.32		-114.94	-2216.63	-298.96		-10.18	-2.33
163.30	**650.26**	**100.80**	**1062.65**	**43.05**	**167.19**	**1.11**	**2.65**	**1.56**
	4.31		103.74					
163.30	7.98	0.20	59.38	11.06	167.19	1.11	2.65	1.56
	0.08	0.01	0.66	0.56	109.63	0.07	2.53	1.49
	13.12	0.45	57.71	2.87				
	140.90	100.15	773.58	26.97				
	21.99		30.75					
	43.17		22.35	2.16				
	418.79		15.14					
	339.61		4.38					
	79.18		10.76					
14708.95	**673.58**	**100.80**	**1179.73**	**2260.34**	**466.15**	**1.11**	**12.83**	**3.88**

6-15 续表 2

项目	Item	石油沥青(万吨) Bitumen Asphalt (10^4 tons)	石油焦(万吨) Petroleum Coke (10^4 tons)
一.可供本地区消费的能源量	**Total Primary Energy Supply**	**-2231.91**	**-781.83**
1.一次能源生产量	Indigenous Production		
2.外省(区、市)调入量	Moving in from Other Provinces		
3.进口量	Import		
4.境内飞机和轮船在境外的加油量	Domestic Airplanes&Ships Refueling Abroad		
5.本省(区、市)调出量(-)	Sending Out to Other Provinces(-)	2268.18	794.13
6.出口量(-)	Export(-)		
7.境外飞机和轮船在境内的加油量(-)	Oversea Airplanes&Ships Refueling Domestically(-)		
8.库存增(-)、减(+)量	Stock Change	36.26	12.31
二.加工转换投入(-)产出(+)量	**Input(-) & Output(+) of Transformation**	**2470.35**	**1005.33**
1.火力发电	Thermal Power		-24.54
2.供热	Heating Supply		-23.29
3.煤炭洗选	Coal Washing		
4.炼焦	Coking		
5.炼油及煤制油	Petroleum Refining and Coal-to-liquids	2816.65	1095.49
#油品再投入量(-)	Petroleum Products Input (-)	-346.30	-42.34
6.制气	Gas Works		
#再投入量(-)	Input (-)		
7.天然气液化	Natural Gas Liquefaction		
8.煤制品加工	Briquettes		
9.回收能	Recovery of Energy		
三.损失量	**Loss**		
四.终端消费量	**Total Final Consumption**	**238.44**	**223.50**
1.农、林、牧、渔业	Agriculture, Forestry, Animal Husbandry and Fishery		
2.工业	Industry	100.55	223.50
#用作原料、材料	Non-Energy Use	100.55	157.64
3.建筑业	Construction	137.89	
4.交通运输、仓储和邮政业	Transport, Storage and Post		
5.批发和零售业、住宿和餐饮业	Wholesale and Retail Trades, Hotels and Catering Services		
6.其他	Others		
7.居民生活	Residential		
城镇	Urban		
乡村	Rural		
五.平衡差额	**Statistical Difference**		
六.消费量合计	**Total Energy Consumption**	**584.73**	**313.66**

Continued 2

液化石油气 (万吨) Liquefied Petroleum Gas (10⁴ tons)	炼厂干气 (万吨) Refinery Gas (10⁴ tons)	其他石油制品 (万吨) Other Petroleum Products (10⁴ tons)	天然气 (亿立方米) Natural Gas (10⁸ cu.m)	液化天然气 (万吨) Liquefied Natural Gas (10⁴ tons)	热力 (万百万千焦) Heat (10¹⁰ kJ)	电力 (亿千瓦时) Electricity (10⁸ kW•h)	其他能源 (万吨标准煤) Other Energy (10⁴ tce)
-1121.91	**4.99**	**-4367.39**	**218.36**	**23.16**		**1823.52**	**734.61**
			5.77			664.86	732.11
	5.21		212.60	18.92		1165.72	
1084.98		4190.04				7.06	
-36.93	-0.21	-177.36		4.24			2.50
1344.81	**104.11**	**4705.70**	**-11.55**	**30.06**	**161527.25**	**5141.56**	**-734.61**
	-3.18	-0.23	-0.19		-9386.99	5141.56	-695.47
-2.77	-5.84	-0.44	-2.81	-0.63	161494.34		-106.52
1451.32	127.50	6765.91	-1.83				
-103.74	-11.26	-2059.54					
	-3.10						67.38
			-1.51				
			-5.21	30.69			
					9419.89		
222.91	**109.11**	**338.31**	**206.81**	**53.22**	**161527.25**	**6965.09**	
0.85						141.48	
149.18	109.11	338.31	136.35	49.45	124246.56	5352.23	
129.54		276.31	3.89	1.94			
0.10			0.11		798.54	65.71	
			8.80	3.78	1044.55	135.17	
13.45			12.32		3359.58	173.68	
5.93			7.32		5408.45	370.66	
53.41			41.91		26669.57	726.17	
20.37			34.98		25535.58	382.50	
33.04			6.93		1133.99	343.67	
329.42	**132.50**	**2398.52**	**214.13**	**53.85**	**170914.24**	**6965.09**	**801.99**

6-16 河南能源平衡表(实物量)-2020

项 目	Item	煤合计 (万吨) Coal Total (10^4 tons)	原煤 (万吨) Raw Coal (10^4 tons)
一.可供本地区消费的能源量	**Total Primary Energy Supply**	**19876.99**	**22115.00**
1.一次能源生产量	Indigenous Production	10647.49	10647.49
2.外省(区、市)调入量	Moving in from Other Provinces	17679.96	16250.36
3.进口量	Import		
4.境内飞机和轮船在境外的加油量	Domestic Airplanes&Ships Refueling Abroad		
5.本省(区、市)调出量(-)	Sending Out to Other Provinces(-)	8016.55	4610.54
6.出口量(-)	Export(-)		
7.境外飞机和轮船在境内的加油量(-)	Oversea Airplanes&Ships Refueling Domestically(-)		
8.库存增(-)、减(+)量	Stock Change	-433.91	-172.31
二.加工转换投入(-)产出(+)量	**Input(-) & Output(+) of Transformation**	**-15179.45**	**-17932.17**
1.火力发电	Thermal Power	-9750.71	-9477.28
2.供热	Heating Supply	-2107.44	-2047.37
3.煤炭洗选	Coal Washing	-654.79	-6217.95
4.炼焦	Coking	-2486.58	-5.75
5.炼油及煤制油	Petroleum Refining and Coal-to-liquids		
#油品再投入量(-)	Petroleum Products Input (-)		
6.制气	Gas Works	-179.93	-179.93
#再投入量(-)	Input (-)		
7.天然气液化	Natural Gas Liquefaction		
8.煤制品加工	Briquettes		-3.89
9.回收能	Recovery of Energy		
三.损失量	**Loss**		
四.终端消费量	**Total Final Consumption**	**4825.42**	**4310.71**
1.农、林、牧、渔业	Agriculture, Forestry, Animal Husbandry and Fishery	59.66	59.66
2.工业	Industry	4330.33	4188.87
#用作原料、材料	Non-Energy Use	1237.20	1219.77
3.建筑业	Construction	30.26	30.26
4.交通运输、仓储和邮政业	Transport, Storage and Post	0.10	0.09
5.批发和零售业、住宿和餐饮业	Wholesale and Retail Trades, Hotels and Catering Services	53.13	
6.其他	Others	31.83	31.83
7.居民生活	Residential	320.13	
城镇	Urban	127.23	
乡村	Rural	192.89	
五.平衡差额	**Statistical Difference**	**-127.89**	**-127.89**
六.消费量合计	**Total Energy Consumption**	**20004.87**	**22242.88**

Energy Balance of Henan (Physical Quantity) -2020

洗精煤 (万吨) Cleaned Coal (10^4 tons)	其他洗煤 (万吨) Other Washed Coal (10^4 tons)	煤制品 (万吨) Briquettes (10^4 tons)	煤矸石 (万吨) Gangue (10^4 tons)	焦炭 (万吨) Coke (10^4 tons)	焦炉煤气 (亿立方米) Coke Oven Gas (10^8 cu.m)	高炉煤气 (亿立方米) Blast Furnace Gas (10^8 cu.m)	转炉煤气 (亿立方米) Converter Gas (10^8 cu.m)	其他煤气 (亿立方米) Other Gas (10^8 cu.m)
-779.39	**-1832.40**	**373.77**	**258.26**	**-366.49**				**8.18**
484.15	529.49	415.96	253.52	610.35				9.01
1282.32	2082.71	40.98		994.18				0.83
18.78	-279.18	-1.20	4.74	17.34				
779.39	**1969.45**	**3.89**	**-159.47**	**1847.84**	**18.71**	**276.69**	**23.61**	**26.94**
	-273.42		-135.08		-13.08	-131.49	-8.09	
	-60.07		-47.31		-0.07			
3260.22	2302.94		22.92					
-2480.83				1847.84	46.55			
					-14.69			26.94
		3.89						
						408.18	31.70	
	137.05	**377.66**	**98.78**	**1481.35**	**18.71**	**276.69**	**23.61**	**35.12**
	137.05	4.40	98.78	1481.24	18.71	276.69	23.61	35.07
	17.43			138.60	0.07			
				0.11				
		53.13						
		320.13						0.04
		127.23						0.02
		192.89						0.02
2480.83	**470.54**	**377.66**	**281.18**	**1481.35**	**46.55**	**408.18**	**31.70**	**35.12**

6-16 续表 1

项　目	Item	其他焦化产品(万吨) Other Coking Products (10^4 tons)	油品合计(万吨) Petroleum Products Total (10^4 tons)
一.可供本地区消费的能源量	**Total Primary Energy Supply**		**2371.28**
1.一次能源生产量	Indigenous Production		239.91
2.外省(区、市)调入量	Moving in from Other Provinces		3729.83
3.进口量	Import		
4.境内飞机和轮船在境外的加油量	Domestic Airplanes&Ships Refueling Abroad		
5.本省(区、市)调出量(-)	Sending Out to Other Provinces(-)		1596.85
6.出口量(-)	Export(-)		
7.境外飞机和轮船在境内的加油量(-)	Oversea Airplanes&Ships Refueling Domestically(-)		
8.库存增(-)、减(+)量	Stock Change		-1.61
二.加工转换投入(-)产出(+)量	**Input(-) & Output(+) of Transformation**	**93.35**	**-26.74**
1.火力发电	Thermal Power		-8.65
2.供热	Heating Supply		-10.23
3.煤炭洗选	Coal Washing		
4.炼焦	Coking	93.35	
5.炼油及煤制油	Petroleum Refining and Coal-to-liquids		93.86
#油品再投入量(-)	Petroleum Products Input (-)		-101.72
6.制气	Gas Works		
#再投入量(-)	Input (-)		
7.天然气液化	Natural Gas Liquefaction		
8.煤制品加工	Briquettes		
9.回收能	Recovery of Energy		
三.损失量	**Loss**		**0.39**
四.终端消费量	**Total Final Consumption**	**93.35**	**2344.16**
1.农、林、牧、渔业	Agriculture, Forestry, Animal Husbandry and Fishery		180.46
2.工业	Industry	93.35	328.20
#用作原料、材料	Non-Energy Use	8.15	164.64
3.建筑业	Construction		181.08
4.交通运输、仓储和邮政业	Transport, Storage and Post		991.32
5.批发和零售业、住宿和餐饮业	Wholesale and Retail Trades, Hotels and Catering Services		179.87
6.其他	Others		41.13
7.居民生活	Residential		442.09
城镇	Urban		210.09
乡村	Rural		232.00
五.平衡差额	**Statistical Difference**		
六.消费量合计	**Total Energy Consumption**	**93.35**	**2371.28**

Continued 1

原油 (万吨) Crude Oil (10^4 tons)	汽油 (万吨) Gasoline (10^4 tons)	煤油 (万吨) Kerosene (10^4 tons)	柴油 (万吨) Diesel Oil (10^4 tons)	燃料油 (万吨) Fuel Oil (10^4 tons)	石脑油 (万吨) Naphtha (10^4 tons)	润滑油 (万吨) Lubricants (10^4 tons)	石蜡 (万吨) Paraffin Waxes (10^4 tons)	溶剂油 (万吨) White Spirit (10^4 tons)
890.73	**535.70**	**38.94**	**795.92**	**1.31**	**31.50**	**21.01**	**0.40**	**0.28**
239.91								
793.33	1029.65	180.88	1240.48	1.96	33.20	23.40	0.40	1.17
143.68	486.60	141.96	442.48	0.64	2.16	2.48		0.88
1.17	-7.35	0.02	-2.08	-0.01	0.46	0.09		-0.01
-882.59	**226.55**	**56.19**	**227.84**	**3.13**	**18.93**		**0.45**	
			-2.20	-0.21				
			-0.14	-0.11				
-882.59	226.56	56.19	230.19	3.60	21.50		0.45	
				-0.16	-2.57			
8.13	**762.25**	**95.14**	**1023.76**	**4.44**	**50.43**	**21.01**	**0.85**	**0.28**
	27.08	6.79	146.60					
8.13	7.94	0.32	35.29	1.01	50.43	0.92	0.85	0.28
	0.16		0.64	0.04	50.43	0.25	0.74	0.28
	91.11	2.03	85.60	2.35				
	201.90	81.21	693.24	1.08		12.23		
	121.72	0.93	33.88					
	25.37	3.85	11.80					
	287.14		17.36			7.86		
	143.38		4.40			5.13		
	143.75		12.96			2.73		
890.73	**762.26**	**95.14**	**1026.10**	**4.91**	**53.00**	**21.01**	**0.85**	**0.28**

6-16 续表 2

项　目	Item	石油沥青(万吨) Bitumen Asphalt (10^4 tons)	石油焦(万吨) Petroleum Coke (10^4 tons)
一.可供本地区消费的能源量	**Total Primary Energy Supply**	**-127.47**	**111.07**
1.一次能源生产量	Indigenous Production		
2.外省(区、市)调入量	Moving in from Other Provinces	21.57	137.12
3.进口量	Import		
4.境内飞机和轮船在境外的加油量	Domestic Airplanes&Ships Refueling Abroad		
5.本省(区、市)调出量(-)	Sending Out to Other Provinces(-)	149.95	29.92
6.出口量(-)	Export(-)		
7.境外飞机和轮船在境内的加油量(-)	Oversea Airplanes&Ships Refueling Domestically(-)		
8.库存增(-)、减(+)量	Stock Change	0.91	3.87
二.加工转换投入(-)产出(+)量	**Input(-) & Output(+) of Transformation**	**143.05**	**6.02**
1.火力发电	Thermal Power		-5.71
2.供热	Heating Supply		-9.14
3.煤炭洗选	Coal Washing		
4.炼焦	Coking		
5.炼油及煤制油	Petroleum Refining and Coal-to-liquids	143.05	20.88
#油品再投入量(-)	Petroleum Products Input (-)		
6.制气	Gas Works		
#再投入量(-)	Input (-)		
7.天然气液化	Natural Gas Liquefaction		
8.煤制品加工	Briquettes		
9.回收能	Recovery of Energy		
三.损失量	**Loss**		
四.终端消费量	**Total Final Consumption**	**15.58**	**117.10**
1.农、林、牧、渔业	Agriculture, Forestry, Animal Husbandry and Fishery		
2.工业	Industry	15.58	117.10
#用作原料、材料	Non-Energy Use	7.29	60.70
3.建筑业	Construction		
4.交通运输、仓储和邮政业	Transport, Storage and Post		
5.批发和零售业、住宿和餐饮业	Wholesale and Retail Trades, Hotels and Catering Services		
6.其他	Others		
7.居民生活	Residential		
城镇	Urban		
乡村	Rural		
五.平衡差额	**Statistical Difference**		
六.消费量合计	**Total Energy Consumption**	**15.58**	**131.95**

Continued 2

液化石油气 (万吨) Liquefied Petroleum Gas (10^4 tons)	炼厂干气 (万吨) Refinery Gas (10^4 tons)	其他石油制品 (万吨) Other Petroleum Products (10^4 tons)	天然气 (亿立方米) Natural Gas (10^8 cu.m)	液化天然气 (万吨) Liquefied Natural Gas (10^4 tons)	热力 (万百万千焦) Heat (10^{10} kJ)	电力 (亿千瓦时) Electricity (10^8 kW•h)	其他能源 (万吨标准煤) Other Energy (10^4 tce)
141.89		**-69.99**	**102.42**	**-8.16**	**0.38**	**1089.04**	**526.13**
			2.90			390.98	526.13
198.48		68.20	99.52	13.30	0.38	836.56	
56.87		139.23		20.82		138.50	
0.28		1.04		-0.64			
64.78	**26.65**	**82.26**	**-4.80**	**21.99**	**36676.91**	**2515.13**	**-390.38**
	-0.52		-3.90		-4201.60	2515.14	-353.42
	-0.84		-3.93		35388.59	-0.02	-79.60
64.78	28.12	181.14	-0.19				-6.62
	-0.11	-98.88					
			6.71				43.13
			-3.50	21.99			
					5489.92		6.13
0.39			**1.91**			**212.31**	
206.28	**26.65**	**12.27**	**95.71**	**13.83**	**36307.29**	**3391.86**	**135.75**
						82.14	46.04
51.44	26.65	12.27	41.52	13.83	19462.61	2072.30	87.06
41.04		3.07	4.28	0.49			2.12
			1.48		26.48	49.02	
1.66			9.42		32.22	79.86	0.23
23.34			6.00		4229.84	220.68	
0.10			1.86		3857.71	239.28	2.42
129.73			35.43		8698.44	648.59	
57.17			33.03		5207.18	304.20	
72.56			2.41		3491.26	344.39	
					370.00		
206.66	**28.12**	**111.15**	**106.10**	**13.83**	**40508.89**	**3604.18**	**575.39**

6-17 湖北能源平衡表(实物量)-2020

项 目	Item	煤合计 (万吨) Coal Total (10^4 tons)	原煤 (万吨) Raw Coal (10^4 tons)
一.可供本地区消费的能源量	**Total Primary Energy Supply**	**10371.44**	**9152.50**
1.一次能源生产量	Indigenous Production	40.27	40.27
2.外省(区、市)调入量	Moving in from Other Provinces	10144.45	8928.04
3.进口量	Import	20.19	20.19
4.境内飞机和轮船在境外的加油量	Domestic Airplanes&Ships Refueling Abroad		
5.本省(区、市)调出量(-)	Sending Out to Other Provinces(-)		
6.出口量(-)	Export(-)		
7.境外飞机和轮船在境内的加油量(-)	Oversea Airplanes&Ships Refueling Domestically(-)		
8.库存增(-)、减(+)量	Stock Change	166.53	164.01
二.加工转换投入(-)产出(+)量	**Input(-) & Output(+) of Transformation**	**-6048.30**	**-4934.65**
1.火力发电	Thermal Power	-4245.23	-4245.23
2.供热	Heating Supply	-574.00	-574.00
3.煤炭洗选	Coal Washing	-0.56	-5.61
4.炼焦	Coking	-1118.70	
5.炼油及煤制油	Petroleum Refining and Coal-to-liquids		
#油品再投入量(-)	Petroleum Products Input (-)		
6.制气	Gas Works	-109.82	-109.82
#再投入量(-)	Input (-)		
7.天然气液化	Natural Gas Liquefaction		
8.煤制品加工	Briquettes		
9.回收能	Recovery of Energy		
三.损失量	**Loss**		
四.终端消费量	**Total Final Consumption**	**4323.14**	**4217.85**
1.农、林、牧、渔业	Agriculture, Forestry, Animal Husbandry and Fishery	182.35	182.35
2.工业	Industry	3130.60	3088.23
#用作原料、材料	Non-Energy Use	531.40	531.08
3.建筑业	Construction	31.89	31.89
4.交通运输、仓储和邮政业	Transport, Storage and Post	13.10	13.10
5.批发和零售业、住宿和餐饮业	Wholesale and Retail Trades, Hotels and Catering Services	238.99	233.58
6.其他	Others	249.09	249.09
7.居民生活	Residential	477.13	419.62
城镇	Urban	70.55	52.21
乡村	Rural	406.58	367.41
五.平衡差额	**Statistical Difference**		
六.消费量合计	**Total Energy Consumption**	**10371.44**	**9152.50**

Energy Balance of Hubei (Physical Quantity) -2020

洗精煤 (万吨) Cleaned Coal (10^4 tons)	其他洗煤 (万吨) Other Washed Coal (10^4 tons)	煤制品 (万吨) Briquettes (10^4 tons)	煤矸石 (万吨) Gangue (10^4 tons)	焦炭 (万吨) Coke (10^4 tons)	焦炉煤气 (亿立方米) Coke Oven Gas (10^8 cu.m)	高炉煤气 (亿立方米) Blast Furnace Gas (10^8 cu.m)	转炉煤气 (亿立方米) Converter Gas (10^8 cu.m)	其他煤气 (亿立方米) Other Gas (10^8 cu.m)
1118.70	**54.62**	**45.62**	**10.55**	**312.94**				
1114.04	55.79	46.57	12.94	316.16				
4.65	-1.18	-0.95	-2.39	-3.23				
-1118.70	**5.05**		**-4.29**	**801.18**	**19.33**	**260.89**	**18.16**	**1.29**
					-0.53	-96.21	-1.63	
			-4.29		-9.12		-7.55	
	5.05							
-1118.70				801.18	28.99			
						357.10	27.34	1.29
	59.67	**45.62**	**6.26**	**1114.11**	**19.33**	**260.89**	**18.16**	**1.29**
	25.55	16.81	6.26	1114.11	19.33	260.89	18.16	1.29
		0.32		0.13				
		5.40						
	34.12	23.40						
	14.30	4.04						
	19.81	19.36						
1118.70	**59.67**	**45.62**	**10.55**	**1114.11**	**28.99**	**357.10**	**27.34**	**1.29**

6-17 续表 1

项　目	Item	其他焦化产品(万吨) Other Coking Products (10^4 tons)	油品合计(万吨) Petroleum Products Total (10^4 tons)
一.可供本地区消费的能源量	**Total Primary Energy Supply**	**0.52**	**2678.62**
1.一次能源生产量	Indigenous Production		53.50
2.外省(区、市)调入量	Moving in from Other Provinces		2516.22
3.进口量	Import		147.37
4.境内飞机和轮船在境外的加油量	Domestic Airplanes&Ships Refueling Abroad		
5.本省(区、市)调出量(-)	Sending Out to Other Provinces(-)		50.40
6.出口量(-)	Export(-)		35.53
7.境外飞机和轮船在境内的加油量(-)	Oversea Airplanes&Ships Refueling Domestically(-)		
8.库存增(-)、减(+)量	Stock Change	0.52	47.46
二.加工转换投入(-)产出(+)量	**Input(-) & Output(+) of Transformation**	**38.39**	**-49.77**
1.火力发电	Thermal Power		-5.94
2.供热	Heating Supply		-7.42
3.煤炭洗选	Coal Washing		
4.炼焦	Coking	38.39	
5.炼油及煤制油	Petroleum Refining and Coal-to-liquids		153.64
#油品再投入量(-)	Petroleum Products Input (-)		-190.05
6.制气	Gas Works		
#再投入量(-)	Input (-)		
7.天然气液化	Natural Gas Liquefaction		
8.煤制品加工	Briquettes		
9.回收能	Recovery of Energy		
三.损失量	**Loss**		
四.终端消费量	**Total Final Consumption**	**38.91**	**2628.85**
1.农、林、牧、渔业	Agriculture, Forestry, Animal Husbandry and Fishery		119.62
2.工业	Industry	38.91	493.45
#用作原料、材料	Non-Energy Use		187.30
3.建筑业	Construction		208.08
4.交通运输、仓储和邮政业	Transport, Storage and Post		1101.37
5.批发和零售业、住宿和餐饮业	Wholesale and Retail Trades, Hotels and Catering Services		157.11
6.其他	Others		158.15
7.居民生活	Residential		391.08
城镇	Urban		260.51
乡村	Rural		130.58
五.平衡差额	**Statistical Difference**		
六.消费量合计	**Total Energy Consumption**	**38.91**	**2678.62**

Continued 1

原油 (万吨) Crude Oil (10^4 tons)	汽油 (万吨) Gasoline (10^4 tons)	煤油 (万吨) Kerosene (10^4 tons)	柴油 (万吨) Diesel Oil (10^4 tons)	燃料油 (万吨) Fuel Oil (10^4 tons)	石脑油 (万吨) Naphtha (10^4 tons)	润滑油 (万吨) Lubricants (10^4 tons)	石蜡 (万吨) Paraffin Waxes (10^4 tons)	溶剂油 (万吨) White Spirit (10^4 tons)
1274.87	**488.65**	**4.70**	**533.76**	**95.50**	**63.26**	**9.24**	**-7.13**	**0.15**
53.50								
1073.02	459.84	2.11	527.60	129.30	67.27	9.53		0.15
146.36			0.46	0.50		0.05		
							7.31	
			4.46	31.07				
1.99	28.82	2.59	10.16	-3.23	-4.01	-0.34	0.18	
-1268.46	**344.40**	**83.23**	**393.34**	**12.72**	**24.66**		**7.21**	
			-1.66	-1.15				
			-0.02	-0.01				
-1268.46	344.40	83.23	395.03	13.87	122.20		7.21	
					-97.54			
6.41	**833.05**	**87.93**	**927.10**	**108.21**	**87.92**	**9.24**	**0.08**	**0.15**
	20.43		99.19					
6.41	6.60	0.49	69.11	2.22	87.92	1.20	0.08	0.15
	0.14	0.04	1.22	0.02	87.92	0.04	0.07	0.05
	26.04	0.33	85.16					
	407.03	78.00	489.84	105.99		8.04		
	53.59		65.22					
	126.21		31.94					
	193.15	9.10	86.64					
	139.74		49.26					
	53.40	9.10	37.38					
1274.87	**833.05**	**87.93**	**928.79**	**109.37**	**185.46**	**9.24**	**0.08**	**0.15**

6-17 续表 2

项 目	Item	石油沥青 (万吨) Bitumen Asphalt (10^4 tons)	石油焦 (万吨) Petroleum Coke (10^4 tons)
一.可供本地区消费的能源量	**Total Primary Energy Supply**	**76.69**	**42.55**
1.一次能源生产量	Indigenous Production		
2.外省(区、市)调入量	Moving in from Other Provinces	79.42	30.63
3.进口量	Import		
4.境内飞机和轮船在境外的加油量	Domestic Airplanes&Ships Refueling Abroad		
5.本省(区、市)调出量(-)	Sending Out to Other Provinces(-)		
6.出口量(-)	Export(-)		
7.境外飞机和轮船在境内的加油量(-)	Oversea Airplanes&Ships Refueling Domestically(-)		
8.库存增(-)、减(+)量	Stock Change	-2.73	11.92
二.加工转换投入(-)产出(+)量	**Input(-) & Output(+) of Transformation**	**19.09**	**76.79**
1.火力发电	Thermal Power		-1.98
2.供热	Heating Supply		
3.煤炭洗选	Coal Washing		
4.炼焦	Coking		
5.炼油及煤制油	Petroleum Refining and Coal-to-liquids	19.09	78.77
#油品再投入量(-)	Petroleum Products Input (-)		
6.制气	Gas Works		
#再投入量(-)	Input (-)		
7.天然气液化	Natural Gas Liquefaction		
8.煤制品加工	Briquettes		
9.回收能	Recovery of Energy		
三.损失量	**Loss**		
四.终端消费量	**Total Final Consumption**	**95.78**	**119.35**
1.农、林、牧、渔业	Agriculture, Forestry, Animal Husbandry and Fishery		
2.工业	Industry	2.86	119.35
#用作原料、材料	Non-Energy Use	2.42	23.64
3.建筑业	Construction	92.92	
4.交通运输、仓储和邮政业	Transport, Storage and Post		
5.批发和零售业、住宿和餐饮业	Wholesale and Retail Trades, Hotels and Catering Services		
6.其他	Others		
7.居民生活	Residential		
城镇	Urban		
乡村	Rural		
五.平衡差额	**Statistical Difference**		
六.消费量合计	**Total Energy Consumption**	**95.78**	**121.32**

Continued 2

液化石油气（万吨） Liquefied Petroleum Gas (10^4 tons)	炼厂干气（万吨） Refinery Gas (10^4 tons)	其他石油制品（万吨） Other Petroleum Products (10^4 tons)	天然气（亿立方米） Natural Gas (10^8 cu.m)	液化天然气（万吨） Liquefied Natural Gas (10^4 tons)	热力（万百万千焦） Heat (10^{10} kJ)	电力（亿千瓦时） Electricity (10^8 kW•h)	其他能源（万吨标准煤） Other Energy (10^4 tce)
137.93		**-41.55**	**63.61**	**-16.04**		**961.98**	**204.19**
			1.01			1793.61	204.04
137.35			62.21			142.56	
		43.08		17.10		974.19	
0.57		1.54	0.39	1.06			0.16
51.09	**65.54**	**140.62**	**-10.70**	**18.96**	**11836.96**	**1222.23**	**-39.43**
	-0.87	-0.28	-5.52		-3711.73	1222.23	-130.07
	-5.83	-1.56	-1.41		11809.16		-8.12
51.15	72.24	234.91	-0.96				13.68
-0.06		-92.46					
							85.08
			-2.81	18.96			
					3739.53		
						107.32	
189.02	**65.54**	**99.07**	**52.91**	**2.92**	**11836.96**	**2076.90**	**164.76**
						42.34	20.62
35.57	65.54	95.95	21.54	2.92	11511.23	1202.54	68.24
27.35	2.90	41.50	0.73	0.48			2.16
0.51		3.12	0.03			34.57	
12.46			5.20		5.27	60.19	
38.29			6.49		1.17	101.31	
			2.32			196.64	
102.19			17.34		319.29	439.31	75.90
71.50			16.80		319.29	277.59	
30.69			0.54			161.71	75.90
189.08	**72.24**	**193.37**	**61.00**	**2.92**	**15548.69**	**2184.21**	**302.95**

6-18 湖南能源平衡表(实物量)-2020

项目	Item	煤合计(万吨) Coal Total (10^4 tons)	原煤(万吨) Raw Coal (10^4 tons)
一.可供本地区消费的能源量	**Total Primary Energy Supply**	**10199.62**	**8765.77**
1.一次能源生产量	Indigenous Production	1067.79	1067.79
2.外省(区、市)调入量	Moving in from Other Provinces	9471.66	7467.21
3.进口量	Import	212.10	212.10
4.境内飞机和轮船在境外的加油量	Domestic Airplanes&Ships Refueling Abroad		
5.本省(区、市)调出量(-)	Sending Out to Other Provinces(-)	686.50	125.98
6.出口量(-)	Export(-)	0.01	0.01
7.境外飞机和轮船在境内的加油量(-)	Oversea Airplanes&Ships Refueling Domestically(-)		
8.库存增(-)、减(+)量	Stock Change	134.58	144.66
二.加工转换投入(-)产出(+)量	**Input(-) & Output(+) of Transformation**	**-4291.39**	**-3580.57**
1.火力发电	Thermal Power	-2963.10	-2963.10
2.供热	Heating Supply	-344.19	-216.86
3.煤炭洗选	Coal Washing	-128.69	-400.61
4.炼焦	Coking	-855.41	
5.炼油及煤制油	Petroleum Refining and Coal-to-liquids		
#油品再投入量(-)	Petroleum Products Input (-)		
6.制气	Gas Works		
#再投入量(-)	Input (-)		
7.天然气液化	Natural Gas Liquefaction		
8.煤制品加工	Briquettes		
9.回收能	Recovery of Energy		
三.损失量	**Loss**		
四.终端消费量	**Total Final Consumption**	**5908.23**	**5185.20**
1.农、林、牧、渔业	Agriculture, Forestry, Animal Husbandry and Fishery	524.30	524.30
2.工业	Industry	3269.87	3087.07
#用作原料、材料	Non-Energy Use	160.90	143.62
3.建筑业	Construction	253.24	232.61
4.交通运输、仓储和邮政业	Transport, Storage and Post	332.23	297.53
5.批发和零售业、住宿和餐饮业	Wholesale and Retail Trades, Hotels and Catering Services	518.00	282.64
6.其他	Others	579.34	362.18
7.居民生活	Residential	431.25	398.87
城镇	Urban	125.59	114.70
乡村	Rural	305.66	284.17
五.平衡差额	**Statistical Difference**		
六.消费量合计	**Total Energy Consumption**	**10199.62**	**8765.77**

Energy Balance of Hunan (Physical Quantity) -2020

洗精煤 (万吨) Cleaned Coal (10^4 tons)	其他洗煤 (万吨) Other Washed Coal (10^4 tons)	煤制品 (万吨) Briquettes (10^4 tons)	煤矸石 (万吨) Gangue (10^4 tons)	焦炭 (万吨) Coke (10^4 tons)	焦炉煤气 (亿立方米) Coke Oven Gas (10^8 cu.m)	高炉煤气 (亿立方米) Blast Furnace Gas (10^8 cu.m)	转炉煤气 (亿立方米) Converter Gas (10^8 cu.m)	其他煤气 (亿立方米) Other Gas (10^8 cu.m)
646.29	**214.71**	**572.85**	**285.66**	**397.53**		**18.81**		**0.15**
1157.71	272.94	573.80	285.64	400.84		18.81		0.15
502.12	58.40			5.05				
-9.30	0.17	-0.95	0.02	1.74				
-646.29	**-64.53**		**-98.20**	**603.99**	**18.92**	**116.71**	**15.05**	
			-98.20		-3.72	-130.52	-12.98	
	-127.33					-60.25		
209.12	62.80							
-855.41				603.99	22.64			
						307.48	28.03	
	150.18	**572.85**	**187.46**	**1001.52**	**18.92**	**135.52**	**15.05**	**0.15**
	150.18	32.62	187.46	1001.52	18.92	135.52	15.05	0.15
	3.66	13.62		7.90	0.47	0.79		
		20.63						
		34.70						
		235.36						
		217.16						
		32.38						
		10.89						
		21.49						
855.41	**277.51**	**572.85**	**285.66**	**1001.52**	**22.64**	**326.29**	**28.03**	**0.15**

6-18 续表 1

项　目	Item	其他焦化产品(万吨) Other Coking Products (10^4 tons)	油品合计(万吨) Petroleum Products Total (10^4 tons)
一.可供本地区消费的能源量	**Total Primary Energy Supply**	**-31.62**	**2140.21**
1.一次能源生产量	Indigenous Production		
2.外省(区、市)调入量	Moving in from Other Provinces		2468.88
3.进口量	Import		
4.境内飞机和轮船在境外的加油量	Domestic Airplanes&Ships Refueling Abroad		
5.本省(区、市)调出量(-)	Sending Out to Other Provinces(-)	31.64	330.13
6.出口量(-)	Export(-)		0.53
7.境外飞机和轮船在境内的加油量(-)	Oversea Airplanes&Ships Refueling Domestically(-)		
8.库存增(-)、减(+)量	Stock Change	0.02	1.99
二.加工转换投入(-)产出(+)量	**Input(-) & Output(+) of Transformation**	**33.18**	**-48.17**
1.火力发电	Thermal Power		-14.49
2.供热	Heating Supply		-8.08
3.煤炭洗选	Coal Washing		
4.炼焦	Coking	33.18	
5.炼油及煤制油	Petroleum Refining and Coal-to-liquids		106.47
#油品再投入量(-)	Petroleum Products Input (-)		-132.07
6.制气	Gas Works		
#再投入量(-)	Input (-)		
7.天然气液化	Natural Gas Liquefaction		
8.煤制品加工	Briquettes		
9.回收能	Recovery of Energy		
三.损失量	**Loss**		
四.终端消费量	**Total Final Consumption**	**1.56**	**2092.04**
1.农、林、牧、渔业	Agriculture, Forestry, Animal Husbandry and Fishery		27.07
2.工业	Industry	1.56	404.43
#用作原料、材料	Non-Energy Use		121.91
3.建筑业	Construction		107.61
4.交通运输、仓储和邮政业	Transport, Storage and Post		863.13
5.批发和零售业、住宿和餐饮业	Wholesale and Retail Trades, Hotels and Catering Services		115.09
6.其他	Others		131.57
7.居民生活	Residential		443.14
城镇	Urban		263.45
乡村	Rural		179.69
五.平衡差额	**Statistical Difference**		
六.消费量合计	**Total Energy Consumption**	**1.56**	**2140.21**

Continued 1

原油(万吨) Crude Oil (10^4 tons)	汽油(万吨) Gasoline (10^4 tons)	煤油(万吨) Kerosene (10^4 tons)	柴油(万吨) Diesel Oil (10^4 tons)	燃料油(万吨) Fuel Oil (10^4 tons)	石脑油(万吨) Naphtha (10^4 tons)	润滑油(万吨) Lubricants (10^4 tons)	石蜡(万吨) Paraffin Waxes (10^4 tons)	溶剂油(万吨) White Spirit (10^4 tons)
878.84	**565.56**	**-10.83**	**452.40**	**67.98**	**6.42**	**12.90**	**0.12**	**1.45**
877.10	616.16	15.33	509.77	79.10	28.47	13.23	0.12	1.44
	60.21	26.65	48.19	11.03	21.90	0.19		
1.74	9.61	0.49	-9.18	-0.09	-0.15	-0.14		0.01
-877.85	**257.21**	**73.66**	**210.23**	**12.15**	**22.05**	**-0.02**		
			-0.45	-0.32		-0.02		
				-0.13				
-877.85	257.47	73.66	211.79	13.06	22.05			
	-0.26		-1.11	-0.46				
0.99	**822.77**	**62.83**	**662.63**	**80.13**	**28.47**	**12.88**	**0.12**	**1.45**
	15.91		10.90	0.01		0.01		
0.99	36.39	1.41	33.03	9.59	28.47	4.46	0.12	0.68
	0.23	0.04	1.31	0.12		2.44	0.08	0.44
	23.17	0.24	51.17	0.07				0.77
	244.94	58.69	477.35	67.20		4.48		
	77.48	1.80	14.90	2.07		1.26		
	97.10	0.69	22.50	1.19		1.39		
	327.78		52.78			1.28		
	199.07		18.08			1.08		
	128.71		34.70			0.20		
878.84	**823.03**	**62.83**	**664.19**	**81.04**	**28.47**	**12.90**	**0.12**	**1.45**

6-18 续表 2

项　目	Item	石油沥青(万吨) Bitumen Asphalt (10^4 tons)	石油焦(万吨) Petroleum Coke (10^4 tons)
一.可供本地区消费的能源量	**Total Primary Energy Supply**	**30.62**	**21.11**
1.一次能源生产量	Indigenous Production		
2.外省(区、市)调入量	Moving in from Other Provinces	36.12	71.98
3.进口量	Import		
4.境内飞机和轮船在境外的加油量	Domestic Airplanes&Ships Refueling Abroad		
5.本省(区、市)调出量(-)	Sending Out to Other Provinces(-)	5.46	51.71
6.出口量(-)	Export(-)		0.53
7.境外飞机和轮船在境内的加油量(-)	Oversea Airplanes&Ships Refueling Domestically(-)		
8.库存增(-)、减(+)量	Stock Change	-0.04	1.37
二.加工转换投入(-)产出(+)量	**Input(-) & Output(+) of Transformation**	**9.23**	**15.88**
1.火力发电	Thermal Power		-8.00
2.供热	Heating Supply		-6.52
3.煤炭洗选	Coal Washing		
4.炼焦	Coking		
5.炼油及煤制油	Petroleum Refining and Coal-to-liquids	9.23	30.40
#油品再投入量(-)	Petroleum Products Input (-)		
6.制气	Gas Works		
#再投入量(-)	Input (-)		
7.天然气液化	Natural Gas Liquefaction		
8.煤制品加工	Briquettes		
9.回收能	Recovery of Energy		
三.损失量	**Loss**		
四.终端消费量	**Total Final Consumption**	**39.85**	**36.99**
1.农、林、牧、渔业	Agriculture, Forestry, Animal Husbandry and Fishery		
2.工业	Industry	8.35	36.99
#用作原料、材料	Non-Energy Use	5.86	1.61
3.建筑业	Construction	31.50	
4.交通运输、仓储和邮政业	Transport, Storage and Post		
5.批发和零售业、住宿和餐饮业	Wholesale and Retail Trades, Hotels and Catering Services		
6.其他	Others		
7.居民生活	Residential		
城镇	Urban		
乡村	Rural		
五.平衡差额	**Statistical Difference**		
六.消费量合计	**Total Energy Consumption**	**39.85**	**51.51**

Continued 2

液化石油气 (万吨) Liquefied Petroleum Gas (10^4 tons)	炼厂干气 (万吨) Refinery Gas (10^4 tons)	其他石油制品 (万吨) Other Petroleum Products (10^4 tons)	天然气 (亿立方米) Natural Gas (10^8 cu.m)	液化天然气 (万吨) Liquefied Natural Gas (10^4 tons)	热力 (万百万千焦) Heat (10^{10} kJ)	电力 (亿千瓦时) Electricity (10^8 kW•h)	其他能源 (万吨标准煤) Other Energy (10^4 tce)
29.40		**84.24**	**34.13**	**44.06**	**0.01**	**1077.41**	**840.52**
			0.03			702.56	
44.14		175.92	33.96	44.60	0.01	374.85	838.57
14.53		90.26		1.00			
-0.21		-1.42	0.14	0.46			1.95
86.32	**36.24**	**106.73**	**-1.29**		**8570.33**	**851.87**	**-245.69**
	-0.60	-5.10	-0.14		-243.42	851.87	-244.98
	-1.43		-0.08		5029.42		-0.71
86.32	39.82	240.52	-1.07				
	-1.55	-128.69					
					3784.33		
						135.90	
115.72	**36.24**	**190.97**	**32.84**	**44.06**	**8570.34**	**1793.38**	**594.83**
0.24			0.10			24.98	173.72
16.74	36.24	190.97	17.19	18.86	8565.54	867.04	259.60
0.58		109.20	0.29	0.12			
0.69			0.09			28.99	
10.47			3.25	7.94		61.22	47.64
17.58			3.02	3.71		102.07	
8.70			2.82	5.00	4.80	176.66	
61.30			6.37	8.55		532.42	113.87
45.22			6.20	3.80		247.52	45.87
16.08			0.17	4.75		284.90	68.00
115.72	**39.82**	**324.76**	**34.13**	**44.06**	**8813.76**	**1929.28**	**840.52**

6-19 广东能源平衡表(实物量)-2020

项　目	Item	煤合计 (万吨) Coal Total (10^4 tons)	原煤 (万吨) Raw Coal (10^4 tons)
一.可供本地区消费的能源量	**Total Primary Energy Supply**	**16514.14**	**15496.27**
1.一次能源生产量	Indigenous Production		
2.外省(区、市)调入量	Moving in from Other Provinces	12937.47	11340.50
3.进口量	Import	6461.23	6461.23
4.境内飞机和轮船在境外的加油量	Domestic Airplanes&Ships Refueling Abroad		
5.本省(区、市)调出量(-)	Sending Out to Other Provinces(-)	3174.34	2577.31
6.出口量(-)	Export(-)	0.16	
7.境外飞机和轮船在境内的加油量(-)	Oversea Airplanes&Ships Refueling Domestically(-)		
8.库存增(-)、减(+)量	Stock Change	289.94	271.85
二.加工转换投入(-)产出(+)量	**Input(-) & Output(+) of Transformation**	**-12842.91**	**-11940.69**
1.火力发电	Thermal Power	-10919.44	-10816.64
2.供热	Heating Supply	-950.39	-921.59
3.煤炭洗选	Coal Washing		
4.炼焦	Coking	-879.53	
5.炼油及煤制油	Petroleum Refining and Coal-to-liquids		
#油品再投入量(-)	Petroleum Products Input (-)		
6.制气	Gas Works	-120.80	-120.80
#再投入量(-)	Input (-)		
7.天然气液化	Natural Gas Liquefaction		
8.煤制品加工	Briquettes	27.25	-81.66
9.回收能	Recovery of Energy		
三.损失量	**Loss**	**1.44**	**1.44**
四.终端消费量	**Total Final Consumption**	**3669.79**	**3554.14**
1.农、林、牧、渔业	Agriculture, Forestry, Animal Husbandry and Fishery	40.52	40.52
2.工业	Industry	3514.37	3417.17
#用作原料、材料	Non-Energy Use	2.36	2.36
3.建筑业	Construction	3.87	3.87
4.交通运输、仓储和邮政业	Transport, Storage and Post	4.08	4.08
5.批发和零售业、住宿和餐饮业	Wholesale and Retail Trades, Hotels and Catering Services	42.04	42.04
6.其他	Others		
7.居民生活	Residential	64.91	46.46
城镇	Urban	43.03	31.64
乡村	Rural	21.88	14.82
五.平衡差额	**Statistical Difference**		
六.消费量合计	**Total Energy Consumption**	**16514.14**	**15496.27**

Energy Balance of Guangdong (Physical Quantity) -2020

洗精煤 (万吨) Cleaned Coal (10^4 tons)	其他洗煤 (万吨) Other Washed Coal (10^4 tons)	煤制品 (万吨) Briquettes (10^4 tons)	煤矸石 (万吨) Gangue (10^4 tons)	焦炭 (万吨) Coke (10^4 tons)	焦炉煤气 (亿立方米) Coke Oven Gas (10^8 cu.m)	高炉煤气 (亿立方米) Blast Furnace Gas (10^8 cu.m)	转炉煤气 (亿立方米) Converter Gas (10^8 cu.m)	其他煤气 (亿立方米) Other Gas (10^8 cu.m)
879.53	**21.65**	**116.69**	**339.07**	**414.71**		**2.71**	**0.46**	**1.61**
1457.31	26.81	112.85	348.35	390.83		2.71	0.46	1.61
				30.52				
597.03								
		0.16						
19.25	-5.16	4.00	-9.28	-6.64				
-879.53		**-22.69**	**-339.07**	**596.98**	**14.53**	**208.26**	**17.74**	
		-102.80	-339.07		-4.88	-107.11	-10.34	
		-28.80			-0.51	-31.27	-1.53	
-879.53				596.98	19.92			
		108.91						
						346.64	29.61	
						0.35	**0.03**	
	21.65	**94.00**		**1011.69**	**14.53**	**210.62**	**18.17**	**1.61**
	21.65	75.55		1011.69	14.53	210.62	18.17	1.09
		18.45						0.52
		11.39						0.52
		7.06						
879.53	**21.65**	**225.60**	**339.07**	**1011.69**	**19.92**	**349.35**	**30.07**	**1.61**

6-19 续表 1

项 目	Item	其他焦化产品(万吨) Other Coking Products (10^4 tons)	油品合计(万吨) Petroleum Products Total (10^4 tons)
一.可供本地区消费的能源量	**Total Primary Energy Supply**	**-29.78**	**6192.18**
1.一次能源生产量	Indigenous Production		1613.15
2.外省(区、市)调入量	Moving in from Other Provinces		812.55
3.进口量	Import		8768.69
4.境内飞机和轮船在境外的加油量	Domestic Airplanes&Ships Refueling Abroad		80.78
5.本省(区、市)调出量(-)	Sending Out to Other Provinces(-)	29.78	4251.93
6.出口量(-)	Export(-)		871.40
7.境外飞机和轮船在境内的加油量(-)	Oversea Airplanes&Ships Refueling Domestically(-)		76.79
8.库存增(-)、减(+)量	Stock Change		117.13
二.加工转换投入(-)产出(+)量	**Input(-) & Output(+) of Transformation**	**32.99**	**-596.46**
1.火力发电	Thermal Power		-63.73
2.供热	Heating Supply		-238.22
3.煤炭洗选	Coal Washing		
4.炼焦	Coking	32.99	
5.炼油及煤制油	Petroleum Refining and Coal-to-liquids		1391.13
#油品再投入量(-)	Petroleum Products Input (-)		-1683.52
6.制气	Gas Works		-2.12
#再投入量(-)	Input (-)		
7.天然气液化	Natural Gas Liquefaction		
8.煤制品加工	Briquettes		
9.回收能	Recovery of Energy		
三.损失量	**Loss**		**17.55**
四.终端消费量	**Total Final Consumption**	**3.21**	**5578.17**
1.农、林、牧、渔业	Agriculture, Forestry, Animal Husbandry and Fishery		164.41
2.工业	Industry	3.21	1480.11
#用作原料、材料	Non-Energy Use		883.56
3.建筑业	Construction		328.35
4.交通运输、仓储和邮政业	Transport, Storage and Post		2014.20
5.批发和零售业、住宿和餐饮业	Wholesale and Retail Trades, Hotels and Catering Services		272.94
6.其他	Others		93.84
7.居民生活	Residential		1224.32
城镇	Urban		757.27
乡村	Rural		467.05
五.平衡差额	**Statistical Difference**		
六.消费量合计	**Total Energy Consumption**	**3.21**	**6192.18**

Continued 1

原油（万吨） Crude Oil (10^4 tons)	汽油（万吨） Gasoline (10^4 tons)	煤油（万吨） Kerosene (10^4 tons)	柴油（万吨） Diesel Oil (10^4 tons)	燃料油（万吨） Fuel Oil (10^4 tons)	石脑油（万吨） Naphtha (10^4 tons)	润滑油（万吨） Lubricants (10^4 tons)	石蜡（万吨） Paraffin Waxes (10^4 tons)	溶剂油（万吨） White Spirit (10^4 tons)
6249.93	**300.59**	**-388.68**	**-51.05**	**-73.92**	**588.52**	**-6.81**	**-2.05**	**-8.03**
1613.15								
	558.56		120.06		126.69			
6391.52		39.56	10.50	105.80	370.93	37.71	2.30	0.94
		56.63	0.49	23.66				
1783.51		297.41		60.78		42.29	2.42	8.56
26.65	304.59	161.57	184.11	97.87		2.98	1.95	0.24
		14.48	1.87	60.44				
55.42	46.62	-11.41	3.88	15.71	90.90	0.75	0.02	-0.17
-6211.95	**1206.18**	**668.74**	**1589.96**	**359.65**	**108.30**	**26.68**	**2.30**	**8.66**
	-0.01		-2.36	-18.43				
			-0.21	-174.43				
-6211.95	1206.19	668.74	1592.53	576.73	520.82	31.13	2.30	8.66
				-24.22	-412.52	-4.45		
9.82	**1.43**	**0.67**	**1.59**	**0.58**	**1.02**			
28.16	**1505.34**	**279.39**	**1537.32**	**285.15**	**695.80**	**19.87**	**0.25**	**0.63**
	36.62		115.91			11.88		
28.16	30.38	2.43	173.11	62.96	695.80	1.37	0.25	0.63
	0.07	0.35	0.21	10.80	695.76	0.32	0.03	0.46
	45.13	0.27	17.96	0.56		0.06		
	440.08	273.35	1056.91	205.72		6.56		
	94.52		140.85	15.85				
	79.68	0.04	11.61	0.06				
	778.93	3.30	20.97					
	505.07	0.36	4.84					
	273.86	2.94	16.13					
6249.93	**1506.78**	**280.06**	**1541.48**	**502.81**	**1109.34**	**24.32**	**0.25**	**0.63**

6-19 续表 2

项　　目	Item	石油沥青(万吨) Bitumen Asphalt (10^4 tons)	石油焦(万吨) Petroleum Coke (10^4 tons)
一.可供本地区消费的能源量	**Total Primary Energy Supply**	**-139.88**	**-100.26**
1.一次能源生产量	Indigenous Production		
2.外省(区、市)调入量	Moving in from Other Provinces		
3.进口量	Import	0.39	88.86
4.境内飞机和轮船在境外的加油量	Domestic Airplanes&Ships Refueling Abroad		
5.本省(区、市)调出量(-)	Sending Out to Other Provinces(-)	94.21	145.86
6.出口量(-)	Export(-)	0.05	0.83
7.境外飞机和轮船在境内的加油量(-)	Oversea Airplanes&Ships Refueling Domestically(-)		
8.库存增(-)、减(+)量	Stock Change	-46.01	-42.43
二.加工转换投入(-)产出(+)量	**Input(-) & Output(+) of Transformation**	**417.38**	**152.17**
1.火力发电	Thermal Power		-40.65
2.供热	Heating Supply		-54.83
3.煤炭洗选	Coal Washing		
4.炼焦	Coking		
5.炼油及煤制油	Petroleum Refining and Coal-to-liquids	417.38	247.65
#油品再投入量(-)	Petroleum Products Input (-)		
6.制气	Gas Works		
#再投入量(-)	Input (-)		
7.天然气液化	Natural Gas Liquefaction		
8.煤制品加工	Briquettes		
9.回收能	Recovery of Energy		
三.损失量	**Loss**		
四.终端消费量	**Total Final Consumption**	**277.50**	**51.91**
1.农、林、牧、渔业	Agriculture, Forestry, Animal Husbandry and Fishery		
2.工业	Industry	14.04	51.91
#用作原料、材料	Non-Energy Use	11.08	
3.建筑业	Construction	263.46	
4.交通运输、仓储和邮政业	Transport, Storage and Post		
5.批发和零售业、住宿和餐饮业	Wholesale and Retail Trades, Hotels and Catering Services		
6.其他	Others		
7.居民生活	Residential		
城镇	Urban		
乡村	Rural		
五.平衡差额	**Statistical Difference**		
六.消费量合计	**Total Energy Consumption**	**277.50**	**147.39**

Continued 2

液化石油气 (万吨) Liquefied Petroleum Gas (10^4 tons)	炼厂干气 (万吨) Refinery Gas (10^4 tons)	其他石油制品 (万吨) Other Petroleum Products (10^4 tons)	天然气 (亿立方米) Natural Gas (10^8 cu.m)	液化天然气 (万吨) Liquefied Natural Gas (10^4 tons)	热力 (万百万千焦) Heat (10^{10} kJ)	电力 (亿千瓦时) Electricity (10^8 kW•h)	其他能源 (万吨标准煤) Other Energy (10^4 tce)
310.28	**7.24**	**-493.70**	**212.58**	**447.71**	**-3231.64**	**3323.00**	**963.20**
			131.59			1622.79	
	7.24		80.99			1880.19	963.20
579.17		1141.01		1438.37			
184.78		1632.11		988.82	3231.64	0.67	
90.43		0.13				179.31	
6.32		-2.47		-1.84			
309.21	**119.60**	**646.66**	**-101.00**	**-386.77**	**31811.19**	**3603.12**	**-843.12**
	-1.62	-0.66	-91.45	-347.13	-4225.00	3603.12	-813.83
-0.08	-6.52	-2.15	-9.34	-39.64	29880.26		-26.19
464.49	210.18	1656.28	-0.21				1.68
-155.20	-80.33	-1006.80					-67.12
	-2.11	-0.01					62.34
					6155.93		
0.58	**0.21**	**1.65**	**0.21**	**1.44**		**223.84**	
618.91	**126.63**	**151.31**	**111.37**	**59.50**	**28579.55**	**6702.28**	**120.08**
						139.24	
141.13	126.63	151.31	74.95	59.50	28575.82	3917.78	120.08
65.69	17.15	81.64		0.03			
0.91			0.28		1.00	97.22	
31.58			1.49		2.73	146.92	
21.72			7.62			428.06	
2.45			0.45			793.59	
421.12			26.58			1179.47	
247.00			24.21			703.29	
174.12			2.37			476.18	
774.77	**217.42**	**1162.58**	**212.58**	**447.71**	**32804.55**	**6926.12**	**1027.22**

6-20 广西能源平衡表(实物量)-2020

项　目	Item	煤合计 (万吨) Coal Total (10^4 tons)	原煤 (万吨) Raw Coal (10^4 tons)
一.可供本地区消费的能源量	**Total Primary Energy Supply**	**8496.71**	**7766.41**
1.一次能源生产量	Indigenous Production	413.58	413.58
2.外省(区、市)调入量	Moving in from Other Provinces	8057.94	7270.72
3.进口量	Import	0.07	0.07
4.境内飞机和轮船在境外的加油量	Domestic Airplanes&Ships Refueling Abroad		
5.本省(区、市)调出量(-)	Sending Out to Other Provinces(-)		
6.出口量(-)	Export(-)	0.02	0.02
7.境外飞机和轮船在境内的加油量(-)	Oversea Airplanes&Ships Refueling Domestically(-)		
8.库存增(-)、减(+)量	Stock Change	25.14	82.06
二.加工转换投入(-)产出(+)量	**Input(-) & Output(+) of Transformation**	**-5802.71**	**-5099.96**
1.火力发电	Thermal Power	-4073.24	-4073.24
2.供热	Heating Supply	-441.81	-441.81
3.煤炭洗选	Coal Washing	-4.27	-69.56
4.炼焦	Coking	-1135.72	-367.68
5.炼油及煤制油	Petroleum Refining and Coal-to-liquids		
#油品再投入量(-)	Petroleum Products Input (-)		
6.制气	Gas Works	-147.67	-147.67
#再投入量(-)	Input (-)		
7.天然气液化	Natural Gas Liquefaction		
8.煤制品加工	Briquettes		
9.回收能	Recovery of Energy		
三.损失量	**Loss**		
四.终端消费量	**Total Final Consumption**	**2694.00**	**2666.45**
1.农、林、牧、渔业	Agriculture, Forestry, Animal Husbandry and Fishery		
2.工业	Industry	2692.72	2665.17
#用作原料、材料	Non-Energy Use	70.05	69.56
3.建筑业	Construction	0.02	0.02
4.交通运输、仓储和邮政业	Transport, Storage and Post	0.29	0.29
5.批发和零售业、住宿和餐饮业	Wholesale and Retail Trades, Hotels and Catering Services	0.06	0.06
6.其他	Others	0.02	0.02
7.居民生活	Residential	0.89	0.89
城镇	Urban	0.32	0.32
乡村	Rural	0.57	0.57
五.平衡差额	**Statistical Difference**		
六.消费量合计	**Total Energy Consumption**	**8496.71**	**7766.41**

Energy Balance of Guangxi (Physical Quantity) -2020

洗精煤 (万吨) Cleaned Coal (10^4 tons)	其他洗煤 (万吨) Other Washed Coal (10^4 tons)	煤制品 (万吨) Briquettes (10^4 tons)	煤矸石 (万吨) Gangue (10^4 tons)	焦炭 (万吨) Coke (10^4 tons)	焦炉煤气 (亿立方米) Coke Oven Gas (10^8 cu.m)	高炉煤气 (亿立方米) Blast Furnace Gas (10^8 cu.m)	转炉煤气 (亿立方米) Converter Gas (10^8 cu.m)	其他煤气 (亿立方米) Other Gas (10^8 cu.m)
731.08	**-11.77**	**10.99**	**3.49**	**601.60**				
699.20	56.24	31.78	3.88	627.31				
				1.03				
31.88	-68.01	-20.79	-0.39	-24.68				
-731.03	**28.28**			**811.82**	**27.36**	**293.04**	**14.38**	**43.10**
					-6.14	-171.76	-13.20	-0.79
37.01	28.28							
-768.04				811.82	33.50			
								43.08
						464.80	27.58	0.81
0.05	**16.51**	**10.99**	**3.49**	**1413.42**	**27.36**	**293.04**	**14.38**	**43.10**
0.05	16.51	10.99	3.49	1413.40	27.36	293.04	14.38	42.37
		0.49		13.78	0.02			
				0.02				0.27
								0.46
								0.46
768.09	**16.51**	**10.99**	**3.49**	**1413.42**	**33.50**	**464.80**	**27.58**	**43.89**

6-20 续表 1

项目	Item	其他焦化产品(万吨) Other Coking Products (10^4 tons)	油品合计(万吨) Petroleum Products Total (10^4 tons)
一.可供本地区消费的能源量	**Total Primary Energy Supply**	**-38.97**	**1073.00**
1.一次能源生产量	Indigenous Production		48.76
2.外省(区、市)调入量	Moving in from Other Provinces		2287.24
3.进口量	Import		
4.境内飞机和轮船在境外的加油量	Domestic Airplanes&Ships Refueling Abroad		
5.本省(区、市)调出量(-)	Sending Out to Other Provinces(-)	38.97	1266.66
6.出口量(-)	Export(-)		
7.境外飞机和轮船在境内的加油量(-)	Oversea Airplanes&Ships Refueling Domestically(-)		
8.库存增(-)、减(+)量	Stock Change		3.66
二.加工转换投入(-)产出(+)量	**Input(-) & Output(+) of Transformation**	**42.35**	**-63.78**
1.火力发电	Thermal Power		-26.42
2.供热	Heating Supply		-8.17
3.煤炭洗选	Coal Washing		
4.炼焦	Coking	42.35	
5.炼油及煤制油	Petroleum Refining and Coal-to-liquids		61.32
#油品再投入量(-)	Petroleum Products Input (-)		-90.51
6.制气	Gas Works		
#再投入量(-)	Input (-)		
7.天然气液化	Natural Gas Liquefaction		
8.煤制品加工	Briquettes		
9.回收能	Recovery of Energy		
三.损失量	**Loss**		
四.终端消费量	**Total Final Consumption**	**3.38**	**1009.22**
1.农、林、牧、渔业	Agriculture, Forestry, Animal Husbandry and Fishery		85.07
2.工业	Industry	3.38	228.63
#用作原料、材料	Non-Energy Use	3.38	105.91
3.建筑业	Construction		34.02
4.交通运输、仓储和邮政业	Transport, Storage and Post		516.17
5.批发和零售业、住宿和餐饮业	Wholesale and Retail Trades, Hotels and Catering Services		40.02
6.其他	Others		12.40
7.居民生活	Residential		92.91
城镇	Urban		49.56
乡村	Rural		43.35
五.平衡差额	**Statistical Difference**		
六.消费量合计	**Total Energy Consumption**	**3.38**	**1073.00**

Continued 1

原油 (万吨) Crude Oil (10^4 tons)	汽油 (万吨) Gasoline (10^4 tons)	煤油 (万吨) Kerosene (10^4 tons)	柴油 (万吨) Diesel Oil (10^4 tons)	燃料油 (万吨) Fuel Oil (10^4 tons)	石脑油 (万吨) Naphtha (10^4 tons)	润滑油 (万吨) Lubricants (10^4 tons)	石蜡 (万吨) Paraffin Waxes (10^4 tons)	溶剂油 (万吨) White Spirit (10^4 tons)
1276.20	**-111.10**	**-56.99**	**-36.70**	**5.66**	**-10.00**	**1.92**	**0.04**	**0.25**
48.76								
1282.77	451.56	0.11	315.51	28.14	0.48	2.51	0.03	0.23
50.24	573.31	58.25	349.02	21.93	10.12	0.47		
-5.09	10.65	1.15	-3.19	-0.55	-0.36	-0.12	0.01	0.02
-1276.12	**397.26**	**77.26**	**472.08**	**1.76**	**10.00**			
			-0.47					
			-0.01	-2.11				
-1276.12	397.26	77.26	472.56	14.30	10.48			
				-10.43	-0.48			
0.08	**286.16**	**20.27**	**435.38**	**7.42**		**1.92**	**0.04**	**0.25**
	1.57		83.50					
0.08	1.02	0.15	33.98	3.14		0.11	0.04	0.25
0.02	0.03		0.79	0.25		0.01	0.01	0.17
	5.52	0.01	27.32	1.11				
	235.05	20.11	256.03	3.17		1.81		
	13.63		10.30					
	3.35		9.05					
	26.02		15.20					
	16.72		5.50					
	9.30		9.70					
1276.20	**286.16**	**20.27**	**435.86**	**19.96**	**0.48**	**1.92**	**0.04**	**0.25**

6-20 续表 2

项　目	Item	石油沥青(万吨) Bitumen Asphalt (10^4 tons)	石油焦(万吨) Petroleum Coke (10^4 tons)
一.可供本地区消费的能源量	**Total Primary Energy Supply**	**-70.67**	**96.61**
1.一次能源生产量	Indigenous Production		
2.外省(区、市)调入量	Moving in from Other Provinces	1.33	111.51
3.进口量	Import		
4.境内飞机和轮船在境外的加油量	Domestic Airplanes&Ships Refueling Abroad		
5.本省(区、市)调出量(-)	Sending Out to Other Provinces(-)	73.93	15.01
6.出口量(-)	Export(-)		
7.境外飞机和轮船在境内的加油量(-)	Oversea Airplanes&Ships Refueling Domestically(-)		
8.库存增(-)、减(+)量	Stock Change	1.93	0.11
二.加工转换投入(-)产出(+)量	**Input(-) & Output(+) of Transformation**	**71.77**	**6.60**
1.火力发电	Thermal Power		-25.95
2.供热	Heating Supply		-2.48
3.煤炭洗选	Coal Washing		
4.炼焦	Coking		
5.炼油及煤制油	Petroleum Refining and Coal-to-liquids	71.77	35.03
#油品再投入量(-)	Petroleum Products Input (-)		
6.制气	Gas Works		
#再投入量(-)	Input (-)		
7.天然气液化	Natural Gas Liquefaction		
8.煤制品加工	Briquettes		
9.回收能	Recovery of Energy		
三.损失量	**Loss**		
四.终端消费量	**Total Final Consumption**	**1.10**	**103.21**
1.农、林、牧、渔业	Agriculture, Forestry, Animal Husbandry and Fishery		
2.工业	Industry	1.10	103.21
#用作原料、材料	Non-Energy Use	1.09	85.46
3.建筑业	Construction		
4.交通运输、仓储和邮政业	Transport, Storage and Post		
5.批发和零售业、住宿和餐饮业	Wholesale and Retail Trades, Hotels and Catering Services		
6.其他	Others		
7.居民生活	Residential		
城镇	Urban		
乡村	Rural		
五.平衡差额	**Statistical Difference**		
六.消费量合计	**Total Energy Consumption**	**1.10**	**131.64**

Continued 2

液化石油气 (万吨) Liquefied Petroleum Gas (10^4 tons)	炼厂干气 (万吨) Refinery Gas (10^4 tons)	其他石油制品 (万吨) Other Petroleum Products (10^4 tons)	天然气 (亿立方米) Natural Gas (10^8 cu.m)	液化天然气 (万吨) Liquefied Natural Gas (10^4 tons)	热力 (万百万千焦) Heat (10^{10} kJ)	电力 (亿千瓦时) Electricity (10^8 kW•h)	其他能源 (万吨标准煤) Other Energy (10^4 tce)
16.80		**-39.02**	**31.91**	**1.05**		**960.36**	**657.97**
			0.22			905.99	657.97
41.64		51.42	31.69	1.31		204.24	
24.64		89.74				149.87	
-0.20		-0.70		-0.26			
51.98	**50.37**	**73.26**	**-5.84**	**1.76**	**9564.84**	**1064.89**	**-246.87**
			-1.75	-1.07	-7562.19	1064.89	-223.28
	-3.57		-0.88		8761.41		-24.11
78.03	53.98	126.77	-2.80				
-26.05	-0.04	-53.51					
			-0.41	2.83			
					8365.62		0.52
						67.44	
68.78	**50.37**	**34.24**	**26.07**	**2.81**	**9564.84**	**1957.81**	**411.10**
						35.33	
0.94	50.37	34.24	10.76	2.81	9564.84	1224.27	411.10
0.04		18.04	0.02	0.30			0.09
0.06			0.18			31.90	
			5.65			44.06	
16.09			1.00			67.06	
						148.74	
51.69			8.48			406.45	
27.34			8.48			230.15	
24.35						176.30	
94.83	**53.98**	**87.75**	**31.52**	**3.88**	**17127.03**	**2025.25**	**658.49**

6-21 海南能源平衡表(实物量)-2020

项目	Item	煤合计 (万吨) Coal Total (10^4 tons)	原煤 (万吨) Raw Coal (10^4 tons)
一.可供本地区消费的能源量	**Total Primary Energy Supply**	**1023.84**	**1023.84**
1.一次能源生产量	Indigenous Production		
2.外省(区、市)调入量	Moving in from Other Provinces	984.85	984.85
3.进口量	Import	42.17	42.17
4.境内飞机和轮船在境外的加油量	Domestic Airplanes&Ships Refueling Abroad		
5.本省(区、市)调出量(-)	Sending Out to Other Provinces(-)		
6.出口量(-)	Export(-)		
7.境外飞机和轮船在境内的加油量(-)	Oversea Airplanes&Ships Refueling Domestically(-)		
8.库存增(-)、减(+)量	Stock Change	-3.18	-3.18
二.加工转换投入(-)产出(+)量	**Input(-) & Output(+) of Transformation**	**-803.38**	**-803.38**
1.火力发电	Thermal Power	-757.03	-757.03
2.供热	Heating Supply	-46.35	-46.35
3.煤炭洗选	Coal Washing		
4.炼焦	Coking		
5.炼油及煤制油	Petroleum Refining and Coal-to-liquids		
#油品再投入量(-)	Petroleum Products Input (-)		
6.制气	Gas Works		
#再投入量(-)	Input (-)		
7.天然气液化	Natural Gas Liquefaction		
8.煤制品加工	Briquettes		
9.回收能	Recovery of Energy		
三.损失量	**Loss**		
四.终端消费量	**Total Final Consumption**	**220.46**	**220.46**
1.农、林、牧、渔业	Agriculture, Forestry, Animal Husbandry and Fishery		
2.工业	Industry	220.46	220.46
#用作原料、材料	Non-Energy Use		
3.建筑业	Construction		
4.交通运输、仓储和邮政业	Transport, Storage and Post		
5.批发和零售业、住宿和餐饮业	Wholesale and Retail Trades, Hotels and Catering Services		
6.其他	Others		
7.居民生活	Residential		
城镇	Urban		
乡村	Rural		
五.平衡差额	**Statistical Difference**		
六.消费量合计	**Total Energy Consumption**	**1023.84**	**1023.84**

Energy Balance of Hainan (Physical Quantity) -2020

洗精煤 (万吨) Cleaned Coal (10^4 tons)	其他洗煤 (万吨) Other Washed Coal (10^4 tons)	煤制品 (万吨) Briquettes (10^4 tons)	煤矸石 (万吨) Gangue (10^4 tons)	焦炭 (万吨) Coke (10^4 tons)	焦炉煤气 (亿立方米) Coke Oven Gas (10^8 cu.m)	高炉煤气 (亿立方米) Blast Furnace Gas (10^8 cu.m)	转炉煤气 (亿立方米) Converter Gas (10^8 cu.m)	其他煤气 (亿立方米) Other Gas (10^8 cu.m)
				0.03				
				0.03				
				0.03				
				0.03				
				0.03				

6-21 续表 1

项 目	Item	其他焦化产品(万吨) Other Coking Products (10^4 tons)	油品合计(万吨) Petroleum Products Total (10^4 tons)
一.可供本地区消费的能源量	**Total Primary Energy Supply**		**501.75**
1.一次能源生产量	Indigenous Production		30.55
2.外省(区、市)调入量	Moving in from Other Provinces		173.55
3.进口量	Import		1255.79
4.境内飞机和轮船在境外的加油量	Domestic Airplanes&Ships Refueling Abroad		
5.本省(区、市)调出量(-)	Sending Out to Other Provinces(-)		582.68
6.出口量(-)	Export(-)		376.37
7.境外飞机和轮船在境内的加油量(-)	Oversea Airplanes&Ships Refueling Domestically(-)		
8.库存增(-)、减(+)量	Stock Change		0.91
二.加工转换投入(-)产出(+)量	**Input(-) & Output(+) of Transformation**		**-56.27**
1.火力发电	Thermal Power		-0.02
2.供热	Heating Supply		-9.16
3.煤炭洗选	Coal Washing		
4.炼焦	Coking		
5.炼油及煤制油	Petroleum Refining and Coal-to-liquids		483.25
#油品再投入量(-)	Petroleum Products Input (-)		-530.34
6.制气	Gas Works		
#再投入量(-)	Input (-)		
7.天然气液化	Natural Gas Liquefaction		
8.煤制品加工	Briquettes		
9.回收能	Recovery of Energy		
三.损失量	**Loss**		
四.终端消费量	**Total Final Consumption**		**445.48**
1.农、林、牧、渔业	Agriculture, Forestry, Animal Husbandry and Fishery		38.99
2.工业	Industry		94.96
#用作原料、材料	Non-Energy Use		44.29
3.建筑业	Construction		16.08
4.交通运输、仓储和邮政业	Transport, Storage and Post		190.27
5.批发和零售业、住宿和餐饮业	Wholesale and Retail Trades, Hotels and Catering Services		6.05
6.其他	Others		52.60
7.居民生活	Residential		46.53
城镇	Urban		37.06
乡村	Rural		9.47
五.平衡差额	**Statistical Difference**		
六.消费量合计	**Total Energy Consumption**		**501.75**

Continued 1

原油 (万吨) Crude Oil (10^4 tons)	汽油 (万吨) Gasoline (10^4 tons)	煤油 (万吨) Kerosene (10^4 tons)	柴油 (万吨) Diesel Oil (10^4 tons)	燃料油 (万吨) Fuel Oil (10^4 tons)	石脑油 (万吨) Naphtha (10^4 tons)	润滑油 (万吨) Lubricants (10^4 tons)	石蜡 (万吨) Paraffin Waxes (10^4 tons)	溶剂油 (万吨) White Spirit (10^4 tons)
1135.06	**-155.50**	**-7.34**	**-192.62**	**-78.29**	**-41.61**		**0.10**	
30.55								
90.67		67.04					0.10	
1109.80	37.57	52.00	33.56	13.58				
64.13	91.29		136.41	66.45	41.71			
26.32	104.52	127.35	91.31	26.87				
-5.51	2.74	0.97	1.54	1.45	0.10			
-1134.13	**267.81**	**113.39**	**280.77**	**113.44**	**41.61**			
			-0.02					
-1134.13	267.81	113.39	280.79	113.44	47.13			
					-5.52			
0.93	**112.31**	**106.05**	**88.15**	**35.15**			**0.10**	
	2.42		36.57					
0.93	0.36		3.82	0.17			0.10	
							0.10	
	6.19		9.89					
	15.42	106.05	33.82	34.98				
	2.98		1.23					
	49.26		2.82					
	35.68							
	27.91							
	7.77							
1135.06	**112.31**	**106.05**	**88.17**	**35.15**	**5.52**		**0.10**	

6-21 续表 2

项 目	Item	石油沥青(万吨) Bitumen Asphalt (10^4 tons)	石油焦(万吨) Petroleum Coke (10^4 tons)
一.可供本地区消费的能源量	**Total Primary Energy Supply**	**-8.03**	
1.一次能源生产量	Indigenous Production		
2.外省(区、市)调入量	Moving in from Other Provinces		
3.进口量	Import	9.28	
4.境内飞机和轮船在境外的加油量	Domestic Airplanes&Ships Refueling Abroad		
5.本省(区、市)调出量(-)	Sending Out to Other Provinces(-)	19.06	
6.出口量(-)	Export(-)		
7.境外飞机和轮船在境内的加油量(-)	Oversea Airplanes&Ships Refueling Domestically(-)		
8.库存增(-)、减(+)量	Stock Change	1.75	
二.加工转换投入(-)产出(+)量	**Input(-) & Output(+) of Transformation**	**8.03**	
1.火力发电	Thermal Power		
2.供热	Heating Supply		
3.煤炭洗选	Coal Washing		
4.炼焦	Coking		
5.炼油及煤制油	Petroleum Refining and Coal-to-liquids	8.03	
#油品再投入量(-)	Petroleum Products Input (-)		
6.制气	Gas Works		
#再投入量(-)	Input (-)		
7.天然气液化	Natural Gas Liquefaction		
8.煤制品加工	Briquettes		
9.回收能	Recovery of Energy		
三.损失量	**Loss**		
四.终端消费量	**Total Final Consumption**		
1.农、林、牧、渔业	Agriculture, Forestry, Animal Husbandry and Fishery		
2.工业	Industry		
#用作原料、材料	Non-Energy Use		
3.建筑业	Construction		
4.交通运输、仓储和邮政业	Transport, Storage and Post		
5.批发和零售业、住宿和餐饮业	Wholesale and Retail Trades, Hotels and Catering Services		
6.其他	Others		
7.居民生活	Residential		
城镇	Urban		
乡村	Rural		
五.平衡差额	**Statistical Difference**		
六.消费量合计	**Total Energy Consumption**		

Continued 2

液化石油气 (万吨) Liquefied Petroleum Gas (10^4 tons)	炼厂干气 (万吨) Refinery Gas (10^4 tons)	其他石油制品 (万吨) Other Petroleum Products (10^4 tons)	天然气 (亿立方米) Natural Gas (10^8 cu.m)	液化天然气 (万吨) Liquefied Natural Gas (10^4 tons)	热力 (万百万千焦) Heat (10^{10} kJ)	电力 (亿千瓦时) Electricity (10^8 kW•h)	其他能源 (万吨标准煤) Other Energy (10^4 tce)
-81.41		**-68.61**	**48.64**	**10.09**		**149.52**	**31.10**
			1.04			132.48	25.24
		15.74	65.68			17.04	6.08
				123.77			
80.80		82.83		107.77			
			18.08	5.82			
-0.61		-1.52		-0.09			-0.22
100.07	**2.34**	**150.40**	**-15.90**		**2647.04**	**213.06**	**-28.12**
			-5.98		-1080.66	213.06	-26.66
-4.38	-4.78		-8.49		2647.04		-1.46
111.62	63.19	611.98	-1.43				
-7.17	-56.07	-461.58					
					1080.66		
						17.09	
18.66	**2.34**	**81.79**	**32.74**	**10.09**	**2647.04**	**345.49**	**2.98**
						21.38	
5.45	2.34	81.79	29.71	8.67	2647.04	119.56	2.98
		44.19	24.23				
						9.81	
			0.83	1.42		7.07	
1.84			0.95			36.20	
0.52						78.88	
10.85			1.25			72.59	
9.15			1.08			39.11	
1.70			0.17			33.48	
30.21	**63.19**	**543.37**	**48.64**	**10.09**	**3727.70**	**362.58**	**31.10**

6-22 重庆能源平衡表(实物量)-2020

项 目	Item	煤合计(万吨) Coal Total (10^4 tons)	原煤(万吨) Raw Coal (10^4 tons)
一.可供本地区消费的能源量	**Total Primary Energy Supply**	**4995.54**	**4884.33**
1.一次能源生产量	Indigenous Production	939.39	939.39
2.外省(区、市)调入量	Moving in from Other Provinces	4268.82	3924.94
3.进口量	Import		
4.境内飞机和轮船在境外的加油量	Domestic Airplanes&Ships Refueling Abroad		
5.本省(区、市)调出量(-)	Sending Out to Other Provinces(-)	340.56	97.68
6.出口量(-)	Export(-)		
7.境外飞机和轮船在境内的加油量(-)	Oversea Airplanes&Ships Refueling Domestically(-)		
8.库存增(-)、减(+)量	Stock Change	127.89	117.68
二.加工转换投入(-)产出(+)量	**Input(-) & Output(+) of Transformation**	**-2792.09**	**-3046.44**
1.火力发电	Thermal Power	-1965.72	-1952.64
2.供热	Heating Supply	-278.10	-270.18
3.煤炭洗选	Coal Washing	-182.31	-823.62
4.炼焦	Coking	-365.96	
5.炼油及煤制油	Petroleum Refining and Coal-to-liquids		
#油品再投入量(-)	Petroleum Products Input (-)		
6.制气	Gas Works		
#再投入量(-)	Input (-)		
7.天然气液化	Natural Gas Liquefaction		
8.煤制品加工	Briquettes		
9.回收能	Recovery of Energy		
三.损失量	**Loss**		
四.终端消费量	**Total Final Consumption**	**2203.45**	**1837.89**
1.农、林、牧、渔业	Agriculture, Forestry, Animal Husbandry and Fishery	49.11	30.84
2.工业	Industry	2079.87	1780.03
#用作原料、材料	Non-Energy Use	132.00	132.00
3.建筑业	Construction	15.30	9.09
4.交通运输、仓储和邮政业	Transport, Storage and Post	6.01	3.16
5.批发和零售业、住宿和餐饮业	Wholesale and Retail Trades, Hotels and Catering Services	5.33	2.38
6.其他	Others	3.69	1.90
7.居民生活	Residential	44.14	10.49
城镇	Urban	1.63	0.62
乡村	Rural	42.51	9.87
五.平衡差额	**Statistical Difference**		
六.消费量合计	**Total Energy Consumption**	**4995.54**	**4884.33**

Energy Balance of Chongqing (Physical Quantity) -2020

洗精煤 (万吨) Cleaned Coal (10^4 tons)	其他洗煤 (万吨) Other Washed Coal (10^4 tons)	煤制品 (万吨) Briquettes (10^4 tons)	煤矸石 (万吨) Gangue (10^4 tons)	焦炭 (万吨) Coke (10^4 tons)	焦炉煤气 (亿立方米) Coke Oven Gas (10^8 cu.m)	高炉煤气 (亿立方米) Blast Furnace Gas (10^8 cu.m)	转炉煤气 (亿立方米) Converter Gas (10^8 cu.m)	其他煤气 (亿立方米) Other Gas (10^8 cu.m)
96.48	**14.55**	**0.18**	**5.32**	**43.76**				
214.51	47.99	81.38		42.26				
123.03	37.75	82.10						
5.00	4.31	0.90	5.32	1.50				
-96.48	**350.83**		**76.63**	**279.70**	**10.16**	**52.98**	**5.91**	**1.44**
	-13.08		-20.58		-1.27	-52.18	-1.48	
	-7.92				-0.55			
269.48	371.83		97.21					
-365.96				279.70	11.98			
								1.44
						105.16	7.39	
	365.38	**0.18**	**81.95**	**323.46**	**10.16**	**52.98**	**5.91**	**1.44**
	18.27							
	299.66	0.18	81.95	323.46	10.16	52.98	5.91	1.44
				0.36				
	6.21							
	2.85							
	2.95							
	1.79							
	33.65							
	1.01							
	32.64							
365.96	**386.38**	**0.18**	**102.53**	**323.46**	**11.98**	**105.16**	**7.39**	**1.44**

6-22 续表 1

项　目	Item	其他焦化产品(万吨) Other Coking Products (10^4 tons)	油品合计(万吨) Petroleum Products Total (10^4 tons)
一.可供本地区消费的能源量	**Total Primary Energy Supply**		**957.85**
1.一次能源生产量	Indigenous Production		
2.外省(区、市)调入量	Moving in from Other Provinces		1043.60
3.进口量	Import		
4.境内飞机和轮船在境外的加油量	Domestic Airplanes&Ships Refueling Abroad		
5.本省(区、市)调出量(−)	Sending Out to Other Provinces(-)		101.44
6.出口量(−)	Export(-)		
7.境外飞机和轮船在境内的加油量(−)	Oversea Airplanes&Ships Refueling Domestically(-)		
8.库存增(−)、减(+)量	Stock Change		15.69
二.加工转换投入(−)产出(+)量	**Input(-) & Output(+) of Transformation**	**14.60**	**-0.44**
1.火力发电	Thermal Power		-0.44
2.供热	Heating Supply		
3.煤炭洗选	Coal Washing		
4.炼焦	Coking	14.60	
5.炼油及煤制油	Petroleum Refining and Coal-to-liquids		
#油品再投入量(−)	Petroleum Products Input (-)		
6.制气	Gas Works		
#再投入量(−)	Input (-)		
7.天然气液化	Natural Gas Liquefaction		
8.煤制品加工	Briquettes		
9.回收能	Recovery of Energy		
三.损失量	**Loss**		
四.终端消费量	**Total Final Consumption**	**14.60**	**957.41**
1.农、林、牧、渔业	Agriculture, Forestry, Animal Husbandry and Fishery		32.62
2.工业	Industry	14.60	81.79
#用作原料、材料	Non-Energy Use	2.85	23.57
3.建筑业	Construction		54.32
4.交通运输、仓储和邮政业	Transport, Storage and Post		513.61
5.批发和零售业、住宿和餐饮业	Wholesale and Retail Trades, Hotels and Catering Services		64.97
6.其他	Others		28.89
7.居民生活	Residential		181.21
城镇	Urban		129.64
乡村	Rural		51.57
五.平衡差额	**Statistical Difference**		
六.消费量合计	**Total Energy Consumption**	**14.60**	**957.85**

Continued 1

原油 (万吨) Crude Oil (10^4 tons)	汽油 (万吨) Gasoline (10^4 tons)	煤油 (万吨) Kerosene (10^4 tons)	柴油 (万吨) Diesel Oil (10^4 tons)	燃料油 (万吨) Fuel Oil (10^4 tons)	石脑油 (万吨) Naphtha (10^4 tons)	润滑油 (万吨) Lubricants (10^4 tons)	石蜡 (万吨) Paraffin Waxes (10^4 tons)	溶剂油 (万吨) White Spirit (10^4 tons)
	410.27	**86.32**	**387.07**	**12.69**		**3.28**		**0.11**
	440.13	87.87	397.16	12.79		24.73		0.11
	32.28	0.01	21.88			21.46		
	2.42	-1.54	11.79	-0.10		0.01		
			-0.41	**-0.03**				
			-0.41	-0.03				
	410.27	**86.32**	**386.66**	**12.66**		**3.28**		**0.11**
	15.68		16.94					
	16.16	0.83	34.27	0.58		3.28		0.11
	0.30	0.01	0.70	0.16		0.46		0.09
	16.71	0.37	35.69	0.53				
	170.84	85.12	246.10	11.55				
	39.63		12.96					
	27.11		1.78					
	124.14		38.92					
	97.87		24.55					
	26.27		14.37					
	410.27	**86.32**	**387.07**	**12.69**		**3.28**		**0.11**

6-22 续表 2

项　目	Item	石油沥青（万吨） Bitumen Asphalt (10^4 tons)	石油焦（万吨） Petroleum Coke (10^4 tons)
一.可供本地区消费的能源量	**Total Primary Energy Supply**	**2.98**	**8.33**
1.一次能源生产量	Indigenous Production		
2.外省(区、市)调入量	Moving in from Other Provinces	24.49	8.39
3.进口量	Import		
4.境内飞机和轮船在境外的加油量	Domestic Airplanes&Ships Refueling Abroad		
5.本省(区、市)调出量(−)	Sending Out to Other Provinces(-)	24.67	
6.出口量(−)	Export(-)		
7.境外飞机和轮船在境内的加油量(−)	Oversea Airplanes&Ships Refueling Domestically(-)		
8.库存增(−)、减(+)量	Stock Change	3.16	-0.06
二.加工转换投入(−)产出(+)量	**Input(-) & Output(+) of Transformation**		
1.火力发电	Thermal Power		
2.供热	Heating Supply		
3.煤炭洗选	Coal Washing		
4.炼焦	Coking		
5.炼油及煤制油	Petroleum Refining and Coal-to-liquids		
#油品再投入量(−)	Petroleum Products Input (-)		
6.制气	Gas Works		
#再投入量(−)	Input (-)		
7.天然气液化	Natural Gas Liquefaction		
8.煤制品加工	Briquettes		
9.回收能	Recovery of Energy		
三.损失量	**Loss**		
四.终端消费量	**Total Final Consumption**	**2.98**	**8.33**
1.农、林、牧、渔业	Agriculture, Forestry, Animal Husbandry and Fishery		
2.工业	Industry	2.98	8.33
#用作原料、材料	Non-Energy Use	2.14	4.83
3.建筑业	Construction		
4.交通运输、仓储和邮政业	Transport, Storage and Post		
5.批发和零售业、住宿和餐饮业	Wholesale and Retail Trades, Hotels and Catering Services		
6.其他	Others		
7.居民生活	Residential		
城镇	Urban		
乡村	Rural		
五.平衡差额	**Statistical Difference**		
六.消费量合计	**Total Energy Consumption**	**2.98**	**8.33**

Continued 2

液化石油气 (万吨) Liquefied Petroleum Gas (10^4 tons)	炼厂干气 (万吨) Refinery Gas (10^4 tons)	其他石油制品 (万吨) Other Petroleum Products (10^4 tons)	天然气 (亿立方米) Natural Gas (10^8 cu.m)	液化天然气 (万吨) Liquefied Natural Gas (10^4 tons)	热力 (万百万千焦) Heat (10^{10} kJ)	电力 (亿千瓦时) Electricity (10^8 kW•h)	其他能源 (万吨标准煤) Other Energy (10^4 tce)
31.70		**15.10**	**107.47**	**-18.32**		**645.03**	**96.18**
			130.04			299.03	
32.83		15.10		213.34		409.15	96.18
1.14			22.57	230.83		63.15	
0.01				-0.83			
			-9.65	**30.16**	**5366.22**	**541.49**	**-86.23**
			-3.59		-2708.90	541.49	-96.05
			-0.55		5366.22		-0.19
							10.01
			-1.07				
			-4.44	30.16			
					2708.90		
			0.54			**51.01**	
31.70		**15.10**	**97.28**	**11.84**	**5366.22**	**1135.51**	**9.95**
			1.22			4.40	
0.15		15.10	66.89	1.56	5366.22	634.12	9.95
		14.88	34.82				9.95
1.02			0.30			26.00	
			6.99	10.28		30.92	
12.38			4.68			58.88	
			0.08			160.87	
18.15			17.12			220.32	
7.22			17.12			142.22	
10.93						78.10	
31.70		**15.10**	**103.31**	**11.84**	**8075.12**	**1186.52**	**106.19**

6-23 四川能源平衡表(实物量)-2020

项　目	Item	煤合计 (万吨) Coal Total (10^4 tons)	原煤 (万吨) Raw Coal (10^4 tons)
一.可供本地区消费的能源量	**Total Primary Energy Supply**	**7501.62**	**7754.03**
1.一次能源生产量	Indigenous Production	2240.33	2240.33
2.外省(区、市)调入量	Moving in from Other Provinces	6422.64	5594.21
3.进口量	Import		
4.境内飞机和轮船在境外的加油量	Domestic Airplanes&Ships Refueling Abroad		
5.本省(区、市)调出量(-)	Sending Out to Other Provinces(-)	1364.26	208.44
6.出口量(-)	Export(-)		
7.境外飞机和轮船在境内的加油量(-)	Oversea Airplanes&Ships Refueling Domestically(-)		
8.库存增(-)、减(+)量	Stock Change	202.91	127.92
二.加工转换投入(-)产出(+)量	**Input(-) & Output(+) of Transformation**	**-4293.29**	**-4929.59**
1.火力发电	Thermal Power	-1712.35	-1678.83
2.供热	Heating Supply	-383.59	-383.59
3.煤炭洗选	Coal Washing	-631.41	-2795.07
4.炼焦	Coking	-1565.13	-60.44
5.炼油及煤制油	Petroleum Refining and Coal-to-liquids		
#油品再投入量(-)	Petroleum Products Input (-)		
6.制气	Gas Works		
#再投入量(-)	Input (-)		
7.天然气液化	Natural Gas Liquefaction		
8.煤制品加工	Briquettes	-0.81	-11.66
9.回收能	Recovery of Energy		
三.损失量	**Loss**		
四.终端消费量	**Total Final Consumption**	**3208.33**	**2824.44**
1.农、林、牧、渔业	Agriculture, Forestry, Animal Husbandry and Fishery	57.81	46.80
2.工业	Industry	3052.37	2689.94
#用作原料、材料	Non-Energy Use	48.23	23.83
3.建筑业	Construction	11.47	5.56
4.交通运输、仓储和邮政业	Transport, Storage and Post	0.07	0.07
5.批发和零售业、住宿和餐饮业	Wholesale and Retail Trades, Hotels and Catering Services	10.22	8.36
6.其他	Others	8.56	8.56
7.居民生活	Residential	67.83	65.15
城镇	Urban	0.20	
乡村	Rural	67.63	65.15
五.平衡差额	**Statistical Difference**		
六.消费量合计	**Total Energy Consumption**	**7501.62**	**7754.03**

Energy Balance of Sichuan (Physical Quantity) -2020

洗精煤 (万吨) Cleaned Coal (10^4 tons)	其他洗煤 (万吨) Other Washed Coal (10^4 tons)	煤制品 (万吨) Briquettes (10^4 tons)	煤矸石 (万吨) Gangue (10^4 tons)	焦炭 (万吨) Coke (10^4 tons)	焦炉煤气 (亿立方米) Coke Oven Gas (10^8 cu.m)	高炉煤气 (亿立方米) Blast Furnace Gas (10^8 cu.m)	转炉煤气 (亿立方米) Converter Gas (10^8 cu.m)	其他煤气 (亿立方米) Other Gas (10^8 cu.m)
519.39	**-773.36**	**1.57**	**-0.44**	**141.43**				
637.13	179.91	11.39		193.64				
181.06	966.28	8.48		41.06				
63.32	13.01	-1.34	-0.44	-11.15				
-519.39	**1144.85**	**10.84**	**102.67**	**1074.23**	**32.35**	**230.43**	**5.98**	**0.70**
	-33.52		-115.08		-8.38	-105.99	-13.63	
			-6.78		-2.60	-14.40		
985.30	1178.37		224.53					
-1504.68				1074.23	43.33			0.70
		10.84						
						350.82	19.61	
	371.48	**12.41**	**102.23**	**1215.66**	**32.35**	**230.43**	**5.98**	**0.70**
	9.05	1.96			0.75			
	356.52	5.91	102.23	1212.83	26.86	230.43	5.98	0.70
	24.33	0.07		9.67	2.23			
	5.91			2.84	0.20			
					0.27			
		1.86			1.65			
					0.74			
		2.68			1.88			
		0.20			1.56			
		2.48			0.32			
1504.68	**405.01**	**12.41**	**224.09**	**1215.66**	**43.33**	**350.82**	**19.61**	**0.70**

6-23 续表 1

项　目	Item	其他焦化产品(万吨) Other Coking Products (10^4 tons)	油品合计(万吨) Petroleum Products Total (10^4 tons)
一.可供本地区消费的能源量	**Total Primary Energy Supply**	**-6.55**	**2584.29**
1.一次能源生产量	Indigenous Production		7.86
2.外省(区、市)调入量	Moving in from Other Provinces		2588.13
3.进口量	Import		
4.境内飞机和轮船在境外的加油量	Domestic Airplanes&Ships Refueling Abroad		8.11
5.本省(区、市)调出量(-)	Sending Out to Other Provinces(-)	6.55	
6.出口量(-)	Export(-)		
7.境外飞机和轮船在境内的加油量(-)	Oversea Airplanes&Ships Refueling Domestically(-)		3.15
8.库存增(-)、减(+)量	Stock Change		-16.66
二.加工转换投入(-)产出(+)量	**Input(-) & Output(+) of Transformation**	**58.32**	**-279.17**
1.火力发电	Thermal Power		-3.08
2.供热	Heating Supply		-17.88
3.煤炭洗选	Coal Washing		
4.炼焦	Coking	58.32	
5.炼油及煤制油	Petroleum Refining and Coal-to-liquids		-212.71
#油品再投入量(-)	Petroleum Products Input (-)		-45.51
6.制气	Gas Works		
#再投入量(-)	Input (-)		
7.天然气液化	Natural Gas Liquefaction		
8.煤制品加工	Briquettes		
9.回收能	Recovery of Energy		
三.损失量	**Loss**		
四.终端消费量	**Total Final Consumption**	**51.77**	**2305.11**
1.农、林、牧、渔业	Agriculture, Forestry, Animal Husbandry and Fishery		111.97
2.工业	Industry	51.77	221.48
#用作原料、材料	Non-Energy Use	0.42	49.73
3.建筑业	Construction		321.77
4.交通运输、仓储和邮政业	Transport, Storage and Post		887.91
5.批发和零售业、住宿和餐饮业	Wholesale and Retail Trades, Hotels and Catering Services		152.21
6.其他	Others		140.36
7.居民生活	Residential		469.42
城镇	Urban		259.78
乡村	Rural		209.64
五.平衡差额	**Statistical Difference**		
六.消费量合计	**Total Energy Consumption**	**51.77**	**2584.29**

Continued 1

原油 (万吨) Crude Oil (10^4 tons)	汽油 (万吨) Gasoline (10^4 tons)	煤油 (万吨) Kerosene (10^4 tons)	柴油 (万吨) Diesel Oil (10^4 tons)	燃料油 (万吨) Fuel Oil (10^4 tons)	石脑油 (万吨) Naphtha (10^4 tons)	润滑油 (万吨) Lubricants (10^4 tons)	石蜡 (万吨) Paraffin Waxes (10^4 tons)	溶剂油 (万吨) White Spirit (10^4 tons)
955.15	**664.89**	**62.30**	**681.81**	**25.69**	**5.67**	**0.63**	**0.54**	**0.20**
7.86								
949.78	670.30	57.84	690.56	24.90	5.74	1.11	0.54	0.20
		8.11						
		3.15						
-2.48	-5.41	-0.50	-8.75	0.79	-0.07	-0.48		
-955.15	**232.30**	**97.78**	**216.20**	**-20.32**	**0.56**			
			-0.64	-1.21				
				-8.87				
-955.15	232.30	97.78	216.84	14.95	0.56			
				-25.19				
0.01	**897.18**	**160.07**	**898.01**	**5.37**	**6.24**	**0.63**	**0.54**	**0.20**
	4.16	0.09	106.68	0.10				
0.01	17.13	0.85	77.81	1.77	6.24	0.38	0.54	0.20
	0.73	0.01	1.29	0.12	6.24	0.13	0.35	
	18.56	1.72	98.87	2.82		0.02		
	238.89	156.89	490.81	0.68		0.23		
	83.06	0.20	60.89					
	82.69	0.30	55.65					
	452.70	0.02	7.30					
	246.58		4.70					
	206.12	0.02	2.60					
955.15	**897.18**	**160.07**	**898.65**	**40.64**	**6.24**	**0.63**	**0.54**	**0.20**

6-23 续表 2

项　目	Item	石油沥青 (万吨) Bitumen Asphalt (10^4 tons)	石油焦 (万吨) Petroleum Coke (10^4 tons)
一.可供本地区消费的能源量	**Total Primary Energy Supply**	**133.66**	**23.14**
1.一次能源生产量	Indigenous Production		
2.外省(区、市)调入量	Moving in from Other Provinces	131.52	24.31
3.进口量	Import		
4.境内飞机和轮船在境外的加油量	Domestic Airplanes&Ships Refueling Abroad		
5.本省(区、市)调出量(-)	Sending Out to Other Provinces(-)		
6.出口量(-)	Export(-)		
7.境外飞机和轮船在境内的加油量(-)	Oversea Airplanes&Ships Refueling Domestically(-)		
8.库存增(-)、减(+)量	Stock Change	2.14	-1.17
二.加工转换投入(-)产出(+)量	**Input(-) & Output(+) of Transformation**	**70.12**	
1.火力发电	Thermal Power		
2.供热	Heating Supply		
3.煤炭洗选	Coal Washing		
4.炼焦	Coking		
5.炼油及煤制油	Petroleum Refining and Coal-to-liquids	70.12	
#油品再投入量(-)	Petroleum Products Input (-)		
6.制气	Gas Works		
#再投入量(-)	Input (-)		
7.天然气液化	Natural Gas Liquefaction		
8.煤制品加工	Briquettes		
9.回收能	Recovery of Energy		
三.损失量	**Loss**		
四.终端消费量	**Total Final Consumption**	**203.79**	**23.14**
1.农、林、牧、渔业	Agriculture, Forestry, Animal Husbandry and Fishery		
2.工业	Industry	5.07	23.14
#用作原料、材料	Non-Energy Use	2.18	11.39
3.建筑业	Construction	198.72	
4.交通运输、仓储和邮政业	Transport, Storage and Post		
5.批发和零售业、住宿和餐饮业	Wholesale and Retail Trades, Hotels and Catering Services		
6.其他	Others		
7.居民生活	Residential		
城镇	Urban		
乡村	Rural		
五.平衡差额	**Statistical Difference**		
六.消费量合计	**Total Energy Consumption**	**203.79**	**23.14**

Continued 2

液化石油气 (万吨) Liquefied Petroleum Gas (10^4 tons)	炼厂干气 (万吨) Refinery Gas (10^4 tons)	其他石油制品 (万吨) Other Petroleum Products (10^4 tons)	天然气 (亿立方米) Natural Gas (10^8 cu.m)	液化天然气 (万吨) Liquefied Natural Gas (10^4 tons)	热力 (万百万千焦) Heat (10^{10} kJ)	电力 (亿千瓦时) Electricity (10^8 kW•h)	其他能源 (万吨标准煤) Other Energy (10^4 tce)
27.66		**2.94**	**269.75**	**-57.48**		**2352.53**	**518.58**
			463.34			3654.63	518.58
28.09		3.24		2.88		123.02	
			193.59	60.94		1425.12	
-0.43		-0.30		0.58			
24.17	**56.55**	**-1.38**	**-32.81**	**138.68**	**10109.40**	**527.65**	**-232.73**
	-1.23		-4.82		-4065.44	527.65	-231.75
	-9.01		-3.91	-0.12	7652.13		-0.98
24.17	66.79	18.93					-29.08
		-20.31					
							29.08
			-3.35				
			-20.74	138.80			
					6522.71		
			6.02			**212.16**	
51.83	**56.55**	**1.56**	**230.91**	**81.20**	**10109.40**	**2668.02**	**285.85**
0.94			0.91			22.10	66.53
30.74	56.55	1.07	149.08	6.38	10109.40	1564.71	53.87
27.28			36.80				2.86
0.57		0.49	0.20			56.34	
0.40			8.02	74.82		69.31	40.63
8.06			11.56			148.67	7.62
1.72			6.88			270.92	0.60
9.40			54.26			535.96	116.61
8.50			47.35			301.51	
0.90			6.91			234.45	116.61
51.83	**66.79**	**21.87**	**250.59**	**81.32**	**14174.84**	**2880.18**	**547.66**

6-24 贵州能源平衡表(实物量)-2020

项　目	Item	煤合计(万吨) Coal Total (10^4 tons)	原煤(万吨) Raw Coal (10^4 tons)
一.可供本地区消费的能源量	**Total Primary Energy Supply**	**12041.52**	**13442.93**
1.一次能源生产量	Indigenous Production	12055.33	12055.33
2.外省(区、市)调入量	Moving in from Other Provinces	1574.06	1574.06
3.进口量	Import		
4.境内飞机和轮船在境外的加油量	Domestic Airplanes&Ships Refueling Abroad		
5.本省(区、市)调出量(-)	Sending Out to Other Provinces(-)	1385.38	
6.出口量(-)	Export(-)		
7.境外飞机和轮船在境内的加油量(-)	Oversea Airplanes&Ships Refueling Domestically(-)		
8.库存增(-)、减(+)量	Stock Change	-202.49	-186.46
二.加工转换投入(-)产出(+)量	**Input(-) & Output(+) of Transformation**	**-7455.12**	**-9073.97**
1.火力发电	Thermal Power	-6601.30	-3424.30
2.供热	Heating Supply	-46.91	-46.91
3.煤炭洗选	Coal Washing	-238.79	-5596.61
4.炼焦	Coking	-568.54	-4.69
5.炼油及煤制油	Petroleum Refining and Coal-to-liquids		
#油品再投入量(-)	Petroleum Products Input (-)		
6.制气	Gas Works		
#再投入量(-)	Input (-)		
7.天然气液化	Natural Gas Liquefaction		
8.煤制品加工	Briquettes	0.42	-1.46
9.回收能	Recovery of Energy		
三.损失量	**Loss**		
四.终端消费量	**Total Final Consumption**	**4203.78**	**4085.87**
1.农、林、牧、渔业	Agriculture, Forestry, Animal Husbandry and Fishery	171.17	142.25
2.工业	Industry	2129.78	2040.79
#用作原料、材料	Non-Energy Use	433.09	432.52
3.建筑业	Construction	3.00	3.00
4.交通运输、仓储和邮政业	Transport, Storage and Post	0.01	0.01
5.批发和零售业、住宿和餐饮业	Wholesale and Retail Trades, Hotels and Catering Services	818.73	818.73
6.其他	Others	568.13	568.13
7.居民生活	Residential	512.95	512.95
城镇	Urban	83.31	83.31
乡村	Rural	429.64	429.64
五.平衡差额	**Statistical Difference**	**382.63**	**283.09**
六.消费量合计	**Total Energy Consumption**	**11658.89**	**13159.84**

Energy Balance of Guizhou (Physical Quantity) -2020

洗精煤 (万吨) Cleaned Coal (10^4 tons)	其他洗煤 (万吨) Other Washed Coal (10^4 tons)	煤制品 (万吨) Briquettes (10^4 tons)	煤矸石 (万吨) Gangue (10^4 tons)	焦炭 (万吨) Coke (10^4 tons)	焦炉煤气 (亿立方米) Coke Oven Gas (10^8 cu.m)	高炉煤气 (亿立方米) Blast Furnace Gas (10^8 cu.m)	转炉煤气 (亿立方米) Converter Gas (10^8 cu.m)	其他煤气 (亿立方米) Other Gas (10^8 cu.m)
-1396.97	**-8.22**	**3.78**	**-6.31**	**-179.74**				
1385.38				176.60				
-11.59	-8.22	3.78	-6.31	-3.14				
1396.97	**220.00**	**1.89**	**6.31**	**428.43**	**3.61**	**40.08**	**3.45**	
	-3177.00		-125.03		-4.57	-19.31	-2.32	
1960.82	3397.00		131.34					
-563.85				428.43	10.85			
					-2.67			
		1.89						
						59.39	5.76	
	112.24	**5.67**		**248.69**	**3.61**	**40.08**	**3.45**	
	28.92							
	83.32	5.67		248.69	2.42	40.08	3.45	
	0.57			7.56				
					1.19			
					1.19			
	99.54							
563.85	**3289.24**	**5.67**	**125.03**	**248.69**	**10.85**	**59.39**	**5.76**	

6-24 续表 1

项　　目	Item	其他焦化产品（万吨）Other Coking Products (10^4 tons)	油品合计（万吨）Petroleum Products Total (10^4 tons)
一.可供本地区消费的能源量	**Total Primary Energy Supply**	**-21.21**	**1228.27**
1.一次能源生产量	Indigenous Production		
2.外省(区、市)调入量	Moving in from Other Provinces		1217.45
3.进口量	Import		4.40
4.境内飞机和轮船在境外的加油量	Domestic Airplanes&Ships Refueling Abroad		
5.本省(区、市)调出量(-)	Sending Out to Other Provinces(-)	21.21	
6.出口量(-)	Export(-)		
7.境外飞机和轮船在境内的加油量(-)	Oversea Airplanes&Ships Refueling Domestically(-)		0.29
8.库存增(-)、减(+)量	Stock Change		6.71
二.加工转换投入(-)产出(+)量	**Input(-) & Output(+) of Transformation**	**22.03**	**-2.57**
1.火力发电	Thermal Power		-2.57
2.供热	Heating Supply		
3.煤炭洗选	Coal Washing		
4.炼焦	Coking	22.03	
5.炼油及煤制油	Petroleum Refining and Coal-to-liquids		
#油品再投入量(-)	Petroleum Products Input (-)		
6.制气	Gas Works		
#再投入量(-)	Input (-)		
7.天然气液化	Natural Gas Liquefaction		
8.煤制品加工	Briquettes		
9.回收能	Recovery of Energy		
三.损失量	**Loss**		
四.终端消费量	**Total Final Consumption**	**0.82**	**1225.70**
1.农、林、牧、渔业	Agriculture, Forestry, Animal Husbandry and Fishery		45.70
2.工业	Industry	0.82	89.99
#用作原料、材料	Non-Energy Use		20.10
3.建筑业	Construction		58.02
4.交通运输、仓储和邮政业	Transport, Storage and Post		519.56
5.批发和零售业、住宿和餐饮业	Wholesale and Retail Trades, Hotels and Catering Services		92.00
6.其他	Others		364.00
7.居民生活	Residential		56.43
城镇	Urban		22.97
乡村	Rural		33.46
五.平衡差额	**Statistical Difference**		
六.消费量合计	**Total Energy Consumption**	**0.82**	**1228.27**

Continued 1

原油 (万吨) Crude Oil (10^4 tons)	汽油 (万吨) Gasoline (10^4 tons)	煤油 (万吨) Kerosene (10^4 tons)	柴油 (万吨) Diesel Oil (10^4 tons)	燃料油 (万吨) Fuel Oil (10^4 tons)	石脑油 (万吨) Naphtha (10^4 tons)	润滑油 (万吨) Lubricants (10^4 tons)	石蜡 (万吨) Paraffin Waxes (10^4 tons)	溶剂油 (万吨) White Spirit (10^4 tons)
	484.53	**49.45**	**598.02**	**0.50**		**0.31**		**0.01**
	479.96	48.17	598.26	0.50		0.30		0.01
		0.29						
	4.57	1.56	-0.24			0.01		
			-2.57					
			-2.57					
	484.53	**49.45**	**595.45**	**0.50**		**0.31**		**0.01**
	6.50	1.20	38.00					
	1.55	0.10	17.67	0.50		0.31		0.01
						0.01		0.01
	20.02	3.20	34.80					
	229.10	44.95	245.50					
	45.00		42.00					
	160.00		202.00					
	22.36		15.48					
	10.99		1.98					
	11.37		13.50					
	484.53	**49.45**	**598.02**	**0.50**		**0.31**		**0.01**

6-24 续表 2

项　目	Item	石油沥青(万吨) Bitumen Asphalt (10^4 tons)	石油焦(万吨) Petroleum Coke (10^4 tons)
一.可供本地区消费的能源量	**Total Primary Energy Supply**	**2.77**	**66.94**
1.一次能源生产量	Indigenous Production		
2.外省(区、市)调入量	Moving in from Other Provinces	2.92	61.51
3.进口量	Import		4.40
4.境内飞机和轮船在境外的加油量	Domestic Airplanes&Ships Refueling Abroad		
5.本省(区、市)调出量(-)	Sending Out to Other Provinces(-)		
6.出口量(-)	Export(-)		
7.境外飞机和轮船在境内的加油量(-)	Oversea Airplanes&Ships Refueling Domestically(-)		
8.库存增(-)、减(+)量	Stock Change	-0.15	1.03
二.加工转换投入(-)产出(+)量	**Input(-) & Output(+) of Transformation**		
1.火力发电	Thermal Power		
2.供热	Heating Supply		
3.煤炭洗选	Coal Washing		
4.炼焦	Coking		
5.炼油及煤制油	Petroleum Refining and Coal-to-liquids		
#油品再投入量(-)	Petroleum Products Input (-)		
6.制气	Gas Works		
#再投入量(-)	Input (-)		
7.天然气液化	Natural Gas Liquefaction		
8.煤制品加工	Briquettes		
9.回收能	Recovery of Energy		
三.损失量	**Loss**		
四.终端消费量	**Total Final Consumption**	**2.77**	**66.94**
1.农、林、牧、渔业	Agriculture, Forestry, Animal Husbandry and Fishery		
2.工业	Industry	2.77	66.94
#用作原料、材料	Non-Energy Use	2.03	18.05
3.建筑业	Construction		
4.交通运输、仓储和邮政业	Transport, Storage and Post		
5.批发和零售业、住宿和餐饮业	Wholesale and Retail Trades, Hotels and Catering Services		
6.其他	Others		
7.居民生活	Residential		
城镇	Urban		
乡村	Rural		
五.平衡差额	**Statistical Difference**		
六.消费量合计	**Total Energy Consumption**	**2.77**	**66.94**

Continued 2

液化石油气 (万吨) Liquefied Petroleum Gas (10^4 tons)	炼厂干气 (万吨) Refinery Gas (10^4 tons)	其他石油制品 (万吨) Other Petroleum Products (10^4 tons)	天然气 (亿立方米) Natural Gas (10^8 cu.m)	液化天然气 (万吨) Liquefied Natural Gas (10^4 tons)	热力 (万百万千焦) Heat (10^{10} kJ)	电力 (亿千瓦时) Electricity (10^8 kW•h)	其他能源 (万吨标准煤) Other Energy (10^4 tce)
25.74			**38.86**	**2.74**		**253.96**	**71.54**
			5.04			973.34	71.54
25.81			33.82	2.59		0.93	
						720.31	
-0.07				0.15			
			-5.00	**5.84**	**1411.07**	**1332.11**	**-68.48**
			-5.12		-4497.28	1332.11	-68.48
					570.49		
			1.05				
			-0.93	5.84			
					5337.85		
						106.03	
25.74			**33.86**	**8.58**	**1411.07**	**1480.04**	**3.06**
						14.88	
0.15			6.62	4.05	1072.66	890.80	3.06
			0.03	0.11			
						32.14	
			3.42	4.53		37.64	
5.00			7.00			52.12	
2.00			6.00			89.80	
18.59			10.82		338.41	362.66	
10.00			8.82		338.41	217.08	
8.59			2.00			145.58	
25.74			**39.11**	**8.58**	**5908.34**	**1586.07**	**71.54**

6-25 云南能源平衡表(实物量)-2020

项　目	Item	煤合计 (万吨) Coal Total (10^4 tons)	原煤 (万吨) Raw Coal (10^4 tons)
一.可供本地区消费的能源量	**Total Primary Energy Supply**	**8201.22**	**7712.43**
1.一次能源生产量	Indigenous Production	5529.73	5529.73
2.外省(区、市)调入量	Moving in from Other Provinces	5341.16	4403.06
3.进口量	Import		
4.境内飞机和轮船在境外的加油量	Domestic Airplanes&Ships Refueling Abroad		
5.本省(区、市)调出量(-)	Sending Out to Other Provinces(-)	2603.32	2034.90
6.出口量(-)	Export(-)		
7.境外飞机和轮船在境内的加油量(-)	Oversea Airplanes&Ships Refueling Domestically(-)		
8.库存增(-)、减(+)量	Stock Change	-66.35	-185.46
二.加工转换投入(-)产出(+)量	**Input(-) & Output(+) of Transformation**	**-4143.02**	**-3892.98**
1.火力发电	Thermal Power	-2119.40	-2119.40
2.供热	Heating Supply	-105.90	-95.99
3.煤炭洗选	Coal Washing	-358.47	-1569.74
4.炼焦	Coking	-1509.64	-52.06
5.炼油及煤制油	Petroleum Refining and Coal-to-liquids		
#油品再投入量(-)	Petroleum Products Input (-)		
6.制气	Gas Works	-49.35	-49.35
#再投入量(-)	Input (-)		
7.天然气液化	Natural Gas Liquefaction		
8.煤制品加工	Briquettes	-0.26	-6.44
9.回收能	Recovery of Energy		
三.损失量	**Loss**		
四.终端消费量	**Total Final Consumption**	**4058.20**	**3819.45**
1.农、林、牧、渔业	Agriculture, Forestry, Animal Husbandry and Fishery	210.94	210.13
2.工业	Industry	3353.71	3154.72
#用作原料、材料	Non-Energy Use	471.60	448.45
3.建筑业	Construction	33.21	32.91
4.交通运输、仓储和邮政业	Transport, Storage and Post		
5.批发和零售业、住宿和餐饮业	Wholesale and Retail Trades, Hotels and Catering Services	99.97	98.27
6.其他	Others	53.36	53.23
7.居民生活	Residential	307.01	270.19
城镇	Urban	9.42	7.46
乡村	Rural	297.59	262.73
五.平衡差额	**Statistical Difference**		
六.消费量合计	**Total Energy Consumption**	**8201.22**	**7712.43**

Energy Balance of Yunnan (Physical Quantity) -2020

洗精煤 (万吨) Cleaned Coal (10^4 tons)	其他洗煤 (万吨) Other Washed Coal (10^4 tons)	煤制品 (万吨) Briquettes (10^4 tons)	煤矸石 (万吨) Gangue (10^4 tons)	焦炭 (万吨) Coke (10^4 tons)	焦炉煤气 (亿立方米) Coke Oven Gas (10^8 cu.m)	高炉煤气 (亿立方米) Blast Furnace Gas (10^8 cu.m)	转炉煤气 (亿立方米) Converter Gas (10^8 cu.m)	其他煤气 (亿立方米) Other Gas (10^8 cu.m)
917.00	**-432.33**	**4.12**	**2.36**	**123.64**				**0.02**
846.72	91.38			288.74				0.02
0.52	567.26	0.64		141.95				
70.80	43.55	4.76	2.36	-23.15				
-917.00	**660.78**	**6.18**	**14.66**	**1093.32**	**27.29**	**201.52**	**19.20**	
			-15.71		-0.68	-103.62	-6.38	
	-9.91							
540.58	670.69		30.37					
-1457.58				1093.32	28.20			
					-0.23			
		6.18						
						305.14	25.58	
	228.45	**10.30**	**17.02**	**1216.96**	**27.29**	**201.52**	**19.20**	**0.02**
		0.81		2.45				
	197.67	1.32	17.02	1214.51	25.23	201.52	19.20	0.02
	22.65	0.50		107.11	5.88			
	0.30							
		1.70			1.75			
		0.13			0.14			
	30.48	6.34			0.17			
	1.87	0.09			0.04			
	28.61	6.25			0.13			
1457.58	**238.36**	**10.30**	**32.73**	**1216.96**	**28.20**	**305.14**	**25.58**	**0.02**

6-25 续表 1

项　目	Item	其他焦化产品(万吨) Other Coking Products (10^4 tons)	油品合计(万吨) Petroleum Products Total (10^4 tons)
一.可供本地区消费的能源量	**Total Primary Energy Supply**	**-67.16**	**1536.36**
1.一次能源生产量	Indigenous Production		
2.外省(区、市)调入量	Moving in from Other Provinces		2280.21
3.进口量	Import		
4.境内飞机和轮船在境外的加油量	Domestic Airplanes&Ships Refueling Abroad		
5.本省(区、市)调出量(-)	Sending Out to Other Provinces(-)	67.16	754.69
6.出口量(-)	Export(-)		
7.境外飞机和轮船在境内的加油量(-)	Oversea Airplanes&Ships Refueling Domestically(-)		
8.库存增(-)、减(+)量	Stock Change		10.84
二.加工转换投入(-)产出(+)量	**Input(-) & Output(+) of Transformation**	**67.38**	**-24.52**
1.火力发电	Thermal Power		-0.62
2.供热	Heating Supply		-12.42
3.煤炭洗选	Coal Washing		
4.炼焦	Coking	61.56	
5.炼油及煤制油	Petroleum Refining and Coal-to-liquids		50.12
#油品再投入量(-)	Petroleum Products Input (-)		-61.60
6.制气	Gas Works	5.82	
#再投入量(-)	Input (-)		
7.天然气液化	Natural Gas Liquefaction		
8.煤制品加工	Briquettes		
9.回收能	Recovery of Energy		
三.损失量	**Loss**		
四.终端消费量	**Total Final Consumption**	**0.22**	**1511.84**
1.农、林、牧、渔业	Agriculture, Forestry, Animal Husbandry and Fishery		32.96
2.工业	Industry	0.22	286.31
#用作原料、材料	Non-Energy Use		98.42
3.建筑业	Construction		69.14
4.交通运输、仓储和邮政业	Transport, Storage and Post		839.37
5.批发和零售业、住宿和餐饮业	Wholesale and Retail Trades, Hotels and Catering Services		49.66
6.其他	Others		46.21
7.居民生活	Residential		188.21
城镇	Urban		89.89
乡村	Rural		98.32
五.平衡差额	**Statistical Difference**		
六.消费量合计	**Total Energy Consumption**	**0.22**	**1536.36**

Continued 1

原油 (万吨) Crude Oil (10^4 tons)	汽油 (万吨) Gasoline (10^4 tons)	煤油 (万吨) Kerosene (10^4 tons)	柴油 (万吨) Diesel Oil (10^4 tons)	燃料油 (万吨) Fuel Oil (10^4 tons)	石脑油 (万吨) Naphtha (10^4 tons)	润滑油 (万吨) Lubricants (10^4 tons)	石蜡 (万吨) Paraffin Waxes (10^4 tons)	溶剂油 (万吨) White Spirit (10^4 tons)
1027.62	**137.21**	**-10.80**	**287.87**	**0.01**	**-1.01**	**0.86**		**0.07**
1017.03	441.40	17.74	644.41	0.01		0.78		0.06
	301.91	26.40	356.29		1.01	0.08		
10.59	-2.28	-2.14	-0.25			0.16		0.01
-1026.06	**330.00**	**105.36**	**384.10**		**1.01**			
			-0.62					
			-0.02					
-1026.06	330.00	105.36	384.74		1.01			
1.56	**467.21**	**94.56**	**671.97**	**0.01**		**0.86**		**0.07**
	8.72	0.08	24.16					
1.56	3.87	0.05	42.46			0.72		0.07
	0.06	0.01	2.74			0.08		0.06
	23.69	1.08	41.07					
	230.20	93.26	515.76	0.01		0.14		
	26.25		10.26					
	34.69	0.09	9.51					
	139.80		28.76					
	70.50		8.27					
	69.30		20.49					
1027.62	**467.21**	**94.56**	**672.61**	**0.01**		**0.86**		**0.07**

6-25 续表 2

项　目	Item	石油沥青（万吨） Bitumen Asphalt (10^4 tons)	石油焦（万吨） Petroleum Coke (10^4 tons)
一.可供本地区消费的能源量	**Total Primary Energy Supply**	**-24.27**	**106.71**
1.一次能源生产量	Indigenous Production		
2.外省(区、市)调入量	Moving in from Other Provinces	43.09	105.31
3.进口量	Import		
4.境内飞机和轮船在境外的加油量	Domestic Airplanes&Ships Refueling Abroad		
5.本省(区、市)调出量(-)	Sending Out to Other Provinces(-)	68.73	0.26
6.出口量(-)	Export(-)		
7.境外飞机和轮船在境内的加油量(-)	Oversea Airplanes&Ships Refueling Domestically(-)		
8.库存增(-)、减(+)量	Stock Change	1.37	1.66
二.加工转换投入(-)产出(+)量	**Input(-) & Output(+) of Transformation**	**45.22**	**10.96**
1.火力发电	Thermal Power		
2.供热	Heating Supply		-12.40
3.煤炭洗选	Coal Washing		
4.炼焦	Coking		
5.炼油及煤制油	Petroleum Refining and Coal-to-liquids	45.22	23.36
#油品再投入量(-)	Petroleum Products Input (-)		
6.制气	Gas Works		
#再投入量(-)	Input (-)		
7.天然气液化	Natural Gas Liquefaction		
8.煤制品加工	Briquettes		
9.回收能	Recovery of Energy		
三.损失量	**Loss**		
四.终端消费量	**Total Final Consumption**	**20.95**	**117.67**
1.农、林、牧、渔业	Agriculture, Forestry, Animal Husbandry and Fishery		
2.工业	Industry	17.65	117.67
#用作原料、材料	Non-Energy Use	17.48	77.97
3.建筑业	Construction	3.30	
4.交通运输、仓储和邮政业	Transport, Storage and Post		
5.批发和零售业、住宿和餐饮业	Wholesale and Retail Trades, Hotels and Catering Services		
6.其他	Others		
7.居民生活	Residential		
城镇	Urban		
乡村	Rural		
五.平衡差额	**Statistical Difference**		
六.消费量合计	**Total Energy Consumption**	**20.95**	**130.07**

Continued 2

液化石油气 (万吨) Liquefied Petroleum Gas (10^4 tons)	炼厂干气 (万吨) Refinery Gas (10^4 tons)	其他石油制品 (万吨) Other Petroleum Products (10^4 tons)	天然气 (亿立方米) Natural Gas (10^8 cu.m)	液化天然气 (万吨) Liquefied Natural Gas (10^4 tons)	热力 (万百万千焦) Heat (10^{10} kJ)	电力 (亿千瓦时) Electricity (10^8 kW•h)	其他能源 (万吨标准煤) Other Energy (10^4 tce)
4.11		**7.98**	**19.09**	**-3.01**		**1610.55**	**224.38**
						3259.86	224.38
3.68		6.70	0.48	3.32		0.03	
			18.63			14.97	
0.01				6.31		1636.22	
						28.09	
0.44		1.28	-0.02	-0.02			
28.93	**20.86**	**75.10**	**-2.27**	**11.47**	**1899.09**	**414.58**	**-70.62**
					-5103.65	414.58	-70.17
			-0.06		1393.61		-0.45
59.88	20.86	105.75	-1.88				
-30.95		-30.65					
			1.19				
			-1.52	11.47			
					5609.13		
						131.33	
33.04	**20.86**	**83.08**	**16.82**	**8.46**	**1899.09**	**1893.80**	**153.76**
			0.01			25.03	
0.18	20.86	81.22	14.86	6.67	1897.02	1303.35	153.76
0.02			2.91				
			0.01			52.39	
			0.17	0.32		40.48	
13.15			0.13	0.89	1.01	71.06	
0.06		1.86	0.04		1.06	135.66	
19.65			1.60	0.58		265.83	
11.12			1.54	0.58		126.88	
8.53			0.06			138.95	
63.99	**20.86**	**113.73**	**18.70**	**8.46**	**7002.74**	**2025.13**	**224.38**

6-26 陕西能源平衡表(实物量)-2020

项　目	Item	煤合计 (万吨) Coal Total (10^4 tons)	原煤 (万吨) Raw Coal (10^4 tons)
一.可供本地区消费的能源量	**Total Primary Energy Supply**	**22596.49**	**29842.10**
1.一次能源生产量	Indigenous Production	67973.05	67973.05
2.外省(区、市)调入量	Moving in from Other Provinces	3085.06	2433.37
3.进口量	Import		
4.境内飞机和轮船在境外的加油量	Domestic Airplanes&Ships Refueling Abroad		
5.本省(区、市)调出量(-)	Sending Out to Other Provinces(-)	49350.84	41418.07
6.出口量(-)	Export(-)		
7.境外飞机和轮船在境内的加油量(-)	Oversea Airplanes&Ships Refueling Domestically(-)		
8.库存增(-)、减(+)量	Stock Change	889.23	853.75
二.加工转换投入(-)产出(+)量	**Input(-) & Output(+) of Transformation**	**-18820.24**	**-26145.18**
1.火力发电	Thermal Power	-7683.52	-6542.39
2.供热	Heating Supply	-840.45	-792.12
3.煤炭洗选	Coal Washing	-1939.34	-11829.08
4.炼焦	Coking	-7881.94	-6497.71
5.炼油及煤制油	Petroleum Refining and Coal-to-liquids	-456.38	-456.38
#油品再投入量(-)	Petroleum Products Input (-)		
6.制气	Gas Works		
#再投入量(-)	Input (-)		
7.天然气液化	Natural Gas Liquefaction		
8.煤制品加工	Briquettes	-18.62	-27.51
9.回收能	Recovery of Energy		
三.损失量	**Loss**		
四.终端消费量	**Total Final Consumption**	**3774.35**	**3702.88**
1.农、林、牧、渔业	Agriculture, Forestry, Animal Husbandry and Fishery	19.78	19.78
2.工业	Industry	3319.77	3251.11
#用作原料、材料	Non-Energy Use	1659.38	1657.44
3.建筑业	Construction	14.36	14.36
4.交通运输、仓储和邮政业	Transport, Storage and Post	10.13	10.13
5.批发和零售业、住宿和餐饮业	Wholesale and Retail Trades, Hotels and Catering Services	46.76	46.76
6.其他	Others	76.68	76.68
7.居民生活	Residential	286.86	284.06
城镇	Urban	46.29	45.84
乡村	Rural	240.57	238.22
五.平衡差额	**Statistical Difference**	**1.91**	**-5.96**
六.消费量合计	**Total Energy Consumption**	**22594.58**	**29848.06**

Energy Balance of Shaanxi (Physical Quantity) -2020

洗精煤 (万吨) Cleaned Coal (10^4 tons)	其他洗煤 (万吨) Other Washed Coal (10^4 tons)	煤制品 (万吨) Briquettes (10^4 tons)	煤矸石 (万吨) Gangue (10^4 tons)	焦炭 (万吨) Coke (10^4 tons)	焦炉煤气 (亿立方米) Coke Oven Gas (10^8 cu.m)	高炉煤气 (亿立方米) Blast Furnace Gas (10^8 cu.m)	转炉煤气 (亿立方米) Converter Gas (10^8 cu.m)	其他煤气 (亿立方米) Other Gas (10^8 cu.m)
-1695.81	**-5540.87**	**-8.92**	**20.49**	**-4098.41**				**0.04**
441.01	199.02	11.66	25.24	520.52				0.04
2199.31	5716.87	16.59		4607.41				
62.49	-23.02	-3.99	-4.75	-11.52				
1697.79	**5612.75**	**14.41**	**-2.48**	**4896.51**	**24.76**	**49.70**	**6.44**	
	-1106.06	-35.07	-550.01		-78.49	-40.31	-1.33	
	-48.33		-6.27			-37.20		
3082.01	6807.73		553.80					
-1384.23				4896.51	103.25			
	-40.59	49.48						
						127.21	7.77	
	65.98	**5.48**	**18.01**	**796.68**	**24.76**	**49.70**	**6.44**	**0.04**
	65.98	2.68	18.01	796.04	24.76	49.70	6.44	0.04
	1.94			38.08	4.31			
				0.60				
				0.04				
		2.81						
		0.45						
		2.36						
1.98	**5.89**			**1.42**				
1384.23	**1260.97**	**40.56**	**574.29**	**796.68**	**103.25**	**127.21**	**7.77**	**0.04**

6-26 续表 1

项　　目	Item	其他焦化产品 (万吨) Other Coking Products (10^4 tons)	油品合计 (万吨) Petroleum Products Total (10^4 tons)
一.可供本地区消费的能源量	**Total Primary Energy Supply**	**-107.70**	**620.65**
1.一次能源生产量	Indigenous Production		2693.72
2.外省(区、市)调入量	Moving in from Other Provinces		420.66
3.进口量	Import		
4.境内飞机和轮船在境外的加油量	Domestic Airplanes&Ships Refueling Abroad		
5.本省(区、市)调出量(-)	Sending Out to Other Provinces(-)	107.70	2486.63
6.出口量(-)	Export(-)		
7.境外飞机和轮船在境内的加油量(-)	Oversea Airplanes&Ships Refueling Domestically(-)		
8.库存增(-)、减(+)量	Stock Change		-7.10
二.加工转换投入(-)产出(+)量	**Input(-) & Output(+) of Transformation**	**168.69**	**182.21**
1.火力发电	Thermal Power		-0.42
2.供热	Heating Supply		-1.58
3.煤炭洗选	Coal Washing		
4.炼焦	Coking	372.07	
5.炼油及煤制油	Petroleum Refining and Coal-to-liquids	-196.75	202.55
#油品再投入量(-)	Petroleum Products Input (-)		-18.34
6.制气	Gas Works	-6.63	
#再投入量(-)	Input (-)		
7.天然气液化	Natural Gas Liquefaction		
8.煤制品加工	Briquettes		
9.回收能	Recovery of Energy		
三.损失量	**Loss**		
四.终端消费量	**Total Final Consumption**	**60.99**	**800.29**
1.农、林、牧、渔业	Agriculture, Forestry, Animal Husbandry and Fishery		52.19
2.工业	Industry	60.99	119.46
#用作原料、材料	Non-Energy Use	9.95	9.36
3.建筑业	Construction		65.44
4.交通运输、仓储和邮政业	Transport, Storage and Post		359.21
5.批发和零售业、住宿和餐饮业	Wholesale and Retail Trades, Hotels and Catering Services		47.17
6.其他	Others		20.48
7.居民生活	Residential		136.33
城镇	Urban		89.28
乡村	Rural		47.05
五.平衡差额	**Statistical Difference**		**2.58**
六.消费量合计	**Total Energy Consumption**	**264.37**	**618.07**

Continued 1

原油(万吨) Crude Oil (10^4 tons)	汽油(万吨) Gasoline (10^4 tons)	煤油(万吨) Kerosene (10^4 tons)	柴油(万吨) Diesel Oil (10^4 tons)	燃料油(万吨) Fuel Oil (10^4 tons)	石脑油(万吨) Naphtha (10^4 tons)	润滑油(万吨) Lubricants (10^4 tons)	石蜡(万吨) Paraffin Waxes (10^4 tons)	溶剂油(万吨) White Spirit (10^4 tons)
1844.25	**-363.38**	**9.39**	**-381.06**	**-139.11**	**-22.59**	**0.13**	**-2.53**	**0.06**
2693.72								
	147.50	8.38	155.28	8.65		0.54		0.06
884.05	503.23	0.74	534.90	148.04	17.40	0.30	2.72	
34.58	-7.65	1.75	-1.44	0.28	-5.19	-0.11	0.19	
-1798.13	**652.10**	**73.81**	**689.05**	**147.67**	**27.44**	**0.37**	**2.53**	
			-0.42					
			-0.06					
-1798.13	652.11	73.81	689.53	147.68	40.61	0.37	2.53	
	-0.01			-0.01	-13.17			
45.55	**288.72**	**83.20**	**307.99**	**6.56**	**4.85**	**0.50**		**0.05**
	9.45		41.89					
45.55	15.94	0.24	44.49	0.83	4.85	0.50		0.05
	0.01	0.01	1.34		4.62	0.16		
	10.98	0.25	25.58	2.13				
	104.00	81.88	168.62	1.89				
	24.34	0.34	13.54	0.97				
	10.30	0.49	8.91	0.74				
	113.71		4.96					
	81.88		0.23					
	31.83		4.73					
0.58				**2.00**				
1843.68	**288.73**	**83.20**	**308.47**	**6.57**	**18.02**	**0.50**		**0.05**

6-26 续表 2

项　目	Item	石油沥青(万吨) Bitumen Asphalt (10^4 tons)	石油焦(万吨) Petroleum Coke (10^4 tons)
一.可供本地区消费的能源量	**Total Primary Energy Supply**	**8.43**	**-8.23**
1.一次能源生产量	Indigenous Production		
2.外省(区、市)调入量	Moving in from Other Provinces	95.60	1.67
3.进口量	Import		
4.境内飞机和轮船在境外的加油量	Domestic Airplanes&Ships Refueling Abroad		
5.本省(区、市)调出量(-)	Sending Out to Other Provinces(-)	57.22	10.04
6.出口量(-)	Export(-)		
7.境外飞机和轮船在境内的加油量(-)	Oversea Airplanes&Ships Refueling Domestically(-)		
8.库存增(-)、减(+)量	Stock Change	-29.95	0.14
二.加工转换投入(-)产出(+)量	**Input(-) & Output(+) of Transformation**	**20.19**	**9.85**
1.火力发电	Thermal Power		
2.供热	Heating Supply		
3.煤炭洗选	Coal Washing		
4.炼焦	Coking		
5.炼油及煤制油	Petroleum Refining and Coal-to-liquids	20.19	9.85
#油品再投入量(-)	Petroleum Products Input (-)		
6.制气	Gas Works		
#再投入量(-)	Input (-)		
7.天然气液化	Natural Gas Liquefaction		
8.煤制品加工	Briquettes		
9.回收能	Recovery of Energy		
三.损失量	**Loss**		
四.终端消费量	**Total Final Consumption**	**28.63**	**1.63**
1.农、林、牧、渔业	Agriculture, Forestry, Animal Husbandry and Fishery		
2.工业	Industry	2.94	1.63
#用作原料、材料	Non-Energy Use	0.43	0.74
3.建筑业	Construction	25.69	
4.交通运输、仓储和邮政业	Transport, Storage and Post		
5.批发和零售业、住宿和餐饮业	Wholesale and Retail Trades, Hotels and Catering Services		
6.其他	Others		
7.居民生活	Residential		
城镇	Urban		
乡村	Rural		
五.平衡差额	**Statistical Difference**		
六.消费量合计	**Total Energy Consumption**	**28.63**	**1.63**

Continued 2

液化石油气 (万吨) Liquefied Petroleum Gas (10^4 tons)	炼厂干气 (万吨) Refinery Gas (10^4 tons)	其他石油制品 (万吨) Other Petroleum Products (10^4 tons)	天然气 (亿立方米) Natural Gas (10^8 cu.m)	液化天然气 (万吨) Liquefied Natural Gas (10^4 tons)	热力 (万百万千焦) Heat (10^{10} kJ)	电力 (亿千瓦时) Electricity (10^8 kW•h)	其他能源 (万吨标准煤) Other Energy (10^4 tce)
-26.64		**-298.08**	**142.17**	**-199.43**	**-72.39**	**-56.48**	**42.03**
			527.38			341.54	42.03
2.62		0.36		25.01		239.70	
29.33		298.67	385.21	208.69	72.39	637.72	
0.07		0.23		-15.75			
58.95		**298.37**	**-63.43**	**293.95**	**22189.76**	**2037.87**	**-36.35**
			-1.16		-4798.02	2037.87	-41.55
	-1.51		-9.01		17767.46		
63.68	1.51	298.80	-8.27				
-4.72		-0.43					
							5.20
			-0.02				
			-44.97	293.95			
					9220.31		
						81.42	
32.31		**0.30**	**78.74**	**94.53**	**22117.37**	**1899.97**	**5.68**
0.85						35.50	
2.15		0.30	45.48	2.65	11471.34	1241.92	5.68
2.04			12.53	0.02			
0.81			0.21		89.14	30.64	
2.82			3.63	91.88	145.12	80.63	
7.98			6.84		913.40	95.31	
0.05			0.75		2152.60	148.49	
17.66			21.83		7345.76	267.48	
7.17			21.09		7345.76	160.91	
10.48			0.74			106.57	
37.04	**1.51**	**0.73**	**101.60**	**94.53**	**26915.38**	**1981.39**	**47.23**

6-27 甘肃能源平衡表(实物量)-2020

项目	Item	煤合计(万吨) Coal Total (10^4 tons)	原煤(万吨) Raw Coal (10^4 tons)
一.可供本地区消费的能源量	**Total Primary Energy Supply**	**7245.45**	**7186.37**
1.一次能源生产量	Indigenous Production	3859.01	3859.01
2.外省(区、市)调入量	Moving in from Other Provinces	4799.33	4409.03
3.进口量	Import		
4.境内飞机和轮船在境外的加油量	Domestic Airplanes&Ships Refueling Abroad		
5.本省(区、市)调出量(-)	Sending Out to Other Provinces(-)	1625.79	1318.33
6.出口量(-)	Export(-)		
7.境外飞机和轮船在境内的加油量(-)	Oversea Airplanes&Ships Refueling Domestically(-)		
8.库存增(-)、减(+)量	Stock Change	212.90	236.66
二.加工转换投入(-)产出(+)量	**Input(-) & Output(+) of Transformation**	**-5760.89**	**-5817.61**
1.火力发电	Thermal Power	-3983.70	-3983.70
2.供热	Heating Supply	-933.16	-911.40
3.煤炭洗选	Coal Washing	-112.13	-744.44
4.炼焦	Coking	-723.45	-153.69
5.炼油及煤制油	Petroleum Refining and Coal-to-liquids		
#油品再投入量(-)	Petroleum Products Input (-)		
6.制气	Gas Works	-6.44	-0.22
#再投入量(-)	Input (-)		
7.天然气液化	Natural Gas Liquefaction		
8.煤制品加工	Briquettes	-2.01	-24.16
9.回收能	Recovery of Energy		
三.损失量	**Loss**		
四.终端消费量	**Total Final Consumption**	**1484.56**	**1368.76**
1.农、林、牧、渔业	Agriculture, Forestry, Animal Husbandry and Fishery	36.60	32.10
2.工业	Industry	1069.77	1019.47
#用作原料、材料	Non-Energy Use	118.14	106.71
3.建筑业	Construction	14.50	14.50
4.交通运输、仓储和邮政业	Transport, Storage and Post	14.30	14.30
5.批发和零售业、住宿和餐饮业	Wholesale and Retail Trades, Hotels and Catering Services	20.10	20.10
6.其他	Others	19.10	19.10
7.居民生活	Residential	310.19	249.19
城镇	Urban	40.74	17.24
乡村	Rural	269.45	231.95
五.平衡差额	**Statistical Difference**		
六.消费量合计	**Total Energy Consumption**	**7245.45**	**7186.37**

Energy Balance of Gansu (Physical Quantity) -2020

洗精煤 (万吨) Cleaned Coal (10^4 tons)	其他洗煤 (万吨) Other Washed Coal (10^4 tons)	煤制品 (万吨) Briquettes (10^4 tons)	煤矸石 (万吨) Gangue (10^4 tons)	焦炭 (万吨) Coke (10^4 tons)	焦炉煤气 (亿立方米) Coke Oven Gas (10^8 cu.m)	高炉煤气 (亿立方米) Blast Furnace Gas (10^8 cu.m)	转炉煤气 (亿立方米) Converter Gas (10^8 cu.m)	其他煤气 (亿立方米) Other Gas (10^8 cu.m)
264.19	**-256.15**	**51.04**	**22.10**	**65.43**				
326.40		63.90	21.90	63.85				
57.42	250.04							
-4.79	-6.11	-12.86	0.20	1.58				
-264.19	**305.27**	**15.64**	**-19.25**	**516.84**	**11.58**	**124.10**	**7.85**	**2.07**
			-23.52		-0.70	-20.72	-0.98	
	-8.52	-13.24	-6.35		-0.08	-0.65	-0.16	
305.57	326.74		10.62					
-569.76				516.84	12.36			
	-6.22							2.07
	-6.73	28.88						
						145.47	8.99	
	49.12	**66.68**	**2.85**	**582.27**	**11.58**	**124.10**	**7.85**	**2.07**
		4.50						
	49.12	1.18	2.85	582.27	11.38	124.10	7.85	2.07
	10.73	0.70		29.56				
		61.00			0.20			
		23.50			0.20			
		37.50						
569.76	**70.59**	**79.92**	**32.72**	**582.27**	**12.36**	**145.47**	**8.99**	**2.07**

6-27 续表 1

项　目	Item	其他焦化产品（万吨）Other Coking Products (10^4 tons)	油品合计（万吨）Petroleum Products Total (10^4 tons)
一.可供本地区消费的能源量	**Total Primary Energy Supply**	**4.65**	**881.62**
1.一次能源生产量	Indigenous Production		968.74
2.外省(区、市)调入量	Moving in from Other Provinces	9.73	550.54
3.进口量	Import		
4.境内飞机和轮船在境外的加油量	Domestic Airplanes&Ships Refueling Abroad		
5.本省(区、市)调出量(-)	Sending Out to Other Provinces(-)		744.47
6.出口量(-)	Export(-)		
7.境外飞机和轮船在境内的加油量(-)	Oversea Airplanes&Ships Refueling Domestically(-)		
8.库存增(-)、减(+)量	Stock Change	-5.08	106.81
二.加工转换投入(-)产出(+)量	**Input(-) & Output(+) of Transformation**	**27.96**	**-177.10**
1.火力发电	Thermal Power		-0.72
2.供热	Heating Supply		-9.50
3.煤炭洗选	Coal Washing		
4.炼焦	Coking	27.96	
5.炼油及煤制油	Petroleum Refining and Coal-to-liquids		-164.61
#油品再投入量(-)	Petroleum Products Input (-)		-2.27
6.制气	Gas Works		
#再投入量(-)	Input (-)		
7.天然气液化	Natural Gas Liquefaction		
8.煤制品加工	Briquettes		
9.回收能	Recovery of Energy		
三.损失量	**Loss**		
四.终端消费量	**Total Final Consumption**	**32.61**	**704.52**
1.农、林、牧、渔业	Agriculture, Forestry, Animal Husbandry and Fishery		39.50
2.工业	Industry	32.61	196.43
#用作原料、材料	Non-Energy Use	15.99	44.21
3.建筑业	Construction		37.42
4.交通运输、仓储和邮政业	Transport, Storage and Post		247.60
5.批发和零售业、住宿和餐饮业	Wholesale and Retail Trades, Hotels and Catering Services		19.11
6.其他	Others		64.97
7.居民生活	Residential		99.49
城镇	Urban		60.58
乡村	Rural		38.91
五.平衡差额	**Statistical Difference**		
六.消费量合计	**Total Energy Consumption**	**32.61**	**881.62**

Continued 1

原油 (万吨) Crude Oil (10^4 tons)	汽油 (万吨) Gasoline (10^4 tons)	煤油 (万吨) Kerosene (10^4 tons)	柴油 (万吨) Diesel Oil (10^4 tons)	燃料油 (万吨) Fuel Oil (10^4 tons)	石脑油 (万吨) Naphtha (10^4 tons)	润滑油 (万吨) Lubricants (10^4 tons)	石蜡 (万吨) Paraffin Waxes (10^4 tons)	溶剂油 (万吨) White Spirit (10^4 tons)
1483.92	**-241.21**	**-78.92**	**-260.98**	**0.02**	**1.21**	**-0.07**	**-2.90**	**-0.35**
968.74								
524.47					0.86			
	305.57	78.22	311.41			0.32	2.93	0.43
-9.29	64.36	-0.70	50.43	0.02	0.35	0.25	0.03	0.08
-1467.55	**450.78**	**86.52**	**542.31**	**2.21**	**4.24**	**0.19**	**2.91**	**0.37**
			-0.17					
			-0.05					
-1467.55	450.78	86.52	542.53	2.21	4.24	0.19	2.91	0.37
16.37	**209.57**	**7.60**	**281.33**	**2.23**	**5.45**	**0.12**	**0.01**	**0.02**
	4.40		35.10					
16.37	1.15	0.10	14.07	2.23	5.45	0.12	0.01	0.02
		0.09	0.11		5.45	0.06		
	12.95		14.65					
	51.80	7.50	188.30					
	12.80		4.61					
	47.37		17.60					
	79.10		7.00					
	49.69		1.80					
	29.41		5.20					
1483.92	**209.57**	**7.60**	**281.55**	**2.23**	**5.45**	**0.12**	**0.01**	**0.02**

6-27 续表 2

项　目	Item	石油沥青 (万吨) Bitumen Asphalt (10^4 tons)	石油焦 (万吨) Petroleum Coke (10^4 tons)
一.可供本地区消费的能源量	**Total Primary Energy Supply**	**18.92**	**-8.00**
1.一次能源生产量	Indigenous Production		
2.外省(区、市)调入量	Moving in from Other Provinces	17.20	
3.进口量	Import		
4.境内飞机和轮船在境外的加油量	Domestic Airplanes&Ships Refueling Abroad		
5.本省(区、市)调出量(-)	Sending Out to Other Provinces(-)		7.87
6.出口量(-)	Export(-)		
7.境外飞机和轮船在境内的加油量(-)	Oversea Airplanes&Ships Refueling Domestically(-)		
8.库存增(-)、减(+)量	Stock Change	1.72	-0.13
二.加工转换投入(-)产出(+)量	**Input(-) & Output(+) of Transformation**		**39.80**
1.火力发电	Thermal Power		
2.供热	Heating Supply		
3.煤炭洗选	Coal Washing		
4.炼焦	Coking		
5.炼油及煤制油	Petroleum Refining and Coal-to-liquids		39.80
#油品再投入量(-)	Petroleum Products Input (-)		
6.制气	Gas Works		
#再投入量(-)	Input (-)		
7.天然气液化	Natural Gas Liquefaction		
8.煤制品加工	Briquettes		
9.回收能	Recovery of Energy		
三.损失量	**Loss**		
四.终端消费量	**Total Final Consumption**	**18.92**	**31.80**
1.农、林、牧、渔业	Agriculture, Forestry, Animal Husbandry and Fishery		
2.工业	Industry	9.10	31.80
#用作原料、材料	Non-Energy Use	0.35	5.66
3.建筑业	Construction	9.82	
4.交通运输、仓储和邮政业	Transport, Storage and Post		
5.批发和零售业、住宿和餐饮业	Wholesale and Retail Trades, Hotels and Catering Services		
6.其他	Others		
7.居民生活	Residential		
城镇	Urban		
乡村	Rural		
五.平衡差额	**Statistical Difference**		
六.消费量合计	**Total Energy Consumption**	**18.92**	**31.80**

Continued 2

液化石油气 (万吨) Liquefied Petroleum Gas (10^4 tons)	炼厂干气 (万吨) Refinery Gas (10^4 tons)	其他石油制品 (万吨) Other Petroleum Products (10^4 tons)	天然气 (亿立方米) Natural Gas (10^8 cu.m)	液化天然气 (万吨) Liquefied Natural Gas (10^4 tons)	热力 (万百万千焦) Heat (10^{10} kJ)	电力 (亿千瓦时) Electricity (10^8 kW•h)	其他能源 (万吨标准煤) Other Energy (10^4 tce)
7.93		**-37.95**	**37.16**	**-9.61**		**474.67**	**34.21**
			3.90			886.40	35.46
8.01			33.27			375.59	
		37.72		9.15		787.32	
-0.08		-0.23	-0.01	-0.46			-1.25
15.16	**77.81**	**68.15**	**-2.59**	**12.90**	**17197.44**	**911.93**	**-32.57**
	-0.55				-1067.56	911.93	-31.77
	-9.45		-0.54		15493.11		-0.80
15.16	87.81	70.42					
		-2.27					
			-2.05	12.90			
					2771.89		
						64.12	
23.09	**77.81**	**30.20**	**34.57**	**3.29**	**17197.44**	**1311.58**	**1.64**
						51.22	
8.00	77.81	30.20	9.70	3.29	9379.90	961.98	1.64
7.87		24.62	3.23				
					90.30	17.02	
			4.85		398.00	59.90	
1.70			4.50		930.00	38.79	
			7.42		943.00	67.14	
13.39			8.10		5456.24	115.53	
9.09			8.10		5456.24	62.59	
4.30						52.94	
						10.90	
23.09	**87.81**	**32.47**	**35.38**	**3.29**	**18265.00**	**1375.70**	**34.21**

6-28 青海能源平衡表(实物量)-2020

项 目	Item	煤合计 (万吨) Coal Total (10^4 tons)	原煤 (万吨) Raw Coal (10^4 tons)
一.可供本地区消费的能源量	**Total Primary Energy Supply**	**1396.38**	**1342.04**
1.一次能源生产量	Indigenous Production	1092.06	1092.06
2.外省(区、市)调入量	Moving in from Other Provinces	380.28	311.41
3.进口量	Import		
4.境内飞机和轮船在境外的加油量	Domestic Airplanes&Ships Refueling Abroad		
5.本省(区、市)调出量(-)	Sending Out to Other Provinces(-)	14.45	1.07
6.出口量(-)	Export(-)		
7.境外飞机和轮船在境内的加油量(-)	Oversea Airplanes&Ships Refueling Domestically(-)		
8.库存增(-)、减(+)量	Stock Change	-61.51	-60.37
二.加工转换投入(-)产出(+)量	**Input(-) & Output(+) of Transformation**	**-888.67**	**-834.85**
1.火力发电	Thermal Power	-449.01	-449.01
2.供热	Heating Supply	-212.36	-212.36
3.煤炭洗选	Coal Washing	-3.65	-49.85
4.炼焦	Coking	-223.66	-123.63
5.炼油及煤制油	Petroleum Refining and Coal-to-liquids		
#油品再投入量(-)	Petroleum Products Input (-)		
6.制气	Gas Works		
#再投入量(-)	Input (-)		
7.天然气液化	Natural Gas Liquefaction		
8.煤制品加工	Briquettes		
9.回收能	Recovery of Energy		
三.损失量	**Loss**	**2.36**	**2.36**
四.终端消费量	**Total Final Consumption**	**505.35**	**504.83**
1.农、林、牧、渔业	Agriculture, Forestry, Animal Husbandry and Fishery	3.17	3.17
2.工业	Industry	425.92	425.41
#用作原料、材料	Non-Energy Use	10.97	10.46
3.建筑业	Construction	4.11	4.11
4.交通运输、仓储和邮政业	Transport, Storage and Post	4.39	4.39
5.批发和零售业、住宿和餐饮业	Wholesale and Retail Trades, Hotels and Catering Services	3.85	3.85
6.其他	Others	5.13	5.13
7.居民生活	Residential	58.77	58.77
城镇	Urban	17.52	17.52
乡村	Rural	41.25	41.25
五.平衡差额	**Statistical Difference**		
六.消费量合计	**Total Energy Consumption**	**1396.38**	**1342.04**

Energy Balance of Qinghai (Physical Quantity) -2020

洗精煤 (万吨) Cleaned Coal (10^4 tons)	其他洗煤 (万吨) Other Washed Coal (10^4 tons)	煤制品 (万吨) Briquettes (10^4 tons)	煤矸石 (万吨) Gangue (10^4 tons)	焦炭 (万吨) Coke (10^4 tons)	焦炉煤气 (亿立方米) Coke Oven Gas (10^8 cu.m)	高炉煤气 (亿立方米) Blast Furnace Gas (10^8 cu.m)	转炉煤气 (亿立方米) Converter Gas (10^8 cu.m)	其他煤气 (亿立方米) Other Gas (10^8 cu.m)
65.27	**-10.94**		**1.69**	**49.41**	**2.34**			
68.86			1.69	47.68	2.34			
	12.84	0.55						
-3.59	1.90	0.55		1.73				
-65.27	**11.45**			**182.57**	**-0.33**	**16.61**	**1.31**	
					-0.33			
						-5.38		
34.76	11.45							
-100.03				182.57				
						21.99	1.31	
	0.51		**1.69**	**231.98**	**2.02**	**16.61**	**1.31**	
	0.51		1.69	231.98	2.02	16.61	1.31	
	0.51			29.25				
100.03	**0.51**		**1.69**	**231.98**	**2.34**	**21.99**	**1.31**	

6-28 续表 1

项　　目	Item	其他焦化产品(万吨) Other Coking Products (10^4 tons)	油品合计(万吨) Petroleum Products Total (10^4 tons)
一.可供本地区消费的能源量	**Total Primary Energy Supply**	**0.03**	**328.39**
1.一次能源生产量	Indigenous Production		228.50
2.外省(区、市)调入量	Moving in from Other Provinces		178.79
3.进口量	Import		
4.境内飞机和轮船在境外的加油量	Domestic Airplanes&Ships Refueling Abroad		
5.本省(区、市)调出量(-)	Sending Out to Other Provinces(-)	0.18	77.33
6.出口量(-)	Export(-)		
7.境外飞机和轮船在境内的加油量(-)	Oversea Airplanes&Ships Refueling Domestically(-)		
8.库存增(-)、减(+)量	Stock Change	0.21	-1.57
二.加工转换投入(-)产出(+)量	**Input(-) & Output(+) of Transformation**		**-14.57**
1.火力发电	Thermal Power		-0.05
2.供热	Heating Supply		
3.煤炭洗选	Coal Washing		
4.炼焦	Coking		
5.炼油及煤制油	Petroleum Refining and Coal-to-liquids		-13.97
#油品再投入量(-)	Petroleum Products Input (-)		-0.55
6.制气	Gas Works		
#再投入量(-)	Input (-)		
7.天然气液化	Natural Gas Liquefaction		
8.煤制品加工	Briquettes		
9.回收能	Recovery of Energy		
三.损失量	**Loss**		
四.终端消费量	**Total Final Consumption**	**0.03**	**313.82**
1.农、林、牧、渔业	Agriculture, Forestry, Animal Husbandry and Fishery		9.37
2.工业	Industry	0.03	89.13
#用作原料、材料	Non-Energy Use		30.59
3.建筑业	Construction		18.90
4.交通运输、仓储和邮政业	Transport, Storage and Post		100.26
5.批发和零售业、住宿和餐饮业	Wholesale and Retail Trades, Hotels and Catering Services		22.46
6.其他	Others		24.74
7.居民生活	Residential		48.96
城镇	Urban		26.17
乡村	Rural		22.79
五.平衡差额	**Statistical Difference**		
六.消费量合计	**Total Energy Consumption**	**0.03**	**328.39**

Continued 1

原油 (万吨) Crude Oil (10^4 tons)	汽油 (万吨) Gasoline (10^4 tons)	煤油 (万吨) Kerosene (10^4 tons)	柴油 (万吨) Diesel Oil (10^4 tons)	燃料油 (万吨) Fuel Oil (10^4 tons)	石脑油 (万吨) Naphtha (10^4 tons)	润滑油 (万吨) Lubricants (10^4 tons)	石蜡 (万吨) Paraffin Waxes (10^4 tons)	溶剂油 (万吨) White Spirit (10^4 tons)
152.43	**21.49**	**-0.15**	**87.36**	**-2.51**		**0.29**		
228.50								
	21.34		87.65			0.29		
74.91		0.21		2.17				
-1.16	0.15	0.06	-0.29	-0.34				
-150.01	**53.27**	**0.15**	**66.87**	**2.64**				
			-0.03	-0.02				
-150.01	53.27	0.70	66.90	2.66				
		-0.55						
2.42	**74.76**		**154.23**	**0.12**		**0.29**		
	2.67		6.41			0.29		
2.42	4.47		13.99	0.12				
			0.08	0.04				
	4.31		10.73					
	15.48		84.78					
	5.67		7.65					
	8.52		16.23					
	33.65		14.44					
	20.53		5.08					
	13.12		9.36					
152.43	**74.76**	**0.55**	**154.26**	**0.14**		**0.29**		

6-28 续表 2

项　目	Item	石油沥青(万吨) Bitumen Asphalt (10^4 tons)	石油焦(万吨) Petroleum Coke (10^4 tons)
一.可供本地区消费的能源量	**Total Primary Energy Supply**	**7.66**	**56.46**
1.一次能源生产量	Indigenous Production		
2.外省(区、市)调入量	Moving in from Other Provinces	7.66	56.46
3.进口量	Import		
4.境内飞机和轮船在境外的加油量	Domestic Airplanes&Ships Refueling Abroad		
5.本省(区、市)调出量(-)	Sending Out to Other Provinces(-)		
6.出口量(-)	Export(-)		
7.境外飞机和轮船在境内的加油量(-)	Oversea Airplanes&Ships Refueling Domestically(-)		
8.库存增(-)、减(+)量	Stock Change		
二.加工转换投入(-)产出(+)量	**Input(-) & Output(+) of Transformation**		
1.火力发电	Thermal Power		
2.供热	Heating Supply		
3.煤炭洗选	Coal Washing		
4.炼焦	Coking		
5.炼油及煤制油	Petroleum Refining and Coal-to-liquids		
#油品再投入量(-)	Petroleum Products Input (-)		
6.制气	Gas Works		
#再投入量(-)	Input (-)		
7.天然气液化	Natural Gas Liquefaction		
8.煤制品加工	Briquettes		
9.回收能	Recovery of Energy		
三.损失量	**Loss**		
四.终端消费量	**Total Final Consumption**	**7.66**	**56.46**
1.农、林、牧、渔业	Agriculture, Forestry, Animal Husbandry and Fishery		
2.工业	Industry	3.80	56.46
#用作原料、材料	Non-Energy Use	3.80	26.66
3.建筑业	Construction	3.86	
4.交通运输、仓储和邮政业	Transport, Storage and Post		
5.批发和零售业、住宿和餐饮业	Wholesale and Retail Trades, Hotels and Catering Services		
6.其他	Others		
7.居民生活	Residential		
城镇	Urban		
乡村	Rural		
五.平衡差额	**Statistical Difference**		
六.消费量合计	**Total Energy Consumption**	**7.66**	**56.46**

Continued 2

液化石油气（万吨）Liquefied Petroleum Gas (10^4 tons)	炼厂干气（万吨）Refinery Gas (10^4 tons)	其他石油制品（万吨）Other Petroleum Products (10^4 tons)	天然气（亿立方米）Natural Gas (10^8 cu.m)	液化天然气（万吨）Liquefied Natural Gas (10^4 tons)	热力（万百万千焦）Heat (10^{10} kJ)	电力（亿千瓦时）Electricity (10^8 kW•h)	其他能源（万吨标准煤）Other Energy (10^4 tce)
5.37		**-0.01**	**47.34**	**-9.01**		**640.98**	**0.02**
			64.01			847.41	
5.39						66.45	0.02
		0.04	16.67	9.02		272.89	
-0.02		0.03		0.01			
4.64	**4.06**	**3.80**	**-1.59**	**9.10**	**3560.92**	**104.54**	
					-594.59	104.54	
			-0.22		3521.84		
4.64	4.06	3.80					
			-1.36	9.10			
					633.67		
					7.85	**26.61**	
10.01	**4.06**	**3.79**	**45.75**	**0.08**	**3553.06**	**718.90**	**0.02**
						2.67	
	4.06	3.79	23.92	0.08	2822.50	628.71	0.02
			6.75				
			0.94			5.32	
			5.52			8.48	
9.14			3.93		224.66	13.13	
			4.44		95.26	24.07	
0.87			7.01		410.65	36.53	
0.56			5.28		410.65	25.25	
0.30			1.73			11.27	
10.01	**4.06**	**3.79**	**46.09**	**0.08**	**4155.51**	**745.52**	**0.02**

6-29 宁夏能源平衡表(实物量)-2020

项 目	Item	煤合计 (万吨) Coal Total (10^4 tons)	原煤 (万吨) Raw Coal (10^4 tons)
一.可供本地区消费的能源量	**Total Primary Energy Supply**	**14628.93**	**14104.69**
1.一次能源生产量	Indigenous Production	8151.60	8151.60
2.外省(区、市)调入量	Moving in from Other Provinces	6923.71	6278.79
3.进口量	Import		
4.境内飞机和轮船在境外的加油量	Domestic Airplanes&Ships Refueling Abroad		
5.本省(区、市)调出量(-)	Sending Out to Other Provinces(-)	1114.51	924.02
6.出口量(-)	Export(-)		
7.境外飞机和轮船在境内的加油量(-)	Oversea Airplanes&Ships Refueling Domestically(-)		
8.库存增(-)、减(+)量	Stock Change	668.13	598.32
二.加工转换投入(-)产出(+)量	**Input(-) & Output(+) of Transformation**	**-11669.46**	**-11452.69**
1.火力发电	Thermal Power	-7512.80	-7466.62
2.供热	Heating Supply	-1018.67	-959.73
3.煤炭洗选	Coal Washing	-221.98	-1168.38
4.炼焦	Coking	-1257.01	-206.27
5.炼油及煤制油	Petroleum Refining and Coal-to-liquids	-1650.91	-1650.91
#油品再投入量(-)	Petroleum Products Input (-)		
6.制气	Gas Works	-8.08	-0.78
#再投入量(-)	Input (-)		
7.天然气液化	Natural Gas Liquefaction		
8.煤制品加工	Briquettes		
9.回收能	Recovery of Energy		
三.损失量	**Loss**		
四.终端消费量	**Total Final Consumption**	**2959.39**	**2651.95**
1.农、林、牧、渔业	Agriculture, Forestry, Animal Husbandry and Fishery	3.84	3.84
2.工业	Industry	2887.53	2581.26
#用作原料、材料	Non-Energy Use	1474.38	1365.08
3.建筑业	Construction	3.34	3.34
4.交通运输、仓储和邮政业	Transport, Storage and Post	2.65	2.65
5.批发和零售业、住宿和餐饮业	Wholesale and Retail Trades, Hotels and Catering Services	3.25	3.25
6.其他	Others	18.85	18.85
7.居民生活	Residential	39.93	38.75
城镇	Urban	1.80	1.80
乡村	Rural	38.13	36.95
五.平衡差额	**Statistical Difference**	**0.08**	**0.05**
六.消费量合计	**Total Energy Consumption**	**14628.85**	**14104.64**

Energy Balance of Ningxia (Physical Quantity) -2020

洗精煤 (万吨) Cleaned Coal (10^4 tons)	其他洗煤 (万吨) Other Washed Coal (10^4 tons)	煤制品 (万吨) Briquettes (10^4 tons)	煤矸石 (万吨) Gangue (10^4 tons)	焦炭 (万吨) Coke (10^4 tons)	焦炉煤气 (亿立方米) Coke Oven Gas (10^8 cu.m)	高炉煤气 (亿立方米) Blast Furnace Gas (10^8 cu.m)	转炉煤气 (亿立方米) Converter Gas (10^8 cu.m)	其他煤气 (亿立方米) Other Gas (10^8 cu.m)
459.62	**58.94**	**5.68**		**-155.95**	**-0.01**	**-0.01**		
451.25	189.23	4.44		533.36				
21.91	168.58			717.07				
30.27	38.30	1.24		27.77	-0.01	-0.01		
-459.62	**247.21**	**-4.36**	**2.53**	**920.81**	**15.36**	**40.27**	**3.11**	**2.25**
	-46.18		-63.75		-0.83	-28.40	-1.37	
	-54.58	-4.36	-2.48		-1.57	-0.06		
591.13	355.27		68.76					
-1050.74				920.29	17.76			
	-7.30			0.52				2.25
						68.73	4.48	
	306.19	**1.25**	**2.58**	**764.82**	**15.35**	**40.26**	**3.07**	**2.25**
	306.19	0.07	2.58	764.82	15.35	40.26	3.07	2.25
	109.23	0.07		167.39	11.34	2.42		
		1.18						
		1.18						
	-0.04	**0.07**	**-0.04**	**0.05**			**0.04**	
1050.74	**414.25**	**5.61**	**68.81**	**764.82**	**17.75**	**68.73**	**4.43**	**2.25**

6-29 续表 1

项　目	Item	其他焦化产品 (万吨) Other Coking Products (10^4 tons)	油品合计 (万吨) Petroleum Products Total (10^4 tons)
一.可供本地区消费的能源量	**Total Primary Energy Supply**	**-44.43**	**423.43**
1.一次能源生产量	Indigenous Production		
2.外省(区、市)调入量	Moving in from Other Provinces	5.06	711.34
3.进口量	Import		
4.境内飞机和轮船在境外的加油量	Domestic Airplanes&Ships Refueling Abroad		
5.本省(区、市)调出量(-)	Sending Out to Other Provinces(-)	49.80	654.83
6.出口量(-)	Export(-)		
7.境外飞机和轮船在境内的加油量(-)	Oversea Airplanes&Ships Refueling Domestically(-)		
8.库存增(-)、减(+)量	Stock Change	0.31	-12.10
二.加工转换投入(-)产出(+)量	**Input(-) & Output(+) of Transformation**	**59.23**	**-55.41**
1.火力发电	Thermal Power		-0.36
2.供热	Heating Supply		-0.06
3.煤炭洗选	Coal Washing		
4.炼焦	Coking	59.23	
5.炼油及煤制油	Petroleum Refining and Coal-to-liquids		232.29
#油品再投入量(-)	Petroleum Products Input (-)		-287.28
6.制气	Gas Works		
#再投入量(-)	Input (-)		
7.天然气液化	Natural Gas Liquefaction		
8.煤制品加工	Briquettes		
9.回收能	Recovery of Energy		
三.损失量	**Loss**		
四.终端消费量	**Total Final Consumption**	**14.75**	**367.99**
1.农、林、牧、渔业	Agriculture, Forestry, Animal Husbandry and Fishery		5.38
2.工业	Industry	14.75	235.64
#用作原料、材料	Non-Energy Use	14.35	210.79
3.建筑业	Construction		23.75
4.交通运输、仓储和邮政业	Transport, Storage and Post		85.63
5.批发和零售业、住宿和餐饮业	Wholesale and Retail Trades, Hotels and Catering Services		1.69
6.其他	Others		1.60
7.居民生活	Residential		14.29
城镇	Urban		10.28
乡村	Rural		4.01
五.平衡差额	**Statistical Difference**	**0.05**	**0.04**
六.消费量合计	**Total Energy Consumption**	**14.75**	**423.39**

Continued 1

原油 (万吨) Crude Oil (10^4 tons)	汽油 (万吨) Gasoline (10^4 tons)	煤油 (万吨) Kerosene (10^4 tons)	柴油 (万吨) Diesel Oil (10^4 tons)	燃料油 (万吨) Fuel Oil (10^4 tons)	石脑油 (万吨) Naphtha (10^4 tons)	润滑油 (万吨) Lubricants (10^4 tons)	石蜡 (万吨) Paraffin Waxes (10^4 tons)	溶剂油 (万吨) White Spirit (10^4 tons)
380.98	**-147.72**	**-14.42**	**-84.95**	**130.42**	**-9.39**	**0.25**		**-12.70**
365.83	42.10		60.21	141.45	6.32	0.26		
	195.55	14.16	146.15	11.03	10.59			12.79
15.16	5.73	-0.26	1.00		-5.12	-0.01		0.09
-380.97	**168.64**	**14.44**	**200.56**	**-130.22**	**139.95**			**12.72**
			-0.28	-0.07				
			-0.05					
-380.97	168.64	14.44	200.89	25.57	139.95			12.72
				-155.71				
	20.88	**0.01**	**115.61**	**0.19**	**130.60**	**0.25**		
	0.62		4.76					
	0.54	0.01	7.58	0.19	130.60	0.25		
			0.13		130.60			
	1.38		19.84					
	3.13		82.50					
	0.92		0.46					
	1.15		0.45					
	13.14		0.02					
	9.72							
	3.42		0.02					
0.01	**0.04**			**0.01**	**-0.04**			**0.02**
380.97	**20.88**	**0.01**	**115.94**	**155.98**	**130.60**	**0.25**		

6-29 续表 2

项　目	Item	石油沥青 (万吨) Bitumen Asphalt (10^4 tons)	石油焦 (万吨) Petroleum Coke (10^4 tons)
一.可供本地区消费的能源量	**Total Primary Energy Supply**	**-14.31**	**23.20**
1.一次能源生产量	Indigenous Production		
2.外省(区、市)调入量	Moving in from Other Provinces	4.21	52.63
3.进口量	Import		
4.境内飞机和轮船在境外的加油量	Domestic Airplanes&Ships Refueling Abroad		
5.本省(区、市)调出量(-)	Sending Out to Other Provinces(-)	12.65	8.00
6.出口量(-)	Export(-)		
7.境外飞机和轮船在境内的加油量(-)	Oversea Airplanes&Ships Refueling Domestically(-)		
8.库存增(-)、减(+)量	Stock Change	-5.87	-21.43
二.加工转换投入(-)产出(+)量	**Input(-) & Output(+) of Transformation**	**20.93**	**30.46**
1.火力发电	Thermal Power		
2.供热	Heating Supply		
3.煤炭洗选	Coal Washing		
4.炼焦	Coking		
5.炼油及煤制油	Petroleum Refining and Coal-to-liquids	20.93	30.46
#油品再投入量(-)	Petroleum Products Input (-)		
6.制气	Gas Works		
#再投入量(-)	Input (-)		
7.天然气液化	Natural Gas Liquefaction		
8.煤制品加工	Briquettes		
9.回收能	Recovery of Energy		
三.损失量	**Loss**		
四.终端消费量	**Total Final Consumption**	**6.59**	**53.67**
1.农、林、牧、渔业	Agriculture, Forestry, Animal Husbandry and Fishery		
2.工业	Industry	4.05	53.67
#用作原料、材料	Non-Energy Use	4.05	39.60
3.建筑业	Construction	2.53	
4.交通运输、仓储和邮政业	Transport, Storage and Post		
5.批发和零售业、住宿和餐饮业	Wholesale and Retail Trades, Hotels and Catering Services		
6.其他	Others		
7.居民生活	Residential		
城镇	Urban		
乡村	Rural		
五.平衡差额	**Statistical Difference**	**0.04**	**-0.01**
六.消费量合计	**Total Energy Consumption**	**6.59**	**53.67**

Continued 2

液化石油气(万吨) Liquefied Petroleum Gas (10^4 tons)	炼厂干气(万吨) Refinery Gas (10^4 tons)	其他石油制品(万吨) Other Petroleum Products (10^4 tons)	天然气(亿立方米) Natural Gas (10^8 cu.m)	液化天然气(万吨) Liquefied Natural Gas (10^4 tons)	热力(万百万千焦) Heat (10^{10} kJ)	电力(亿千瓦时) Electricity (10^8 kW•h)	其他能源(万吨标准煤) Other Energy (10^4 tce)
-15.22		**-191.75**	**43.67**	**-102.31**		**-376.98**	**14.20**
						352.37	14.20
25.14		13.19	43.67	156.72		357.76	
41.30		202.61		263.09		1087.11	
0.94		-2.34		4.06			
55.11		**192.01**	**-20.32**	**103.44**	**16996.32**	**1529.99**	**-14.20**
			-3.92	-0.04	-612.74	1529.99	-14.20
			-1.21		15401.75		
111.21		267.48					
-56.11		-75.47					
			-15.19	103.49			
					2207.31		
						25.49	
39.90		**0.29**	**23.35**	**1.13**	**16996.32**	**1127.53**	
						23.58	
38.46		0.29	15.56	0.53	13697.41	1009.20	
36.31		0.10	5.17				
					97.73	5.00	
			2.69	0.60	17.02	11.28	
0.31			1.15		491.00	16.90	
			0.65		802.10	28.07	
1.13			3.30		1891.06	33.50	
0.56			2.94		1891.06	21.00	
0.57			0.36			12.50	
-0.02		**-0.03**					
96.01		**75.76**	**29.39**	**1.18**	**17609.06**	**1153.02**	**14.20**

6-30 新疆能源平衡表(实物量)-2020

项 目	Item	煤合计(万吨) Coal Total (10^4 tons)	原煤(万吨) Raw Coal (10^4 tons)
一.可供本地区消费的能源量	**Total Primary Energy Supply**	**25724.68**	**25242.37**
1.一次能源生产量	Indigenous Production	26965.69	26965.69
2.外省(区、市)调入量	Moving in from Other Provinces	1121.77	600.34
3.进口量	Import	100.11	100.11
4.境内飞机和轮船在境外的加油量	Domestic Airplanes&Ships Refueling Abroad		
5.本省(区、市)调出量(-)	Sending Out to Other Provinces(-)	1741.44	1741.44
6.出口量(-)	Export(-)		
7.境外飞机和轮船在境内的加油量(-)	Oversea Airplanes&Ships Refueling Domestically(-)		
8.库存增(-)、减(+)量	Stock Change	-721.45	-682.33
二.加工转换投入(-)产出(+)量	**Input(-) & Output(+) of Transformation**	**-23089.03**	**-22911.94**
1.火力发电	Thermal Power	-14913.32	-14695.86
2.供热	Heating Supply	-3100.58	-3084.10
3.煤炭洗选	Coal Washing	-235.76	-1277.85
4.炼焦	Coking	-3889.29	-2900.32
5.炼油及煤制油	Petroleum Refining and Coal-to-liquids		
#油品再投入量(-)	Petroleum Products Input (-)		
6.制气	Gas Works	-948.68	-948.68
#再投入量(-)	Input (-)		
7.天然气液化	Natural Gas Liquefaction		
8.煤制品加工	Briquettes	-1.40	-5.13
9.回收能	Recovery of Energy		
三.损失量	**Loss**		
四.终端消费量	**Total Final Consumption**	**2897.64**	**2592.42**
1.农、林、牧、渔业	Agriculture, Forestry, Animal Husbandry and Fishery	99.62	99.62
2.工业	Industry	2298.47	1993.25
#用作原料、材料	Non-Energy Use	1032.73	835.39
3.建筑业	Construction	11.14	11.14
4.交通运输、仓储和邮政业	Transport, Storage and Post	2.51	2.51
5.批发和零售业、住宿和餐饮业	Wholesale and Retail Trades, Hotels and Catering Services	30.32	30.32
6.其他	Others	49.50	49.50
7.居民生活	Residential	406.08	406.08
城镇	Urban	34.38	34.38
乡村	Rural	371.70	371.70
五.平衡差额	**Statistical Difference**	**-261.99**	**-261.99**
六.消费量合计	**Total Energy Consumption**	**25986.67**	**25504.36**

Energy Balance of Xinjiang (Physical Quantity) -2020

洗精煤(万吨) Cleaned Coal (10^4 tons)	其他洗煤(万吨) Other Washed Coal (10^4 tons)	煤制品(万吨) Briquettes (10^4 tons)	煤矸石(万吨) Gangue (10^4 tons)	焦炭(万吨) Coke (10^4 tons)	焦炉煤气(亿立方米) Coke Oven Gas (10^8 cu.m)	高炉煤气(亿立方米) Blast Furnace Gas (10^8 cu.m)	转炉煤气(亿立方米) Converter Gas (10^8 cu.m)	其他煤气(亿立方米) Other Gas (10^8 cu.m)
204.14	**279.02**	**-0.85**	**307.94**	**-1234.25**				
219.31	267.94	34.18	309.10	51.94				
				1261.65				
-15.17	11.08	-35.03	-1.16	-24.54				
-204.14	**18.08**	**8.97**	**-301.17**	**2252.92**	**78.00**	**113.33**	**15.41**	**0.77**
	-215.77	-1.69	-236.91		-19.83	-16.04	-5.51	
	-16.48		-77.57		-17.85	-15.53	-17.95	
784.83	257.26		13.31					
-988.97				2252.92	118.55			
					-2.87			0.77
	-6.93	10.66						
						144.90	38.87	
					34.07			
	297.10	**8.12**	**6.77**	**1018.67**	**43.93**	**113.33**	**15.41**	**0.77**
	297.10	8.12	6.77	1018.67	43.93	113.33	15.41	0.77
	194.98	2.36		306.02				
988.97	**536.28**	**9.81**	**321.25**	**1018.67**	**118.55**	**144.90**	**38.87**	**0.77**

6-30 续表 1

项　目	Item	其他焦化产品(万吨) Other Coking Products (10^4 tons)	油品合计(万吨) Petroleum Products Total (10^4 tons)
一.可供本地区消费的能源量	**Total Primary Energy Supply**	**-173.00**	**1406.44**
1.一次能源生产量	Indigenous Production		2914.75
2.外省(区、市)调入量	Moving in from Other Provinces		0.20
3.进口量	Import		1054.71
4.境内飞机和轮船在境外的加油量	Domestic Airplanes&Ships Refueling Abroad		0.47
5.本省(区、市)调出量(-)	Sending Out to Other Provinces(-)	164.30	2657.77
6.出口量(-)	Export(-)		
7.境外飞机和轮船在境内的加油量(-)	Oversea Airplanes&Ships Refueling Domestically(-)		
8.库存增(-)、减(+)量	Stock Change	-8.70	94.08
二.加工转换投入(-)产出(+)量	**Input(-) & Output(+) of Transformation**	**201.80**	**-15.54**
1.火力发电	Thermal Power		-0.50
2.供热	Heating Supply		-5.94
3.煤炭洗选	Coal Washing		
4.炼焦	Coking	281.30	
5.炼油及煤制油	Petroleum Refining and Coal-to-liquids	-79.50	77.80
#油品再投入量(-)	Petroleum Products Input (-)		-86.90
6.制气	Gas Works		
#再投入量(-)	Input (-)		
7.天然气液化	Natural Gas Liquefaction		
8.煤制品加工	Briquettes		
9.回收能	Recovery of Energy		
三.损失量	**Loss**		
四.终端消费量	**Total Final Consumption**	**28.80**	**1390.90**
1.农、林、牧、渔业	Agriculture, Forestry, Animal Husbandry and Fishery		103.58
2.工业	Industry	28.80	549.89
#用作原料、材料	Non-Energy Use	17.83	117.68
3.建筑业	Construction		103.61
4.交通运输、仓储和邮政业	Transport, Storage and Post		486.46
5.批发和零售业、住宿和餐饮业	Wholesale and Retail Trades, Hotels and Catering Services		24.00
6.其他	Others		12.29
7.居民生活	Residential		111.07
城镇	Urban		80.85
乡村	Rural		30.22
五.平衡差额	**Statistical Difference**		
六.消费量合计	**Total Energy Consumption**	**108.30**	**1406.44**

Continued 1

原油 (万吨) Crude Oil (10^4 tons)	汽油 (万吨) Gasoline (10^4 tons)	煤油 (万吨) Kerosene (10^4 tons)	柴油 (万吨) Diesel Oil (10^4 tons)	燃料油 (万吨) Fuel Oil (10^4 tons)	石脑油 (万吨) Naphtha (10^4 tons)	润滑油 (万吨) Lubricants (10^4 tons)	石蜡 (万吨) Paraffin Waxes (10^4 tons)	溶剂油 (万吨) White Spirit (10^4 tons)
2471.55	**-109.50**	**-15.79**	**-366.34**	**-74.81**	**-18.35**	**0.37**		**0.20**
2914.75								
								0.20
1054.71								
		0.47						
1589.22	116.39	14.79	369.92	73.56	17.98	0.83		
91.31	6.89	-1.47	3.58	-1.25	-0.37	1.20		
-2427.19	**366.60**	**66.82**	**871.19**	**75.45**	**18.35**			
			-0.47	-0.03				
			-0.02	-0.02				
-2427.19	366.60	66.82	871.68	75.50	18.42			
					-0.07			
44.36	**257.10**	**51.03**	**504.85**	**0.64**		**0.37**		**0.20**
	31.85	2.24	69.17			0.01		
44.36	4.11	0.01	50.96	0.64		0.22		0.20
			0.19			0.04		0.06
	5.89		23.19			0.01		
	95.05	48.78	341.82			0.09		
	6.44		16.18			0.01		
	10.09		2.04			0.01		
	103.67		1.49			0.02		
	78.54		0.58			0.01		
	25.13		0.91			0.01		
2471.55	**257.10**	**51.03**	**505.34**	**0.69**	**0.07**	**0.37**		**0.20**

6-30 续表 2

项　目	Item	石油沥青(万吨) Bitumen Asphalt (10^4 tons)	石油焦(万吨) Petroleum Coke (10^4 tons)
一.可供本地区消费的能源量	**Total Primary Energy Supply**	**-126.78**	**-31.73**
1.一次能源生产量	Indigenous Production		
2.外省(区、市)调入量	Moving in from Other Provinces		
3.进口量	Import		
4.境内飞机和轮船在境外的加油量	Domestic Airplanes&Ships Refueling Abroad		
5.本省(区、市)调出量(-)	Sending Out to Other Provinces(-)	124.87	36.05
6.出口量(-)	Export(-)		
7.境外飞机和轮船在境内的加油量(-)	Oversea Airplanes&Ships Refueling Domestically(-)		
8.库存增(-)、减(+)量	Stock Change	-1.91	4.32
二.加工转换投入(-)产出(+)量	**Input(-) & Output(+) of Transformation**	**233.56**	**186.21**
1.火力发电	Thermal Power		
2.供热	Heating Supply		
3.煤炭洗选	Coal Washing		
4.炼焦	Coking		
5.炼油及煤制油	Petroleum Refining and Coal-to-liquids	234.49	186.21
#油品再投入量(-)	Petroleum Products Input (-)	-0.93	
6.制气	Gas Works		
#再投入量(-)	Input (-)		
7.天然气液化	Natural Gas Liquefaction		
8.煤制品加工	Briquettes		
9.回收能	Recovery of Energy		
三.损失量	**Loss**		
四.终端消费量	**Total Final Consumption**	**106.78**	**154.48**
1.农、林、牧、渔业	Agriculture, Forestry, Animal Husbandry and Fishery		
2.工业	Industry	32.46	154.48
#用作原料、材料	Non-Energy Use	14.12	61.05
3.建筑业	Construction	74.32	
4.交通运输、仓储和邮政业	Transport, Storage and Post		
5.批发和零售业、住宿和餐饮业	Wholesale and Retail Trades, Hotels and Catering Services		
6.其他	Others		
7.居民生活	Residential		
城镇	Urban		
乡村	Rural		
五.平衡差额	**Statistical Difference**		
六.消费量合计	**Total Energy Consumption**	**107.71**	**154.48**

Continued 2

液化石油气（万吨） Liquefied Petroleum Gas (10^4 tons)	炼厂干气（万吨） Refinery Gas (10^4 tons)	其他石油制品（万吨） Other Petroleum Products (10^4 tons)	天然气（亿立方米） Natural Gas (10^8 cu.m)	液化天然气（万吨） Liquefied Natural Gas (10^4 tons)	热力（万百万千焦） Heat (10^{10} kJ)	电力（亿千瓦时） Electricity (10^8 kW•h)	其他能源（万吨标准煤） Other Energy (10^4 tce)
-7.91		**-314.47**	**115.01**	**-111.82**		**-88.67**	**16.15**
			369.83			859.00	
						12.23	16.14
			393.73				
8.35		305.81	648.52	111.02		959.90	
0.44		-8.66	-0.03	-0.80			0.01
35.40	**114.16**	**443.91**	**2.55**	**112.26**	**58393.20**	**3262.86**	**-9.23**
			-3.75		-3846.73	3262.86	-11.61
	-5.90		-16.24		57507.43		
42.86	132.61	509.80					
-7.46	-12.55	-65.89					
			32.25	49.16			
			-9.71	63.10			
					4732.50		2.38
						108.74	
27.49	**114.16**	**129.44**	**117.56**	**0.44**	**58393.20**	**3065.45**	**6.92**
0.31			0.03		20.90	137.53	
18.85	114.16	129.44	86.71	0.39	29674.07	2471.70	6.92
18.25		23.97	16.88				2.38
0.20			0.04		33.31	22.59	
0.72			7.94	0.05	127.49	42.19	
1.37			5.44		4063.11	46.09	
0.15			1.78		4687.49	217.96	
5.89			15.62		19786.83	127.39	
1.72			14.30		19786.83	72.66	
4.17			1.32			54.73	
34.95	**132.61**	**195.33**	**138.55**	**0.44**	**62239.93**	**3174.19**	**18.53**

七、香港、澳门特别行政区能源数据

Chapter 7 Energy Data for Hong Kong and Macao Special Administrative Region

7-1　香港主要能源及相关指标
Major Energy and Related Indicators of Hong Kong

项　目 Item	1990	2000	2005	2010	2015	2018	2019
能源供应总量（百万吨标准油） Total Energy Supply (Mtoe)	9.38	14.14	12.71	13.51	14.80	14.28	14.09
能源净进口量（百万吨标准油） Net Energy Imports (Mtoe)	11.93	19.90	23.14	31.61	30.16	32.37	30.79
油净进口量（百万吨标准油） Net Oil Imports (Mtoe)	6.45	12.85	13.57	21.25	19.55	21.84	20.69
油可供量（百万吨标准油） Oil Supply (Mtoe)	3.22	6.57	3.09	3.36	4.45	4.06	4.00
发电量（百万千瓦时） Electricity Generation (GW·h)	28940	31334	38454	38339	38004	36562	36924
能源最终消费量（百万吨标准油） Total Final Consumption of Energy (Mtoe)	5.19	9.34	6.88	7.20	7.64	8.05	8.14
人口数（百万人） Population (million)	5.7	6.7	6.8	7.0	7.3	7.5	7.5
国内生产总值（10亿美元,2015年价） GDP (10^9 US$,2015 prices)	121.8	179.5	220.8	267.6	309.4	337.5	333.5
人均国内生产总值（美元,2015年价） Per Capita GDP (US$,2015 prices)	21374	26793	32465	38221	42381	45298	44402
人均能源供应量（吨标准油/人） TES/Population (toe/capita)	1.65	2.11	1.87	1.93	2.03	1.92	1.88
人均电力消费量（千瓦时/人） Electricity Consumption/Population(kW·h/capita)	4182	5796	6340	6421	6399	6301	6336

资料来源：国际能源署《世界能源平衡表》。
Sources: World Energy Balances, IEA.

7-2 香港电力、煤气、水消费量
Consumption of Electricity, Gas and Water of Hong Kong

用途	Use	2014	2015	2016	2017	2018	2019	2020
电力（万亿焦耳）	**Electricity (terajoule)**							
住宅	Residential	43415	42368	43120	42127	41965	42937	46675
商业	Commercial	102885	103893	103739	103893	105689	107162	101041
工业	Industrial	11281	11436	11252	11196	11081	10815	10672
街灯	Street Lighting	386	386	390	389	382	377	362
出口中国内地	Export to the Mainland of China	4414	4273	4338	4828	2002		
总计	Total	162381	162356	162838	162432	161118	161291	158751
煤气（万亿焦耳）	**Gas (terajoule)**							
住宅	Residential	15400	14941	15437	15319	15466	15021	16684
商业	Commercial	11762	11813	11900	12161	12368	11867	9609
工业	Industrial	1673	1649	1477	1569	1717	1824	1653
总计	Total	28835	28403	28814	29049	29550	28712	27947
水（万立方米）	**Water (10^4 Cubic Meters)**	**95900**	**97300**	**98700**	**98000**	**101300**	**99600**	**102700**

资料来源:《中国统计年鉴》。
Sources: China Statistical Yearbook.

7-3 香港油产品净进口量
Hong Kong Net Imports of Oil Products

年份 Year	航空汽油与煤油（千公升） Aviation Gasoline and Kerosene (kilolitre)	无铅车用汽油（千公升） Unleaded Motor Gasoline (kilolitre)	轻质柴油、重质柴油与石脑油(千公升) Gas Oil, Diesel Oil and Naphtha (kilolitre)	燃料油（千公升） Fuel Oil (kilolitre)	液化石油气（公吨） Liquefied Petroleum Gas (ton)	天然气（公吨） Natural Gas (ton)
2008	6003457	447546	3582774	6625377	393208	2335754
2009	5807816	485331	7457229	6949268	381818	2268441
2010	6510406	512091	6576001	9731120	389001	2819069
2011	6990394	535880	5357958	7715460	399725	2245129
2012	6674012	546563	4492756	7263198	390508	2067391
2013	7050700	546062	4286927	7492322	375612	1947708
2014	6959479	497730	4090929	6309426	398240	1872188
2015	7380462	684924	6045939	7644214	377958	2388734
2016	7878127	671717	6779194	7242194	361962	2452208
2017	7787355	625679	7269099	8075000	377769	2444030
2018	8262736	634495	7857171	7477189	373268	2366549
2019	8056042	594940	7866795	6802047	347076	2444048
2020	4072214	607810	5877116	6089536	302152	3877847

资料来源:《香港能源统计》。
Sources: Hong Kong Energy Statistics.

7-4 香港煤产品净进口量
Hong Kong Net Imports of Coal Products

单位：公吨 (ton)

年份 Year	蒸馏煤与其他煤产品 Steam Coal and Other Coal	木炭 Wood Charcoal	无烟煤 Anthracite
2008	11344961	7374	162
2009	12331385	5831	389
2010	10324200	3932	99
2011	12528714	6094	163
2012	12350726	4954	9
2013	12971504	2524	2
2014	13788766	6935	131
2015	11184339	4908	141
2016	11161173	3470	
2017	10502586	3283	
2018	10884169	3761	3
2019	10035245	3249	38
2020	5485015	3935	

资料来源：《香港能源统计》。
Sources: Hong Kong Energy Statistics.

7-5 香港电力生产、消费和进出口
Hong Kong Electricity Production, Consumption, Imports and Exports

单位：万亿焦耳 (terajoule)

年份 Year	本地发电厂产电 Electricity Generated at Local Plants	由中国内地进口 Imports of Electrcity from Mainland of China	系统损耗 System Loss	出口往中国内地 Exports of Electricity to Mainland of China	由电表量度的本地电力耗用 Local Electricity Consumption as Measured at Meter Point
2008	136765	38883	15514	12789	147345
2009	139420	39468	16089	13432	149366
2010	137850	37838	15590	9392	150705
2011	140495	38646	17064	10645	151432
2012	139506	40160	18139	6617	154911
2013	140628	35889	17376	5940	153201
2014	143291	37038	17948	4414	157967
2015	136525	42272	16441	4273	158083
2016	137356	41835	16352	4338	158500
2017	132902	45274	15744	4828	157604
2018	131254	45357	15492	2002	159116
2019	132462	44571	15742		161291
2020	126307	45716	13272		158751

资料来源：《香港能源统计》。
Sources: Hong Kong Energy Statistics.

7-6 澳门电力供应及消费
Supply and Consumption of Electricity of Macao

单位：百万千瓦时 (GW·h)

项　目 Item	2010	2015	2016	2017	2018	2019	2020
总供应量 Total Available Supply	**3864**	**5017**	**5294**	**5417**	**5567**	**5806**	**5415**
生产 Gross Production	1077	962	988	1465	656	830	562
进口 Imports	2786	4054	4306	3952	4911	4976	4853
本地购入 Local Purchases							
总消耗量 Total Consumption	**3864**	**5017**	**5294**	**5417**	**5567**	**5806**	**5415**
产电量损耗及流失量 Losses During Production	48	59	57	66	57	56	48
输电及配电流失量 Transmission and Distribution Losses	160	124	158	139	150	157	136
自耗量 Own Consumption of the Energy Sector	40	52	41	42	41	44	39
最终消耗 Final Consumption	3615	4781	5037	5170	5319	5549	5191
免费电力供应 Free Supply of Electricity	5	6	6	6	6	9	10
售电量 Sales Volume	3610	4775	5031	5164	5313	5540	5182
售电价值（百万澳门元） Sales Value (Million Mop)	4379	6245	6299	6272	6729	6908	6309

资料来源：《澳门统计年鉴》。
Sources: Macao Statistical Yearbook.

7-7 澳门电力、燃料及水消费量
Consumption of Electricity, Fuel and Water of Macao

用　途	Use	2015	2016	2017	2018	2019	2020
电力（万千瓦时）	**Electricity (10^4 kW·h)**						
住宅	Residential	109745	111588	111439	113686	119593	131047
工业	Industrial	14520	15642	16224	15713	15440	14372
商业及公共照明	Commercial and Public Light	353807	376479	389319	402477	419845	373715
燃料	**Fule**						
重油(万公升)	Fule Oil (10^4 litres)	15058	15903	12289	4397	3445	3271
轻柴油(万公升)	Gas Oil and Diesel (10^4 Litres)	13504	12243	11786	11413	11087	8214
汽油(万公升)	Gasoline (10^4 litres)	10020	10231	10413	10905	11097	9266
液化石油气(公吨)	Liquefied Petroleum Gas (ton)	44374	44607	41936	42297	40905	34426
水(万立方米)	**Water (10^4 Cubic Meters)**	**8494**	**8670**	**8844**	**9094**	**9281**	**8552**

资料来源：《中国统计年鉴》。
Sources: China Statistical Yearbook.

附录 1　台湾省能源数据

Appendix I　Energy Data for Taiwan Province

附录1-1 台湾省主要能源及相关指标
Major Energy Related Indicators of Taiwan Province

项 目 Item	1990	2000	2005	2010	2015	2018	2019
能源生产量（百万吨标准油） Energy Production (Mtoe)	10.68	12.02	12.76	13.24	12.10	9.96	11.55
净进口量（百万吨标准油） Net Imports (Mtoe)	40.52	77.29	92.39	99.21	102.39	105.48	102.72
能源供应量（百万吨标准油） Total Energy Supply (Mtoe)	46.66	82.47	99.72	108.71	110.55	112.07	109.51
油净进口量（百万吨标准油） Net Oil Imports (Mtoe)	28.40	44.91	48.20	48.20	46.30	45.92	42.99
油供应量（百万吨标准油） Oil Supply (Mtoe)	25.57	38.01	43.17	44.45	42.85	42.53	39.66
发电量（百万千瓦时） Electricity Supply (GW·h)	87462	181226	224416	244063	255153	272227	271004
终端能源消费量（百万吨标准油） Total Final Consumption of Energy (Mtoe)	29.81	50.08	62.91	69.68	70.93	72.27	69.79
人口数（百万人） Population (million)	20.48	21.97	22.71	23.19	23.56	23.73	23.77
国内生产总值（10亿美元，2015年价） GDP (10^9 US$,2015 prices)	160.93	307.88	375.19	462.91	525.60	564.44	578.58
人均国内生产总值（美元，2015年价） Per Capita GDP (US$， 2015 prices)	7858	14014	16521	19962	22309	23786	24341
人均能源供应量（吨标准油/人） Per Capita Energy Supply (toe/capita)	2.28	3.75	4.39	4.69	4.69	4.72	4.61
人均电力消费量（千瓦时/人） Electricity consumption/Population (kW·h/capita)	4010	7873	9484	10108	10484	11084	11023

资料来源:国际能源署《世界能源平衡表》。
Sources: World Energy Balances, IEA.

附录1-2 台湾省分行业电力消费量
Taiwan Province Electricity Consumption by Sector

单位：百万千瓦时 (GW·h)

年 份 Year	总计 Total	农、林、牧、渔业 Farming,Forestry, Animal Husbandry, Fishery	采掘业 Mining and Quarrying	制造业 Manufa-cturing	建筑业 Constru-ction	批发及零售业 Wholesale and Retail Trades	运输及仓储业 Transport and Storage	住宿及餐饮业 Hotels and Catering Services
2008	128644	2600	380	91207	566	6020	3005	2545
2009	121348	2582	338	85298	488	5701	3003	2547
2010	134135	2616	419	97113	472	5631	3143	2680
2011	138161	2726	435	101220	501	5461	3211	2744
2012	139134	2708	416	102170	542	5372	3277	2776
2013	142529	2751	469	105131	561	5320	3394	2854
2014	144579	2833	495	106758	626	5239	3494	2940
2015	145302	2916	482	106852	630	5243	3605	3047
2016	148697	2919	457	109594	589	5273	3727	3166
2017	153116	3034	448	113340	564	5167	3839	3212
2018	155640	3115	451	115293	542	5052	3892	3237
2019	155126	2855	222	114553	744	6871	4211	3441
2020	158473	3086	287	118061	771	6071	4273	3306

资料来源：中国台湾省编辑的《统计年鉴》，下同。
Sources: Statistical Yearbook, Taiwan Province of China, the same applies to tables following.

附录1-3 台湾省能源供给总量及构成
Taiwan Province Energy Supply and Composition

年 份 Year	供给量总计 (百万公升油当量) Total Supply (10^3 kl oil equivalent)	占供给总量的比重(%) As Percentage of Total Supply (%)						
		煤炭 Coal	石油 Petroleum	天然气 Natural Gas	生物质及废弃物 Biomass and Waste	水力发电 Hydro Power	核能发电 Nuclear Power	其他 Other
2008	139289	30.3	50.8	8.8	1.3	0.3	8.5	0.1
2009	136415	28.3	52.6	8.7	1.2	0.3	8.8	0.1
2010	143008	29.5	50.1	10.3	1.2	0.3	8.4	0.1
2011	138819	31.7	46.1	11.7	1.2	0.3	8.8	0.2
2012	141611	30.0	47.8	12.1	1.2	0.4	8.3	0.2
2013	144069	30.6	47.4	11.8	1.2	0.4	8.4	0.2
2014	148532	29.6	48.4	12.1	1.2	0.3	8.3	0.2
2015	146132	29.7	48.2	13.2	1.2	0.3	7.2	0.2
2016	146628	29.4	48.9	13.7	1.1	0.4	6.3	0.2
2017	146572	30.2	48.5	15.2	1.1	0.4	4.4	0.3
2018	148629	29.4	48.2	15.2	1.1	0.3	5.4	0.4
2019	148401	29.9	46.9	15.0	1.1	0.4	6.3	0.4
2020	138233	30.1	44.1	17.2	1.2	0.2	6.6	0.6

附录1-4　台湾省能源消费总量及分部门消费构成

Taiwan Province Energy Consumption and Composition by Sector

年份 Year	消费总计(百万公升油当量) Total Energy Consumption (10^3 kl oil equivalent)	占消费总量比重(%) As Percentage of Total Energy Consumption(%)						
		农业部门 Agriculture	工业部门 Industry	能源部门 Energy	运输部门 Transportation	服务业部门 Services	住宅部门 Residential	非能源消费 Non-energy Use
2009	78225	0.9	30.1	7.3	16.2	7.5	8.2	29.8
2010	83999	0.8	31.5	7.8	15.6	7.2	7.6	29.5
2011	81588	0.8	33.1	7.8	16.3	7.2	7.9	26.9
2012	81881	0.9	32.6	7.9	15.9	7.0	7.7	28.0
2013	84576	0.9	32.2	7.8	15.4	6.9	7.4	29.5
2014	85751	0.9	31.4	8.4	15.3	7.0	7.4	29.7
2015	86013	0.9	30.6	8.4	15.6	7.0	7.4	30.1
2016	86589	0.9	30.7	8.3	16.0	7.0	7.6	29.6
2017	86038	0.8	31.0	8.2	15.9	7.1	7.7	29.3
2018	87569	0.9	31.2	8.4	15.2	6.6	7.5	30.1
2019	84908	1.0	31.5	8.8	15.8	6.8	7.7	28.4
2020	85364	0.9	31.4	8.3	15.8	6.8	8.1	28.6

附录1-5　台湾省发电量和售电量

Taiwan Province Electricity Generation and Sale

单位：百万千瓦时 (GW·h)

年份 Year	发电量 Electricity Generation					售电量 Electricity Sale			损失 Loss
	总计 Total	水力发电 Hydro Power	火力发电 Thermal Power	核能发电 Nuclear Power	再生能源发电 Renewable Power	总计 Total	工业用电 Industry Consumption	住户及商业用电 Residence and Commerce	
2009	193605	3290	145756	39981	4579	179239	121348	57890	9418
2010	207385	3047	159112	40029	5197	193313	134135	59179	9669
2011	213042	2889	164085	40522	5546	198637	138161	60476	10149
2012	211708	2924	162621	38887	7276	198391	139134	59256	9360
2013	213429	3174	162857	40079	7319	201945	142529	59416	7251
2014	219224	3108	166527	40801	8787	205956	144579	61377	8960
2015	219104	3023	165417	35143	15521	206491	145302	61189	8145
2016	225793	3282	180451	30461	11599	212531	148697	63835	8682
2017	231080	3322	194952	21560	11246	217213	153116	64097	8827
2018	233289	3359	191859	26656	11414	219108	155640	63468	9200
2019	232472	3196	184082	31147	14047	218727	155126	63601	8984
2020	238928	3147	191659	30342	13780	224813	158473	66339	9482

Taiwan Province Energy Consumption and Composition by Sector

附录 2　有关国家和地区能源数据

Appendix II　Energy Data for Related Countries or Areas

附录2-1 人口数
Population

单位：百万人 (million)

国家和地区	Country or Area	1973	1980	1990	2000	2010	2015	2018	2019	比重% Percent of World
世界总计	**World**	**3915.5**	**4438.7**	**5285.8**	**6117.0**	**6925.4**	**7333.4**	**7584.6**	**7666.0**	**100.00**
OECD合计	**OECD Total**	**919.8**	**984.9**	**1076.7**	**1160.0**	**1243.2**	**1326.6**	**1349.8**	**1357.1**	**17.70**
美国	United States	211.9	227.7	250.2	282.4	309.8	320.9	327.0	328.5	4.29
日本	Japan	108.9	117.1	123.6	126.8	128.0	127.1	126.4	126.1	1.64
墨西哥	Mexico	57.1	70.4	87.1	100.9	114.1	120.9	124.6	125.8	1.64
土耳其	Turkey	38.1	44.4	55.1	64.3	73.1	78.2	81.4	83.4	1.09
德国	Germany	79.0	78.3	79.4	81.5	80.3	81.7	82.9	83.1	1.08
法国	France	53.3	55.2	58.3	60.9	65.0	66.6	67.3	67.5	0.88
英国	United Kingdom	56.2	56.3	57.2	58.9	62.8	65.1	66.4	66.8	0.87
意大利	Italy	54.8	56.4	56.7	56.9	59.8	60.7	60.5	60.3	0.79
韩国	Korea	34.1	38.1	42.9	47.0	49.6	51.0	51.6	51.7	0.67
西班牙	Spain	35.3	38.0	39.3	40.6	46.6	46.4	46.7	47.1	0.61
波兰	Poland	33.4	35.6	38.0	38.3	38.5	38.5	38.4	38.4	0.50
加拿大	Canada	22.5	24.5	27.7	30.7	34.0	35.7	37.1	37.6	0.49
澳大利亚	Australia	13.6	14.8	17.3	19.3	22.0	23.8	25.0	25.4	0.33
非OECD合计	**NON-OECD Total**	**2995.7**	**3453.8**	**4209.2**	**4957.0**	**5682.2**	**6006.8**	**6234.8**	**6309.0**	**82.30**
中国	China	881.9	981.2	1135.2	1262.6	1337.7	1371.2	1392.7	1397.7	18.23
印度	India	593.1	696.8	870.1	1053.1	1231.0	1310.2	1352.6	1366.4	17.82
印度尼西亚	Indonesia	124.2	147.5	181.4	211.5	242.5	258.4	267.7	270.6	3.53
巴基斯坦	Pakistan	63.1	78.1	107.7	138.5	170.6	199.4	212.2	216.6	2.83
巴西	Brazil	102.6	121.2	149.4	175.3	196.8	204.5	209.5	211.1	2.75
尼日利亚	Nigeria	60.1	73.5	95.3	122.4	158.6	181.1	195.9	201.0	2.62
孟加拉	Bangladesh	68.7	81.5	106.2	131.6	152.1	156.3	161.4	163.1	2.13
俄罗斯	Russian Federation			148.3	146.6	142.8	144.1	144.5	144.4	1.88
埃塞俄比亚	Ethiopia	31.0	35.3	48.1	66.5	87.7	100.8	109.2	112.1	1.46
菲律宾	Philippines	39.0	47.4	61.9	78.0	93.7	102.1	106.7	108.1	1.41
埃及	Egypt	37.5	44.1	57.4	69.9	84.1	92.4	98.4	100.4	1.31
刚果	Dem. Rep. of the Congo	21.7	26.4	34.6	47.1	64.5	76.3	84.1	86.8	1.13
伊朗	Islamic Republic of Iran	30.9	38.7	56.2	66.1	74.6	78.5	81.8	82.9	1.08

资料来源：国际能源署《世界能源平衡表》，下同。
Sources: World Energy Balances,IEA, the same applies to tables following.

附录2-2 国内生产总值汇率算法(2015年价格)
Gross Domestic Products Using Exchange Rates(2015 US$)

单位：10亿美元 (billion US$)

国家和地区	Country or Area	1973	1980	1990	2000	2010	2015	2018	2019	比重% Percent of World
世界总计	**World**	**21548.9**	**26818.9**	**36016.6**	**48312.9**	**64894.3**	**75268.3**	**82211.8**	**84165.0**	**100.00**
OECD合计	**OECD Total**	**16857.2**	**20405.2**	**27756.0**	**36530.1**	**43042.5**	**47283.1**	**50487.8**	**51300.4**	**60.95**
美国	United States	5950.2	7071.8	9798.6	13738.2	16320.1	18238.3	19552.0	19974.5	23.73
日本	Japan	1775.9	2241.0	3491.1	3970.1	4230.8	4444.9	4579.8	4592.2	5.46
德国	Germany	1576.5	1860.6	2342.1	2835.5	3088.0	3357.6	3566.4	3586.2	4.26
英国	United Kingdom	1223.7	1313.0	1751.8	2264.4	2653.5	2932.8	3073.2	3115.4	3.70
法国	France	1065.9	1300.3	1661.1	2046.5	2317.6	2439.2	2569.5	2616.8	3.11
意大利	Italy	957.9	1230.0	1559.3	1842.1	1900.3	1836.6	1909.2	1914.7	2.27
加拿大	Canada	537.0	677.0	878.0	1163.7	1399.5	1556.5	1659.2	1690.1	2.01
韩国	Korea	86.8	154.7	401.6	798.9	1261.4	1466.0	1602.2	1634.9	1.94
澳大利亚	Australia	349.0	420.2	564.9	801.0	1086.8	1247.6	1342.4	1338.6	1.59
西班牙	Spain	471.8	552.2	737.3	971.1	1197.2	1195.6	1299.3	1324.6	1.57
墨西哥	Mexico	333.0	515.0	616.0	876.4	1013.0	1171.9	1255.1	1254.4	1.49
土耳其	Turkey	136.2	173.3	288.0	413.8	614.2	864.3	988.4	997.5	1.19
荷兰	Netherlands	310.5	373.1	465.1	644.3	737.6	765.6	824.1	840.3	1.00
非OECD合计	**NON-OECD Total**	**4713.9**	**6441.6**	**8304.2**	**11832.3**	**21904.6**	**28040.6**	**31782.4**	**32920.6**	**39.11**
中国	China	277.9	422.7	1027.2	2770.1	7554.3	11061.6	13493.5	14317.8	17.01
印度	India	210.4	270.9	465.2	800.5	1535.9	2103.6	2586.9	2716.8	3.23
巴西	Brazil	490.4	777.0	917.3	1186.4	1703.2	1802.2	1789.5	1809.8	2.15
俄罗斯	Russian Federation			1161.5	780.4	1250.7	1363.5	1426.4	1445.5	1.72
印度尼西亚	Indonesia	95.6	158.2	269.9	395.0	657.8	860.9	999.1	1049.3	1.25
沙特阿拉伯	Saudi Arabia	229.1	342.9	283.3	365.6	509.2	654.3	676.3	678.6	0.81
中国，台北	Chinese Taipei	36.7	73.1	160.9	307.9	462.9	525.6	564.4	578.6	0.69
阿根廷	Argentina	243.7	287.8	265.8	395.7	552.7	594.8	583.1	570.5	0.68
尼日利亚	Nigeria	126.2	161.1	153.7	180.2	387.1	494.6	499.9	511.0	0.61
泰国	Thailand	42.0	67.7	144.1	221.5	347.0	401.3	449.9	460.5	0.55
伊朗	Islamic Republic of Iran	229.6	149.6	188.3	255.4	393.3	385.0	435.1	409.0	0.49
南非	South Africa	115.9	145.7	169.2	202.6	284.8	317.6	325.9	326.4	0.39
委内瑞拉	Venezuela	318.6	377.5	409.5	503.6	685.2	688.8	387.5	251.9	0.30

附录2-3 能源生产总量

Total Production of Energy

单位：百万吨标准油 (Mtoe)

国家和地区	Country or Area	1973	1980	1990	2000	2010	2015	2018	2019	比重% Percent of World
世界总计	**World**	**6188.76**	**7268.94**	**8773.11**	**9999.47**	**12775.08**	**13727.91**	**14453.73**	**14744.86**	**100.00**
OECD合计	**OECD Total**	**2474.79**	**2931.09**	**3497.75**	**3916.46**	**4009.69**	**4299.80**	**4492.90**	**4649.79**	**31.53**
美国	United States	1456.38	1553.39	1652.07	1666.45	1723.35	2021.56	2157.88	2309.79	15.67
加拿大	Canada	198.24	207.17	276.46	374.90	398.39	472.46	537.75	535.59	3.63
澳大利亚	Australia	67.99	85.41	157.53	233.56	323.36	382.94	412.40	444.80	3.02
墨西哥	Mexico	47.28	147.04	195.54	229.31	222.54	189.59	158.94	149.28	1.01
法国	France	44.18	52.60	111.89	130.64	135.65	138.95	134.95	131.19	0.89
英国	United Kingdom	108.52	197.86	208.01	272.50	148.51	118.16	123.44	121.65	0.83
德国	Germany	171.67	185.63	186.16	135.22	131.58	119.92	112.57	104.40	0.71
非OECD合计	**NON-OECD Total**	**3713.97**	**4337.85**	**5275.37**	**6083.00**	**8765.39**	**9428.12**	**9960.83**	**10095.07**	**68.47**
中国	China	431.40	615.51	880.88	1123.65	2235.41	2503.50	2593.95	2719.21	18.44
俄罗斯	Russian Federation			1293.22	978.11	1279.51	1334.44	1484.13	1529.95	10.38
沙特阿拉伯	Saudi Arabia	388.54	533.64	368.44	475.84	531.46	648.64	665.38	640.00	4.34
印度	India	125.22	155.94	254.97	327.73	470.21	526.77	576.90	580.16	3.93
印度尼西亚	Indonesia	94.89	125.05	168.57	237.51	373.79	405.92	451.11	470.41	3.19
伊朗	Islamic Republic of Iran	309.73	80.76	187.84	253.67	342.27	322.70	408.98	351.52	2.38
巴西	Brazil	51.26	64.40	104.38	148.25	247.69	278.14	296.60	311.91	2.12
尼日利亚	Nigeria	136.89	144.86	146.30	197.94	253.98	254.98	251.65	258.66	1.75
伊拉克	Iraq	102.86	135.49	110.34	134.76	124.60	183.24	241.44	249.06	1.69
阿联酋	Unite Arab Emirates	76.14	90.22	110.20	157.21	185.89	236.78	228.07	237.54	1.61
卡塔尔	Qatar	29.54	26.48	27.70	59.48	178.38	225.63	223.06	224.65	1.52
哈萨克斯坦	Kazakhstan			90.98	78.58	156.88	144.55	174.10	166.94	1.13
科威特	Kuwait	160.23	93.60	50.37	114.23	134.56	168.08	164.74	162.08	1.10
南非	South Africa	40.36	73.17	114.54	143.62	158.52	158.20	157.72	159.77	1.08
阿尔及利亚	Algeria	56.49	65.74	100.11	142.23	154.37	146.17	155.53	148.41	1.01
哥伦比亚	Colombia	17.19	17.71	48.18	72.33	106.36	128.75	120.46	127.29	0.86
马来西亚	Malaysia	5.81	17.24	47.75	76.96	88.39	95.22	98.25	97.91	0.66
土库曼斯坦	Turkmenistan			72.97	45.98	47.26	81.26	79.46	81.08	0.55
委内瑞拉	Venezuela	201.24	137.46	144.84	219.31	201.18	184.03	114.09	80.71	0.55
安哥拉	Angola	11.68	11.30	28.65	43.06	96.82	98.50	85.02	80.48	0.55

附录2-4　能源生产量/能源供应总量(能源自给率)
Energy Production/TES (self-sufficiency)

国家和地区	Country or Area	1973	1980	1990	2000	2010	2015	2018	2019
世界	**World**	**1.018**	**1.013**	**1.004**	**1.000**	**0.997**	**1.011**	**1.009**	**1.018**
OECD合计	**OECD Total**	**0.659**	**0.717**	**0.765**	**0.734**	**0.733**	**0.808**	**0.830**	**0.866**
澳大利亚	Australia	1.192	1.227	1.829	2.160	2.561	3.025	3.204	3.455
加拿大	Canada	1.244	1.079	1.309	1.478	1.528	1.688	1.753	1.753
美国	United States	0.842	0.861	0.863	0.733	0.778	0.925	0.974	1.044
墨西哥	Mexico	0.900	1.546	1.581	1.520	1.246	1.025	0.856	0.813
瑞典	Sweden	0.238	0.398	0.629	0.643	0.646	0.765	0.728	0.757
英国	United Kingdom	0.498	0.997	1.010	1.222	0.729	0.650	0.702	0.713
法国	France	0.245	0.274	0.500	0.519	0.516	0.550	0.548	0.541
瑞士	Switzerland	0.226	0.351	0.421	0.479	0.477	0.491	0.522	0.534
荷兰	Netherlands	0.916	1.116	0.910	0.782	0.861	0.666	0.500	0.461
以色列	Israel	0.793	0.019	0.037	0.035	0.166	0.299	0.355	0.371
德国	Germany	0.513	0.520	0.530	0.402	0.399	0.388	0.371	0.355
比利时	Belgium	0.142	0.173	0.274	0.237	0.264	0.204	0.220	0.288
西班牙	Spain	0.220	0.233	0.384	0.259	0.271	0.284	0.272	0.281
意大利	Italy	0.171	0.152	0.173	0.164	0.190	0.237	0.231	0.231
韩国	Korea	0.314	0.225	0.243	0.183	0.180	0.188	0.160	0.173
日本	Japan	0.092	0.126	0.170	0.202	0.202	0.073	0.116	0.120
非OECD合计	**NON-OECD Total**	**1.737**	**1.490**	**1.331**	**1.384**	**1.255**	**1.197**	**1.174**	**1.161**
沙特阿拉伯	Saudi Arabia	53.740	17.159	6.351	4.862	3.030	2.997	3.114	2.983
委内瑞拉	Venezuela	10.542	4.206	3.657	3.739	2.670	2.862	2.804	2.438
俄罗斯	Russian Federation			1.471	1.579	1.846	1.928	1.924	1.980
印度尼西亚	Indonesia	2.487	2.245	1.709	1.526	1.853	1.985	1.947	1.952
伊朗	Islamic Republic of Iran	15.028	2.124	2.711	2.062	1.675	1.359	1.496	1.288
南非	South Africa	0.820	1.075	1.277	1.316	1.179	1.228	1.171	1.140
巴西	Brazil	0.625	0.565	0.743	0.788	0.926	0.935	1.029	1.066
阿根廷	Argentina	0.859	0.947	1.074	1.366	1.046	0.887	0.937	0.984
埃及	Egypt	1.196	2.126	1.673	1.311	1.152	0.880	0.926	0.974
中国	China	1.011	1.029	1.008	0.994	0.881	0.835	0.800	0.802
印度	India	0.889	0.892	0.910	0.784	0.705	0.640	0.622	0.619
泰国	Thailand	0.521	0.507	0.632	0.605	0.599	0.554	0.538	0.542
中国，台北	Chinese Taipei	0.285	0.207	0.229	0.146	0.122	0.109	0.089	0.105

附录2-5 能源供应总量/GDP(2015年价格)
TES/GDP(2015 US$)

单位：吨标准油/千美元 (toe per thousand US$)

国家和地区	Country or Area	1973	1980	1990	2000	2010	2015	2018	2019
世界	**World**	**0.282**	**0.268**	**0.243**	**0.207**	**0.197**	**0.180**	**0.174**	**0.172**
OECD合计	**OECD Total**	**0.223**	**0.200**	**0.165**	**0.146**	**0.127**	**0.113**	**0.107**	**0.105**
加拿大	Canada	0.297	0.284	0.241	0.218	0.186	0.180	0.185	0.181
韩国	Korea	0.248	0.267	0.231	0.236	0.198	0.186	0.176	0.171
墨西哥	Mexico	0.158	0.185	0.201	0.172	0.176	0.158	0.148	0.146
比利时	Belgium	0.230	0.194	0.163	0.159	0.139	0.113	0.110	0.111
美国	United States	0.291	0.255	0.195	0.165	0.136	0.120	0.113	0.111
澳大利亚	Australia	0.163	0.166	0.152	0.135	0.116	0.101	0.096	0.096
法国	France	0.169	0.147	0.135	0.123	0.113	0.104	0.096	0.093
西班牙	Spain	0.109	0.123	0.122	0.125	0.106	0.099	0.096	0.092
日本	Japan	0.180	0.154	0.125	0.130	0.118	0.098	0.094	0.090
瑞典	Sweden	0.184	0.170	0.160	0.131	0.113	0.089	0.094	0.089
荷兰	Netherlands	0.200	0.173	0.143	0.116	0.112	0.095	0.089	0.085
德国	Germany	0.212	0.192	0.150	0.119	0.107	0.092	0.085	0.082
意大利	Italy	0.124	0.106	0.094	0.093	0.091	0.083	0.079	0.078
以色列	Israel	0.136	0.108	0.110	0.098	0.092	0.073	0.066	0.063
英国	United Kingdom	0.178	0.151	0.118	0.098	0.077	0.062	0.057	0.055
瑞士	Switzerland	0.051	0.053	0.052	0.047	0.040	0.034	0.032	0.032
非OECD合计	**NON-OECD Total**	**0.454**	**0.452**	**0.477**	**0.371**	**0.319**	**0.281**	**0.267**	**0.264**
伊朗	Islamic Republic of Iran	0.090	0.254	0.368	0.482	0.520	0.617	0.628	0.667
俄罗斯	Russian Federation			0.757	0.794	0.554	0.508	0.541	0.535
南非	South Africa	0.424	0.467	0.530	0.539	0.472	0.406	0.413	0.429
印度	India	0.670	0.646	0.602	0.522	0.434	0.392	0.358	0.345
沙特阿拉伯	Saudi Arabia	0.032	0.091	0.205	0.268	0.344	0.331	0.316	0.316
泰国	Thailand	0.374	0.326	0.294	0.328	0.340	0.338	0.300	0.301
埃及	Egypt	0.251	0.257	0.289	0.229	0.256	0.243	0.252	0.239
中国	China	1.535	1.415	0.851	0.408	0.336	0.271	0.240	0.237
印度尼西亚	Indonesia	0.399	0.352	0.366	0.394	0.307	0.238	0.232	0.230
中国，台北	Chinese Taipei	0.359	0.382	0.290	0.268	0.235	0.210	0.199	0.189
巴西	Brazil	0.167	0.147	0.153	0.159	0.157	0.165	0.161	0.162
阿根廷	Argentina	0.143	0.140	0.165	0.153	0.135	0.139	0.137	0.139
委内瑞拉	Venezuela	0.060	0.087	0.097	0.116	0.110	0.093	0.105	0.131

附录2-6 人均能源供应量
TES/Population

单位：吨标准油/人 (toe per capita)

国家和地区	Country or Area	1973	1980	1990	2000	2010	2015	2018	2019
世界	**World**	**1.562**	**1.628**	**1.655**	**1.637**	**1.853**	**1.851**	**1.888**	**1.890**
OECD合计	**OECD Total**	**3.983**	**4.038**	**4.120**	**4.450**	**4.248**	**4.010**	**4.011**	**3.956**
加拿大	Canada	7.085	7.829	7.630	8.265	7.668	7.840	8.275	8.130
美国	United States	8.163	7.925	7.652	8.048	7.153	6.813	6.778	6.735
韩国	Korea	0.632	1.082	2.167	4.003	5.046	5.345	5.465	5.418
澳大利亚	Australia	4.193	4.700	5.046	5.681	5.730	5.314	5.153	5.074
比利时	Belgium	4.727	4.758	4.803	5.663	5.507	4.656	4.663	4.776
瑞典	Sweden	4.771	4.871	5.514	5.377	5.442	4.574	4.967	4.769
荷兰	Netherlands	4.614	4.549	4.449	4.694	4.978	4.282	4.243	4.123
法国	France	3.378	3.477	3.842	4.134	4.043	3.792	3.662	3.594
德国	Germany	4.239	4.562	4.426	4.132	4.105	3.781	3.661	3.542
日本	Japan	2.942	2.943	3.538	4.070	3.906	3.411	3.391	3.292
瑞士	Switzerland	2.936	3.136	3.572	3.434	3.313	2.924	2.801	2.848
西班牙	Spain	1.463	1.782	2.290	2.993	2.733	2.551	2.675	2.578
英国	United Kingdom	3.879	3.523	3.598	3.787	3.245	2.791	2.648	2.555
意大利	Italy	2.176	2.319	2.584	3.013	2.904	2.512	2.490	2.469
以色列	Israel	2.366	2.015	2.461	2.894	3.045	2.604	2.493	2.397
墨西哥	Mexico	0.921	1.351	1.421	1.495	1.564	1.530	1.490	1.461
非OECD合计	**NON-OECD Total**	**0.720**	**0.850**	**0.951**	**0.894**	**1.241**	**1.311**	**1.361**	**1.378**
沙特阿拉伯	Saudi Arabia	1.077	3.209	3.574	4.737	6.397	6.822	6.340	6.261
俄罗斯	Russian Federation			5.943	4.225	4.853	4.803	5.340	5.352
中国，台北	Chinese Taipei	0.829	1.559	2.278	3.754	4.688	4.692	4.723	4.607
伊朗	Islamic Republic of Iran	0.667	0.984	1.229	1.875	2.770	3.026	3.342	3.291
中国	China	0.484	0.609	0.770	0.895	1.896	2.187	2.328	2.425
南非	South Africa	2.057	2.382	2.438	2.427	2.625	2.326	2.331	2.393
泰国	Thailand	0.391	0.466	0.750	1.154	1.754	1.973	1.946	1.991
阿根廷	Argentina	1.387	1.443	1.345	1.642	1.831	1.919	1.797	1.768
巴西	Brazil	0.802	0.944	0.943	1.076	1.367	1.456	1.376	1.387
委内瑞拉	Venezuela	1.533	2.153	2.018	2.425	2.649	2.138	1.409	1.161
埃及	Egypt	0.253	0.377	0.599	0.605	0.903	0.873	0.974	0.958
印度尼西亚	Indonesia	0.307	0.378	0.544	0.736	0.834	0.791	0.866	0.891
印度	India	0.237	0.250	0.321	0.396	0.541	0.629	0.685	0.686

附录2-7 煤生产量
Coal Production

单位：百万吨标准油 (Mtoe)

国家和地区	Country or Area	1973	1980	1990	2000	2010	2015	2018	2019	比重% Percent of World
世界总计	**World**	**1457.22**	**1791.94**	**2210.10**	**2271.22**	**3653.70**	**3861.22**	**3906.54**	**3995.75**	**100.00**
中国	China	206.79	310.72	518.39	713.50	1722.49	1872.99	1884.78	1957.53	48.99
美国	United States	333.36	447.92	541.78	535.92	530.71	431.28	368.99	345.89	8.66
印度尼西亚	Indonesia	0.09	0.17	5.85	45.46	186.31	243.72	287.90	314.16	7.86
澳大利亚	Australia	40.25	51.90	106.10	164.58	246.56	298.58	287.44	300.86	7.53
印度	India	32.74	47.84	93.34	130.64	212.88	263.56	287.55	281.58	7.05
俄罗斯	Russian Federation			191.26	128.06	166.11	200.04	240.09	252.34	6.32
南非	South Africa	35.14	66.76	100.16	126.93	144.08	145.05	144.61	145.88	3.65
哥伦比亚	Colombia	1.84	2.71	13.89	24.86	48.33	55.61	54.78	57.94	1.45
哈萨克斯坦	Kazakhstan			58.01	34.13	48.55	39.58	47.21	44.92	1.12
波兰	Poland	100.73	120.35	98.97	71.30	55.38	53.87	47.26	44.60	1.12
加拿大	Canada	11.70	20.25	37.93	34.41	33.95	30.86	29.15	28.86	0.72
德国	Germany	141.40	143.14	121.69	60.60	45.91	43.00	37.86	28.42	0.71
乌克兰	Ukraine			85.31	36.23	33.53	20.18	14.43	14.32	0.36
英国	United Kingdom	75.89	73.96	53.62	18.66	10.84	5.12	1.64	1.39	0.03

附录2-8 原油和天然气凝析液生产量
Production of Crude Oil, NGL

单位：百万吨标准油 (Mtoe)

国家和地区	Country or Area	1973	1980	1990	2000	2010	2015	2018	2019	比重% Percent of World
世界总计	**World**	**2938.23**	**3173.62**	**3241.62**	**3711.14**	**4105.17**	**4428.42**	**4562.68**	**4548.64**	**100.00**
美国	United States	534.60	498.35	432.55	365.61	347.60	582.41	685.17	762.87	16.77
俄罗斯	Russian Federation			526.25	323.26	506.54	536.28	558.17	563.68	12.39
沙特阿拉伯	Saudi Arabia	387.01	524.49	348.96	445.06	471.56	577.36	586.25	559.77	12.31
加拿大	Canada	96.53	83.64	94.15	128.43	167.16	226.30	267.21	272.40	5.99
伊拉克	Iraq	101.83	134.37	106.85	132.10	119.96	177.30	231.59	238.87	5.25
阿联酋	United Arab Emirates	75.09	83.91	93.34	126.34	144.36	187.97	189.06	192.55	4.23
中国	China	54.58	107.85	138.31	163.08	203.16	214.76	189.57	191.28	4.21
伊朗	Islamic Republic of Iran	298.72	75.86	167.42	202.58	218.37	163.67	211.20	149.86	3.29
巴西	Brazil	8.60	9.48	33.42	65.38	109.75	129.70	138.05	148.14	3.26
科威特	Kuwait	155.28	87.97	47.08	106.39	124.97	154.26	150.12	146.09	3.21
尼日利亚	Nigeria	103.54	103.93	90.18	117.60	129.17	108.33	97.55	102.60	2.26
墨西哥	Mexico	27.49	114.64	153.28	171.19	155.26	130.95	105.68	98.15	2.16
哈萨克斯坦	Kazakhstan			26.45	36.10	82.99	80.79	92.18	92.17	2.03
挪威	Norway	1.51	24.34	83.66	167.75	100.89	91.72	85.46	80.56	1.77
卡塔尔	Qatar	28.24	23.63	22.14	37.69	71.08	78.80	75.69	75.49	1.66
阿尔及利亚	Algeria	52.57	54.22	61.24	72.32	82.34	74.72	72.81	71.81	1.58
安哥拉	Angola	8.33	7.58	23.83	37.60	90.26	91.33	72.76	67.54	1.48
利比亚	Libya	109.04	92.20	67.99	71.34	90.48	21.73	57.72	64.84	1.43
委内瑞拉	Venezuela	191.53	124.47	122.72	185.61	172.61	156.26	90.20	60.75	1.34
英国	United Kingdom	0.56	82.59	95.25	131.67	65.45	47.05	52.85	53.82	1.18
阿曼	Oman	15.20	14.78	35.87	51.27	43.34	49.27	49.07	48.68	1.07
哥伦比亚	Colombia	9.84	6.65	23.03	35.83	40.92	52.57	45.32	47.39	1.04
阿塞拜疆	Azerbaijan			12.57	14.09	52.78	43.33	40.44	39.26	0.86
印度尼西亚	Indonesia	67.43	79.51	74.59	71.60	48.44	40.44	39.41	38.82	0.85
印度	India	7.35	10.74	35.32	37.24	43.14	41.88	40.02	37.77	0.83
埃及	Egypt	8.64	30.26	46.23	36.11	35.23	35.11	32.73	31.91	0.70
马来西亚	Malaysia	4.43	13.71	30.63	32.28	34.40	33.57	33.97	31.49	0.69
阿根廷	Argentina	22.00	26.03	26.34	42.01	35.11	31.37	29.52	30.94	0.68
厄瓜多尔	Ecuador	10.77	10.65	15.02	21.14	25.54	28.60	27.21	27.91	0.61

附录2-9　天然气生产量
Production of Natural Gas

单位：百万吨标准油　　(Mtoe)

国家和地区	Country or Area	1973	1980	1990	2000	2010	2015	2018	2019	比重% Percent of World
世界总计	**World**	**990.95**	**1240.31**	**1687.52**	**2056.94**	**2710.98**	**2965.40**	**3287.23**	**3430.77**	**100.00**
美国	United States	502.76	454.69	418.21	446.95	494.79	636.67	704.35	799.93	23.32
俄罗斯	Russian Federation			516.82	470.74	540.16	524.33	606.62	631.49	18.41
伊朗	Iran	10.05	3.66	19.12	49.85	121.72	155.73	192.76	196.83	5.74
加拿大	Canada	61.38	63.64	88.58	148.36	129.43	139.15	165.05	158.27	4.61
卡塔尔	Qatar	1.29	2.85	5.56	21.79	107.30	146.83	147.37	149.16	4.35
中国	China	5.01	11.96	12.80	22.76	80.16	112.65	134.03	147.43	4.30
澳大利亚	Australia	3.38	7.47	17.14	28.54	44.48	58.18	101.20	117.94	3.44
挪威	Norway		22.77	24.15	46.28	94.72	102.85	106.77	100.87	2.94
沙特阿拉伯	Saudi Arabia	1.54	9.15	19.49	30.78	59.90	71.27	79.11	80.20	2.34
阿尔及利亚	Algeria	3.64	11.49	38.85	69.85	71.97	71.42	82.63	76.51	2.23
土库曼斯坦	Turkmenistan			68.79	38.21	36.90	68.17	68.77	70.61	2.06
马来西亚	Malaysia	0.10	2.25	15.49	42.56	51.01	57.84	59.16	60.75	1.77
印度尼西亚	Indonesia	0.33	14.97	42.14	61.16	74.81	65.49	62.60	58.11	1.69
埃及	Egypt	0.07	1.59	6.73	14.44	46.41	31.29	51.23	56.81	1.66
乌兹别克斯坦	Uzbekistan			33.01	41.22	48.21	39.91	50.14	49.31	1.44
阿联酋	United Arab Emirates	1.05	6.30	16.86	30.88	41.54	48.74	38.85	44.63	1.30
尼日利亚	Nigeria	0.35	1.24	3.27	10.18	26.58	35.69	37.33	37.72	1.10
阿根廷	Argentina	5.42	8.20	15.60	34.32	34.61	33.42	35.75	37.26	1.09
英国	United Kingdom	24.45	31.32	40.93	97.55	49.79	34.96	34.98	33.97	0.99
阿曼	Oman		0.31	2.44	9.06	23.76	28.28	32.75	33.13	0.97
特立尼达和多	Trinidad and Tobago	1.59	2.44	4.70	12.19	35.83	31.99	30.10	30.56	0.89
哈萨克斯坦	Kazakhstan			5.77	7.62	24.61	23.34	33.69	28.80	0.84
墨西哥	Mexico	10.55	21.56	22.76	33.39	42.58	34.37	28.05	27.42	0.80
印度	India	0.63	1.26	10.57	23.07	42.97	26.09	26.87	25.37	0.74
泰国	Thailand			4.99	15.64	24.73	25.79	22.87	24.12	0.70
巴基斯坦	Pakistan	2.86	5.03	10.08	16.67	26.99	24.26	24.39	23.95	0.70
荷兰	Netherlands	53.76	68.91	54.53	52.76	64.72	39.45	27.80	23.94	0.70

附录2-10 终端能源消费总量
Total Final Consumption of Energy

单位：百万吨标准油 (Mtoe)

国家和地区	Country or Area	1973	1980	1990	2000	2010	2015	2018	2019	比重% Percent of World
世界	**World**	**4635.98**	**5340.03**	**6236.18**	**7004.01**	**8801.43**	**9407.76**	**9900.78**	**9983.11**	**100.00**
OECD合计	**OECD Total**	**2826.87**	**2959.80**	**3137.45**	**3662.53**	**3728.03**	**3672.20**	**3806.11**	**3787.86**	**37.94**
美国	United States	1315.46	1311.37	1293.54	1546.28	1512.97	1510.65	1592.65	1588.48	15.91
日本	Japan	233.98	235.62	291.36	336.08	313.77	293.02	284.75	279.11	2.80
德国	Germany	241.72	248.67	240.79	231.40	231.90	220.92	223.01	221.68	2.22
加拿大	Canada	131.43	155.07	158.46	187.44	187.32	197.35	207.14	205.54	2.06
韩国	Korea	17.49	31.29	64.91	127.11	157.69	173.22	182.25	181.93	1.82
法国	France	142.23	141.29	141.58	161.49	159.77	154.00	151.44	150.07	1.50
英国	United Kingdom	143.23	131.29	138.17	150.74	137.99	126.13	129.13	127.31	1.28
意大利	Italy	96.56	102.23	114.95	128.84	133.75	118.85	118.89	117.72	1.18
墨西哥	Mexico	39.74	65.93	83.32	95.27	117.25	119.81	116.30	115.77	1.16
西班牙	Spain	38.54	48.12	60.77	85.49	92.11	79.57	86.01	85.52	0.86
澳大利亚	Australia	39.58	46.79	56.66	69.58	76.31	80.81	83.12	82.34	0.82
荷兰	Netherlands	47.66	54.32	53.88	59.32	65.26	56.13	58.28	56.92	0.57
比利时	Belgium	33.73	32.29	32.22	41.80	42.53	41.08	41.35	40.13	0.40
非OECD合计	**NON-OECD Total**	**1625.16**	**2201.64**	**2896.67**	**3067.51**	**4714.86**	**5354.62**	**5672.85**	**5775.15**	**57.85**
中国	China	363.54	487.31	657.59	781.19	1645.01	1971.74	2056.53	2093.08	20.97
印度	India	122.72	147.22	215.04	290.03	443.71	545.97	615.45	629.81	6.31
俄罗斯	Russian Federation			625.05	417.89	446.65	452.54	514.45	521.44	5.22
巴西	Brazil	72.73	95.94	111.48	153.84	211.66	228.39	225.23	227.33	2.28
伊朗	Islamic Republic of Iran	16.60	27.58	54.71	94.79	157.56	181.50	201.02	200.98	2.01
印度尼西亚	Indonesia	34.13	49.65	79.23	120.14	145.93	148.60	153.17	160.54	1.61
沙特阿拉伯	Saudi Arabia	3.07	21.14	39.49	63.52	120.65	152.95	136.77	139.77	1.40
泰国	Thailand	10.97	15.25	29.14	50.93	84.41	98.07	100.35	102.42	1.03
中国，台北	Chinese Taipei	9.43	18.52	29.81	50.08	69.68	70.93	72.27	69.79	0.70
南非	South Africa	37.09	43.74	51.05	54.73	62.58	66.18	69.90	69.09	0.69
埃及	Egypt	7.38	13.47	23.30	31.58	52.95	55.61	60.50	60.82	0.61
阿根廷	Argentina	24.24	28.16	29.91	42.58	53.47	58.01	57.16	56.61	0.57
委内瑞拉	Venezuela	12.34	21.63	25.91	32.95	42.51	36.06	26.67	20.88	0.21

附录2-11 煤炭供应量
Primary Supply of Coal

单位：百万吨标准油 (Mtoe)

国家和地区	Country or Area	1973	1980	1990	2000	2010	2015	2018	2019	比重% Percent of World
世界	**World**	**1479.43**	**1775.28**	**2207.86**	**2306.92**	**3645.97**	**3837.95**	**3869.26**	**3871.79**	**100.00**
OECD合计	**OECD Total**	**845.07**	**965.64**	**1074.27**	**1097.68**	**1087.73**	**947.76**	**853.54**	**764.25**	**19.74**
美国	United States	311.05	376.23	459.57	533.02	501.50	374.04	320.68	274.92	7.10
日本	Japan	57.86	59.56	77.14	97.28	116.19	120.46	117.11	115.36	2.98
韩国	Korea	8.15	13.53	25.38	41.95	73.45	80.84	80.55	80.04	2.07
德国	Germany	139.40	141.02	128.59	84.82	78.95	79.41	69.61	53.85	1.39
波兰	Poland	74.70	99.80	78.87	56.35	54.74	48.33	49.39	44.00	1.14
土耳其	Turkey	5.15	6.99	15.58	22.84	31.21	34.51	40.83	41.90	1.08
澳大利亚	Australia	22.58	27.32	34.89	48.15	50.47	42.92	42.94	41.66	1.08
捷克	Czech Republic	35.39	33.35	31.46	21.64	18.73	16.42	15.77	14.28	0.37
加拿大	Canada	15.27	20.58	24.26	31.70	23.10	18.48	14.28	13.85	0.36
墨西哥	Mexico	1.82	2.37	4.13	6.88	13.26	11.44	12.28	11.79	0.30
意大利	Italy	8.10	11.68	14.63	12.56	13.67	12.30	8.55	6.48	0.17
英国	United Kingdom	76.43	68.80	63.11	36.53	30.98	23.91	8.12	5.80	0.15
西班牙	Spain	9.00	12.43	19.27	20.94	7.76	13.35	11.26	4.87	0.13
非OECD合计	**NON-OECD Total**	**634.36**	**809.64**	**1133.59**	**1209.24**	**2558.23**	**2890.19**	**3015.73**	**3107.54**	**80.26**
中国	China	204.68	312.53	530.52	664.72	1790.42	1999.21	2013.80	2071.57	53.50
印度	India	31.51	44.31	92.70	145.92	279.03	376.92	417.02	417.86	10.79
俄罗斯	Russian Federation			190.11	119.31	105.49	115.74	117.15	124.49	3.22
南非	South Africa	33.84	47.68	66.54	81.78	100.63	94.70	99.04	101.50	2.62
印度尼西亚	Indonesia	0.08	0.16	3.55	12.01	31.84	39.69	55.59	68.76	1.78
越南	Viet Nam	1.55	2.28	2.22	4.37	14.65	26.88	37.27	46.63	1.20
中国，台北	Chinese Taipei	2.28	3.85	10.50	27.51	38.03	38.60	39.87	39.05	1.01
哈萨克斯坦	Kazakhstan			39.95	19.76	34.52	27.34	26.41	34.47	0.89
乌克兰	Ukraine			81.13	38.44	38.03	30.00	27.96	25.99	0.67
马来西亚	Malaysia	0.01	0.05	1.36	2.31	14.60	17.52	22.63	22.44	0.58
泰国	Thailand	0.10	0.47	3.82	7.67	16.36	16.86	15.84	16.34	0.42
巴西	Brazil	2.31	5.93	9.67	13.02	14.47	17.68	16.42	15.48	0.40

附录2-12 石油供应量
Primary Supply of Oil

单位：百万吨标准油 (Mtoe)

国家和地区	Country or Area	1973	1980	1990	2000	2010	2015	2018	2019	比重% Percent of World
世界	**World**	**2818.43**	**3105.39**	**3232.22**	**3668.55**	**4125.83**	**4329.45**	**4475.78**	**4475.13**	**100.00**
OECD合计	**OECD Total**	**1974.07**	**1953.10**	**1889.90**	**2126.89**	**1984.33**	**1917.47**	**1919.81**	**1896.25**	**42.37**
美国	United States	817.49	796.93	756.84	871.15	806.52	789.54	801.72	792.88	17.72
日本	Japan	248.93	233.68	248.79	253.09	201.17	184.24	166.43	159.35	3.56
韩国	Korea	13.31	26.65	49.74	99.04	95.12	102.68	110.36	104.43	2.33
加拿大	Canada	79.39	88.52	76.51	87.10	96.28	104.62	103.61	102.91	2.30
德国	Germany	158.70	143.86	121.44	124.81	104.70	101.24	98.03	99.66	2.23
墨西哥	Mexico	32.47	64.45	80.79	89.33	94.43	90.35	81.58	84.44	1.89
法国	France	119.81	106.32	84.03	82.22	77.02	75.47	70.89	71.12	1.59
英国	United Kingdom	108.91	79.34	76.38	73.22	63.65	60.20	60.67	59.29	1.32
西班牙	Spain	37.60	49.77	45.47	61.61	57.70	48.69	52.93	51.51	1.15
意大利	Italy	90.30	88.23	83.32	86.85	65.30	53.56	50.91	50.06	1.12
澳大利亚	Australia	26.58	30.08	31.20	34.15	41.62	42.44	44.08	43.30	0.97
土耳其	Turkey	12.48	15.63	23.40	30.40	31.51	38.70	41.95	42.87	0.96
荷兰	Netherlands	30.46	28.86	24.92	27.41	29.86	26.35	26.99	25.72	0.57
非OECD合计	**NON-OECD Total**	**660.41**	**973.70**	**1140.25**	**1267.69**	**1782.95**	**2031.27**	**2134.40**	**2159.24**	**48.25**
中国	China	51.93	88.59	118.79	220.81	427.96	538.73	615.29	648.03	14.48
印度	India	24.28	33.21	61.10	111.99	162.07	206.42	235.31	235.48	5.26
俄罗斯	Russian Federation			263.78	126.11	139.08	139.37	148.28	149.44	3.34
沙特阿拉伯	Saudi Arabia	5.70	21.95	38.51	67.08	115.51	145.10	134.54	134.34	3.00
巴西	Brazil	37.95	55.65	58.92	88.27	104.87	115.19	103.61	104.88	2.34
伊朗	Islamic Republic of Iran	16.41	32.55	50.37	68.50	79.55	78.79	85.82	83.53	1.87
印度尼西亚	Indonesia	10.74	20.23	33.35	57.87	67.39	71.25	77.67	75.36	1.68
泰国	Thailand	7.51	10.78	18.18	32.24	44.95	54.09	54.68	55.04	1.23
中国，台北	Chinese Taipei	9.39	20.09	25.57	38.01	44.45	42.85	42.53	39.66	0.89
伊拉克	Iraq	3.62	8.60	18.18	23.98	27.93	30.43	38.46	38.84	0.87
埃及	Egypt	6.53	11.33	22.85	22.37	34.04	39.03	36.10	35.94	0.80
阿根廷	Argentina	25.01	25.62	20.44	23.24	28.34	29.75	26.01	26.04	0.58
委内瑞拉	Venezuela	9.14	19.57	18.62	30.58	46.89	36.75	17.00	13.47	0.30

附录2-13 天然气供应量
Primary Supply of Natural Gas

单位：百万吨标准油 (Mtoe)

国家和地区	Country or Area	1973	1980	1990	2000	2010	2015	2018	2019	比重% Percent of World
世界	**World**	**976.70**	**1231.36**	**1662.31**	**2067.22**	**2733.54**	**2925.83**	**3278.22**	**3362.58**	**100.00**
OECD合计	**OECD Total**	**707.94**	**780.70**	**853.31**	**1171.52**	**1331.34**	**1386.21**	**1514.05**	**1565.58**	**46.56**
美国	United States	514.66	476.92	438.36	547.74	556.08	646.51	693.96	742.30	22.08
加拿大	Canada	37.29	45.57	54.74	74.26	75.70	85.43	116.77	116.90	3.48
日本	Japan	5.07	21.40	44.12	65.63	85.88	100.21	97.37	92.08	2.74
德国	Germany	28.65	51.21	54.98	71.85	75.91	65.15	73.55	75.62	2.25
墨西哥	Mexico	10.50	19.14	23.13	35.48	54.24	64.66	72.50	68.65	2.04
英国	United Kingdom	25.11	40.32	47.20	87.40	84.82	61.89	68.08	66.83	1.99
意大利	Italy	14.23	22.73	39.00	57.94	68.06	55.30	59.51	60.95	1.81
韩国	Korea			2.73	17.01	38.64	39.35	47.52	48.87	1.45
法国	France	13.50	21.64	26.03	35.77	42.62	35.04	36.83	37.54	1.12
土耳其	Turkey			2.86	12.64	31.40	39.38	41.02	37.05	1.10
澳大利亚	Australia	3.38	7.47	14.79	19.28	27.38	33.13	32.55	34.28	1.02
非OECD合计	**NON-OECD Total**	**268.76**	**450.67**	**809.00**	**895.71**	**1402.20**	**1539.59**	**1764.07**	**1796.80**	**53.44**
俄罗斯	Russian Federation			367.39	319.01	383.54	364.25	428.08	418.03	12.43
中国	China	5.01	11.96	12.80	20.76	89.38	158.59	228.65	248.18	7.38
伊朗	Islamic Republic of Iran	3.22	3.66	17.49	52.63	122.15	155.31	182.78	184.83	5.50
沙特阿拉伯	Saudi Arabia	1.54	9.15	19.49	30.78	59.90	71.27	79.11	80.20	2.39
印度	India	0.63	1.26	10.57	23.07	54.40	45.13	52.41	55.49	1.65
阿联酋	United Arab Emirates	1.05	4.13	14.18	25.05	49.35	60.14	48.76	54.99	1.64
埃及	Egypt	0.07	1.59	6.73	14.44	35.81	36.77	51.77	52.67	1.57
阿根廷	Argentina	6.87	9.89	17.42	30.44	37.20	42.90	43.53	42.74	1.27
乌兹别克斯坦	Uzbekistan			32.49	37.49	38.59	30.35	41.21	40.37	1.20
阿尔及利亚	Algeria	1.55	5.83	12.17	16.84	23.32	34.42	38.90	40.13	1.19
马来西亚	Malaysia	0.10	2.24	6.80	24.73	31.20	37.54	38.78	39.45	1.17
印度尼西亚	Indonesia	0.33	4.95	15.82	26.57	38.82	37.87	38.94	39.21	1.17
卡达尔	Qatar	1.29	2.85	5.56	9.47	22.38	36.58	38.08	38.21	1.14
泰国	Thailand			4.99	17.37	32.97	37.75	35.51	36.64	1.09
巴西	Brazil	0.17	0.87	3.43	8.36	24.32	37.19	31.50	31.85	0.95

附录2-14　总发电量
Total Electricity Generation

单位：百万千瓦时　　(GW·h)

国家和地区	Country or Area	1973	1980	1990	2000	2010	2015	2018	2019	比重% Percent of World
世界总计	**World**	**6118148**	**8283537**	**11846132**	**15429663**	**21527706**	**24276802**	**26597372**	**26938113**	**100.00**
中国	China	168702	300654	621318	1355847	4197540	5838902	7110393	7472773	27.74
美国	United States	1965666	2427514	3203069	4026207	4354711	4297392	4434291	4371338	16.23
印度	India	72834	119270	289493	561103	974561	1357097	1608070	1623821	6.03
俄罗斯	Russian Federation			1082239	876538	1036199	1065708	1113297	1119789	4.16
日本	Japan	465424	572577	861611	1055131	1164110	1054590	1061170	1037401	3.85
加拿大	Canada	270103	373308	482080	605645	602993	657885	653721	645370	2.40
巴西	Brazil	64731	139391	222839	348938	515754	581535	601445	617181	2.29
德国	Germany	374382	466377	547694	572359	626770	642439	636782	603174	2.24
韩国	Korea	14826	37242	105380	288549	496758	549091	586247	578080	2.15
法国	France	182523	257329	417233	535227	564521	574678	576471	566231	2.10
沙特阿拉伯	Saudi Arabia	2949	20454	69214	126201	240090	359057	386905	385568	1.43
墨西哥	Mexico	37103	66967	115846	205691	275560	310737	357621	344203	1.28
伊朗	Isiamic Republic of Iran	12094	22382	59107	121393	232978	280656	309376	322782	1.20
英国	United Kingdom	281374	284094	317781	374405	378951	336859	330032	321113	1.19
土耳其	Turkey	12426	23277	57548	124932	211225	261804	304826	303922	1.13
印度尼西亚	Indonesia	2370	7503	32670	93332	169769	234003	283794	295146	1.10
意大利	Italy	143928	183489	213164	269963	298798	281584	288015	292041	1.08
西班牙	Spain	75666	109235	151221	220935	298344	277706	272005	271051	1.01
中国，台北	Chinese Taipei	20737	42610	87462	181226	244063	255153	272227	271004	1.01
澳大利亚	Australia	64416	95242	154299	209881	252634	251314	260802	263681	0.98
南非	South Africa	64395	98959	165398	207854	256668	246756	251827	247599	0.92
瑞典	Sweden	78066	96324	145996	145242	148457	161998	163373	168430	0.63
波兰	Poland	83915	120951	134449	143186	157102	164354	169636	163296	0.61
乌克兰	Ukraine			298650	171283	188843	162121	158267	152806	0.57

附录2-15　国内生产总值电耗(2015年价)
Electricity Consumption/GDP (2015 US$)

单位：千瓦时/美元　　　　(kW·h per US$)

国家和地区	Country or Area	1973	1980	1990	2000	2010	2015	2018	2019
世界	**World**	**0.261**	**0.284**	**0.301**	**0.291**	**0.305**	**0.297**	**0.300**	**0.296**
OECD合计	**OECD Total**	**0.245**	**0.258**	**0.257**	**0.251**	**0.240**	**0.218**	**0.211**	**0.204**
非OECD合计	**NON-OECD Total**	**0.317**	**0.364**	**0.446**	**0.416**	**0.430**	**0.430**	**0.439**	**0.438**
英国	United Kingdom	0.214	0.200	0.174	0.158	0.134	0.112	0.105	0.101
德国	Gemany	0.232	0.243	0.224	0.191	0.190	0.169	0.157	0.151
意大利	Italy	0.139	0.141	0.149	0.160	0.170	0.168	0.164	0.163
法国	France	0.158	0.187	0.207	0.213	0.215	0.195	0.185	0.180
澳大利亚	Australia	0.161	0.205	0.256	0.243	0.217	0.190	0.184	0.187
美国	United States	0.305	0.317	0.297	0.279	0.252	0.225	0.218	0.209
日本	Japan	0.246	0.244	0.235	0.254	0.264	0.228	0.222	0.216
阿根廷	Argentina	0.099	0.121	0.159	0.196	0.207	0.229	0.227	0.226
委内瑞拉	Venezuela	0.045	0.081	0.119	0.128	0.133	0.118	0.175	0.230
印度尼西亚	Indonesia	0.021	0.043	0.109	0.209	0.234	0.246	0.264	0.259
巴西	Brazil	0.116	0.158	0.237	0.280	0.273	0.290	0.301	0.296
加拿大	Canada	0.429	0.464	0.510	0.449	0.394	0.363	0.344	0.334
韩国	Korea	0.156	0.225	0.253	0.346	0.380	0.362	0.355	0.342
埃及	Egypt	0.196	0.260	0.327	0.371	0.448	0.435	0.408	0.399
泰国	Thailand	0.154	0.203	0.279	0.412	0.447	0.443	0.433	0.434
中国，台北	Chinese Taipei	0.515	0.545	0.510	0.562	0.506	0.470	0.466	0.453
印度	India	0.285	0.361	0.504	0.509	0.511	0.531	0.516	0.497
中国	China	0.558	0.654	0.564	0.453	0.520	0.500	0.501	0.497
沙特阿拉伯	Saudi Arabia	0.012	0.056	0.230	0.320	0.430	0.510	0.523	0.522
南非	South Africa	0.517	0.690	0.911	1.003	0.806	0.709	0.688	0.672
俄罗斯	Russian Federation			0.852	0.975	0.731	0.695	0.699	0.693
伊朗	Islamic Republic of Iran	0.052	0.139	0.282	0.398	0.499	0.614	0.627	0.696

附录2-16 人均电力消费量
Electricity Consumption/Population

单位：千瓦时/人 (kW·h per capita)

国家和地区	Country or Area	1973	1980	1900	2000	2010	2015	2018	2019
世界	**World**	**1444**	**1726**	**2054**	**2303**	**2858**	**3051**	**3246**	**3251**
OECD合计	**OECD Total**	**4389**	**5200**	**6434**	**7638**	**8031**	**7772**	**7906**	**7728**
非OECD合计	**NON-OECD Total**	**503**	**686**	**889**	**1001**	**1674**	**2009**	**2238**	**2288**
加拿大	Canada	10238	12799	16165	17032	16220	15828	15414	15017
美国	United States	8573	9841	11625	13566	13299	12803	13053	12682
中国，台北	Chinese Taipei	1190	2224	4010	7873	10108	10484	11084	11023
韩国	Korea	397	914	2373	5873	9661	10410	11007	10812
沙特阿拉伯	Saudi Arabia	415	1972	4019	5666	7976	10523	10498	10345
澳大利亚	Australia	4131	5812	8483	10242	10719	9974	9905	9882
日本	Japan	4015	4674	6641	7949	8724	7977	8037	7875
法国	France	3155	4410	5906	7148	7666	7126	7059	6974
俄罗斯	Russian Federation			6688	5190	6397	6575	6905	6942
德国	Gemany	4634	5781	6617	6645	7322	6960	6771	6535
意大利	Italy	2429	3065	4084	5183	5388	5076	5192	5177
中国	China	176	282	511	993	2936	4031	4854	5096
英国	United Kingdom	4658	4661	5323	6070	5652	5058	4868	4724
南非	South Africa	2504	3519	4189	4517	4485	4068	3884	3749
伊朗	Islamic Republic of Iran	384	538	941	1547	2660	3012	3335	3436
泰国	Thailand	161	291	710	1448	2307	2584	2808	2873
阿根廷	Argentina	958	1250	1298	2108	2798	3153	2976	2870
巴西	Brazil	555	1017	1461	1898	2374	2557	2571	2542
委内瑞拉	Venezuela	1162	2020	2478	2668	3196	2708	2347	2028
埃及	Egypt	197	382	678	977	1576	1567	1578	1598
印度尼西亚	Indonesia	16	46	163	390	636	820	984	1004
印度	India	101	140	268	386	636	852	986	988

附录2-17 煤炭净进口量
Net Import of Coal

单位：百万吨标准油 (Mtoe)

国家和地区	Country or Area	1973	1980	1990	2000	2010	2015	2018	2019
中国	China	-2.11	-3.17	-11.04	-44.09	84.26	111.50	145.11	156.11
印度	India	-0.26	0.32	4.13	14.22	69.33	116.50	126.99	131.65
日本	Japan	40.89	47.55	72.59	95.86	115.50	119.72	116.62	114.91
韩国	Korea	0.34	3.47	15.73	39.14	72.95	81.13	79.81	80.07
中国，台北	Chinese Taipei	0.10	3.15	11.34	27.17	37.93	39.04	39.36	39.86
德国	Germany	-3.07	-1.34	3.42	21.69	31.64	36.07	29.37	26.68
土耳其	Turkey	0.01	0.53	3.92	9.08	14.65	21.86	24.33	24.15
巴西	Brazil	1.41	3.71	7.90	10.33	12.11	14.85	15.08	13.34
法国	France	9.49	20.23	12.82	12.84	12.08	9.18	9.22	7.29
荷兰	Netherlands	1.54	3.72	8.12	7.72	7.65	10.59	8.25	6.56
意大利	Italy	7.73	11.65	13.74	13.14	13.79	12.32	8.62	6.39
以色列	Israel	0.00	0.00	2.43	6.04	7.38	6.58	4.59	4.98
西班牙	Spain	2.13	4.11	7.08	12.84	6.75	10.24	9.20	4.54
英国	United Kingdom	-0.87	1.40	8.53	14.46	16.05	14.59	6.65	4.29
比利时	Belgium	4.55	7.18	9.61	7.32	3.69	3.23	3.24	3.15
波兰	Poland	-26.17	-20.56	-20.12	-16.31	-2.74	-5.53	4.05	2.64
北朝鲜	DPR of Korea	0.33	0.44	1.65	-0.10	-2.77	-11.96	0.09	0.09
哈萨克斯坦	Kazakhstan			-18.06	-14.61	-13.18	-12.22	-10.88	-10.17
加拿大	Canada	2.83	-0.04	-11.90	-4.19	-11.99	-12.81	-13.67	-14.71
蒙古	Mongolia			-0.14	0.02	-11.32	-9.84	-21.38	-18.74
南非	South Africa	-1.30	-19.07	-33.62	-46.05	-43.45	-50.35	-45.58	-44.38
哥伦比亚	Colombia	-0.05	-0.97	-8.84	-23.12	-45.11	-48.23	-55.82	-50.65
美国	United States	-30.32	-57.01	-65.87	-28.30	-36.79	-37.92	-65.46	-52.31
俄罗斯	Russian Federation			-5.34	-10.08	-66.32	-85.92	-118.44	-123.07
印度尼西亚	Indonesia	0.00	-0.04	-2.30	-33.45	-154.47	-204.04	-232.30	-245.40
澳大利亚	Australia	-17.65	-27.81	-67.27	-121.43	-190.35	-253.83	-246.50	-253.46

注：负数表示净出口。
Note: Negative numbers show net export.

附录2-18 石油净进口量
Net Import of Oil

单位：百万吨标准油 (Mtoe)

国家和地区	Country or Area	1973	1980	1990	2000	2010	2015	2018	2019
中国	China	-1.84	-17.44	-24.15	74.69	252.86	344.97	463.88	498.15
印度	India	17.54	23.27	27.39	77.10	123.49	170.46	199.43	204.09
日本	Japan	273.08	251.70	261.81	268.07	210.56	193.15	178.29	170.57
韩国	Korea	13.22	27.28	51.72	109.50	108.80	116.94	123.05	118.53
德国	Germany	160.84	148.86	122.12	126.89	112.11	108.26	105.08	108.31
新加坡	Singapore	12.24	8.00	24.50	39.71	60.98	74.21	79.52	78.62
法国	France	128.66	112.32	85.91	89.84	83.20	81.78	76.92	77.73
美国	United States	303.36	340.08	374.40	549.55	508.20	266.23	161.74	76.82
西班牙	Spain	41.01	49.92	49.66	71.00	69.01	61.23	63.84	64.47
意大利	Italy	98.35	92.76	85.15	87.96	66.80	52.43	51.63	52.44
土耳其	Turkey	8.84	13.74	21.24	29.25	30.55	42.06	44.23	45.07
中国，台北	Chinese Taipei	10.36	21.41	28.40	44.91	48.20	46.30	45.92	42.99
荷兰	Netherlands	41.73	38.15	32.86	42.69	44.36	42.93	39.72	42.23
泰国	Thailand	8.28	12.16	17.59	27.51	31.99	36.74	41.45	41.64
比利时	Belgium	31.46	26.41	22.26	29.56	32.53	30.36	32.36	30.61
英国	United Kingdom	115.95	1.93	-11.00	-46.73	10.90	26.97	21.42	20.25
希腊	Greece	11.58	13.22	14.34	19.32	17.02	14.59	13.35	13.71
墨西哥	Mexico	5.72	-47.58	-70.41	-76.60	-57.24	-36.94	-17.14	-12.38
厄瓜多尔	Ecuador	-9.15	-6.31	-10.08	-13.71	-14.17	-15.75	-14.81	-15.11
阿曼	Oman	-13.92	-13.58	-33.66	-48.84	-38.14	-43.39	-43.52	-46.14
委内瑞拉	Venezuela	-181.43	-103.51	-100.78	-152.66	-126.07	-118.91	-72.80	-47.01
阿尔及利亚	Algeria	-49.08	-45.75	-51.35	-62.39	-63.38	-53.58	-50.30	-48.81
利比亚	Libya	-109.39	-87.37	-60.60	-59.11	-74.33	-10.70	-48.55	-50.21
安哥拉	Angola	-7.27	-6.40	-22.46	-37.91	-84.62	-82.90	-66.42	-61.42
伊朗	Iran	-279.48	-42.16	-116.13	-133.63	-131.87	-80.23	-123.19	-64.09
卡塔尔	Qatar	-28.11	-23.21	-20.54	-38.06	-65.11	-74.43	-69.78	-67.45
挪威	Norway	6.58	-14.70	-72.83	-157.13	-87.12	-80.62	-73.95	-72.77
哈萨克斯坦	Kazakhstan			-4.97	-27.67	-70.08	-65.33	-73.83	-74.47
尼日利亚	Nigeria	-101.01	-95.53	-79.40	-105.64	-108.46	-90.89	-82.06	-78.12
科威特	Kuwait	-151.57	-79.09	-42.98	-95.23	-104.88	-135.59	-134.75	-129.06
加拿大	Canada	-14.49	8.43	-14.86	-39.04	-69.08	-121.16	-161.19	-168.49
阿联酋	United Arab Emirates	-74.79	-78.80	-77.90	-107.62	-115.96	-144.51	-154.49	-173.80
伊拉克	Iraq	-97.64	-125.45	-88.21	-107.42	-91.19	-148.45	-191.60	-199.48
俄罗斯	Russian Federation			-261.26	-192.21	-356.33	-377.24	-390.19	-398.97
沙特阿拉伯	Saudi Arabia	-367.79	-497.39	-307.04	-373.94	-349.01	-423.57	-449.08	-426.45

注：负数表示净出口。
Note: Negative numbers show net export.

附录2-19 天然气净进口量
Net Import of Natural Gas

单位：百万吨标准油 (Mtoe)

国家和地区	Country or Area	1973	1980	1990	2000	2010	2015	2018	2019
中国	China				-2.01	9.22	45.94	94.62	100.74
日本	Japan	2.79	19.54	42.29	63.47	82.65	97.84	94.73	89.97
德国	Germany	12.30	35.33	41.75	56.87	61.65	58.68	70.53	75.67
意大利	Italy	1.65	11.77	25.31	47.01	61.60	50.00	55.27	57.94
韩国	Korea			2.68	17.07	39.29	38.94	49.64	48.19
法国	France	7.56	16.18	24.37	35.78	39.55	34.52	38.57	39.22
土耳其	Turkey			2.68	12.05	30.79	39.36	40.85	36.60
英国	United Kingdom	0.67	9.00	6.18	-9.31	33.90	26.47	33.60	33.31
西班牙	Spain	0.93	1.41	3.69	15.47	30.95	23.78	27.47	31.40
中国，台北	Chinese Taipei			0.77	5.22	13.07	17.05	20.19	19.87
白俄罗斯	Belarus			12.69	14.21	17.91	15.60	16.88	16.20
比利时	Belgium	7.11	8.89	8.22	13.28	16.79	13.85	15.10	15.48
波兰	Poland	1.39	4.31	6.77	6.61	8.87	9.95	12.51	14.06
泰国	Thailand				1.73	8.24	11.96	12.65	12.52
阿联酋	United Arab Emirates		-2.18	-2.68	-5.83	7.81	11.39	9.91	10.37
乌克兰	Ukraine			73.48	47.27	29.55	13.29	8.46	9.51
捷克	Czech Republic	0.72	2.41	4.79	7.48	6.85	6.16	6.60	7.86
阿根廷	Argentina	1.45	1.69	1.82	-3.88	2.59	9.49	7.79	5.47
文莱	Brunei Darssalam	-1.27	-7.77	-6.26	-7.63	-7.59	-7.19	-7.66	-6.56
乌兹别克斯坦	Uzbekistan			-0.52	-3.83	-9.49	-8.71	-9.93	-9.93
阿曼	Oman				-3.67	-8.86	-7.19	-9.98	-10.26
印度尼西亚	Indonesia		-10.02	-26.32	-34.60	-35.98	-27.62	-23.66	-18.90
马来西亚	Malaysia		-0.01	-8.69	-17.83	-19.81	-20.31	-20.37	-21.30
尼日利亚	Nigeria				-4.42	-17.76	-21.51	-22.33	-22.38
阿尔及利亚	Algeria	-2.09	-5.65	-26.68	-53.01	-48.65	-37.00	-43.73	-36.38
加拿大	Canada	-22.78	-18.38	-32.52	-81.35	-60.42	-49.11	-47.72	-42.62
美国	United States	22.12	21.68	33.19	82.21	60.76	22.20	-18.01	-46.21
土库曼斯坦	Turkmenistan			-56.54	-27.31	-19.55	-46.82	-47.42	-48.55
澳大利亚	Australia			-2.35	-9.27	-17.10	-25.05	-68.65	-83.66
挪威	Norway		-21.90	-22.17	-42.14	-88.48	-96.75	-101.25	-95.56
卡塔尔	Qatar				-12.31	-84.92	-110.26	-109.29	-110.96
俄罗斯	Russian Federation			-145.28	-146.07	-150.68	-157.74	-193.72	-206.05

注：负数表示净出口。
Note: Negative numbers show net export.

附录2-20 主要高耗能产品单位能耗中外比较
Energy Consumption for Main Energy Intensive Products by Comparing China with Selected Countries

1. 火电厂发电煤耗 Gross Coal Consumption Rate for Fossil-Fired Power Plant

单位: 克标准煤/千瓦时 (gce/kW·h)

国家	Country	1990	1995	2000	2005	2010	2015	2016	2017	2018	2019	2020
中国①	China	392	379	363	343	312	297	294	292	290	289	287
日本②	Japan	317	315	303	301	294						

注(Notes): ①6MW以上机组(>6MW Unit).

②九大电力公司平均(Average level of 9 key electricity companies).

资料来源(Sources): 1.中国电力企业联合会(China Electricity Council).

2.The Institute of Energy Economics, Japan, Handbook of Energy and Economic Statistics in Japan.

2. 火电厂供电煤耗 Net Coal Consumption Rate for Fossil-fired Power Plant

单位: 克标准煤/千瓦时 (gce/kW·h)

国家	Country	1990	1995	2000	2005	2010	2015	2016	2017	2018	2019	2020
中国	China	427	412	392	370	333	315	312	309	308	306	305
日本	Japan	332	331	316	314	306						
意大利	Italy	326	319	315	288	275						

资料来源(Sources): 1.中国电力企业联合会(China Electricity Council).

2.The Institute of Energy Economics, Japan, Handbook of Energy and Economic Statistics in Japan.

3.International Energy Agency, Electricity Information.

2020年电源结构 2020 Power Generation by Source

单位: % (%)

国家	Country	石油 (Petroleum)	天然气 (Natural Gas)	煤炭 (Coal)	核电 (Nuclear Power)	水电 (Hydro Power)	可再生能源 (Renewable Energy)	其他 (Others)
中国	China	0.1	3.2	63.2	4.7	17.0	11.1	0.7
美国	United States	0.4	41.1	19.7	19.4	6.2	12.9	0.3
日本	Japan	4.1	35.3	29.7	4.3	7.7	12.5	6.4
意大利	Italy	3.4	48.2	5.9	-	16.5	24.9	1.1

资料来源(Sources): BP Statistical Review of World Energy.

3. 钢可比能耗 Comparable Energy Consumption for Steel

单位：千克标准煤/吨 (kgce/ton)

国家	Country	1990	1995	2000	2005	2010	2015	2016	2017	2018	2019	2020
中国[①]	China	997	976	784	732	681	644	640	634	613	605	603
德国	Germany			602								
日本	Japan	629	656	646	640	612						

注(Notes)：①大中型钢铁企业平均值(Average level of key enterprises).
*综合能耗中的电耗，均按发电煤耗折算标准煤(In the full energy consumption, all of conversion from electric to coal equivalent according to gross coal consumption for fossil-fired power plant).

资料来源(Sources)：1.中国钢铁工业协会(China Iron and Steel Association).
2.德国钢铁协会(German Steel Federation).
3.The Institute of Energy Economics, Japan, Handbook of Energy and Economic Statistics in Japan.

4. 电解铝交流电耗 Alternating Current Power Consumption for Electrolytic Aluminium

单位：千瓦时/吨 (kW·h/ton)

国家	Country	1990	1995	2000	2005	2010	2015	2016	2017	2018	2019	2020
中国	China	17100	16620	15418	14575	13979	13562	13599	13577	13555	13257	13244
国际先进水平	International Advanced Level	14400	14400	14400	14100	12900	12900	12900				

资料来源(Sources)：中国有色金属工业协会(China Ferrous Metals Industry Association).

5. 水泥综合能耗 Fully Energy Consumption for Cement

单位：千克标准煤/吨 (kgce/ton)

国家	Country	1990	1995	2000	2005	2010	2015	2016	2017	2018	2019	2020
中国	China	201	199	172	149	143	137	135	135	132	131	128
德国	Germany					101						
日本	Japan	123	124	126	127	130						

注(Notes)：综合能耗中的电耗，均按发电煤耗折算标准煤(In the full energy consumption, all of conversion from electric to coal equivalent according to gross coal consumption for fossil-fired power plant).

资料来源(Sources)：1.中国水泥协会(China Cement Association).
2.德国水泥工程协会(Verein Deutscher Zementwerke,VDZ).
3.The Institute of Energy Economics, Japan, Handbook of Energy and Economic Statistics in Japan.

6. 乙烯综合能耗 Fully Energy Consumption for Ethylene

单位：千克标准煤/吨 (kgce/ton)

国家	Country	1990	2000	2005	2010	2015	2016	2017	2018	2019	2020
中国①	China	1580	1125	1073	950	854	842	841	840	839	837
国际先进水平	International Advanced Level	897	714	629②	629	629	629				

注(Notes)：①主要用石脑油作原料(Feedstocks of ethylene production is used naphtha mainly).
②中东地区平均值，主要用乙烷作原料(Average level of Middle-East region, feedstocks of ethylene production is uesd ethane mainly).
*综合能耗中的电耗，均按发电煤耗折算标准煤(In the full energy consumption, all of conversion from electric to coal equivalant according to gross coal consumption for fossil-fired power plant).

资料来源(Sources)：中国石油和化学工业联合会(China Petroleum and Chemical Industry Federation).

7. 合成氨综合能耗 Fully Energy Consumption for Sythetic Ammonia

单位：千克标准煤/吨 (kgce/ton)

国家	Country	1990	1995	2000	2005	2010	2015	2016	2017	2018	2019	2020
中国①	China	2035	1849	1699	1650	1587	1495	1486	1463	1453	1418	1422
美国②	United States	1000	1000	1000	990	990	990	990				

注(Notes)：①大、中、小型装置平均值，2020年煤占合成氨原料80%(Average level of large. medium and small size installation. In 2020, the coal amount to 80% of the feedstocks for sythetic ammonia).
②以天然气为原料的大型装置的平均值，2020年天然气占合成氨原料98%(Average level of large size installation by natural gas. In 2020, the natural gas amount to 98% of the feedstocks for sythetic ammonia).

资料来源(Sources)：同表6 (Same Table 6).

8. 纸和纸板综合能耗 Full Energy Consumption for Paper and Paperboard

单位：千克标准煤/吨 (kgce/ton)

国家	Country	1990	2000	2005	2010	2015	2016	2017	2018	2019	2020
中国	China	1550	1540	1380	1200	1045	1027	1006	981	962	947
日本	Japan	744	678	640	581						

注(Notes)：产品能耗为自制浆企业平均(Average level of enterprises which made pulp by oneself).

资料来源(Sources)：1.中国造纸协会(China Paper Association).
2 .The Institute of Energy Economics, Japan, Handbook of Energy and Economic Statistics in Japan, 2016 Edition.

附录 3　主要统计指标解释

Appendix Ⅲ　Explanatory Notes of Main Statistical Indicators

主要统计指标解释

国内生产总值(GDP) 指一个国家所有常住单位在一定时期内生产活动的最终成果。国内生产总值有三种表现形态，即价值形态、收入形态和产品形态。从价值形态看，它是所有常住单位在一定时期内生产的全部货物和服务价值与同期投入的全部非固定资产货物和服务价值的差额，即所有常住单位的增加值之和；从收入形态看，它是所有常住单位在一定时期内创造并分配给常住单位和非常住单位的初次收入之和；从产品形态看，它是所有常住单位在一定时期内最终使用的货物和服务价值与货物和服务净出口价值之和。在实际核算中，国内生产总值有三种计算方法，即生产法、收入法和支出法。三种方法分别从不同的方面反映国内生产总值及其构成。

三次产业 三产业的划分是世界上较为常用的产业结构分类，但各国的划分不尽一致。根据《国民经济行业分类》（GB/T 4754—2017）和《三次产业划分规定》，我国的三次产业划分是：

第一产业 是指农、林、牧、渔业（不含农、林、牧、渔服务业）。

第二产业 是指采矿业（不含开采辅助活动），制造业（不含金属制品、机械和设备修理业），电力、热力、燃气及水生产和供应业，建筑业。

第三产业 即服务业，是指除第一产业、第二产业以外的其他行业。

一次能源生产总量 指一定时期内全国（地区）一次能源生产量的总和，是观察全国（地区）能源生产水平、规模、构成和发展速度的总量指标。包括：原煤、原油、天然气、水电、核电及其他动力能（如风能、地热能等）发电量等。不包括低热值燃料生产量和由一次能源加工转换而成的二次能源产量。

能源消费总量 指一定地域内（国家或地区）国民经济各行业和居民家庭在一定时期消费的各种能源的总和。能源消费总量分为三部分，即终端能源消费量、能源加工转换损失量和能源损失量。

(1) 终端能源消费量指一定时期内用于消费（而非用于加工转换产出其他能源）的各种能源之和。

(2) 能源加工转换损失量指一定时期内全国（地区）投入加工转换的各种能源数量之和与产出各种能源产品之和的差额。它是观察能源在加工转换过程中损失量变化的指标。

(3) 能源损失量指一定时期内能源在输送、分配、储存过程中发生的损失和由客观原因造成的各种损失量。不包括各种气体能源放空、放散量。

能源生产弹性系数 是研究能源生产增长速度与国民经济增长速度之间关系的指标。计算公式：

$$能源生产弹性系数=\frac{能源生产总量年平均增长速度}{国民经济年平均增长速度}$$

本资料采用国内生产总值指标计算国民经济年平均增长速度。

电力生产弹性系数 是研究电力生产增长速度与国民经济增长速度之间关系的指标。计算公式：

$$电力生产弹性系数=\frac{电力生产量年平均增长速度}{国民经济年平均增长速度}$$

能源消费弹性系数 反映能源消费增长速度与国民经济增长速度之间关系的指标。计算公式：

$$能源消费弹性系数=\frac{能源消费总量年平均增长速度}{国民经济年平均增长速度}$$

电力消费弹性系数 反映电力消费增长速度与国民经济增长速度之间关系的指标。计算公式：

$$电力消费弹性系数=\frac{电力消费量年平均增长速度}{国民经济年平均增长速度}$$

能源加工转换效率 指一定时期内能源经过加工转换后，产出的各种能源产品的数量与投入加工转换的各种能源数量的比率。它是观察能源加工转换装置和生产工艺先进与落后、管理水平高低等的重要指标。计算公式：

$$能源加工转换效率=\frac{能源加工转换产出量}{能源加工转换投入量}\times 100\%$$

Explanatory Notes on Main Statistical Indicators

Gross Domestic Product (GDP): refers to the final products produced by all resident units in a country during a certain period of time. Gross domestic product is expressed in three different perspectives, namely value, income, and products respectively. GDP in its value perspective refers to the balance of total value of all goods and services produced by all resident units during a certain period of time, minus the total value of input of goods and services of the nature of non-fixed assets; in other words, it is the sum of the value-added of all resident units. GDP from the perspective of income includes the primary income created by all resident units and distributed to resident and non-resident units. GDP from the perspective of products refers to the value of all goods and services for final demand by all resident units plus the net exports of goods and services during a given period of time. In the practice of national accounting, gross domestic product is calculated from three approaches, namely production approach, income approach and expenditure approach, which reflect gross domestic product and its composition from different angles.

Three Strata of Industry: Classification of economic activities into three strata of industry is a common practice in the world, although the grouping varies to some extent from country to country. In China, according to *Industrial classification for National Economic Activities* (GB/T 4754—2017) and *Dividing Basis of Three Industries*, economic activities are categorized into the following three strata of industry:

Primary industry: refers to agriculture, forestry, animal husbandry and fishery industries (not including services in support of agriculture, forestry, animal husbandry and fishery industries).

Secondary industry: refers to mining and quarrying (not including support activities for mining), manufacturing (not including repair service of metal products, machinery and equipment), production and supply of electricity, heat, gas and water, and construction.

Tertiary industry: refers to all other economic activities not included in the primary or secondary industries.

Total Primary Energy Production: refers to the total production of primary energy in a given period of time. It is a comprehensive indicator to show the capacity, scale, composition and development of energy production of the country (region). It includes that of coal, crude oil, natural gas, hydro power and electricity generated by other means such as wind power and geothermal power, etc. However, it excludes the production of fuels of low calorific value, solar thermal and the secondary energy converted from the primary energy.

Total Energy Consumption: refers to the total consumption of energy of various kinds of national economy industries and residents in a certain area (country or region) in a given period of time. Total energy consumption can be divided into three parts:

(1) Final Energy Consumption: refers to the various kinds of energy used for consumption, not involving the energy for transformation in a given of period time.

(2) Losses During Energy Transformation: refers to the total input of various kinds of energy for transformation, minus the total output of various kinds of energy in the country in a given period of time. It is an indicator to show the losses that occurs during the process of energy transformation.

(3) Other Losses: refers to the total of the losses of energy during the course of energy transport, distribution and storage and the losses caused by any objective reason in a given period of time. The losses of various kinds of gas due to gas discharges and stocktaking is excluded.

Elasticity Ratio of Energy Production: is an indicator to show the relationship between the growth rate of energy production and the growth rate of the national economy. The formula is:

$$\text{Elasticity Ratio of Energy Production} = \frac{\text{Average Annual Growth Rate of Energy Production}}{\text{Average Annual Growth Rate of National Economy}}$$

The gross domestic products (GDP) is used to calculate the growth rate of national economy in this book.

Elasticity Ratio of Electricity Production: is an indicator to show the relationship between the growth rate of electricity production and the growth rate of the national economy. The formula is:

$$\text{Elasticity Ratio of Electricity Production} = \frac{\text{Average Annual Growth Rate of Electricity Production}}{\text{Average Annual Growth Rate of National Economy}}$$

Elasticity Ratio of Energy Consumption: is an indicator to show the relationship between the growth rate of energy consumption and the growth rate of the national economy. The formula is:

$$\text{Elasticity Ratio of Energy Consumption} = \frac{\text{Average Annual Growth Rate of Energy Consumption}}{\text{Average Annual Growth Rate of National Economy}}$$

Elasticity Ratio of Electricity Consumption: is an indicator to show the relationship between the growth rate of electricity consumption and the growth rate of the national economy. The formula is:

$$\text{Elasticity Ratio of Electricity Consumption} = \frac{\text{Average Annual Growth Rate of Electricity Consumption}}{\text{Average Annual Growth Rate of National Economy}}$$

Efficiency Ratio of Energy Transformation: refers to the ratio of the total output of energy products after transformation and the total input of energy for transformation in the same reference period. It is an indicator to show the current conditions of energy transformation equipment, production technique and management. The formula is:

$$\text{Efficiency of Energy Transformation} = \frac{\text{Output of Energy after Transformation}}{\text{Input of Energy for Transformation}} \times 100\%$$

附录 4　各种能源折标准煤参考系数

Appendix Ⅳ　Conversion Factors from Physical Units to Coal Equivalent

各种能源折标准煤参考系数

能源名称	平均低位发热量	折标准煤系数
原煤	20 908 千焦 / (5 000 千卡) / 千克	0.7143 千克标准煤 / 千克
洗精煤	26 344 千焦 / (6 300 千卡) / 千克	0.9000 千克标准煤 / 千克
其他洗煤		
洗中煤	8 363 千焦 / (2 000 千卡) / 千克	0.2857 千克标准煤 / 千克
煤泥	8 363～12 545 千焦 / (2 000～3 000千卡)/ 千克	0.2857～0.4286 千克标准煤 / 千克
焦炭	28 435 千焦 / (6 800 千卡) / 千克	0.9714 千克标准煤 / 千克
原油	41 816 千焦 / (10 000 千卡) / 千克	1.4286 千克标准煤 / 千克
燃料油	41 816 千焦 / (10 000 千卡) / 千克	1.4286 千克标准煤 / 千克
汽油	43 070 千焦 / (10 300 千卡) / 千克	1.4714 千克标准煤 / 千克
煤油	43 070 千焦 / (10 300 千卡) / 千克	1.4714 千克标准煤 / 千克
柴油	42 652 千焦 / (10 200 千卡) / 千克	1.4571 千克标准煤 / 千克
液化石油气	50 179 千焦 / (12 000 千卡) / 千克	1.7143 千克标准煤 / 千克
炼厂干气	45 998 千焦 / (11 000 千卡) / 千克	1.5714 千克标准煤 / 千克
天然气	32 238～38 931千焦 / (7 700～9 310 千卡) / 立方米	1.1000～1.3300 千克标准煤 / 立方米
焦炉煤气	16 726～17 981千焦/ (4 000～4 300千卡)/ 立方米	0.5714～0.6143 千克标准煤 / 立方米
其他煤气		
发生炉煤气	5 227 千焦 / (1 250 千卡) / 立方米	0.1786 千克标准煤 / 立方米
重油催化裂解煤气	19 235 千焦 / (4 600 千卡) / 立方米	0.6571 千克标准煤 / 立方米
重油热裂解煤气	35 544 千焦 / (8 500 千卡) / 立方米	1.2143 千克标准煤 / 立方米
焦炭制气	16 308 千焦 / (3 900 千卡) / 立方米	0.5571 千克标准煤 / 立方米
压力气化煤气	15 054 千焦 / (3 600 千卡) / 立方米	0.5143 千克标准煤 / 立方米
水煤气	10 454 千焦 / (2 500 千卡) / 立方米	0.3571 千克标准煤 / 立方米
煤焦油	33 453 千焦 / (8 000 千卡) / 千克	1.1429 千克标准煤 / 千克
粗苯	41 816 千焦 / (10 000 千卡) / 千克	1.4286 千克标准煤 / 千克
热力(当量)		0.03412 千克标准煤 / 百万焦耳 (0.14286 千克标准煤 / 1000 千卡)
电力(当量)	3 600 千焦 / (860 千卡) / 千瓦时	0.1229 千克标准煤 / 千瓦时
(等价)	按当年火电发电标准煤耗计算	
生物质能		
人粪	18 817 千焦 / (4 500 千卡) / 千克	0.643 千克标准煤 / 千克
牛粪	13 799 千焦 / (3 300 千卡) / 千克	0.471 千克标准煤 / 千克
猪粪	12 545 千焦 / (3 000 千卡) / 千克	0.429 千克标准煤 / 千克
羊、驴、马、骡粪	15 472 千焦 / (3 700 千卡) / 千克	0.529 千克标准煤 / 千克
鸡粪	18 817 千焦 / (4 500 千卡) / 千克	0.643 千克标准煤 / 千克
大豆秆、 棉花秆	15 890 千焦 / (3 800 千卡) / 千克	0.543 千克标准煤 / 千克
稻秆	12 545 千焦 / (3 000 千卡) / 千克	0.429 千克标准煤 / 千克
麦秆	14 635 千焦 / (3 500 千卡) / 千克	0.500 千克标准煤 / 千克
玉米秆	15 472 千焦 / (3 700 千卡) / 千克	0.529 千克标准煤 / 千克
杂草	13 799 千焦 / (3 300 千卡) / 千克	0.471 千克标准煤 / 千克
树叶	14 635 千焦 / (3 500 千卡) / 千克	0.500 千克标准煤 / 千克
薪柴	16 726 千焦 / (4 000 千卡) / 千克	0.571 千克标准煤 / 千克
沼气	20 908 千焦 / (5 000 千卡) / 立方米	0.714 千克标准煤 / 立方米

Conversion Factors from Physical Units to Coal Equivalent

Energy	Average Low Calorific Value	Conversion Factor
Raw Coal	20 908 kjoule / (5 000 kcal) / kg	0.7143 kgce / kg
Cleaned Coal	26 344 kjoule / (6 300 kcal) / kg	0.9000 kgce / kg
Other Washed Coal		
Middlings	8 363 kjoule / (2 000 kcal) / kg	0.2857 kgce / kg
Slimes	8 363～12 545 kjoule / (2 000～3 000kcal)/ kg	0.2857～0.4286 kgce / kg
Coke	28 435 kjoule / (6 800 kcal) / kg	0.9714 kgce / kg
Crude Oil	41 816 kjoule / (10 000 kcal) / kg	1.4286 kgce / kg
Fuel Oil	41 816 kjoule / (10 000 kcal) / kg	1.4286 kgce / kg
Gasoline	43 070 kjoule / (10 300 kcal) / kg	1.4714 kgce / kg
Kerosene	43 070 kjoule / (10 300 kcal) / kg	1.4714 kgce / kg
Diesel	42 652 kjoule / (10 200 kcal) / kg	1.4571 kgce / kg
Liquefied Petroleum Gas	50 179 kjoule / (12 000 kcal) / kg	1.7143 kgce / kg
Refinery Gas	45 998 kjoule / (11 000 kcal) / kg	1.5714 kgce / kg
Natural Gas	32 238～38 931kjoule / (7 700～9 310 kcal) / cu.m	1.1000～1.3300 kgce / cu.m
Coke Oven Gas	16 726～17 981kjoule/ (4 000～ 4 300kcal)/ cu.m	0.5714～0.6143 kgce / cu.m
Other Coal Gas		
By Gas Furnace	5 227 kjoule / (1 250 kcal) / cu.m	0.1786 kgce / cu.m
By Heavy Oil Catalytic Cracking	19 235 kjoule / (4 600 kcal) / cu.m	0.6571 kgce / cu.m
By Heavy Oil Thermal Cracking	35 544 kjoule / (8 500 kcal) / cu.m1.2143 kgce / cu.m	
Coke Gas	16 308 kjoule / (3 900 kcal) / cu.m	0.5571 kgce / cu.m
By Pressure Gasification	15 054 kjoule / (3 600 kcal) / cu.m	0.5143 kgce / cu.m
Water Coal Gas	10 454 kjoule / (2 500 kcal) / cu.m	0.3571 kgce / cu.m
Coal Tar	33 453 kjoule / (8 000 kcal) / kg	1.1429 kgce / kg
Benzene	41 816 kjoule / (10 000 kcal) / kg	1.4286 kgce / kg
Heat (in calorific value)	0.03412 kgce / Mjoule	(0.14286 kgce / 1000 kcal)
Electricity (in calorific value)	3 600 kjoule / (860 kcal) / kW·h	0.1229 kgce / kW·h
(in coal equivalent)	calculated by average coal input for thermal power generation in the year	
Biomass Energy		
Night Soil	8 817 kjoule / (4 500 kcal) / kg	0.643 kgce / kg
Cow Dung	13 799 kjoule / (3 300 kcal) / kg	0.471 kgce / kg
Pig Dung	12 545 kjoule / (3 000 kcal) / kg	0.429 kgce / kg
Sheep/Donkey/Horse/Mule Dung	15 472 kjoule / (3 700 kcal) / kg	0.529 kgce / kg
Poultry Manure	18 817 kjoule / (4 500 kcal) / kg	0.643 kgce / kg
Soybean Stalk, Cotton Stalk	15 890 kjoule / (3 800 kcal) / kg	0.543 kgce / kg
Paddy Stalk	12 545 kjoule / (3 000 kcal) / kg	0.429 kgce / kg
Wheat stalk	14 635 kjoule / (3 500 kcal) / kg	0.500 kgce / kg
Maize Stalk	15 472 kjoule / (3 700 kcal) / kg	0.529 kgce / kg
Fireweed	13 799 kjoule / (3 300 kcal) / kg	0.471 kgce / kg
Leaves	14 635 kjoule / (3 500 kcal) / kg	0.500 kgce / kg
Firewood	16 726 kjoule / (4 000 kcal) / kg	0.571 kgce / kg
Biogas	20 908 kjoule / (5 000 kcal) / cu.m	0.714 kgce / cu.m